国家社会科学基金重大项目“多卷本《中国宗教美术史》”（17ZDA237）阶段性成果
国家社会科学基金一般项目“中国墓室壁画的图像体系研究”（13BZJ043）结题成果

中国墓室壁画史论

The History of Chinese Tomb Murals

汪小洋／著

科学出版社
北京

内 容 简 介

《中国墓室壁画史论》从通史层面上描述中国墓室壁画的发展面貌。首先，理论体系层面上，明确提出重生信仰对墓室壁画的支持，讨论儒教的归属性，以及与道教、佛教的区别。其次，发展阶段层面上，首次提出中国墓室壁画发展分为汉魏晋南北朝的兴盛期、唐宋元的繁荣期和明清的衰退期三个阶段。再次，艺术价值层面上，一方面，重点描述兴盛期和繁荣期的典型墓室壁画，同时强调地下埋藏的保存条件；另一方面，重点描述中国墓室壁画的沿革有序特征，认识其在世界艺术发展史上的不可比价值。最后，首次制作了完整的中国墓室壁画墓遗存年表，提供考古成果方面的基本信息。

本书可为艺术学、宗教学、考古学等领域的学者和学生提供一定的参考。

图书在版编目（CIP）数据

中国墓室壁画史论 / 汪小洋著．—北京：科学出版社，2018.5

ISBN 978-7-03-055357-7

Ⅰ.①中…　Ⅱ.①汪…　Ⅲ.①墓室壁画-美术考古-中国　Ⅳ.①K879.414

中国版本图书馆CIP数据核字（2017）第281759号

责任编辑：杜长清 / 责任校对：张小霞

责任印制：赵　博 / 封面设计：铭轩堂广告设计

科学出版社出版

北京东黄城根北街16号

邮政编码：100717

http://www.sciencep.com

天津市新科印刷有限公司印刷

科学出版社发行　各地新华书店经销

*

2018年5月第　一　版　开本：720×1000　1/16

2025年10月第六次印刷　印张：32 1/2

字数：512 000

定价：128.00元

（如有印装质量问题，我社负责调换）

自 序

中国墓室壁画是一项体量极大的文化遗产，已经有两千多年的历史积淀，目前有数千座绘有壁画的墓葬遗存、逾万平方米的壁画面积，在世界艺术发展史上举世无双。墓室壁画主要以地下埋藏的方式保留，不断进步的考古工作还将奉献出更多的发掘成果。高山仰止，中国墓室壁画是中国美术史的一座宝库，是中国艺术发展史上一座高峰，也是中华文明传承的一个重要载体。

我一直有编写中国墓室壁画通史的愿望，但有三个问题很难解决：其一，中国墓室壁画得到哪一种宗教信仰的支持？墓室壁画描述的是墓主人走向彼岸的故事，属于宗教艺术，可墓室壁画长期以来是在世俗美术领域里被讨论，近年来宗教艺术的身份被认可，但是属于哪一种宗教信仰则往往语焉不详。其二，中国墓室壁画的遗存规模有多大？墓室壁画的研究依赖于考古成果的规模，虽然我们可以见到各种类型的材料汇编，却很难看到一个完整的统计，即使是中外学者无比关注的汉画像石墓也很少有这方面的确切统计。其三，中国墓室壁画在世界艺术史上具有什么样的地位？在世界范围内，只有中国墓室壁画的文脉没有中断过，沿革有序，并且主流社会和非主流社会都曾投入巨大的热情，但是目前学术界并没有这方面的系统比较成果。

这三个问题涉及理论、材料和最后的评价，都是基础性问题，编写一部通史，这些问题显然都应当经过深入而系统的讨论。在理论问题上，我们提出了重生信仰的观点，明确提出中国墓室壁画得到重生信仰的支持，属于儒教体系；在材料问题上，我们以考古报告为穷尽对象，第一次编写了含有画像石墓和画像砖墓等遗存在内的中国墓室壁画遗存年表，并第一次提出墓室壁画的面积指标；在世界艺术史地位评价上，我们与埃及墓室壁画做了个案比较，首次提出中国壁画墓有墓主人与神灵两个图像体系，而埃及壁画墓只有一个法老图像体系，并讨论了中国葬玉的连续性彼岸叙事与埃及木乃伊的非连续性彼岸叙事的区别和宗教意义。这些讨论中，重生信仰的界定最为困难，我们尝试着这样描述：重生信仰是我国传统文化中一个关于生死转化的信仰体系，以魂魄观念和祖先崇拜为核心观念，并包含了礼制、孝道、等级观念等传统文化内容，其终极实在是依托墓葬建筑而完成的生死转化。这是一个“死既长生”的宗教体验，接受儒家的“事死如生”观念，与道佛有别，在汉代形成，汉以下历代沿革，形成了一个相对独立并对儒教有所补充的信仰体系，同时在民间宗教信仰、民风民俗等传统文化中产生了一直延续至今的广泛影响。

作为通史，发展史的阶段划分也是一个基础性的问题，目前这方面成果甚少。中国封建社会是中央集权的政治制度，王朝的更迭显然要影响到墓室壁画的发展；同时，墓室壁画的本体发展也有着自己的规律。在两者相结合的语境下，我们提出三个阶段的观点：第一阶段为兴盛期，时间是汉魏晋南北朝，这一阶段墓室壁画借助横穴墓的普及而流行于各个阶层，同时确定了重生信仰的指导地位；第二阶段为繁荣期，时间是隋唐五代宋辽金西夏元，这一阶段重生信仰仍然保持独立的宗教体验，墓室壁画与其他宗教艺术平行发展，唐代的世俗化、宋代的平民化和辽金元的多元化等内容给墓室壁画带来了长期的繁荣；第三阶段为衰退期，时间是明清时期，墓室壁画不再是丧葬活动的重点，由此退出历史舞台。

通史体量大，可以提供一些特别的启发或整体性思考的条件，我们每编都有这方面的专题讨论。第一编中，我们讨论了孔望山摩崖造像的图像体系，认为佛教东渐初期有依托重生信仰而传播的可能；同时讨论了南北朝绘有壁画帝陵的特征，认为北朝帝陵存在着上移趋势，南朝帝陵存在着下移现象。第二编中，我们讨论了唐代皇权加强之后给墓室壁画带来的世俗化特征，以及北宋墓主人图像表现出的平民化特征。第三编中，我们讨论了图文关系，以汉赋与汉画作个案比较，认为汉赋表现出语言艺术的强势性，汉画表现出图像艺术的平衡力；此外，还有中国和埃及墓室壁画的比较。

本书编写体例上有两个整体考虑，一是材料优先的考虑，二是结构递进关系的考虑。其一，在材料优先方面，我们优先梳理考古报告提供的成果，在理论讨论上也首先归纳各家观点，然后再展开自己的讨论。目的是：在通史结构的层面上，首先描述有什么，然后再讨论为什么。其二，在结构递进关系方面，我们设立题材体系、分布体系和发展阶段三项内容，三者皆围绕题材递进展开。题材体系是描述题材的选择特征，以图像类型为指标；分布体系是描述题材的结构特征，以图像形制为指标；发展阶段是描述题材选择和结构的形成过程，以时间周期为指标。

在本书的理论取向上，我们特别讨论了墓室壁画的审美特征。与传世美术不同，墓室壁画的艺术价值需要二次审美来实现。第一次审美是在墓主人和墓葬活动参与者中展开，是封闭的形式，并且是一次性结束；第二次审美对参与者没有限制，是开放的形式，并且将根据需要而可以多次进行。第二次审美打开了封闭，这是违背墓主人意愿的活动，甚至具有破坏的性质。这样的审美关系获得了宗教信仰方面的价值，墓室壁画也因此形成了世俗审美和宗教审美两个指向。二次审美是墓室壁画的审美特征，带来了美术、宗教和考古等方面的理论空间。

中国传统文化中，治史不仅是一项难度极大的工作，更是一项崇高的荣誉，以个人学识我是没有资格撰写中国墓室壁画通史的，这里敢做这样的尝试，得益于我们的时代。我们的时代提供了太好的条件，特别是每一年都有大量新的考古成果，以及涉及各个方面的理论成果，这些都是我们前辈们无法想象的。系统梳理中国墓室壁画的发展，是时代的莫大垂爱。

汪小洋

2017年9月

目　录

第一编　中国墓室壁画的兴盛期
——汉魏晋南北朝

第二编　中国墓室壁画的繁荣期
——隋唐五代宋辽金西夏元

第三编 中国墓室壁画的衰退期
——明清

总论

第一章

中国墓室壁画的重生信仰[1]

中国墓室壁画不是简单的艺术创作，其中还包含着关于另一个世界的描述。因此，中国墓室壁画的研究应当具有两方面的理论指向：艺术价值与宗教价值。

在艺术价值方面，中国墓室壁画具有特殊的审美特征。其一，独特的审美主题。墓室壁画是围绕着墓主人离开此岸世界而创作的图像，这样就限制了壁画题材的范围，带来了主题集中等方面的审美要求。其二，封闭性的审美特征。墓室壁画的载体是封闭性的墓葬建筑，封闭性带来了多次审美的需要。按照墓主人意愿的首次审美在封闭状态下进行，是未知的审美体验；之后的审美打破了封闭，有了考古、艺术和传播等方面的多次审美，审美深入和全面了，却又违背了墓主人意愿。但是，因为封闭性的存在，多次审美仍然是可能得到的真实性的审美体验。其三，世界范围的不可比性审美个案。在世界范围内，表现墓主人另一个世界的图像曾经存在于埃及法老墓等墓葬遗存中，但都没有像中国墓室壁画这样延绵各代、广泛分布和数量巨大。这样的不可比性不仅表现了东方艺术的伟大成就，而且表现了中国传统文化中的独特信仰与意义。

在宗教价值方面，中国墓室壁画具有明确的宗教意义。其一，墓室壁画的载体是墓葬建筑。墓葬建筑是墓主人生活的空间，所谓阴宅与阳宅对应，这样的空间具有彼岸性质。其二，由彼岸世界决定的图像体系。地下墓葬建筑的结构由墓道与墓室两大部分组成，象征着进入彼岸世界的各项准备和身居彼岸世界的种种想象，墓室壁画的图像体系也围绕着这两部分而建构，也就是描述了进入过程和居住生活的场面。其三，生死转化体验的传承体系。墓室壁画兴盛于汉代，汉人希望在墓葬建筑中完成生死转化，所谓“死既长生”，壁画图像描

[1] 本章参见汪小洋《中国墓室壁画的重生信仰讨论》，《民族艺术》2014 年第 1 期。

述了这样的长生体验。汉以后，墓葬建筑的结构历代沿革，生死转化的长生体验历代传承，形成了一个围绕墓主人生死转化而结构的信仰体系。

概言之，墓室壁画是一个信仰层面的艺术现象。墓室壁画是为墓主人进入另一个世界而准备的图像体系，其中包含着对彼岸世界的种种期待，属于宗教美术范畴。那么，墓室壁画体现的是哪一种宗教信仰呢？就中国墓室壁画而言，学术界目前有一些相关论述，但专题性的讨论并不多。我们认为，中国墓室壁画是在重生信仰指导下进行的艺术创作。这是一种与道教、佛教有所区别，同时又不同于一般民间信仰宗教的信仰体系。从死亡观念看，重生信仰应当是儒教体系的一种信仰形态。以往有学者诘问儒教缺少彼岸的宗教体验，重生信仰可以尝试回答这类问题。在中国传统文化的积淀中，墓葬活动普遍存在于各个时代和各个阶层，我们提出重生信仰的理论指向，既是墓室壁画深入研究的需要，也是为宗教美术反哺宗教信仰研究而进行的尝试。

第一节　重生信仰的特征描述

重生信仰是一个指导墓葬活动进行的信仰体系，其宗教观念是提出了生死转化的可能性，这是一个围绕于墓葬建筑而对生命进入另一个世界所进行的特殊解释。涂尔干认为："宗教现象可以自然而然地分为两个基本范畴：信仰与仪式。信仰是舆论的形态，是由各种表现构成的；仪式则是某些明确的行为方式。"[1]在我国宗教发展史的研究中，成果最为集中和完整的领域是道教和佛教，通过与道佛的信仰与仪式作对比，由此认识重生信仰的相关特征，其论当为可信。此外，与民间宗教信仰的比较也可加深我们这方面的认识。

第一，重生信仰有自己的死亡观念。

关于死亡的终极关怀是所有宗教信仰的核心观念，道教、佛教和重生信仰在这方面上表现出了不同面貌。前人已经注意到道佛的区别，所谓"老子主生化，释迦主死化"[2]。再看重生信仰，汉人即已明确提出了"死既长生"观念。可见，在不同的宗教观念指导下，三家对死亡有着不同的宗教体验。

[1]［法］涂尔干：《宗教生活的基本形式》，渠东、汲喆译，上海人民出版社，2006年，第33页。
[2]《三天内解经》，《道藏》，上海书店、天津古籍出版社，1988年，第28册，第415页。

道教崇拜神仙，直接否定了关于死亡的宗教体验。道教在长生不老的态度上是非常坚定的，表现出强烈的长生要求。《抱朴子内篇·黄白》引《龟甲文》这样说："我命在我不在天，还丹成金亿万年。"如何"长生"？道教崇拜神仙信仰：一是建立神仙体系，传授修仙方法。早期的《太平经》描述了一个以天君为最高主宰的神仙世界，《周易参同契》则构建了一个以内丹为主、兼及外丹的修仙结构。二是编造庞大的神仙队伍，以此来提供长生体验，这几乎成为道教历代沿革的一个传统。早期有托名刘向的《列仙传》二卷，录秦汉神仙 71 位。之后晋代葛洪的《神仙传》十卷，录仙人 84 位。至南宋末，道士赵道一《历世真仙体道通鉴》已收录神仙、道士 899 位，神仙队伍已经蔚为壮观。从信仰传播形态看，好生恶死是道教最外在的形态特征，各代道教名家都念念不忘探讨长生不老的可能性。葛洪作《抱朴子内篇》而专言神仙理论，书中自称："内篇言神仙方药、鬼怪变化、养生延年、禳邪却祸之事，属道家。"中唐著名道士吴筠历玄宗、肃宗和代宗三代而影响巨大，他撰写了《神仙可学论》，极力鼓吹向神仙学习："羲、轩已来，广成、赤松、令威、安期之徒，何代不有？远则载于竹帛，近则接于闻见。古人得者，皎皎如彼。神仙可学，炳炳如此。凡百君子，胡不勉哉？"[1] 神仙崇拜下，死亡成为一种被否定的宗教体验。

佛教宣扬轮回，这是一种选择死亡的宗教体验。佛教谈生死，有涅槃理论。关于涅槃，有两个方向的含义：一是超越生死，《杂阿含经》卷一八说："贪欲永尽，瞋恚永尽，愚痴永尽，一切烦恼永尽，是名涅槃。"二是超越轮回，《长阿含经》卷十六说："此生已尽，梵行已立，所做已办，不受后有。"涅槃是佛教修习的最高境界，对一般信徒而言更多的体验还是轮回信仰。"因为按照佛教教义，死是可以与再生联系起来的，死亡不过是从一个轮回阶位到另一个轮回阶位的转变，而涅槃的根本特点，就是不会再经生死苦难。"[2] 早期佛教根据善恶罪福的业报法则，提出有情流转在"三界五道"之中。"作善业的生于天、人二'善道'，作恶业的堕于畜生等'三恶道'。"[3] 后来"五道"又增加为"六道"，就是欲界。众生不能修行成佛，只能在六道中轮回，佛教因此提出了因果报应与轮回的对应，给跨越死亡之门的信徒提供了多种选择，死亡也就成为一种对

[1] 吴筠：《神仙可学论》，《道藏精华录》，浙江古籍出版社，1989 年影印版。
[2] 杜继文：《佛教史》，江苏人民出版社，2006 年，第 19 页。
[3] 杜继文：《佛教史》，江苏人民出版社，2006 年，第 18 页。

轮回阶位进行选择的宗教体验。

重生信仰鼓吹生死转化观念，认为生命是可以在生死之间转换的，其终极实在是死亡后的生命存在，所以形成了一种承认死亡的长生体验。重生信仰承认死亡，但同时认为死者在墓葬建筑中可以获得生死转化，并因此参照生前相同或相似的生活方式继续生活。重生信仰的基础是上古即已形成的魂魄观念和祖先崇拜，汉代是一个重要发展阶段，加入了生死转化的长生观念与墓葬建筑相结合等方面的内容。王充《论衡·薄葬》中提到了汉代“谓死如生”的现象：“是以世俗内持狐疑之议，外闻杜伯之类，又见病且终者，墓中死人来与相见，故遂信是，谓死如生。闵死独葬，魂孤无副，丘墓闭藏，谷物乏匮，故作偶人以侍尸柩，多藏食物以歆精魂。”谓死如生的观念将生与死作为两个等同的生命形态看待，死亡的过程成为一个生死转化的过程。

重生信仰与道教最容易在死亡观念上产生混淆，它们都是长生体验，但有着明显的区别。重生信仰明确提出“死既长生”，期待通过生死转化而将死与生等同起来，或是不作区别，墓室壁画的图像体系表现的就是以死论生的长生体验。道教不一样，道教否定死亡，基本上不考虑死亡之后的生命存在。《太平经·冤流灾求寄方诀》说：“夫人死者乃尽灭，尽成灰土，将不复见。今人居天地之间，从天地开辟以来，人人各一生，不得再生也。自有名字为人。人者，乃中和万物之长也，而尊且贵，与天地相似。今一死，乃终古穷天毕地，不得复见自名为人也，不复起行也。”道教虽然也有这样的说法：“重生者，独得道人，死而复生，尸解者耳。”但“不得再生”是其长生体验的出发点，因长生而得宠、失败而被杀的道士历代不绝，皆源于能否得到“长寿”。从长生与寿命的关系看，对重生信仰而言，长生不一定长寿，任何年龄的信徒都可以在墓葬建筑中通过生死转化获得长生。但对道教而言，长生就是长寿，崇拜神仙就是实践长寿不死。重生信仰以死论生，道教神仙则好生恶死。

概言之，道教以神仙信仰否定死亡，佛教以轮回信仰选择死亡，重生信仰则以生死转化的要求和可能而承认死亡。

第二，重生信仰有自己的仪式结构。

重生信仰在仪式方面有许多与道佛重叠的地方，但自己的独立面貌还是清晰可辨的。

其一，仪式的场地不一样。这是一个非常直观的描述对象。重生信仰的仪式围绕墓葬建筑进行，道教的仪式主要在道观进行，佛教的仪式主要在寺庙进行。就重生信仰而言，在墓葬建筑场地进行的仪式中，可能会有道佛内容，甚至还会有道士、和尚的直接参与，但此时此地的仪式中心是墓主人，这与道观的神仙、寺庙的佛和菩萨是完全不一样的。而且，重生信仰的仪式场地是家族性质的，宗教体验因此具有封闭性；道佛的仪式场地则多为公共性质，宗教体验是可以用来共享和交流的，因此具有开放性。也因为家族性质，墓葬建筑除了一些基本要素外，并没有统一的形制要求，墓主人的地位高低、经济状况和所处地域等都可以影响到墓葬建筑的形制，与道观、寺庙有明确的形制要求相比，显然有所区别。

其二，仪式的周期性不一样。“仪式的周期性之功能也许正在于经常性地向信徒提醒神总是记得而人却容易忘记的那些东西。”[1]重生信仰的仪式周期以墓主人的死亡为起点，其功能也局限于墓主人的要求和家人对这方面能力的期待。比如，汉镜中经常出现的铭文：“尚方作竟，明如日月不已，寿如东王公西王母，长宜子孙，位至三公，君宜高官。”[2]这样的周期性指向单一，并且呈现出一个逐渐衰减的趋势。道佛的仪式周期性是原先已经存在的，信徒自己的仪式周期可以加入其中，但不会改变原有的周期。道佛仪式的周期性功能在满足信徒宗教体验外，还是一个传播信仰的重要途径，这样的周期性随着个体的加入越来越丰富，不会出现衰减的迹象。

其三，仪式的意义体系不一样。因为对死亡的态度不同，重生信仰与道佛在仪式的意义体系上也存在着各自不同的取向。道教不承认死亡，因此其仪式与长生的具体实践密切相关，所有的长生步骤都可以成为仪式的一部分，仪式是在能否获得长生的种种关系融通中展开，这样的意义体系世俗色彩浓郁。佛教选择死亡，“因果报应”与“三界五道”的关系是其意义体系的结构基础，其中的种种解释和要求最终都是归于佛国世界，这样的意义体系彼岸色彩浓郁。重生信仰承认死亡，同时其终极目标是能够获得生死转化，因此生死转化的路径、转化后的生命形态、与现实世界的比较等构成了仪式的意义体系，这样的意义体系具有此岸与彼岸共同结构的色彩。另外，由于至上神的存在，道佛仪式是一元结构的意义体系，所有仪式内容都是在至上神的体系中完成。这其中，

[1] 孙尚扬：《宗教社会学》（第四版），北京大学出版社，2001 年，第 78 页。
[2] 罗振玉编：《古镜图录》三卷，上虞罗氏，1916 年影印版。

即使信徒有其他方面的期望，也不能有独立的仪式结构。重生信仰，墓主人期待重生，同时墓主人的家人又期待重生的墓主人能够庇荫后代。需要完成这两种宗教体验，重生信仰的仪式因此是二元结构的意义体系，既是墓主人生死转化的长生仪式，又是墓主人后代接受庇荫的祖先崇拜仪式。

第三，重生信仰也有别于一般性的民间宗教信仰。

重生信仰没有稳定的至上神，也没有宗教组织，在传播中还加入了一些民俗性的信仰体验，这些都使重生信仰具有了民间宗教信仰的色彩。不过，重生信仰与一般民间宗教信仰有着明显的区别：其一，民间宗教信仰多为地域性传播，覆盖面小，而重生信仰突破了地域性，可以在一个或几个民族文化圈的大范围内传播。其二，民间宗教信仰的传播往往不稳定，而重生信仰的传播有一个相对固定的形态，历代沿革，稳定发展。其三，民间宗教信仰一般缺少国家制度上的支持，甚至往往还要遭受主流社会的打击，而重生信仰因为包含着祖先崇拜、孝道思想、等级观念等内容，有利于主流社会利益的维护，因此可以得到各代政权在制度上的支持。《晋书·索马琳传》就记载了这样的墓葬制度："汉天子即位一年而为陵，天下贡献三分之，一供宗庙，一供宾客，一充山陵。"如此，重生信仰有了国家制度上的保证。

综上，重生信仰有着自己的死亡观念，认为生死转化的可能性存在而承认死亡；有着自己的仪式结构，在仪式场地、仪式周期和仪式意义体系上表现出独立的面貌；有着广泛的传播性、稳定性和国家制度的支持。因此，重生信仰是一个与道佛和民间宗教信仰有别的信仰体系。

第二节　重生信仰的形成讨论

我们认为重生信仰成形于两汉时期，因为墓葬建筑在汉代取得的突破性发展，为重生信仰提供了生死转化的载体和可能，并且在汉画像石和汉墓壁画上有了全面反映。重生信仰的长生体验在汉以后继续发展，并始终保留着以墓葬建筑为中心的传播体系。因此，我们从汉之前的信仰积淀和汉代构筑地下世界的贡献两个方面来认识重生信仰的形成。

第一，汉之前的信仰积淀。

汉之前，关于死亡的信仰积淀已经非常丰富，梳理其中存在着魂魄观念的影响、祖先崇拜的影响、中原葬礼的发展、“齐生死”的哲学讨论、楚地招魂习俗的传播、秦始皇陵的墓葬突破六个主要内容，这些内容直接影响到汉代重生信仰的发展。

其一，魂魄观念的影响。魂魄观念在原始先民时期就已经产生，之后不断丰富。朱熹曾有这样的梳理：“或问魂魄之义？曰：子产有言：‘物生始化曰魄，既生魄阳曰魂。’孔子曰：‘气也者，神之盛也；魄也者，鬼之盛也。’郑氏注曰：‘嘘吸出入者，气也。耳目之精明为魄，气则魂之谓也。’《淮南子》曰：‘天气为魂，地气为魄。’高诱注曰：‘魂，人阳神也。魄，人阴神也。’此数说者，其于魂魄之义详矣。”[1] 梳理相关文献，我们赞成这样的观点：“先秦魂魄的概念有一个演变过程，先是魂和魄都是指灵魂，魂魄连称，后又发展成为魂指灵魂，魄指形体之灵，这应是与阴阳二元学说相结合的结果。”[2]

其二，祖先崇拜的影响。祖先崇拜与魂魄观念一样在原始先民那里就已存在，据晁福林 1990 年论文提供数据，当时已经发现的商代甲骨文中，关于祖先的卜辞有 15000 多条，关于帝的卜辞只有 600 条[3]。夏商周宗教的性质是血缘性国家宗教，强调祖先崇拜。血缘性宗教是一种政教合一的政治制度，所以虽然“天”和“帝”的内容有增加的趋势，但祖先崇拜始终是被统治者强调的，围绕祖先崇拜的祭祀就曾经与军事成为最重要的国教活动。《左传·成公十三年》记：“国之大事，在祀在戎。”

其三，中原丧礼的发展。学术界一向注意楚地的招魂习俗，其实不惟楚地，在黄河流域也存在着招魂习俗，并且加进了礼仪成分，成为一种招魂礼俗，即丧礼。《礼记·丧大记》这样记载：“复，有林麓，则虞人设阶；无林麓，则狄人设阶。小臣复，复者朝服。君以卷，夫人以屈狄；大夫以玄赪，世妇以袒衣；士以爵弁，士妻以税衣。皆升自东荣，中屋履危，北面三号，卷衣投于前，司服受之，降自西北荣。其为宾，则公馆复，私馆不复；其在野，则升其乘车之左毂而复。复衣不以衣尸，不以敛。妇人复，不以袡。凡复，男子称名，妇人称字。唯哭先复，复而后行死事。”郑玄注：“复者，有司招魂复魄也。”孔颖达疏：“唯哭先复者，气绝而孝子即哭，哭讫乃复，故云难哭先复也。复而后行死事

[1] 朱熹：《楚辞集注·楚辞辩证卷上》，上海古籍出版社，1979 年，第 67 页。
[2] 刘明：《先秦时期的“魂魄观”正义》，《兰台世界》2008 年第 24 期。
[3] 晁福林：《论殷代神权》，《中国社会科学》1990 年第 1 期。

者，复而犹望生，若复而不生，故得行于死事，谓正尸于床及浴袭之属也。”[1]如此繁复的礼仪程序和要求，体现出对死亡的格外重视。

其四，楚地招魂习俗的发展。楚地招魂习俗在死亡观念上有明确的进步，即是在墓葬中为魂魄做了一些具体安排，而不仅仅只是葬前的“招魂”。考古发掘提供了招魂进步的证据：“战国早期的曾侯乙墓，椁内各边厢的高大间隔板下侧都开设了一个方孔，这是楚地墓葬独有的特征，表明墓葬建设者有了椁内开通的意识，标志着楚人生死观念开始有了变化。”[2]对比中原的招魂礼俗，楚地招魂的重点是死亡后如何得到与家人的交流，这一点与中原地区的后人恐惧有所区别，这也是为学者们重视的一个重要原因。

其五，“齐生死”的哲学讨论。道家在生死观上提出了“齐生死”的命题。《老子·十三章》记：“吾所以有大患者，为吾有身；及吾无身，吾有何患？”庄子说得更明确，《庄子·齐物论》记：“物无非彼，物无非是。自彼则不见，自知则知之。故曰：彼出于是，是亦因彼。彼是方生之说也。虽然，方生方死，方死方生；方可方不可，方不可方可；因是因非，因非因是。是以圣人不由而照之于天，亦因是也。”这样将生死等同的看法，与其他诸子显然有别。

其六，秦始皇陵的墓葬突破。秦始皇一统天下，在自己的生死问题上也有始皇帝的风格。他把人世间的宇宙模式搬到了地下世界，以“穿治骊山”的方式而建自己的陵墓，前所未有。鲁惟一认为：“这一安排，自然引起人神关系的又一次大突破，将人的社会性赋予神性，使得人在现实世界的角色与其死后在人鬼世界的角色可以相互定位。”[3]

质言之，在先秦诸多信仰积淀中，魂魄观念和祖先崇拜成为我国所有墓葬活动的信仰基础，是核心观念。中原招魂礼俗和楚地招魂习俗提供了宗教伦理层面上的考虑，“齐生死”是在宗教哲学层面所做的探讨，秦始皇陵则是从帝国政治层面上做出的准备。

第二，汉代构筑地下世界的贡献。

汉代构筑地下世界的努力，为重生信仰在汉代的发展做出了贡献。这方面的主要标志是：地下世界的热情、墓葬形制的进步和墓室壁画的艺术表现。

首先，地下世界的热情。对地下世界的认识，汉之前已经有了不少积累。

[1]《十三经注疏·礼记正义》，中华书局，1980年影印版，第1572页。
[2] 黄晓芬：《汉墓的考古学研究》，岳麓书社，2003年，第91页。
[3] [英]崔瑞德、鲁惟一编：《剑桥中国秦汉史》，中国社会科学出版社，1992年，第724页。

或如魂魄观念，或如黄泉世界之说[1]。不过，地下世界与现实世界有着明确的界限，只要不是与祭祀相联系，人们则对其缺少热情，甚至是避之唯恐不及。但是汉代不一样了，举国上下倾力营造地下世界。王符《潜夫论·浮侈篇》这样描述：“生不极养，死乃崇丧，或至刻金镂玉，檽梓楩枏，良田造茔，黄壤致藏，多埋珍宝，偶人车马，起造大冢，广种松柏，庐舍祠堂，崇侈上僭。”厚葬成为风尚，这是汉人热情高涨的一个原因，更深层的原因则应当是人们对地下世界有了新的认识，这就是王充所说：“以为死人有知，与生人无以异。”（《论衡·薄葬篇》）正是有了生死无异的“死既长生”观念，汉人方有了全民性的巨大热情。

汉代构筑地下世界的文字材料在传统文献中并不丰富，但在遗存考古的发掘成果中却很充分，如葬仪文书和汉镜铭文。葬仪文书由法国汉学家索安提出：“‘葬仪文书’不包括那些在随葬品中不时出现的部分经典文献（如马王堆出土的《老子》《易经》的文本），但包括那些与丧葬仪式和死者死后的命运直接相关的手稿。”[2]索安把葬仪文书分为地券、镇墓文、衣物券和符咒印等，这四类都是要求保护自己的利益不受侵犯，其执着如同世间。汉镜铭文不但要保护自己，还要求保护子孙，对地下世界的热情更是扑面而来。如《金石索》所录一枚汉镜如此记：“盍氏作竟兮真大好，上有东王公西王母，仙人子高赤窣子，绛即云右，长保二亲兮利孙子兮吉。”[3]

其次，墓葬形制的进步。汉人有了“死既长生”的观念，但生死转化是在墓葬建筑中进行的，只有改变了的墓葬形制才能完成这样的转化。古人已经注意到汉代在墓葬形制上发生的变化。《晋书·礼制》记：“古者天子诸侯葬礼粗备，汉世乂多变单。魏晋以下世有改变，大体同汉之制。”黄晓芬的解释是：“汉代以前的墓葬形制以竖穴原理的椁墓为主，具有注意与外界隔绝及密封的特性。进入西汉早期以后，地下的埋葬设施出现了羡道、玄门构造，并以祭祀空间和墓葬空间为中心配置复数空间，首次创设了与外界相通的装置，由于整个地下墓葬设施是模仿地上建筑进行设计和构造，因而定名为室墓。”[4]巫鸿认为：“一旦室墓被发现，它就受到各个社会阶层的欢迎，并很快成为主导的墓葬类型。

[1] 比如，《礼记·郊特牲》记：“魂气归于天，形魄归于地。故祭，求诸阴阳之义。”《礼记·檀弓上》记：“骨肉归复于土，命也，若魂气，则无不之也。”《左传·隐公元年》记：“不及黄泉，无相见也。”《管子·小匡》记：“应公之赐，杀之黄泉，死且不朽。”

[2] [法]索安：《从墓葬的葬仪文书看汉代宗教的轨迹》，《法国汉学》（宗教史专号）（第七辑），中华书局，2002年，第119页。

[3] [清]冯云鹏，冯云鹓辑：《金石索》，北京图书馆出版社，1997年影印本。

[4] 黄晓芬：《汉墓的考古学研究》，岳麓书院，2003年，第2页。

砖的广泛使用也为建造各种形态、带有券顶或穹顶的房形室墓提供了更为经济和有效的手段。”[1]

墓葬可以完成生死转化，墓葬空间就有了承载另一个世界构造的要求。这一点，在汉代王侯墓葬中表现得最突出。考古发掘成果表明，室墓首先是在王侯墓中出现，这些新墓葬构造的特点是搬去此岸生活，特别是模仿性的建筑物，这也在王侯墓中充分体现，如著名的黄肠题凑。《汉书·霍光传》："光薨，……梓宫、便房、黄肠题凑各一具，枞木外臧椁十五具。”历史上，中国是皇权至上的政治制度，帝王所好引领了社会风气，促进了墓葬形制的进步。墓室壁画也是新墓葬构造的一个特点，西汉武帝时期就已经出现了精美的壁画墓，即河南永城芒山柿园梁王壁画墓，而图像比较丰富的画像石墓则是到了东汉初期才出现。

最后，墓室壁画的艺术表现。汉代地下世界材料中最具叙事性的是墓葬绘画。这类图像材料不仅记录方式不同于传统的文字材料，而且获得的方式也迥然不同：文字材料多为传世途径，而图像材料多为考古发掘途径。这类材料是直接面对地下世界的，因此应当受到特别的重视。汉代墓葬绘画主要是汉墓壁画和汉画像石两大类，其突出的图像意义是提供以下两条重要信息。

其一，两个图像体系。汉墓绘画是描写长生故事的。在汉画像石中，长生故事是围绕西王母而展开的，西王母图像普遍存在于各地画像石墓中。但是在汉墓壁画中，西王母图像目前只在两座壁画墓中发现，长生故事是由女娲等传统神灵所讲述。如此，长生故事的图像存在着西王母图像体系和传统神灵图像体系。同时，汉画像石墓多为中、下贵族和平民阶层墓葬，而汉壁画墓多为中、上贵族阶层墓葬。因此，汉画像石是非主流社会的长生图像，而汉墓壁画是主流社会的长生图像。

其二，升仙图的式微趋势。许多研究成果强调升仙图的意义，其实这里存在着误读。通过考古材料的梳理，我们认为："壁画墓在东汉的发展过程中，对于墓室顶部的图像已不如之前那么重视，特别是东汉中后期，墓室壁画的重心已经完全转移至墓室的四壁或甬道两侧上，一些著名的壁画墓甚至在墓室顶部不作图像。曾经在壁画墓中十分重要的升仙图，在东汉后期逐渐失去了自己的重要性。”[2] 同时："在画像石墓中，凡重要的仪式，画面上的重要位置皆为墓主

[1] [美]巫鸿：《黄泉下的美术》，施杰译，生活·读书·新知三联书店，2010年，第27页。

[2] 汪小洋：《汉墓壁画的宗教信仰与图像表现》，上海古籍出版社，2012年，第122页。

人自己，即使是升仙图，墓主人也是图像的中心，其尺寸往往也要比旁边的从属大一号。”[1] 因此我们可以提出这样的观点：汉人墓葬图像描写的是生死转化的重生信仰，而不是依靠神仙的长寿信仰。

综上，我们认为重生信仰确立于汉代，“死既长生”观念的传播与实践、横穴墓等墓葬形制上的明显进步等，诸多因素的叠加使得汉人普遍接受了重生信仰，并因此出现了汉画像石和汉墓壁画这样可以表现生死转化体验的图像体系。

第三节　重生信仰的儒教意义认识

通过以上梳理，我们可以注意到重生信仰与道佛的区别。那么，重生信仰与儒教之间是什么样的关系呢？任继愈认为：“我们认为儒具有一些宗教的特征，如祭天地，拜孔子，敬祖先，这些东西都带有一些宗教的内容和性质。”[2] 儒教的这些核心观念中与重生信仰有着明确的相关性，特别是祭天地与敬祖先的观念，与重生信仰有着直接的联系。我们认为，重生信仰属于儒教体系。

首先，儒教支持长生信仰的分化。

重生信仰形成于汉代，汉代全民热衷长生，而如何长生？汉人产生分歧：一是好生恶死的神仙思想，以长寿而达到长生，所谓“神仙者，所以保性命之真，而游求于其外者”（《汉书·艺文志》）；二是以死论生的重生信仰，以生死转化而达到长生，所谓“谓死如生”（《论衡·薄葬》）。在这个分歧面前，重生信仰得到了儒家学说的支持。

其一，地下世界的构造方法。汉代的仙界与现实世界是有距离的，即“游求于其外者”。而重生信仰的地下世界与现实世界是相仿的，甚至可以有“室墓”之说，这一点与儒家的“天论”相同。董仲舒有“人副天数”之说，他认为：“天地之符，阴阳之副，常设于身，身犹天也，数与之相参，故命与之相连也。天以终岁之数，成人之身，故小节三百六十六，副日数也；大节十二分，副月数也；内有五脏，副五行数也；外有四肢，副四时数也；占视占瞑，副昼夜也；占刚占柔，副冬夏也；占哀占乐，副阴阳也；心有计虑，副度数也；行有伦理，副天地也。此皆暗肤著身，与人俱生，比而偶之弇合……”（《春秋繁露·顺命》）

[1] 汪小洋：《汉墓壁画的宗教信仰与图像表现》，上海古籍出版社，2012 年，第 128 页。
[2] 任继愈：《宗教和宗教研究》，《中国古代文化史讲座》，中央广播电视大学出版社，1984 年，第 159 页。

以人和人类社会的特征来解释宇宙的构成与功能，这与重生信仰以此岸生活而构造地下世界的出发点是一致的。这一点不能忽视，重生信仰构造的地下世界与现实生活相仿，没有“人副天数”这些学说上的准备，“室墓”显然是困难的。

其二，祖先崇拜的观念。祖先崇拜是重生信仰的核心观念，也是儒教的核心观念。儒教的“敬祖先”有着深刻内容，其外在形式就是对祭祀的格外重视。西汉惠帝时，汉帝国就已经规定宗庙一年二十五祠，三年还有大合祭。这种重视也体现在汉代的墓葬建筑中。巫鸿认为：“汉代的创立者出自民间，他们的祖上从不具有举行宗庙祭祀的特权，坟墓是其崇拜祖先的场所。东汉皇帝进一步把宗庙礼仪移到皇家墓地，甚至在实践中废除了群体性的宗庙。祖先崇拜从宗庙到墓地的转移导致了墓葬礼仪功能和建筑设计的关键性变化……那么正如黄晓芬和其他学者所指出的，汉代墓葬除了棺椁组合外还包括了一个重要的祭祀空间。”[1] 有了祖先崇拜，重生信仰也就得到了彼岸叙事的现实需要。

其三，承认死亡的礼仪。与道家否定死亡不同，儒家承认死亡。《荀子·礼论》记：“生，人之始；死，人之终。”因为承认死亡，所以也有了礼仪方面的要求。孔子说：“生，事之以礼；死，葬之以礼，祭之以礼。”（《论语·为政》）儒家学说中有大量的关于死亡礼仪的认识。《中庸》记：“事死如生，事亡如存，仁智备矣。”《荀子·礼论》记：“丧礼者，以生者饰死者也，大象其生，以送其死，事死如生，事亡如存。”在死亡礼仪的如此重视之下，祈求冥福、庇荫子孙等内容也都增加进来，丧礼成为儒教礼仪中的重要内容。重生信仰与儒家都承认死亡，儒家的“事死如生”对汉代的厚葬之风有着推波助澜的作用，客观上也为重生信仰打开了传播的空间。

其次，儒教的发展特征支持重生信仰。

儒教的发展特征支持重生信仰的发展，特别是在汉代，儒学所具有的神圣性和包容性特征都对重生信仰有着巨大的支持。

其一，神圣性的支持。儒学在汉代获得了神圣性的品质。一方面，支持儒学的政权结构被神圣化。董仲舒在宗教信仰层面提出了“天次之序”的说法：“天子受命于天，诸侯受命于天子，子受命于父，臣受命于君，妻受命于夫，诸所受命者，其尊皆天也，虽谓受命于天亦可。”（《春秋繁露·顺命》）以神圣性来认识社会结构，宗教色彩出现。另一方面，孔子也被神化。《春秋演孔图》记：

[1] [美]巫鸿：《黄泉下的美术》，施杰译，生活·读书·新知三联书店，2010年，第28页。

“孔子母征在游于大冢之陂，睡，梦黑帝使请己。已往，梦交。语曰：汝乳必于空桑之中。觉则若感，生丘于空桑之中，故曰玄圣。”（《后汉书·班固传》注引）这是谶纬之说不可信，但对以魂魄观念和祖先崇拜为核心观念的重生信仰是一个极大的支持。汉高祖和光武帝都有自己的神话故事，这些故事具有祖先崇拜的性质。强调神圣性的政治环境，对重生信仰是一种促进。

其二，包容性的支持。汉武帝始儒学独尊，这对学术自由是哀声，但其中产生的大帝国包容性也不能忽视。其实，从历史发展看，儒学一家是不能支持汉帝国政治需要的，儒学只有不断地丰富自己方能胜任，所以汉武帝之时是选择儒学，汉武帝之后是补充儒学，这就明确提出了需要包容的要求。比如，儒学否定鬼神，但在孝道与厚葬上发生矛盾时采取了包容的态度。王充《论衡·薄葬》就有这样的解释：“言死无知，则臣子倍其君父。故曰：‘丧祭礼废，则臣子恩泊。臣子恩泊，则倍死亡先。倍死亡先，则不孝狱多。’圣人惧开不孝之源，故不明死无知之实。”另外，汉帝国一统天下的政治结构也为儒学的包容提供了充分条件，使儒学有强大的整合力来接受其他学说。在这样的背景下，彼岸世界、鬼神观念等也有被接受的可能。比如，在明堂之祀中增加了神位。“汉代明堂之祀，大约从武帝开始。祭祀对象也有所变化，武帝时主祀上帝神，西汉末年及至东汉时，主祀宗庙祖神以配上帝。”[1]包容性的存在，为儒教接受重生信仰提供了条件。

最后，儒教的孝道和礼制支持墓葬活动。

虽然传统儒学反对厚葬，但是其极力强调的孝道却是墓葬活动不可缺少的支撑点，汉代尤其如此。汉代用人制度上有了“举孝廉”的选拔体制，从西汉惠帝到东汉顺帝，国家性的褒奖孝悌、赐爵多达32次。1959年甘肃武威汉墓出土的《王杖十简》和《王杖诏令册》，被认为是我国现存最早的养老令。正是因为汉王朝将伦理化的孝道加入了政治化的制度内容，汉代的厚葬活动才始终不能被制止。西汉文帝时曾经下诏：“当今之世，咸嘉生而恶死，厚葬以破业，重服以伤生，吾甚不取。”（《汉书·文帝纪》）但到东汉初年，光武帝又不得不再次下诏：“世以厚葬为德，薄终为鄙，至于富者奢僭，贫者单财，法令不能禁，礼义不能止。”（《后汉书·光武帝纪》）厚葬风这样炽热，墓葬活动自然是热热闹闹。

---

［1］ 苏俊良：《汉朝典章制度》，吉林文史出版社，2001年，第58页。

儒教对墓葬活动的态度，还表现在礼制的支持上。汉以后的礼制材料中，墓葬活动的材料俯拾即是。《唐会要·陵议》记："文德皇后即玄宫后，有五重石门，其门外双栈道上起舍，宫人供养如平常。"《宋史·真宗本纪》记："仁宗以天书殉葬山陵，呜呼贤哉！"《明史·礼制十四》记："棺椁，品官棺用油杉朱漆，椁用土杉。"中原的礼制也影响到少数民族地区，《辽史·太祖本纪下》记："二年八月丁酉，葬太祖皇帝于祖陵，置祖州天城节度使以奉陵寝。"凡此种种，历代沿革，并且时有补充。礼制对墓葬活动的热情，对重生信仰无疑是一种积极的支持。

综上所述，在我国宗教发展史上，重生信仰与佛教、道教有交叉的内容，但重生信仰的特征是其长生体验与地下世界紧密联系，生死转化是在墓葬建筑这个载体中进行，这是一种独特的宗教体验。我们尝试着这样描述：重生信仰是我国传统文化中关于生死转化的一个信仰体系，以魂魄观念和祖先崇拜为核心观念，并包含了礼制、孝道、等级观念等传统文化内容，其终极实在是依托墓葬建筑而完成的生死转化。这是一个"死既长生"的宗教体验，接受儒家的"事死如生"观念，与道佛有别，在汉代形成，汉以后历代沿革，形成一个相对独立并对儒教有所补充的信仰体系，同时在民间宗教信仰、民风民俗等传统文化中产生了一直延续至今的广泛影响（图 1-1）。

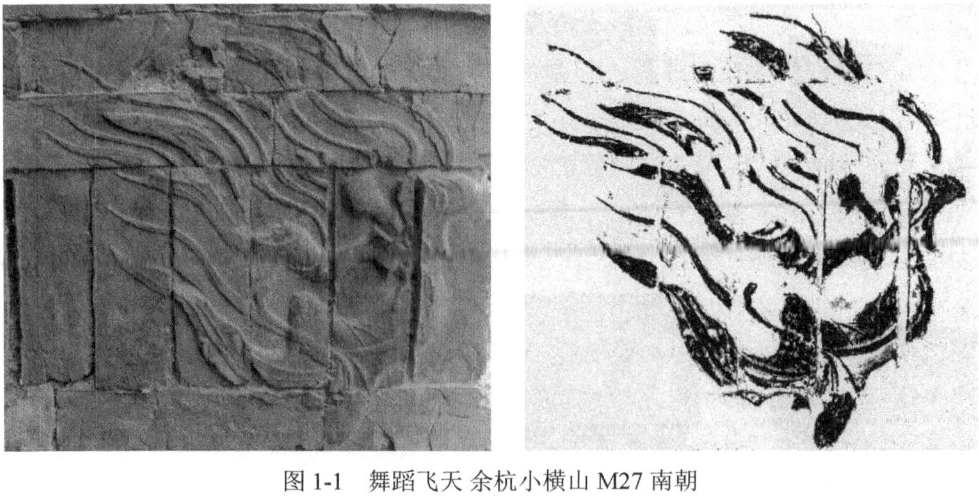

图 1-1　舞蹈飞天 余杭小横山 M27 南朝

第二章

中国墓室壁画的图像体系[1]

中国墓室壁画体量巨大，需要有一个图像体系方面的深入讨论。我们应当明确，墓室壁画是一种特殊的艺术形式，与传世艺术作品不同，它是一种封闭性形态的图像体系。关于封闭性的形态有三个问题：首先，封闭性是如何形成的？这涉及了宗教信仰的问题。其次，封闭性是如何打开的？这涉及了考古发掘的问题。最后，封闭性的存在和失去所包含的意义是什么？这又涉及了当代价值的合理性等需要更加广泛和深刻思考的复杂性问题。关于墓室壁画的封闭性提出的这些问题，增加了墓室壁画的文化承载内容，同时也形成了墓室壁画的独特审美路径。我们认为，封闭性形态的存在，使墓室壁画形成了独特的图像体系。这个图像体系具有以下三个主要特征：其一，墓室壁画是多元图像结构的图像体系，主要由宗教图像、艺术图像和考古图像组成。其二，墓室壁画是多重审美体验的图像体系，仪式分离、多次审美和依赖考古等都是需要考虑的审美指标。其三，中国墓室壁画有着自己的发展特征，形成了汉魏晋南北朝的兴盛期、隋唐五代宋辽金西夏元的繁荣期和明清的衰退期三个发展阶段。

第一节　多元结构的图像体系

墓葬建筑是为墓主人前去另一个世界而修建的，因此墓室壁画首先是宗教图像，然后才是艺术图像。同时，这些图像是通过考古手段获得，因此墓室壁

[1] 本章参见汪小洋《中国墓室壁画图像体系探究》，《民族艺术》2014 年第 2 期。

画也是考古图像。所以，墓室壁画的图像是一个多元结构的图像体系。其主要结构是宗教图像、艺术图像、考古图像。

第一，宗教图像的讨论。

墓室壁画的图像首先是要表现墓主人及其家人在生死转化上的种种期待，这是一种特殊的叙事结构。彼岸世界是一个想象的世界，生命转化的过程和特征只能依靠象征性的图像来表现。墓室壁画的图像体系实际上就是一个象征性的图像体系，象征性是图像叙事的逻辑起点，墓室壁画的宗教属性在象征性特征上得到体现和强调。在确定象征性指导的语境中，具体看墓室壁画的宗教属性，可以从墓葬建筑提供的重生空间、墓葬形制规定的图像结构和重生信仰要求的现实性题材等三个方面来认识。

首先，墓葬建筑提供的重生空间。重生空间象征着墓主人将要去的彼岸世界，这个世界可能还有其他内容和形式，但是在墓葬活动参与者的认识中，墓葬建筑就是生死转化的重生空间。在墓葬建筑中，墓主人完成了生死转化，来到另一个世界，当然，这些都是带有象征性色彩的故事。按照重生体验的设想，重生空间由三个部分组成：墓道象征走向另一个世界，这个部分有大量的车马出行图、仪仗图等图像出现；墓门象征迈入另一个世界，这个部分有双龙穿壁图、门阙神灵图、天门榜题等图像出现；墓室则是象征到达另一个世界，这个部分有以墓主人为主角的升仙图、庖厨图、筵宴图以及历史人物图等图像出现，汉画像石墓中还常常有西王母图像出现。也有一些特殊的墓葬结构，如石棺墓、崖墓等，但这样的结构不会有太大的改变。墓葬建筑是物质性的，重生空间则是非物质性的，在象征性的指导下两者融通，墓葬建筑因此提供了完整的、可信的和可操作的重生空间。

其次，墓葬形制规定的图像结构。墓葬建筑象征重生空间，重生空间是丰富的，在象征性指导下甚至可能是无限丰富的，但墓葬建筑的形制是有明确规定的，这不仅仅是物质的有限性所要求，也是生死转化的信仰体验所规定的。墓道、墓门和墓室这三个部分表示的是重生的三个阶段，墓主人在每个阶段都有不同的重生形态，每个阶段也就有了阶段对应的图像规定。墓道图像被规定为离开此岸的行走主题，墓门图像被规定为此岸与彼岸转化的跨越主题，墓室图像被规定为到达彼岸的居住主题，也有某个阶段或某个地域增加西王母等神灵主题的图像。早期的墓葬建筑，重生故事也可以在墓室中某个部分完整演绎，但这三个阶段仍然被如此规定。在墓葬形制的规定下，各主题图像在相对固定的位置出现，形成了程式化的图像结构，生死转化的象征性被再次强调。

最后，重生信仰要求的现实性题材。与其他宗教图像不同，墓室壁画图像的此岸气息十分浓郁，现实性题材不仅比例大，而且多居于重要位置。这一特征在东汉就已形成，宴饮图、庖厨图、车马出行图等都是墓室壁画中必然出现的图像。如山东梁山后银山东汉壁画墓，杨泓认为："在这座墓中，西汉时壁画流行的主要题材，即墓内死者灵魂升仙的画面消失了，代之而起的是死者生前官位和威仪的画面，着重绘出与死者生前有关的事迹。虽然这座壁画的车骑出行的行列并不够盛大，只有一骑一车前导和一车后从，但开启了东汉盛大车马出行壁画的先河。"[1]洛阳偃师杏园村东汉壁画墓也是一个突出的个案。此墓是大型壁画墓，保存得也很好，墓室内皆为现实性题材的图像，升仙图不见踪影。汉以后各代皆是如此，边疆、少数民族的壁画墓中也是如此，辽代的壁画墓中出现四季捺钵图，金代的壁画墓中甚至出现了完整的杂剧演出图像。墓室壁画是反映彼岸世界的，为何还出现了这么多的现实性题材图像？这就是墓室壁画的特征所在。墓室壁画反映的是重生信仰，即为重生，当然彼岸要与此岸无二。生死转化的去处如果与此岸不一致，那墓葬中的图像就没有意义了。现实性题材的图像表现出来的是重生信仰意义，现实性表现得越强烈，重生信仰的体验表现得就越明确。

第二，艺术图像的讨论。

墓室壁画以艺术形象来表现重生信仰，艺术性是图像的主要属性。从艺术史的层面看，墓室壁画的发展为我国美术发展做出了巨大贡献，特别是宋以前，传世作品缺乏，文献记载之外只能在墓室壁画中认识当时的艺术创作，而这一时期又是墓室壁画发展的兴盛与繁荣时期。同时，汉代墓室壁画的兴盛也为随之而来的南北朝佛教造像的兴起做好了必要和充分的准备，之后也始终以稳定的特色与各代道佛造像平行发展，直至明清式微。

具体考察墓室壁画的艺术特征，有几个方面十分突出。

首先，图像依附于重生象征体系。墓室壁画的主题是重生，图像表现的是一个重生的世界，这是一个富贵不失的彼岸世界，如此而产生了重生象征体系，所有图像都依附于这个象征体系展开叙事。常见的有车马出行图象征着走向地

[1] 杨泓：《美术考古半世纪》，文物出版社，1997年，第137-138页。

下世界，穹隆顶象征着另一个宇宙，筵宴图、庖厨图等象征着此岸色彩的彼岸生活。这些图像组合依附于重生象征体系，图像细节也如此。汉画中侍女开门图，侍女半身、大门半掩，象征着正在进行的生死转化，这个开门细节直到宋墓壁画中还存在。离开了重生象征体系，这些图像的寓意都要发生改变。

其次，图像程式化叙事。重生信仰的终极关怀是生死转化，这不仅成为墓室壁画的唯一主题，也成为墓室壁画的叙事逻辑。离开此岸的墓道，生死告别的墓门，来到彼岸的墓室，这三个重生的主要阶段成为图像叙事的主线，也成为图像分布的依据。如此，程式化叙事成为墓室壁画的重要艺术特征。另外，重生象征体系也简化了叙事的过程，所有图像都是重生符号，这使得墓室壁画的程式化特征更加突出。如墓室壁画中的图像安排，如果是水平方向，重生图像的叙事步骤是墓道、墓门和墓室的递进；如果是上下方向，重生图像的叙事步骤则是由下而上的几个层次递进。如此递进，表明告别此岸来到彼岸。同时，这些递进的图像皆是以墓主人为中心，生死转化的步骤和节奏成为不变的程序。

再次，图像可以独立叙事。巫鸿认为："至少从西汉早期开始，绘画形象进入了墓葬艺术并开始'取代'雕刻的墓俑。这一转换的确凿证据来自公元前168年的马王堆三号墓。"其中的原因，巫鸿的解释是："与雕刻的俑相比，绘画具有大型构图描绘人的行动、叙事序列以及山水场景的优势。"[1]我们同意巫鸿的观点，要补充的是：墓室壁画可以独立叙事。墓俑等明器可以表现重生故事，但要与墓葬中的其他明器共同使用，形成一个组合，有了组合才可以叙事。但是，墓室壁画不需要明器那样的组合。我们在每一幅图像中都可以直接认识到墓主人的重生愿望，并且可以联想到墓主人在生死转化的某个阶段所作出的种种努力。

最后，贵族大墓图像精美而意义特别。墓室壁画一般存在于大中型墓葬建筑，这一点影响到墓室壁画的艺术价值，表现出非常高的艺术水准。13世纪意大利神学家波拿文都拉认为："图像是为了那些无知者准备的，从而那些没有受过教育的、不能够读《圣经》的人，可以通过图画和雕塑来理解我们的神餐仪式，因为它比《圣经》更直观。"[2]我国道佛造像也遇到了这样的情况，但墓室壁画不存在这样的顾虑和要求。墓主人非富即贵，其重生信仰明确提出需要精

[1] [美]巫鸿：《黄泉下的美术》，施杰译，生活·读书·新知三联书店，2010年，第106页。
[2] 转引自[美]温尼·海德·米奈《艺术史的历史》，李建群等译，上海人民出版社，2007年，第61页。

美图像的支持。唐代懿德太子墓是号墓为陵的墓葬建筑，全长 108 米，规模宏大，墓道东西两壁的巨幅仪仗图最使人惊叹。“仪仗图场面宏大，人物众多，以城垣、阙楼、山峦为背景，构成完美画面。仪仗队分为步队、骑队和车队，侍臣列前，旌旗迎风招展，阵容威严。”[1] 此壁画墓中，人物与真人等高，甚至更大，成群结队而层次分明，色彩鲜艳，线条有力而圆润，皇家气势扑面而来，夺人心魄。其他号墓为陵的章怀太子墓、节愍太子墓等都是如此，艺术表现几乎到了极致，即使是文献中的记载也没有这样波澜壮阔的感觉，这些壁画作品显然是当时最好艺术家参与的创作，代表了当时最高的创作水平。贵族大墓的精美壁画，虽然存在艺术家生平信息基本缺失的遗憾，艺术价值受到一定影响，但对美术史研究仍然有着不可或缺的贡献。

第三，考古图像的讨论。

墓室壁画出土于墓葬遗存，是美术考古的对象，这样也就具有了考古图像的意义。杨泓给美术考古的界定是：“考古学的分支学科，以田野考古发掘和调查所获得的美术遗迹和遗物为研究对象。它从历史科学的立场出发，依据层位学、类型学等考古研究方法，结合古代文献以及传世的有关遗物，阐明美术的产生、发展过程，以及与物质文化发展的联系，为人类文化史研究提供准确可靠的实物例证。”[2]

笔者认为，考古图像所具有的基本特征应当是“提供准确可靠的实物例证”。如何达到这个标准？完整性是要首先考虑的。完整的图像，完整的形制，完整的墓葬建筑，以及完整的发掘时间、地点等其他出土信息，都直接关系到考古图像的研究价值和审美意义。同时，墓室壁画是不可移动的地下文物，因此特别依赖于考古现场的完整性。如果现场完整性遭到破坏，有些信息就再也无法得到。

因为考古现场的特殊性，考古报告对墓室壁画研究的重要性就显得特别突出。从完整性看，考古报告的水平决定遗存信息的完整性价值。从真实性看，考古报告可以做出第一时间的判断，并对真实性给予必要的保护。同时，与其他研究依靠文献材料不同，墓室壁画的研究主要依靠考古报告提供的信息。考古报告存在的任何信息缺陷都将直接影响墓室壁画研究的方向选择和深入程度，

[1] 张鸿修：《中国唐墓壁画集》，岭南美术出版社，1995 年，第 83 页。
[2] 杨泓：《美术考古半世纪》，文物出版社，1997 年，第 5 页。

优秀的考古报告不仅可以为研究者提供基础材料，而且还可能带来突破性研究成果，甚至是新的研究领域。

考古图像的地下文物属性也确定了高规格壁画墓所具有的特别重要的意义。一方面，高规格壁画墓保存相对完好。墓室壁画不可移动，而且大多数是非石材的壁面，其完整性特别容易受到损坏，因此，完整性好的壁画往往出现在高规格的墓葬中。另一方面，墓室壁画是重生信仰实现生死转化的场所，图像内容完整之外，仪式内容的完整也是研究者所必须关注的，这就对形制的完整性提出了要求。完整的墓葬才可以寻找完整的仪式，这个要求一般也是在高规格壁画墓中才有条件达到。此外，高规格壁画墓保留的大面积壁画能够提供更加丰富的信息，在更好的物质完整性之外也提供了更好的意义完整性。

我们曾经给美术考古做过一个这样的定义描述：美术考古是一门以田野考古发掘和调查所获得的美术遗迹和遗物为研究对象、在美术史层面上展开研究活动的美术学分支学科[1]。

第二节　多重审美体验的图像体系

墓室壁画的图像体系是重生信仰传播的产物，也是艺术叙事的作品，同时也是埋藏于地下的物质存在，这些内容的叠加形成了宗教图像、艺术图像和考古图像的融通，使得墓室壁画的图像体系具有了多重审美体验。作为宗教图像，墓室壁画是从信仰传播路径构筑地下世界。如此，我们见到了墓葬活动参与者投入巨大热情创作的地下世界图像，这一层面的审美关键词是重生信仰。作为艺术图像，墓室壁画是从想象路径构筑地下世界。如此，我们见到的是一个围绕重生体验建立的虚拟世界，这是一个处于封闭形态的艺术图像，这一层面的审美关键词是重生想象。作为考古图像，墓室壁画是从复原路径构筑地下世界。如此，我们见到的是从形制完整的认识过程中得到并带有一定自然科学色彩的考古图像，这一层面的审美关键词是重生复原。

在墓室壁画的审美特征层面上，我们认为封闭性是审美体验的逻辑起点。墓室壁画是埋藏于墓葬建筑中的艺术品，在墓葬建筑打开之前始终处于封闭性

[1] 汪小洋、姚义斌：《美术考古与宗教美术》，上海大学出版社，2008 年，第 11 页。

形态之中。因为封闭性的存在，墓室壁画的审美体验就有了不同的方向：一方面，以墓主人入葬为时间起点的审美体验进入未知形态，直至考古发掘打开墓葬建筑，审美体验才进入可知形态；另一方面，可知形态的可知内容首先是来自于世俗经验的判断，之后才是重生体验的判断，世俗经验与重生体验结合之后形成了新的审美体验。

第一，仪式分离带来的不连续性审美活动。

墓室壁画在墓葬建筑中存在，表现生死转化的重生体验，这就有了仪式方面的要求，但是因为墓葬封闭性的存在，墓室壁画所表现的重生仪式发生了仪式分离的现象。重生仪式在葬之前是开放性的形态，葬之后则成为封闭性的形态，也就是封闭性使得正在进行中的重生仪式中断，或某个阶段结束，由此重生仪式分离，造成了墓室壁画的审美活动出现不连续性：其一，埋葬过程中，墓主人与其他墓葬活动参与者分离，原有墓葬活动中断，墓主人进入未知形态，仪式结构发生变化，墓室壁画的审美活动也因此进入了未知形态，与可知的审美活动分离，由此而产生了审美过程上的不连续性。其二，封闭性形态下，重生仪式指导下的墓室壁画离开了审美常态，最突出的变化是想象成为主要甚至是唯一的审美路径，审美经验的结构发生变化，墓室壁画的审美活动与世俗性审美活动产生分离，由此而产生了审美领域上的不连续性。其三，遗存发掘后，遗存发掘的考古学目的与墓主人的重生愿望分离，考古发掘打开了封闭的墓葬建筑，发掘成为既是破坏又是保护、复原墓葬建筑的路径和手段，墓室壁画的审美活动必须考虑自然科学的手段和步骤，这与一般性的人文审美活动分离，由此产生了审美价值上的不连续性。

第二，封闭性带来的两种审美形态。

传世艺术品是一种开放性的审美形态，墓室壁画则首先是一种封闭性的审美形态，通过考古发掘才可以具有开放性，因此墓室壁画的图像体系形成了封闭性审美和开放性审美并存的审美结构。封闭性审美是在墓葬建筑中进行的，实际上是一种未知的审美活动，但是在重生体验的判断下，墓室壁画的一切审美内容都是有意义的，而且也是最接近于墓主人审美要求的，有着原型意义。考古发掘后，墓室壁画在重生体验的判断之外又加入了世俗经验的判断，这是一种审美增值，是可知的审美活动，但显然是背离了墓主人的审美要求，破坏了已经存在的重生结构。开放性的审美形态是一种组合性的审美结构，重生体验与世俗经验在新结构中有一致，也有冲突。未知的审美活动是否合理？可知的审美活动是否真实？两种审美形态在种种问题碰撞中需要不断寻找一致性的方向或平衡的支撑点。不过有一点是明确的：在墓室壁画的审美活动中，未知形态下的图像体系规定宗教意义方向，可知形态下的图像体系规定艺术价值方向。对于前者而言，审美活动更多依赖于宗教信仰的象征体系；对于后者而言，审美活动更多依赖于世俗艺术的传承体系。

第三，阶段性带来的不同审美主体。

墓室壁画因为考古发掘的介入有了封闭性和开放性两个阶段，在开放性中又有了发掘和保护两个阶段。因为各个阶段有着不同的审美主体，所以不同的阶段有着不同的审美要求。封闭性阶段的审美主体是墓主人和墓葬活动参与者，这是一个直接为墓主人重生体验服务的阶段，"事死如生"是这一阶段的审美目标。发掘阶段的审美主体是考古工作者，这是一个直接破坏墓主人重生结构的阶段，完整性发掘是这一阶段的审美目标。保护阶段的审美主体是墓室壁画的欣赏者，这是一个是重生结构被破坏后寻找新结构的阶段，包含遗存保护、学术研究和社会宣传等方面内容，还原墓主人的重生体验成为这一阶段最重要的审美要求，但世俗经验对艺术价值的判断也有着强大的影响，宗教与艺术、历史与现实、学术与普及的平衡成为这一阶段的审美目标。简而言之，阶段性的不同审美主体带来了多次审美活动。当封闭性存在时，墓室壁画的审美方向是指向墓葬活动参与者为墓主人安排好的地下世界，审美活动的参与者受到限制，与墓主人无关者一般是被排除在外，审美空间受到限制。当封闭性被打开之后，墓室壁画的审美方向发生了变化，墓主人的地下世界成为相关学科的研究乐园，审美活动的参与者不再受到限制，审美空间放大，将进行二次或多次审美。

第四，考古发掘带来的独特审美要求。

作为考古图像，墓室壁画的审美要求与考古发掘的目的相联系，这就是"提供准确可靠的实物例证"。要做到这一点，完整性是第一指标。在完整性的要求下，考古现场重要性被强调，要求相关者在现场完成图像的复原，并尽可能达到完美程度。因此，墓室壁画的考古图像有三个独特的审美要求，即信息完整、形制完整和自然科学色彩。其一，信息完整。墓室壁画表现的是墓主人在另一个世界的重生体验，这是一个未知的世界，发掘现场的所有信息都是我们认识这个世界的依据。不仅每一个信息都不能丢失，而且每一个信息的重要性都将可能被放大，信息完整将给相关者带来无比的愉悦。其二，形制完整。墓主人的另一个世界虽然是未知的，但却是依照现实世界而构造的，这是一个可以认识的完整世界，认识的渠道就是形制。形制说明重生的结构，形制安排图像的意义，形制为复原重生仪式提供可能性，原址原貌的落实也在形制完整性的种种努力中获得。形制的完整可以使墓葬建筑中的信息获得确定的意义，使图像审美达到流畅性和真实性的要求。其三，自然科学色彩。考古发掘依靠的是自然科学方法，地层学、类型学、风格学和图像学等方法的运用无不是首先以自然科学手段来操作，发掘工具的选择和使用更是属于自然科学范畴，考古现场的信息和形制的完整性都依赖于这些工具和方法的先进程度，考古图像的审美加入了自然科学色彩。

需要强调的是，出土信息对考古图像还有两个特别的现实意义：其一，完整的出土信息可以保留图像的宗教意义。如果没有出土时间、地点、形制的完整等方面的信息，图像可能只具有艺术图像的研究价值。如汉画像石图像，目前发现的图像数量巨大，但其中只有少数有考古报告，很多图像只能作为精美艺术品来欣赏，十分可惜。其二，完整的出土信息可以保证图像的真实性。墓室壁画是出土文物，真实性的顾虑本来是杞人忧天，但造假者的行为将这个顾虑变成不可回避的现实问题，没有具体出土信息的图像越精美越使人担忧其真实性。

第三节　三个发展阶段的图像体系

中国墓室壁画有着悠久的发展历史，从汉代一直沿革到明清时期。研究如此悠久的发展史，发展阶段的讨论是必要的，但是目前已有成果一般都是以朝代更迭的政治制度周期来讨论发展阶段，或者于某个朝代内划分阶段，跨朝代的阶段研究成果明显不足。墓室壁画是在宗教行为指导下产生的艺术图像，政治制度的周期显然不能充分说明墓室壁画的发展规律和特征，墓室壁画的图像体系需要有自己阶段研究方面的成果。

第一，三个阶段的界定。

发展阶段的讨论遇到的第一个问题是阶段如何划分。这是一个大问题，但并不是难题。我们曾经提出中国宗教美术发展有跨越朝代的三个发展阶段，即神秘化时期、世俗化时期和程式化时期[1]。墓室壁画是中国宗教美术的大宗，三个阶段的结论也适用于墓室壁画的图像体系。我们的依据是：一方面，图像体系表现的宗教内容有阶段性。从图像遗存看，墓室壁画发展中存在着一个由神灵图像向神瑞图像转化的转变。汉魏晋南北朝时期，墓室壁画中的神灵图像普遍存在，制造出或多或少的神秘化气氛，如西王母东王公、伏羲女娲等图像。到了隋唐五代宋辽金西夏元时期，神灵图像转移为神瑞图像，世俗化气息浓郁，如四神、十二生肖、装饰性的天象纹饰等。以神灵与神瑞图像转化为指标，墓室壁画从神秘化到世俗化的转变轨迹是清晰的。明清时期，沿袭前代无新意、程式化的面貌可单独形成一个时期。另一方面，图像体系表现的艺术内容有阶段性。汉魏晋南北朝时期，墓室壁画有画像石、画像砖、壁画、漆画、帛画等多种艺术形式，壁画墓的墓葬形制被各阶层普遍接受，并在南北朝时期有阶层上移的趋势，显示出兴盛之势。隋唐五代宋辽金西夏元时期，遗存多壁画形式，墓主人以中、上贵族阶层为主。唐代号墓为陵的高规格大墓出土了一大批叹为观止的壁画作品，表现了当时艺术创作的最高水平，墓室壁画再次达到高峰。唐以后至元代，各代都有数量颇丰、水平颇高的壁画墓存在。这个周期内，壁画墓呈现繁荣景象。明清时期，壁画墓数量锐减，艺术也走入程式化，壁画墓式微。

因此，我们认为墓室壁画的图像体系存在三个发展时期：神秘化的兴盛期，时间为汉魏晋南北朝时期；世俗化的繁荣期，时间为隋唐五代宋辽金西夏元时期；程式化的衰退期，时间为明清时期。三个阶段的界定，可以突出墓室壁画的发展特征，同时也可以从图像体系的发展中说明我国宗教发展的一些相关规律。

第二，汉魏晋南北朝图像体系的讨论。

这一阶段是墓室壁画的兴盛期，图像体系的总体特征是有一个完整性的重生图像结构。墓室壁画的图像全面表现了这一时期人们的长生态度——在墓葬建筑中通过生命转化完成重生。墓主人启程进入另一个世界，生死转化的时刻和重生以后的生活场面等重生体验，都得到了具体的图像表现。围绕重生的完整性，图像突出了神灵的帮助和现实性题材两方面的描述，因此建立了完成生

[1] 廖明君、汪小洋：《中国本土宗教美术的整体思考与期待》，《民族艺术》2011年第2期，第44页。

命转化的重生图像结构。这一阶段，神灵结构的变化、重生图像体系的辨析和对道佛图像的影响等三个具体特征需要我们关注。

首先，神灵结构的变化。这一阶段的墓室壁画中，墓主人获得重生是依靠神灵完成的。汉代神灵非常明确，就是以西王母为至上神的新兴神灵体系和以女娲等为代表的传统神灵体系。南北朝时期这样的体系不复存在，西王母、女娲的图像仍然出现，但似乎已经不是去组织重生世界，而是作为一个象征符号而存在。这些情况在大墓中更加突出，如图像保存比较好的北齐祝阿县令□道贵墓，墓室东西两壁上方分别绘有日月图，日中含金乌，月中含蟾蜍、玉兔和桂树。图像既小又孤单，完全是一个象征符号的构图形式。神灵结构的变化说明，神灵在汉以后的图像中符号意义越来越大。

其次，重生图像体系的辨析。汉代以墓葬形制不同而划分为汉画像石和汉墓壁画两大类型，前者是西王母图像体系而后者是传统神灵图像体系。西王母图像体系表现着中、下贵族和平民阶层的重生信仰，传统神灵图像体系表现着中、上贵族阶层的重生信仰。这样的阶层划分在南北朝仍然存在，但更多的是朝代和南北地域等方面的划分，图像体系的辨析已很少仅从阶层方面考虑而集中于民族、政权和地域方面的考虑，这个变化也符合壁画墓阶层上移的趋势。

最后，对道佛图像的影响。这是一个被普遍意识到但又讨论比较少的内容，而且一般都是谈佛教的影响。实际上经过汉代的发展，墓室壁画的艺术表现已经有了深厚的积淀，完全可以影响佛教图像。这方面最明显的影响是我国等级观念的影响，等级观念已经贯彻于墓室壁画的图像体系之中。墓室壁画中，墓主人不仅居于主要位置，而且他们的尺寸也明显大于身边的侍从。道教石窟的造像也是这样的表现，突出主尊的构图。佛教讲平等，在本土化初期并没有这样的结构。显然，这个影响来自于墓室壁画。再如南北朝时期的礼佛图，其中供养人与随从是有严格区分的，这也与墓室壁画中反复强调的等级观念一致。此外，壁画墓的规格普遍比较高，代表着主流社会的审美观念，佛教本土化初期必然有主动接受墓室壁画影响的要求。以往学术界关注佛教东渐初期对道教的依托，其实对重生信仰的依托也不能忽视。

第三，隋唐五代宋辽金西夏元图像体系的讨论。

这一阶段是墓室壁画的繁荣期，图像体系的总体特征是有一个非完整的重生图像结构。墓室壁画的图像仍然表现着人们对另一个世界的热情期待，但因为神灵的缺少而表现出一种非完整性的重生图像结构。在这样的结构中，世俗意味非常浓重，甚至许多墓葬连表示另一个世界的符号性图像也没有，现实生活的图像没有过渡的环节而直接进入墓室壁画。如果没有墓葬建筑，墓室壁画的图像与传世艺术图像就几乎没有区别了。在这样的形态下，墓葬建筑显得特别重要。其本身就象征着另一个世界的空间，这个空间中的图像因此被规定于生死转化结构之中，所有的图像都是围绕着墓葬建筑的象征性而展开。

神灵结构的消失，是重生信仰的进步。两汉时期，墓葬建筑中神灵图像数量很多，位置也很突出，神灵的帮助提供了生命转化的重生结构。南北朝时期，神灵图像减少，位置也不如之前重要，这实际上表现出一个神灵图像符号化的趋势，但神灵帮助的重生结构仍然存在。唐代开始，神灵图像越来越边缘化，甚至图像的象征性也被图像的装饰性所取代，神灵已无法继续支持重生结构。在这样的形态下，墓葬建筑直接提供了生命转化的重生结构。如此，墓葬建筑中的墓室壁画减去了此岸与彼岸转化的一些过渡性交代，直接将现实生活表现在图像上，导致墓室壁画中现实气息越来越浓郁。宋代以后，之前在墓道中频繁出现的车马出行图大大减少，构图也越来越简单化，精美程度明显下降，与此形成鲜明对照的是墓室中的其他图像依然精美，不输前代，而且描写生活细节的图像也越来越多，表现出墓主人的注意力已经从墓道转入了墓室之中，并在其中找到了更好的生死转化体验。

唐代还有一个重要进步，就是号墓为陵现象的出现。这是一个对重生信仰有着非常重要意义的现象，可惜未被关注。号墓为陵的墓葬活动多为重葬行为，重葬者与初葬者不同，其骨骸或多或少被破坏，重生的物质形体已经不完整了。但是，生死转化的墓葬活动继续进行。据遗存发掘成果，号墓为陵的墓葬建筑中很多都有壁画存在，说明参与重葬活动的人们重生热情不减。人们认为重葬者也能够得到生死转化的可能，这毫无疑问是重生信仰上的一个巨大的进步。以往，人们将尸骨不朽作为重生的一个前提，所以就有了很多保护尸体的办法，如玉的使用。汉代根据等级制度有了“金缕玉衣”“银缕玉衣”和“铜缕玉衣”的复杂划分，还有这样的传说：“凡贼所发，有玉匣殓者率皆如生，故赤眉得多行淫秽。”（《后汉书·刘盆子列传》）尸骨不朽是一种理想形态，但也是一种对重生的限制。号墓为陵出现后，这样的限制被打破，尸骨不全仍然可以存在重生的可能，这个进步实质上是诞生了一种新的重生体验，它更加强调重生的象征意义。这个进步反映在墓室壁画上，就是象征性的图像更加被忽视，因为墓葬建筑承担的生死转化功能已经完成了象征意义，图像可以直接地表现生活场景。

第四，明清图像体系的讨论。

这一阶段是墓室壁画的衰退期，遗存非常少。“明代墓室建筑装饰的发现是近60年的事。中华人民共和国建立后，有装饰的明代墓葬在浙江、江苏、山东、河北、河南、山西、陕西、重庆、四川、贵族、青海、甘肃、北京等地都有一定数量的发现。”[1] 这些发现都是零星的，清代墓葬装饰更是个位数的发现。对明清墓室壁画的图像体系本身很难有多少研究的意义，但思考这种衰退之势的原因应当是有意义的。

墓室壁画衰退是个很大的问题，学术界多从人们对死者地下世界的重视程度降低来解释[2]。我们不完全同意这样的观点，我们认为可以从这样几个因素关注：首先，图像象征意义的下降趋势。东汉时期，墓室壁画的象征意义是通过写实性的神灵图像来表现；南北朝时期，墓室壁画的象征意义是通过符号化的神灵图像来表现。这两个时期，神灵图像承担着生死转化的象征意义。唐代，号墓为陵的壁画墓带来了新的重生体验，同时神灵图像转为神瑞图像，导致壁画墓图像一派此岸气象，墓葬建筑的建筑物开始承担生死转化的象征意义。至明清时期，墓葬建筑已经可以独立而直接地承担象征意义，墓室壁画最后消失。其次，艺术水准的下降趋势。宋代墓主人的地位较唐代明显降低，墓室壁画的艺术水准也随之降低。辽金元虽有高规格壁画墓存在，但中原地区的已经形成的趋势还是存在的。从文献看，缺少优秀艺术家参与墓室壁画的记载，这样的状态显然要影响到壁画墓的艺术水准。最后，明代礼制也有一定影响。明代有严格的丧葬制度，如《明史》的《礼志十四》和《礼志十五》对亲王、郡王与品官丧葬制度的区别定有专门的规定。壁画墓建设者多为中、上贵族阶层，这样严格的规定之下，他们的态度必然谨慎（图2-1）。

但是，墓室壁画的衰退并不代表重生信仰的衰退，墓葬活动始终是我国传统文化中的一个与道佛活动平行的信仰行为。从墓葬遗存看，虽然道佛的图像在壁画墓中出现，但都没有形成体系，数量也不多，只是一种补充性的图像。

---

[1] 杨爱国：《明代墓室建筑装饰探析》，《贵州大学学报》（艺术版）2013年第1期，第54页。

[2] 如杨爱国持此观点，见《明代墓室建筑装饰探析》，《贵州大学学报》（艺术版）2013年第1期，第54页。

明代甚至还有这样的记载："吾平生不曾用僧道，死后亦勿用，只依《家礼》祭祀。"（《杨文贞公遗嘱》）[1] 我们同意巫鸿的观点："墓葬艺术千年不衰的一个原因在于它吸收不同信仰和实践以丰富自己的能力。受到绵绵不绝的祖先崇拜和孝道的支持，它在中国古人的社会活动和艺术创造中保持了一个核心位置，在黄泉世界造就了变化无穷的建筑结构、图像程序和器物陈设。"[2]

图 2-1　社树图 酒泉丁家闸 5 号墓 十六国

[1] 陈成国：《中国礼制史》（元明清卷），湖南教育出版社，2002 年，第 249 页。
[2] [美]巫鸿：《黄泉下的美术》，施杰译，生活·读书·新知三联书店，2010 年，第 241 页。

第三章

中国墓室壁画的当代意义[1]

作为宗教行为产物的墓室壁画，其历史意义首先是产生于宗教信仰领域，之后是艺术领域，然后才是考古领域。在我们讨论墓室壁画当代意义时，这个结构有了调整的要求。首先是考古价值有了优先考虑的要求，在当代意义中，考古价值有着最为明确的指向，同时也因为遗存发掘的重要性而成为其他价值产生的基础。其次是艺术价值有了多元化的要求，二次审美使得审美活动由封闭形态转为开放形态，宗教语境、世俗语境和墓葬建筑语境成为艺术价值需要考虑的参照指标，由此提出了文化增值的要求。这些要求有些是明确的，有些则是需要讨论的。最后是宗教信仰的价值，因为原有仪式的不复存在或发生改变，宗教意义变得不再那么确定，甚至是变得模糊了，宗教价值因此需要在仪式复原方面寻找理论意义的同时，还需要在现实操作上寻找一些新的平衡点。概言之，新结构中的墓室壁画，考古价值是可以首先确定的，艺术价值也是可以明确的，并产生了被放大的趋势，唯有宗教价值存在着不确定性，需要在仪式重新认识的要求下做一些新的探讨。

第一节　遗存状态与考古价值的判断

中国墓室壁画的考古价值来自于壁画墓的遗存状态。中国的壁画墓遗存，数量巨大，分布广泛，而且其中多数为中高等级的墓葬遗存。这样的遗存状态

[1] 本章参见汪小洋《中国墓室壁画的当代意义讨论》，《民族艺术》2014年第6期。

举世无双，保证了墓室壁画的考古价值。

第一，遗存数量巨大。

遗存数量巨大表现在两个方面：首先，壁画墓的绵延时间长。墓室壁画的雏形可以推至战国时期的楚墓，如湖北随县曾侯乙墓的漆棺画、江陵天星观 1 号楚墓木椁画、湖南长沙陈家大山楚墓帛画以及湖南长沙子弹库 1 号楚墓的缯书和帛画。这些墓葬中的帛画、缯书、木椁画等，都已具备了墓室壁画的标准，只是竖穴墓的形制没有提供对应的墓室空间。西汉中期，当横穴墓的形制成熟后，墓室空间的问题解决了，壁画墓得以迅速发展，很快就在东汉迎来了一派繁荣，以汉画像石墓和汉壁画墓为代表的汉代墓室壁画将中国墓室壁画推向了第一个高峰。自此，壁画墓成为一个常态的墓葬形制，各代皆有，各个阶层都有参与，如此就为壁画墓的考古活动提供了广阔空间。其次，壁画墓的绝对数量也很大。汉代的汉画像石和汉墓壁画的迅速繁荣使壁画墓获得了一个非常高的起点，一个最直接的指标是数量巨大，汉画像石墓至今没有一个确切的发掘数据，汉壁画墓则是 60 余座有正式发表的考古报告，这样的考古数据是两汉其他类型的墓葬无法相比的。汉以后，壁画墓一直是一个大数量级别的考古对象，明清衰退前，各代都有数十座乃至上百座壁画墓被发掘。根据中国墓室壁画遗存年表的初步统计，至 2016 年底，见于考古报告的壁画墓近千座，另外还有数量颇多的信息不全、部分重复的壁画墓考古材料。

第二，遗存分布广泛。

壁画墓在我国各个地区都有分布，是一种普遍存在的墓葬形制。梳理壁画墓的各代发展，我们可以梳理出贵族化和平民化两个走向，目前的遗存一般也是按照这两个走向分布的，并且也正是因为这两个走向，使得壁画墓有了广泛分布的基础。其一，贵族化的走向。这个走向的存在，使得壁画墓从中上阶层那里得到了支持。西汉开始，汉墓壁画就表现出中上阶层的特征，大多数汉壁画墓都是出现于王侯封地，并且表现出一种跳跃性的分布走向，即哪里有封地，哪里就可能有汉壁画墓遗存出现。这一点，与汉画像石墓以一种特定类型的墓葬形制而在某个地区流行的分布规律不一样。汉画像石墓与汉壁画墓在阶层等级上的区别，当代学者已经注意到：“在汉代，厚葬的代表是皇帝、诸侯王等贵族豪富。但今天的考古发掘尚未见超过俸禄二千石以上官吏的墓葬出土有画像石。”[1]汉以后，壁画墓阶层上移，中上阶层的特征更加突出。南北朝时期，上移的特征非常明显，壁画墓的墓主人基本是来自中上阶层，壁画墓也多分布于城市附近。唐代，壁画墓大多数集中于关中地区，许多墓主人非王即侯，有了所谓的“京畿规制”，上层特征显而易见。其二，平民化的走向。这个走向的存在，使我们注意到壁画墓从宗族文化那里得到的支持。壁画墓中也有许多平民色彩的壁画墓，这些壁画墓形制完整，有些还颇具规模，表现出墓主人强大的经济实力。特别突出的是，这些平民色彩的壁画墓常常是在族群墓中出现，壁画图像中也多宗族礼仪、血缘伦理等方面的叙事，表现出墓主人对社会身份的特殊要求，这是宗族文化的一种体现。这些壁画墓的墓主人是宗族中的重要成员，或为辈分长者，或为曾经担任过朝廷职务的退隐者，或为经济显赫的富有者，族人簇拥他们、赞美他们的图像比比皆是。这样的墓室壁画与宗族活动相关联，体现出宗族文化的支持，使得壁画墓成为族群墓葬中的一个特别墓葬形制，这也使得壁画墓在贵族化外有了平民化色彩，从而有了更加广泛分布的要求和条件。

第三，中、高等级的墓葬形制。

各代的壁画墓等级多样，但整体看，壁画墓还是以中、上阶层为主，是中、高等级的墓葬形制，这一特点使得壁画墓在考古活动中可以表现出中、高等级墓葬的特征。首先，以中、高等级为主线的发展轨迹。汉代，中、下等级的汉画像石墓和中、高等级的汉壁画墓并行发展，这是一个特殊的阶段。汉以后，并行的形态不再，壁画墓阶层明显上移。至唐代，号墓为陵的墓葬中出现墓室壁画，说明最高统治者也对墓室壁画给予了关注。宋元时期，壁画墓再次加入大量的平民色彩，不过考虑到两宋时期贵族阶层扩大的时代特征，如科举制度的健全、封赠制度的推广等，这一时期的壁画墓仍然为中、高阶层中流行的墓葬形制。明清时期，壁画墓数量骤减，而且都为小型墓葬形制，呈现出衰败的趋势。贯通看，中国墓室壁画的繁荣期和优秀作品，都出于中、高阶层墓葬为主的时期。其次，礼制限制的墓葬形制。相对于其他墓葬遗存，壁画墓的形制存在着一些规范性的要求，墓道、墓门、甬道、墓室和地面墓祠建筑的安排，各个位置的图像题材安排以及一些反应礼制内容的图像反复出现等，这些都体现了一定的规格考虑，表现出了礼制的要求。这些要求也是一种限制，所以壁

[1] 顾森：《画像砖、画像石艺术的源起》，《中国美术研究》第1、2合辑，东南大学出版社，2012年，第7页。

画墓的形制各代都比较整齐，比较容易寻找到对应的形制模式。中、高等级的墓葬形制，可以为考古活动提供先天的价值预期，奉献比较好的墓葬考古成果。这里需要说明的是，壁画墓的建筑规模并不是评定墓葬等级的唯一标准，还应当考察墓葬形制上表现出来的等级类型。高等级的壁画墓，在形制上一般都是有一个与等级制度对应的规格。这个认识，以遗存的实地考察来得最直观。巫鸿就认为："在建筑方面，尽管高等级墓葬往往被称为'地下宫殿'，很多装饰豪华的墓葬实际上故意做得很小。要真正认识它们的尺寸，人们必须亲自访问原址。"[1] 仅从文献上梳理，这样的认识是得不到的。

第二节　二次审美与艺术价值的判断

中国墓室壁画的艺术价值，来自于遗存丰富的考古价值支持，同时也来自于多次审美形成的审美价值支持。从审美过程看，墓室壁画有两个审美主体，一是墓主人参与的审美活动，这是审美的第一个阶段；二是墓主人缺席的审美活动，这是审美活动的第二个阶段。我们认为，墓室壁画首先是宗教行为，然后才是艺术行为，墓主人用壁画表现了他们对彼岸世界的期待，这是墓室壁画的首次审美活动内容，当壁画墓工程完成之时，这个审美活动也就结束，后人打开壁画墓而带来的种种审美活动，都是二次审美，这是此岸世界的审美活动，其性质与在彼岸世界展开的首次审美活动是有所区别的。首次审美是封闭的，二次审美则是开放的。因为墓室壁画存在着二次审美，所以墓室壁画的艺术价值有着明确的当代意义。我们有这样三个方面的考量。

其一，宗教语境中的艺术价值。二次审美的过程，需要在宗教语境中讨论真实性。壁画墓的墓主人是在重生信仰指导下进入壁画墓的，墓室壁画反映的是墓主人对获得重生以后的种种期待，这种期待带来了真实性的感受，墓主人面前的每一幅生活画面都是他们认为将要在彼岸出现的真实存在场景。不论这些画面在构图中运用了多少艺术手法，但画面表现的内容都是墓主人将要得到的真实存在，这是从宗教体验中得出的判断，否则这些内容对重生信仰的信徒没有任何意义。因此，我们对墓室壁画中表现的生活画面都应当尝试着进入宗

[1] [美] 巫鸿：《黄泉下的美术》，施杰译，生活·读书·新知三联书店，2010年，第232页。

教语境，以真实性为逻辑起点来判断。得到这样的真实性，墓室壁画才可以考虑当代意义。宗教语境中的墓室壁画，其艺术价值就是生活画面在真实性上可能达到的高度。为了认识这样的真实性，我们将从画面的细节处进行全面考证。同时，因为有了这样的真实性，我们又可以从生活画面的主题中了解墓主人在彼岸的各种要求。这些真实性的认识，都是在宗教语境中进行的，真实性表达得越充分，墓室壁画的艺术价值就越明晰。宗教语境中认识真实性的目标和过程，为我们提供了墓室壁画的当代意义。

其二，世俗语境的艺术价值。在二次审美中，最直接的艺术价值应当是来自于世俗语境，这是墓室壁画具有当代艺术价值的基本保证。首先，墓室壁画具有明确的艺术叙事特征。墓室壁画首先是宗教行为的产物，但同时也表现出了鲜明的艺术叙事特征，合理的比例、刻意的夸张、有意识的对比等艺术手法的出现以及反复运用，同时在色彩、线条等方面表现出的特别追求，这些都表现出了鲜明的艺术叙事特征。其次，墓室壁画具有很高的可比性艺术水准。墓室壁画是为有地位、有实力的墓主人描绘彼岸世界的，因此有着对应的艺术要求，也因此吸引了优秀艺术家的参与。明清之前，各代的墓室壁画都表现出了很高的艺术水准。汉代，墓室壁画代表了当时绘画艺术的最高水平。汉以后，佛教石窟、寺庙艺术繁荣发展后，墓主人的阶层上移保证了壁画墓对艺术家的吸引力，墓室壁画仍然可以在明清以前与佛教艺术双峰并峙。另外，传世作品的真实性、完整性常常受到后代学者的诘问，而墓室壁画没有这个问题，时间越早，墓室壁画为美术史做出的贡献越大。最后，墓室壁画具有不可再生的艺术价值。墓室壁画的首次审美是封闭性质的，因此墓主人的审美活动是不可再生的，之后的所有审美活动都是违背了墓主人意愿而在开放性环境中进行的，也因此，首次审美对二次审美形成一定的限制，即所有的审美都是以封闭性原貌的复原为起点的，如墓室形制的类型、名器的组合类型等，墓室壁画在这样的限制中获得了不可再生的艺术价值。

其三，墓葬建筑语境的艺术价值。墓室壁画的审美活动，面对的是不可移动的艺术品。墓室壁画有封闭性的审美要求，同时也得到了封闭性的物质条件保证，这就是墓葬建筑。墓葬建筑是墓室壁画的载体，完整的墓室壁画是不可移动的艺术品。这一特征，使得我们所有审美活动都不可能离开墓葬建筑的语境。首先，考古发掘保留的艺术价值。考古发掘对壁画墓无疑是一次巨大的破坏，把破坏程度降到最低点就是对艺术价值的最好保护。因此，墓室壁画的艺术价值要考虑到考古发掘的保护程度而带来的原有面貌的保留程度，保留程度的高低与艺术价值的高低成正比。其次，遗存保护提供的艺术价值。考古发掘后，遗存的保护也将影响到艺术价值的完整性，特别是壁面上的壁画极易损坏，任何图像损坏后都再无复原的可能。因此，墓室壁画的保护方案的制定、实施，都是当代学者获得艺术价值时所需要考虑的前提条件。目前的原址保护和异地保护、集中保护和分散保护等保护方式往往存在争议，都是墓室壁画获取当代意义而遇到的问题。最后，形制考察强调的艺术价值。墓室中的壁画不是孤立的图像，它们是与整个墓室的大结构合为一体的，忽视或割裂这种关系的任何做法和理解都将失去或损害宝贵的艺术信息。这个大结构，其存在的物质方式就是墓葬形制。因此，所有墓室壁画的审美活动，都要考虑到墓葬形制的存在，应当从墓葬形制上考虑墓主人所想象和期待的另一个世界是如何组成的，全面深入讨论构图的要求和艺术手法的表现，从而获得完整而必要的艺术信息。

概言之，墓室壁画的艺术价值是在一次审美在形成，在二次审美中获得。

第三节　确定性与宗教价值的判断

墓室壁画是宗教行为的产物，但是因为原有的仪式不复存在或已经发生了很大的变化，墓室壁画的宗教价值也发生了结构上的变化，历史上存在并且沿革有序的宗教体验是确定的，而当代正在形成的宗教体验则出现了不确定的问题。“陵或墓的构思，也就越来越成为秦汉人想象中的仙界或进入仙界前半仙半人的场所。在这种构思中，陵墓已不再是亡灵唯一的和长远的停留之地，只要能上天，亡灵将离开陵墓一去不返，若一时上不了天界，不得已而求其次，陵墓也可作为模拟的天界或与天界相通的地方使亡灵安居其内。”[1] 这样的体验，古人有，但是当代人显然会有另外的想法和做法。因此，墓室壁画的当代意义来自于确定的宗教体验，也来自于不确定的宗教体验。

关于确定的宗教价值。确定的宗教价值，来自于与其他宗教行为的比较。一方面，墓室壁画表现重生信仰，这是一个承认死亡的本土信仰。中国人惜生，

[1]　顾森：《画像砖、画像石艺术的源起》，《中国美术研究》第1、2合辑，东南大学出版社，2012年，第10页。

好生恶死，追求长生，所谓“寿为最善”（《太平经》），由此而形成了对死亡的特别关注。在中国传统大教中，对死亡有着不同的态度。道教崇拜神仙，直接否定了关于死亡的宗教体验。佛教宣扬轮回，这是一种选择死亡的宗教体验。重生信仰鼓吹生死转化观念，认为生命是可以在生死之间转换的，其终极实在是死亡后的生命存在，所以形成了一种承认死亡的长生体验[1]。在中国传统宗教文化的发展中，重生信仰接受了儒家的“事死如生”观念，这一点与道佛有别。重生信仰在汉代形成，汉以后历代沿革，形成了一个相对独立并对儒教有所补充的信仰体系。另一方面，墓室壁画的载体是墓葬建筑，这是中国传统文化中最为普遍的建筑类型之一。中国其他传统大教的图像载体都不同于墓室壁画的载体，佛教、道教图像的主要载体是石窟、寺庙、道观，此外还有水陆画等。墓室壁画只在墓葬建筑中存在，这是一个独特的宗教传播载体。石窟、寺庙、宫观是开放的，是一种常态的仪式场所，可以对应于日常的宗教体验；壁画墓是封闭的，是一种非常态的仪式场所，可以直接提供终极关怀的宗教体验。墓室壁画依托的墓葬建筑与佛道建筑一样具有广泛的普遍性，但是对应的宗教体验却很大不同。墓室壁画传播重生信仰，为墓葬建筑增加了可以与石窟、寺庙、宫观造像媲美的艺术性内容，同时也获得了确定的宗教价值。

关于不确定的宗教价值。不确定的宗教价值，来自于传统仪式在墓葬建筑上发生的变化。首先，仪式简化的趋势。历史上，墓葬建筑的仪式一直在发生变化，但总的趋势是更加的烦琐、更加的注重形式，这一趋势在当代发生变化，墓葬建筑的仪式表现出简化的趋势，甚至可能是忽略许多传统环节的简化过程。其次，仪式群体减小的趋势。在传统文化中，仪式群体与宗族有着密切的联系，宗族墓群是一种非常普遍的墓葬分布形态，相关的仪式也是需要族人共同参与的活动，当代则淡化了这样的联系，常态的仪式多以家庭为单位，宗族的象征意义取代了历史上长期存在的实际意义。这一点，支持了仪式的简化趋势。最后，仪式的象征意义发生变化。传统文化中的象征意义，强调生死转化的可能，并由此形成了许多具体的“事死如生”诉求，当代这些诉求都被抽象化了，“死既长生”成为一种抽象寄托，相关的仪式未必再涉及以往那些具体的体验过程。墓葬建筑上发生的这些变化，影响到重生信仰的仪式形式，带来了宗教价值的不确定性。涂尔干认为：“信仰者赋予仪式的物质效力，正是那些掩盖仪式存在

[1] 汪小洋：《中国墓室壁画的重生信仰讨论》，《民族艺术》2014 年第 1 期。

之根本原因的诠释所带来的结果；这是因为，这些仪式在道德上重新塑造了个体和群体，而且人们坚信仪式拥有着支配各种事物的力量。”[1] 如果仪式发生了变化，那“物质效力”就不再是原来的面貌。当这样的仪式不再以原有面貌出现时，其“支配各种事物的力量”也必然要有一个新的结构认识，这个认识是受到限制的，因此在确定的宗教价值范围之外产生了不确定性。

重生信仰的宗教价值存在不确定性，带来了仪式沿革上可能出现的断裂，墓室壁画的当代意义因此在宗教价值上受到不确定性的影响。祖先崇拜、血缘伦理、长生信仰和等级观念等这些与墓室壁画密切相关的构图要素，都因为仪式的变化而发生了与传统路径有所不同的改变。不确定性的存在，同时也限制了我们对确定性价值的认识，其中两个最明显的表现是重生信仰出现了学术化和民俗化的发展趋势。学术化将重生信仰的存在予以理论梳理，程式化的论证过程不可避免地造成了一些信息的损失，拉远了与仪式原貌的距离。民俗化则是将重生信仰的存在予以世俗改造，许多叙事环节都因此而不再以生死转化的前提展开，这显然也是一个影响仪式原貌的行为。更为重要的是，学术化和世俗化都会影响到仪式的神圣性。米尔恰·伊利亚德认为神圣性提供了超自然的体验：“在宗教体验的范围内，有些东西看上去与神圣事物相似或暗示了神圣事物的存在；它们提供了通往超自然领域的线索。”[2] 这一点对我们认识墓室壁画的当代意义尤为重要，缺少神圣性支持的壁画图像，将无法提供超自然的体验，我们也就无法获

图 3-1　男供养人、仙鹤图
（墓室东北壁）甘泉袁庄村 M1 金代

[1]　[法] 涂尔干：《宗教生活的基本形式》，渠东、汲喆译，上海人民出版社，2006 年，第 354 页。
[2]　[美] 包尔丹：《宗教的七种理论》，陶飞亚、刘义、钮圣妮译，上海古籍出版社，2005 年，第 223 页。

得宗教价值的完整性，乃至准确性。如此，墓室壁画的宗教价值也就成为一个不确定的领域；也因此，宗教价值将与考古价值、艺术价值重新结构，在新的结构中获得其当代意义（图 3-1）。

第四节　三个价值关系的判断

在墓室壁画的当代意义结构中，考古价值的判断是最重要的，这是以完整性为逻辑起点的基础性工作，当代学者在考古领域的所有努力都是希望从遗存中获得尽可能的完整。在考古价值之外，艺术价值因为可以与当代世俗艺术的评判标准直接对接，艺术价值成为一个文化增值明确的领域。宗教价值因为失去了原有仪式的支持，因此存在了不确定性的走向。与考古价值、艺术价值比较，宗教价值可能是面临着一种减少的趋势。具体梳理三个价值关系，我们有以下考虑。

第一，文本完整性的认识。

当代墓室壁画的研究离不开文本完整性，这是研究得以深入的基础。

关于文本的完整性。就墓室壁画的研究而言，文本的完整性是指遗存个体所提供的完整性信息，主要有形制的完整性和图像的完整性两方面的内容。首先，要求形制具有完整性。形制的完整性是对遗存发掘的理想要求，主要包括墓葬建筑的完整和明器等随葬品的完整两个方面。墓葬建筑是墓主人获得重生的空间，这是一个包含着愿望、过程和成功可能的叙事结构，也是一个象征彼岸的物质存在。随葬品是墓主人在重生空间中期待得到的一种物质状态，这是一种特殊的墓葬安排，营造出生死等同的环境。形制可以反映出墓主人及墓葬建设者对生死转化的整体思考和具体安排，形制越接近完整，墓主人的重生信息就越完整。其次，要求图像具有完整性。图像的完整性是指壁画结构的完整和图像叙事的完整。壁画结构的完整是来自于认识形制的需要，墓主人和墓葬建设者是按照“事死如生”的要求来结构壁画的，墓道、墓门、横梁、墓室四壁和顶部等都是按照重生步骤而思考和设计，对应的壁画图像可以反映出这些步骤及其之间的关系。图像叙事的完整是来自于认识重生细节和艺术价值的需要，构图的完整性、色彩的完整性和线条的完整性都会影响到对墓主人重生信仰的认识。在这里，我们将墓室壁画也作明器看待，不过这是一个独特的明器体系。

文本的完整性，涉及背景的完整性。特纳认为："人与人之间有着类属性的纽带连接这一概念，以及与它相关的'为人类本身所怀有的情感'，并不是什么群体本能的附带现象，而是具有完整性的众人全身心地参与其中的产物。"[1]对于墓室壁画文本，我们也应当有这样理解，从而对其背景的完整性有一个深入的认识。背景的完整性是指遗存整体认识所需要的完整性信息，有发展阶段、地域特征和其他一些特殊贡献方面的内容，如汉代，永城芒山西汉梁王壁画墓是最早阶段的壁画墓，洛阳卜千秋壁画墓是王莽时期中原地区最具代表性的壁画墓，沂南画像石墓是有佛像出现并保存完整的画像石墓，内蒙古和林格尔壁画墓是目前已知规模最大的边疆地区壁画墓，等等。这些汉代壁画墓的遗存意义，都来自于背景完整性上的考虑。质言之，背景完整性就是从墓室壁画的全面性上认识遗存信息，也就是从背景材料上讨论遗存意义。背景材料应当强调两方面的内容：一方面是同类型材料的梳理，完整的梳理可以寻找到遗存意义的归属位置；另一方面是相关理论的认识，这是认识遗存本体的需要，同时也是对遗存对象进行同类型梳理的需要。比如，墓室壁画中表现的世俗题材在引入宗教信仰的视角后，现实性题材将非常明确地转化为墓主人对彼岸的一种期待，是一种可能的真实性存在，由此而成为宗教信仰的题材。

文本的完整性，着眼的是个体性的材料；背景的完整性，着眼的是整体性的材料。没有文本材料的完整性，所有的相关讨论都是无本之木的主观想象；没有背景材料的完整性，遗存意义也无从建构。

第二，文本完整性考古方面的特别考虑。

文本完整性，依靠的基本路径是考古工作。随着当代科技的日新月异，考古手段越来越先进，从技术角度看，当代考古遇到了前所未有的好时代，目前硕果累累的考古成果已经说明了这一点。但是，我们的疑虑也出现了："一个遗址被考古学家挖完了，它也就被解构了，不再继续存在了，只留下一堆资料——遗址背景、出土的文物、考古学家提取的各种样品、标本资料和发掘过

[1] [美]维克多·特纳：《仪式过程：结构与反结构》，黄剑波、柳博赟译，中国人民大学出版社，2006年，第129页。

程的记录。因此，考古资料不仅包括考古调查与发掘发现的古代遗存本身，也包括调查与发掘发现的过程，因为它们同样包含着某些关于人类古代的信息，包含着考古知识的重要信息。考古发掘的方式、开放性以及这个过程之中及其前后文化遗产的保护和利用问题就非同小可。也因为如此，考古出土物、考古记录和考古过程都具有资料性特点。这些考古资料就成为研究这个遗址和研究它所代表的古代的唯一基础，也是今人以及未来的人接触、了解和感受古代人类文化或生活的直接物证。”[1] 因此，在文本完整性方面，我们一定要强调现场信息的完整性，这是之后所有研究工作展开的基础。目前遇到的问题也常常是在这方面，由于发掘前准备不足，或认识有限，或手段有限，许多考古现场随意处理，甚至是随意破坏，令人扼腕。此外，商品经济的冲击也在破坏着现场信息的完整性，一些遗存在保护措施不到位时被匆匆开发，又有一些违法者为商业目的而刻意造假，这些都破坏了现场信息的完整性。“文物作为历史文明的载体，是中华文明的见证，保护和利用好文物显得尤为重要。”[2] 这个愿望的前提，应当是遗存现场信息的完整性。

第三，艺术价值与宗教价值的比较。

宗教图像是宗教行为留下的文化痕迹，因此信仰体系是本体，图像是本体选择的一个表现形式，选择的理由就是我们今天将要探讨的文化价值。探讨宗教图像的文化价值，当然也应当从信仰体系出发，描述图像满足本体传播而具有的文化价值。在这个结构中，宗教价值大于艺术价值。但是在传统文化中，宗教图像是在“事死如生”仪式下完成信仰传播的，而当代社会生活中，这样的仪式常常缺失，使得宗教价值出现了不确定性。另外，遗存图像因为受到考古手段的保护，其艺术价值是得到保证的，这是一种确定的状态。因此，当代墓室壁画存在着一个艺术价值大于宗教价值的发展趋势。

在这种趋势下，完整性的重要性将更加突出，完整性的结构可以全面而系统地认识我国宗教图像的传统文化价值，讨论仪式缺失后的宗教图像所具有的文化价值。同时，突出交叉学科的研究张力，特别是考古学在保护宗教图像信息上的重要性。当然，在完整性的要求下，我们也可以避免过度解读，以

[1] 曹兵武：《资料 · 信息 · 知识 · 思想——由专家考古学到公共考古学》，《南方文物》2011 年第 2 期。
[2] 刘吾香：《试论中国古代漆器的修复保护》，《美术大观》2013 年第 3 期。

遗存的考古成果为基础，获得一个合理的平衡点，认识墓室壁画的当代意义（图 3-2）。

图 3-2　侍马图 阿斯塔那 188 号墓 盛唐时期

第一编　中国墓室壁画的兴盛期

——汉魏晋南北朝

第四章

概　论[1]

我们将中国壁画墓的发展分为兴盛期、繁荣期和衰退期三个阶段，对应的朝代是汉魏晋南北朝时期、隋唐五代宋辽金西夏元时期和明清时期。这样的划分在学术界还是首次提出，是一种尝试，有待方家斧正。

汉魏晋南北朝为第一阶段，表现出了兴盛期的阶段性特征：第一，重生信仰传播领先。重生信仰因为有先秦魂魄信仰的积淀和汉王朝推崇孝道等世俗社会因素的支持，两汉影响最大，魏晋南北朝时仍然保持独立发展的信仰体系，在墓葬活动中提供信仰指导。第二，壁画墓艺术创作领先。西汉后期开始，壁画墓开始流行，汉画像石墓和汉壁画墓成为两汉绘画艺术的两大高峰；魏晋南北朝时，墓主人阶层上移，提高了规格，壁画墓有了更好的发展基础。第三，墓葬图像文本领先。两汉图像的考古成果几乎都在壁画墓中，魏晋南北朝壁画墓的墓葬图像，亦可与佛道石窟艺术比肩，这一阶段壁画墓可谓生机勃勃。

第一节　图像体系的讨论

兴盛期的壁画墓可划分为两个时期：一是两汉时期；二是魏晋南北朝时期。两汉时期，重生信仰在全民崇拜长生的时代背景下迅速走向兴盛。这一时期中央政权强大，各个阶层的政治地位影响着信仰的选择，所以这一时期讨论阶层性带来的图像体系划分。魏晋南北朝时期也是壁画墓的兴盛期，此时佛道兴起，

[1] 本章参见汪小洋《中国墓室壁画兴盛期图像探究》，《民族艺术》2014 年第 3 期。

但重生信仰仍然独立发展。这一时期中央政权分崩离析，各个政治中心的起起落落影响着信仰的选择，所以这一时期讨论各个政治中心带来的图像体系划分。

第一，两汉时期壁画墓的图像体系划分。

两汉时期，壁画墓借助于横穴墓的进步而有了迅速发展，其突出指标是壁画形式多样，在帛画、漆画的基础上又有了壁画、画像石、画像砖、画像石棺等形式出现，此外还有大量的铜镜图像存在。其中，大宗是汉画像石和汉墓壁画，两汉壁画墓的艺术特征多出自于对这两类壁画的考察。不过在以往的研究成果中，汉画像石和汉墓壁画作为不同图像体系的讨论并不多。其实，汉画像石和汉墓壁画是两个不同的图像体系，它们代表着非主流社会和主流社会的不同信仰体验，是分属于两个阶层的图像体系。因此，我们认为两汉的壁画墓存在着由阶层影响的汉画像石和汉墓壁画两个图像体系。

首先，西王母图像表现出的两个体系。

在已有的考古成果中，汉画像石墓和汉壁画墓对西王母的表现并不一致。其一，西王母图像在汉画像石墓中普遍存在，而汉壁画墓中极少发现，在已有考古报告的60余座汉壁画墓中，只有洛阳偃师辛村新莽壁画墓（图4-1）和洛阳卜千秋壁画墓中有西王母图像，而且后者还存在争议。其二，西王母图像在汉画像石墓（图4-2）中基本居于墓室或画面的中心，汉壁画墓中则没有这样的特意安排。其三，西王母在汉画像石墓中有了偶像式的构图而汉壁画墓中没有。李凇认为，东汉后西王母有了“偶像式”的正面像，左右对称[1]。我们认为，偶像式的图像意味着西王母向至上神方向做出的努力，但汉壁画墓中的西王母只有侧面像，显然没有这方面的努力。如此，汉画像石墓当属于西王母图像普遍存在的图像体系，而汉壁画墓则是属于缺少西王母图像的图像体系。

其次，遗存分布表现出的图像体系差异。

汉画像石墓与汉壁画墓在地理分布上多有重叠，但在具体分布上则有不同的规律，这就是相对于汉画像石墓的数量巨大和广泛分布，汉壁画墓数量不多，并缺少连贯性分布。汉壁画墓的分布规律是：其一，地域分布范围不广。目前全国只有11个省份有汉壁画墓存在，内容丰富并有一定数量支持的只有河南、

[1] 李凇认为：“西王母的图像形式衍变大致可划分为两个阶段：(1) 西汉后期至东汉初期，西王母为四分之三侧面角度，为‘情节式’构图；(2) 东汉初期至中期，西王母为正面角度，左右有对称的侍从，为‘偶像式’构图；东汉中期以后，普遍出现有翼像。”《论汉代艺术中的西王母图像》，湖南教育出版社，2000年，第72页。

图 4-1 西王母图
河南洛阳偃师辛村新莽壁画墓 新莽时期

图 4-2 西王母图
山东沂南画像石墓 东汉晚期

甘肃、陕西、内蒙古和辽宁五个地区。其二，地理位置上不具有连贯性。汉壁画墓在地理分布上，河南、陕西和甘肃等地区有一定的连贯性，其他地区就难寻这样的关系了。其三，缺乏明显的辐射性关联。汉壁画墓在中原地区相对集中，周围于河南一带，其他地区就显得分散而不集中[1]。这样的分布说明，汉壁画墓是少数人选择的墓葬形式。那么，这样的少数人是属于哪个阶层呢？最早的汉壁画墓是西汉前期广州象岗山的南越王墓和河南永城芒山柿园的梁王墓，两座壁画墓都是王侯级的大墓。洛阳是目前汉壁画墓遗存最多的地区，墓主人身份都比较高。比如，西汉洛阳烧沟 61 号壁画墓，男性墓主人生前可能是两千石级别的将军；西汉卜千秋壁画墓，墓主人卜千秋生前是郡一级的官员；洛阳

[1] 汪小洋：《汉壁画墓墓主人阶层探讨》，《南京艺术学院学报》（美术与设计版）2006 年第 1 期。

偃师杏园村壁画墓，墓主人是可以享受九乘安车的官员[1]。显然，汉壁画墓的墓主人属于中、上贵族阶层，汉壁画墓是主流社会的墓葬形式。

最后，两汉考古成果提供的旁证材料。

其一，两汉葬玉提供的旁证材料。据徐琳博士学位论文《汉代侯王墓葬出土玉器研究》统计，目前有玉器出土的汉代侯王墓葬约 102 座，出土玉器 1800 多件，其中只出现了一件有西王母图像的玉器，即河北定县南北陵头村 42 号墓中山王刘畅墓出土的青玉座屏（图 4-3）。玉屏分两层，上屏中间坐着东王公，下屏中间坐着西王母，构图与汉画像石基本相同。在出土玉器中，地位高的侯王墓出土玉器 1400 余件，占总数的 79%，地位低的列侯墓出土玉器 380 件，占总数的 21%[2]。可见，玉器是汉代侯王墓葬的喜用之物，地位越高，用玉越多，而且玉器作为礼器也为中、上贵族阶层所专用，葬玉的使用更是有着严格的规定。大量用玉却只出现了一件西王母题材的玉器，说明中、上贵族对西王母信仰的态度是冷漠的[3]。如此，我们可以从葬玉角度说明汉画像石墓和汉壁画墓具有不同阶层性质。

图 4-3　西王母图 河北定县南北陵头村 42 号墓中山王刘畅墓 公元 174 年

[1] 洛阳古墓博物馆：《洛阳古墓博物馆》，朝华出版社，1987 年。
[2] 徐琳：《汉代王侯墓葬出土玉器研究》，南京大学博士学位论文，2006 年，第 136 页。
[3] 汪小洋：《汉墓壁画的宗教思想研究》，上海古籍出版社，2011 年，第 194 页。

其二，汉壁画墓中的画像石提供的旁证材料。在目前的考古成果中，有画像石出现在壁画墓中的情况。杨爱国对纪年汉画像石做统计后指出："通过以上分析可知，画像石墓墓主人身份最高的是诸侯王，但已经发掘的汉代诸侯王墓中仅东汉陈倾王刘崇一例而已。刘崇墓规模很大，但墓中的画像石并不多，仅用在墓门部位，墓室内出土的另一块残画像石，无法确定其在墓中的位置。由此可见，画像石不是汉代诸侯王墓室装饰的主体，永城柿园壁画崖墓中将其作为厕所的踏脚石可能也是一个证明。"[1] 如此，我们可以从汉画像石墓与汉墓壁画墓的直接对比上看出两个图像体系的存在。

第二，魏晋南北朝时期壁画墓的图像体系划分。

这一时期的图像体系划分已经有了许多成果，指标各异，但都没有离开时间形态、地域形态和墓葬规格形态这三个指标。这三个指标各有侧重点，时间形态强调历史沿革，地域形态突出地理分布，墓葬规格形态则说明等级制度的影响。我们认为，如果将魏晋南北朝壁画墓发展作为一个整体讨论，可以发现在时间、地域和墓葬规格这三个形态之间存在着一个共同点，也就是这三个形态都决定于这一时期政治中心的转移。没有强大的中央集权，政治版图必然是脆弱和分裂的形态，多变的政治中心直接影响到时间、地域和墓葬规格的走向。因此，魏晋南北朝时期的壁画墓存在着由政治中心决定的图像体系，即魏晋壁画墓图像体系、北朝壁画墓图像体系和南朝壁画墓图像体系。魏晋壁画墓图像体系，这是在基本统一的政治中心覆盖下形成的图像体系，保持着一定的历史沿革惯性，形制上也与东汉有较多的相似。北朝壁画墓图像体系，这是在北方政治中心覆盖下形成的图像体系，体现了中原文化与少数民族文化的结合。南朝壁画墓图像体系，这是在南方政治中心覆盖下形成的图像体系，体现了中原文化与南方文化的结合。在这样认识的前提下，我们有以下具体的认识。

首先，政治中心地区指导的遗存分布。

梳理目前已有的考古成果可以发现，这一时期壁画墓集中的地点都与政治中心地区相关，政治中心地区覆盖了主要的遗存分布地区。从现代行政区划看，这一时期有壁画墓遗存分布的有河南、河北、山西、山东、甘肃、宁夏、新疆、辽宁、内蒙古、北京、陕西、湖北、江苏、福建、四川、重庆和云南17个省（自治区、直辖市）。其中数量比较多的是：河南5座，河北6座，山西10座，山

[1] 杨爱国：《幽明两界：纪年汉代画像石研究》，陕西人民美术出版社，2006年，第177页。

东10座，甘肃5座，宁夏4座，辽宁5座，江苏12座[1]。全国17个省（自治区、直辖市）都有壁画墓的分布，说明即使在南北分裂时期，壁画墓仍然是一个全国性的墓葬形制。再从遗存数据看，中原地区、南方地区、河西走廊地区、东北地区等是壁画墓遗存的集中地，而这几个地区正好是这一时期几个相对强大或相对稳定的政治中心所覆盖的地方。

其次，多政治中心带来的文化差异。

这一时期，统一的政治版图不复存在，多政治中心成为一种常态，由此带来了前所未有的文化差异，这一点在南北朝对峙时期表现得最为充分。其一，南北壁画墓分布存在差异。在南北政治中心对峙的形势下，南北壁画墓有了不同的墓葬分布特点。这一时期北方壁画墓的地域分布不太稳定，政治中心的转移成为壁画墓阶段划分的指标，如学术界一般都以北魏迁都洛阳而将北魏的墓葬分为“平城时期”和“洛阳时期”。反观南方六朝政权，多建都于建康。目前南朝壁画墓的遗存主要有两大核心区域：一是六朝都城建康，以东吴、东晋和刘宋的贵族墓葬为主；二是江苏丹阳，以齐梁时期墓葬为主。这两个地区皆属于南朝的政治中心或周边地区，是一种相对稳定的形态。其二，南北壁画墓形制存在差异。因为南北政权对峙，影响到墓室壁画上就有了不同的形制面貌，北朝流行彩绘壁画墓，而南朝则流行画像砖墓（图4-4）。再如，北朝有北魏带来的石棺（石椁）、石床等鲜卑人的石质葬具图像，南朝则有继承传统画像砖并适合南方地理条件的拼镶砖画。其三，北朝地区多民族文化交流更加充分。多民族、大版图的政治局面下，中原文化与边疆少数民族的文化交流始终存在。在汉民族政治中心强大时，这样的交流是在中原文化主导之下进行的，其中多多少少存在着一些限制，如中原文化表现出的强势姿态、历史沿革的强调等。但是当少数民族政治中心入主中原后，文化交流的主导来自于少数民族，异族的文化姿态打破了原有的限制，文化交流有了平等的起点，出现了交流更加充分的局面。如此，带来了许多新兴图像。比如，东汉壁画墓中以中原的重生信仰图像为主，几乎没有其他信仰图像，到了北朝时期，佛教元素的图像大量进入壁画墓，还出现了反映祆教图像的粟特人壁画墓。

[1] 汪小洋主编：《中国墓室绘画研究》，上海大学出版社，2010年，第302-307页。

图 4-4 飞天 邓州彩色画像砖墓 南朝

最后，壁画墓上移的现象。

汉代是我国壁画墓发展的兴盛期，但是目前并没有发现帝陵级壁画墓，这个现象在南北朝有了改变，王侯级壁画墓的数量增加，同时还有了帝陵级壁画墓。这种上移的趋势，增加了政治中心对壁画墓的影响力。其一，考古材料说明的上移趋势。帝陵是最突出的材料。以南朝为例，杨泓认为："嵌有大幅拼镶砖画的南朝大墓，可能都是各代的帝王陵墓。据推测南京西善桥宫山'七贤'砖画墓，可能是刘孝武帝刘骏景宁陵，丹阳胡桥鹤仙坳大墓可能是齐景帝萧道生修安陵，建山金家村大墓可能是齐东昏侯萧宝卷的陵墓，胡桥吴家村大墓可能是齐和帝萧宝融的恭安陵，南京西善桥油坊村大墓可能是陈宣帝陈顼的显宁陵。"[1] 其二，政治中心发挥直接影响。这方面鲜卑人的汉化最为突出，其标志就是北魏孝文帝将北魏政治中心从平城迁往洛阳。迁都使民族文化交流有了更好的基础，影响到壁画墓的图像。北魏壁画墓图像中，仿建筑型石质葬具的流行和孝子图像的流行是两大特点。仿建筑型石质葬具主要指石棺（石椁）、石床，这些葬具是北方少数民族流行的墓葬形式，汉地原来不普遍，之后因为北魏入主而在中原流行。孝子图像的流行也有着迁都的烙印，"从目前的考古发现来看，北魏绝大部分的孝子画像是迁洛以后太和至正光年间的遗品，而且主要出土于

[1] 杨泓：《美术考古半世纪》，文物出版社，1997 年，第 199 页。

洛地”[1]。其三，邺城规制的个案。邺城规制由郑岩提出，他认为这一规制在中国墓葬壁画发展史上有重要意义，一是因为它曾对同时代其他地区的墓葬产生过影响，二是因为其中的一些内容为后来的壁画墓所继承。而邺城规制的形成，来自于政治中心的支持：“邺城是东魏北齐的首都，这一地区的壁画墓属于皇室和异姓贵族，由于墓主身份较高，因此墓葬形制和壁画内容都受到制度的约束，形成了一定的规制，对于其他社会阶层、其他地区和时代都产生了显著影响，在中国壁画墓发展史上具有重要意义。”[2]

第二节　图像特征的讨论

汉魏晋南北朝时期，壁画墓图像在图像特征上也有着鲜明的兴盛期特征。两汉以汉画像石墓和汉壁画墓为主线承载重生信仰，使我国墓葬图像迎来了第一个艺术高峰。汉之后，魏晋南北朝壁画墓继续发展，保持了墓葬图像的独立体系，并且达到了与佛道石窟艺术双峰并峙的艺术高度。不过，两汉的阶层差异和魏晋南北朝的政治中心转移带来了不同的影响，因此有了各自的图像特征。

第一，两汉时期壁画墓的图像特征。

两汉时期，是重生信仰勃兴之时，人们在长寿之外又有了不仅仅局限于寿命长短的长生想法，这是汉人全民热衷长生后对长生提出的更高要求，承载重生信仰的壁画墓应运而生。壁画墓以墓葬图像描写另一个世界的存在，为重生信仰的崇拜者提供了完整的生活场面和丰富的生活细节。这个彼岸世界是如此的具体，因此有了与此岸世界对应的阶层差异，产生了汉壁画墓和汉画像石墓两种流行的壁画墓形式，也因此有了表现主流社会和非主流社会不同重生要求的两种图像体系。

首先，始祖气息的神系图像与仙人气息的仙系图像。

重生信仰是需要神灵支持的，不同的阶层选择的神灵不同，由此产生了不同的神灵体系。主流社会图像体系选择什么样的神灵呢？东汉王延寿《鲁灵光殿赋》有这样的描述：“图画天地，品类群生。杂物奇怪，山神海灵。写载其状，

[1]　邹清泉：《北魏孝子画像研究》，文化艺术出版社，2007年，第5页。
[2]　郑岩：《魏晋南北朝壁画墓研究》，文物出版社，2002年，第180、199页。

讬之丹青。千变万化，事各缪形。随色象类，曲得其情。上纪开辟，遂古之初。五龙比翼，人皇九头。伏羲鳞身，女娲蛇躯。鸿荒朴略，厥状睢盱。焕炳可观，黄帝唐虞。轩冕以庸，衣裳有殊。下及三后，淫妃乱主。忠臣孝子，烈士贞女。贤愚成败，靡不载叙。恶以诫世，善以示后。”[1] 非主流社会图像体系选择什么样的神灵呢？汉画像石墓中也有直接的文字说明。山东嘉祥县宋山汉画像石墓出土的题记这样记载："琢砺磨治，规矩施张，褰帷反月，各有文章。雕文刻画，交龙委蛇，猛虎延视，玄猿登高，狮熊嗥戏，众禽群聚，万兽云布。台阁参差，大兴舆驾。上有云气与仙人，下有孝友贤仁。尊者俨然，从者肃侍。煌煌濡濡，其色若备。”[2] 两者比较，主流社会的图像体系强调的是始祖气息的神灵，是传统神灵面貌的神系图像；非主流社会图像体系落脚的是仙人气息的神灵，是新兴神灵面貌的仙系图像。

其次，天帝中心的天界图像与西王母中心的仙界图像。

神系图像和仙系图像落实到壁画墓中，就有了一个西王母图像存在与否的问题。在目前的考古成果中，西王母图像在汉壁画墓中是个位数的存在，而在汉画像石墓中则是普遍存在。我们认为，汉画像石墓存在着西王母统领的仙界。《南阳汉代画像石》划分南阳汉画像石图像为五类，第二类远古神话、历史故事里有伏羲、女娲与盘古、西王母、东王公、羲和、常羲、后羿、嫦娥、黄帝、蚩尤、女魃、神荼与郁垒、雷公、河伯等，第三类神仙、祥瑞、辟邪里有羽人、应龙、飞廉、人面兽等[3]。其他如日、月、天象、玉兔、蟾蜍、三足乌、九尾狐、仙人、四灵、神怪等，各地不一。这些非现实性的图像可以表明，西王母身边已经形成了一个“仙”的世界。其实，汉壁画墓中也存在着“天”的世界。在传统神灵中，“天帝”是最高神灵，这是国家宗教赋予它的至上神性。董仲舒《春秋繁露》云："天者，百神之君也。”《汉书·郊祀志》记载了王莽给诸神排的次序：中宫为中央帝、日、北辰、北斗、填星；东宫为东方帝、雷公、风伯、岁星；南宫为炎帝、荧惑，泰畤为皇天上帝、高祖配；西宫为西方帝、太白；北宫为北方帝、月、雨师、星辰，广畤为北方帝、皇地后祇、高后配。当然，在天人感应的汉代，天帝有泛化的趋向，被用来表现始祖神灵、等级制度，

[1] 费振刚、胡双宝、宗明华辑校：《全汉赋》，北京大学出版社，1993 年，第 528 页。
[2] 济宁地区文物组、嘉祥县文管所编：《山东嘉祥宋山 1980 年出土的汉画像石》，《文物》1982 年第 5 期。
[3] 王儒林、李陈广：《南阳画像石》，河南美术出版社，1989 年，第 8 页。

乃至求仙长生等体验。

因此我们认为：汉壁画墓是对天界的描写，依托的是主流社会的国家宗教；汉画像石墓是对仙界的描写，依托的是非主流社会的西王母信仰和其他神仙信仰。在具体的图像表现中，汉壁画墓天界图像以天帝为中心，主要来源于国家宗教的长期积累，多始祖气息的传统神灵对非主流社会的神灵并没有全部接受，因此缺少西王母图像。汉画像石墓仙界图像以西王母为中心，在西王母信仰的指导下另建一个神灵世界，多仙人气息的新兴神灵对主流社会神灵也有所改造，最突出的一个现象就是取消伏羲、女娲的独立性，使其成为西王母身边的辅神（图 4-5）。

图 4-5　西王母与伏羲、女娲图 山东微山县两城镇画像石墓 东汉晚期

最后，叙事特征不同的图像体系。

图 4-6　人物、龙虎图
安徽宿县褚兰汉画像石墓 东汉时期

两汉由阶层划分而出现的两个图像体系，在叙事特征上表现出各自不同的指向。其一，叙事热情相异。从墓葬遗存看，汉画像石墓叙事热情高于汉壁画墓。汉画像石墓中，墓葬建设者对叙事有着很高的热情。这样的热情，首先表现在叙事的完整性上。这里的完整，是指图像中的另外一个世界什么也不缺少，即使是一幅小小的画面，也要求面面俱到。安徽宿县褚兰汉画像石墓出土的画像石人物、龙虎图（图 4-6），画面尺寸不大，但仍分上、中、下三层。上层有三女子在亲密交谈，中层有两伫立男子，下层有一龙一虎相对而舞。在这样结构的图像中，人物、神兽一样不少，甚至连性别也照顾到了。龙和虎是瑞兽，有营造气氛的作用。两伫立男子侧身弯腰，体态谦卑，像是家臣。在他们上方有三女子亲密交谈，旁边有杯盏类器物，明显是女主人的身份。这幅画表现的应是墓主人女眷的一个生活片段，由祥和神秘的气氛（龙虎）、家庭的殷实（家臣）和生活的愉快（密谈）三个情节组成。如此画面，墓主人在另外一个世界还有什么缺憾呢？其二，叙事层次相异。汉画像石墓中的图像叙事为多层次画面，而汉壁画墓中的图像则叙事层次单一（图 4-7）。东汉中期以后的汉画像石墓，基本都由几层画面组成，如经常出现的四层画面结构，最上一层是西王母或东王公构成的世界，以下三层依次是神话人物或历史人物层面、墓主人出行层面、庖厨场面层面，各层面无一疏漏。反观汉壁画墓，叙事层次单一。一方面，画面层次单一。汉壁画墓中许多画面都只有一个层面结构，丰富的重生热情只能在一个平面展开。另一方面，缺少连贯的情节。在汉画像石墓中，西王母的存在可以将所有重生要素连贯于重生信仰之中，而缺少西王母的汉壁画墓则只能依靠墓主人的行动来表现重生情节，重生的热情蒙上了人类理性思考的色彩，情节的连贯性必然受到影响[1]。

图 4-7　天象图 河南洛阳烧沟 61 号西汉壁画墓 西汉元帝至成帝时期

第二，魏晋南北朝时期墓室壁画的图像特征。

魏晋南北朝时期，政治中心频繁更迭，带来了前所未有的多民族文化交流和南北文化交流，其中的重点是中原文化与少数民族文化交流和中原文化与南方地域文化交流两个走向。

首先，边疆文化加入的魏晋图像体系。

这一时期因为曹氏父子提倡薄葬和“中野何萧条，千里无人烟”（曹植《送应氏二首》）的战乱环境，两汉的厚葬之风不再，壁画墓是勉强维持的局面。但是，西北河西地区壁画墓和东北辽阳地区壁画墓的出现，带来了新的气象。因此，这一时期的图像特征是汉风的继承和边疆文化的加入，其中边疆文化的加入具有特别重要意义。其一，边疆壁画墓已形成规模。这一时期边疆壁画墓有两个地区比较集中：一是西北河西地区，新城和丁家闸墓群（1972—1978）发掘的 10 座较大墓葬中，有 8 座为壁画墓；二是东北辽阳地区，“辽阳地区东汉魏晋壁画墓主要发现在今辽阳北郊和东南郊，资料已发表的墓葬近 20 座”[2]。这一现象表明，边疆壁画墓已不再是零星出现，而是已成流行形制。其二，边疆壁画墓世俗化趋向明显。东汉后期，壁画墓中升仙图已开始减少，魏晋边疆壁画墓则连神灵的图像也在减少，对应的是世俗生活画面大量出现，如随处可见鸡、羊、牛、马，甚至骆驼的家畜图像。壁画墓建设者把这一个世界的安定、

[1]　参见汪小洋《汉墓壁画的宗教信仰与图像表现》，上海古籍出版社，2012 年，第 210 页。
[2]　郑岩：《魏晋南北朝壁画墓研究》，文物出版社，2002 年，第 44 页。

富庶的生活带入了另一个世界，是重生信仰的表现。其三，开启并形成了中原之外多元文化交流的图像体系。东汉时期边疆壁画墓数量不多，艺术水平有限，缺少可持续性的双向交流基础。魏晋时期不同了，边疆壁画墓各方面都可以与中原地区媲美，有了持续性双向交流的基础。此意义应当受到关注。魏晋之后，边疆壁画墓各代不可或缺。当然，这样的交流仍然是以中原文化为主导的。郑岩认为："在这些壁画中，还没有明显看到某种全新内容的题材被发明，不仅如此，汉代画像中一些重要内容在河西地区也没有继承下来，不能因为强调河西壁画的历史价值而无视这一现象。"[1]

其次，多民族文化交流的北朝图像体系。

北朝图像体系是在少数民族政治中心覆盖下形成的图像体系，多民族文化交流得比较彻底。其一，北朝特有的墓葬图像。在这方面，学者对异于中原的形制非常感兴趣。北朝墓葬图像主要流行三种形制，即墓室壁画、石质葬具和彩绘漆器。这样的壁画墓形制与中原不同，使重生信仰有了更多的体验形式。此外还有许多新形制，如墓道壁画也很独特。郑岩认为："大面积的墓道壁画是在邺城地区的东魏北齐墓中开始出现的……这些图像是对葬礼的复制，是为了在下葬死者时被人观瞻所绘的。"[2] 其二，北朝发展的墓葬图像。这类图像，母题是中原的，但注入了北朝的特有文化。这方面学者最关注的是孝子图（图 4-8）。邹清泉认为，孝子图在北魏的流行，与北魏中晚期后妃利用"子贵母死"擅权的特殊政治背景有关，同时也与墓室在北魏社会思想观念中的象征性有关。"孝子图像正是在上述历史因素的综合作用下，进入北魏墓葬图像系统，并承担起与其内涵'孝悌之至，通于神明'相应的图像功能"。[3] 此外，北朝壁画墓中出现神仙气息减少而始祖气息增加的现象。如 2006 年大同发现的北魏壁画墓中，"甬道顶部壁画为伏羲女娲神话题材，画面上两人头戴花冠，下半身龙身长尾交缠在一起"[4]，其中并没有中原常见的围绕于西王母的构图，但交尾的生育神元素，即生殖崇拜被保留。其三，壁画墓阶层上移的推动。因为阶层上

[1] 郑岩：《魏晋南北朝壁画墓研究》，文物出版社，2002 年，第 165 页。
[2] 郑岩：《魏晋南北朝壁画墓研究》，文物出版社，2002 年，第 191-193 页。
[3] 邹清泉：《北魏孝子画像研究》，文化艺术出版社，2007 年，第 170 页。
[4] 杨荣特、李建斌：《大同发现北魏精美墓葬壁画》，《光明日报》2006 年 3 月 16 日。

移，政治中心的影响力更大，墓葬图像的主题和题材比之前两汉显得集中，如孝子图的大面积流行。同时，阶层上移吸引了优秀艺术家加入墓葬图像的创作，史树青认为北朝名家杨子华与娄叡壁画墓有关联[1]。此外，阶层上移也为南北文人交流提供条件，临朐崔芬墓中竹林七贤图相似于南朝流行的同样题材，明显有南北文人交流的痕迹。

图4-8　郭巨埋儿图 孝子棺现藏美国萨斯纳尔逊·阿特贝斯艺术博物馆 魏晋时期

最后，南北文化交流的南朝图像体系。

南北朝时期，南朝文化与北朝文化相比较具有一种文化沿革上的优势，所谓“中原士大夫望之以为正朔所在”（《北齐史·杜弼传》）。在半壁江山的时代，南朝政治中心难有政治上的大作为，但依靠着长江中下游的地理条件仍然以“正朔所在”自居。因此，南朝图像体系是以继承为主线，展开南北文化交流，这方面帝陵最为突出。目前南朝壁画墓的遗存以帝陵为主，这是一个特殊的现象，符合壁画墓上移的趋势，也符合中原文化继承者的角色，所以我们认为应当提

[1]　史树青：《从娄叡壁画墓看北齐画家手笔》，《文物》1983年第10期，第29页。

出帝陵图像体系的观点，以此来描述这一时期壁画墓的图像特征。其一，继承等级制度形成的帝陵图像体系。南朝是中国历史上政治最黑暗的时期之一，传统的等级制度已经发展成畸形的门阀制度，所谓“上品无寒族，下品无士族”，刘宋后新兴的军阀集团又加入了社会资源的瓜分，这使得社会财富空前的集中，帝陵壁画墓即为此时期的产物。帝陵级壁画墓的大量出现，形成了尽显皇家气派的图像体系。杨泓认为：“大幅拼镶砖画的设计、范印、焙烧、运输到拼砌于壁画，工艺复杂，耗时费工，在经济方面花费颇大，除了最高统治阶层外，当时一般人是无力承担的，何况当年还有等级、礼制等方面的各种限制，因此嵌有大幅拼镶砖画的南朝大墓，可能都是各代的帝王陵墓。”[1] 其二，继承魏晋风度形成的世俗图像体系。魏晋风度是曹魏政治中心高压政策下形成的人生态度，至南朝开始向积极与消极两个方向发展，壁画墓中有所反映：一是政治寄托的图像，如“竹林七贤”与“荣启期”图像的广泛流行，借仰慕高士群体而留有政治态度的表达，这是一种积极的发展方向；二是奢华场面的图像，追求奢侈，极尽华美，有一种刻意淡化的政治态度，这是一种消极的发展方向。这些图像是世俗享乐走向，反映了中原文化在南方落地后的演变，也构成了帝陵图像体系的一个组成部分。其三，继承两汉画像砖形成的拼镶砖画形制。南朝壁画墓多画像砖形制，与北朝石质葬具不同，它直接沿革于中原画像砖墓的传统。南朝画像砖有两个系统：一个是一砖一图的系统，这是传统系统；另一个是多砖拼镶构图的系统，即拼镶砖画，这是南朝的创新系统。拼镶砖画的工艺十分复杂，图像也更加精美。“六朝陵墓有一普遍特点，即绝大部分为砖石墓。”[2] 此背景下拼镶砖画的出现，也为帝陵图像体系的意义提供了形制上的支持。

第三节　两汉西王母信仰的讨论

两汉壁画墓的图像体系中，西王母信仰有着特别重要的意义，它确立了两汉壁画墓的阶层划分指标，构成了汉画像石墓的图像主题，同时对之后的墓葬艺术产生了巨大的影响。就西王母信仰本身而言，汉代是一个备受关注的时期。

[1] 杨泓：《美术考古半世纪》，文物出版社，1997 年，第 199 页。
[2] 罗宗真：《魏晋南北朝考古》，文物出版社，2001 年，第 133 页。

一方面，汉代是西王母信仰充分发展的时期。汉之前，部落神西王母引人注目，但是先秦的史料和出土材料有限，相关研究的空间受到限制；汉之后，民间信仰中仍然存在西王母的崇拜，但西王母信仰的主要内容已进入道教体系，相关研究不再独立。只有汉代，西王母信仰有着独立而丰富的信仰内容。另一方面，汉代西王母有着特殊的宗教史地位。汉代，原有的原始宗教体系正在改造，新兴的人为宗教体系尚未形成，只有西王母信仰有一个相对完整的宗教形态。因此，汉代西王母始终是一个研究成果丰硕而又充满吸引力的领域。也因此，两汉西王母信仰对两汉壁画墓有着特殊意义。

第一，好生恶死与以死论生的区别。

西王母与长生崇拜的关系是一个老生常谈的课题，但是宗教体验层面上的研究成果并不多。我们认为，在汉人的长生追求中，汉武帝的西王母故事与汉画像石中的西王母故事描述的长生内容并不一致，前者好生恶死，后者以死论生，前者因为生命延长而长寿，后者因为生命转化而重生，实际上是两种不同的长生体验。

从表层看，两汉时期全民热衷长生，但长生的方法并不一致，主要有两种方法：一种是生命的直接延长，即长寿，其体验来自于各种方术的寻找和实践，这一长生方法是主流社会起着主导作用，它以仙化西王母等仙人故事为号召而彼岸色彩模糊，如武帝宠爱方士所演绎出来的各种寻仙故事；另一种是生命的死后转化，即重生，其长生体验来自于墓葬建筑中的各种精心安排，这一长生方法是非主流社会起着主导作用，它以神化西王母为号召而彼岸的色彩明确，如汉人墓室中的宴饮图、车马出行图、升仙图等所演绎的各种向往彼岸的故事。在生命延长方面，西王母受到到了各方面的欢迎，可以说是举国一致；在生命转化方面，各个阶层的长生体验并不一致。从已发掘的汉代墓葬遗存看，主流社会的墓葬中缺少西王母图像，而非主流社会的墓葬中西王母图像普遍存在。

从深层看，两种长生方法的宗教意义是不同的。生命延长是关于长寿的种种想象，生命转化则是关于重生的种种想象，西王母也因两种想象而带来了不同的宗教体验。主流社会认为，信徒不仅可以学习西王母的长寿之道，而且还可能直接成为西王母那样的仙人，长生来自于长寿。而在非主流社会那里，信徒必须依靠西王母来完成长生之道，西王母是大仙，更是大神，它是通过至上神的力量来完成生命转化并且给信徒带来新的生命，长生与寿命长短没有特别的关系，长生来自于重生。长寿世界中的西王母是一个仙人导引的单一结构，长生体验只满足于个人生命延长的愿望；重生世界中的西王母则是一个至上神主导的全能结构，长生体验具备救世的性质，西王母是全能神。

第二，由仙而神的神仙结构。

神与仙最初并不等同，在汉人长生崇拜的大潮中神与仙结合形成了神仙结构。《说文解字》中的材料是被各家反复引用的文字。关于神，《说文解字》的解释是："神，天神，引出万物者也。"关于仙，《说文解字》有"仚"和"僊"两种写法，一是"仚，人在山上"，一是"僊，长生僊去"。虽然《说文解字》将神仙分开解释，但在汉人的一般表述中神仙已不分开使用了，神仙即指长生之神。西汉司马迁《史记·孝武本纪》记："令言海中神仙者数千人求蓬莱神人。"神仙的这个转化时期，正是西王母信仰的兴盛时期，西王母也因此具有了神化和仙化两种宗教品质。在汉代，仙化西王母的长生体验是在好生恶死的长寿努力中完成，彼岸性质并不明确；神化西王母的长生体验则是在以死论生的重生努力中描述一个世界，彼岸性质非常清晰。汉代西王母集两个长生体验为一身，表现出一种完整的长生体验，可以满足不同阶层的长生要求，促进了西王母信仰的普及，同时也促进了神与仙的结合。因此，汉代西王母信仰的发展对神仙结构的形成不可或缺。

西王母何以完成神与仙的同构？这是一个非常重要的宗教体验。从史传文献和出土材料看，西汉前期，西王母首先是一个能够帮助人们长寿的仙人，秦始皇、汉武帝等帝王问仙故事把这一点表现得特别突出。西汉末年，流民事件的出现增加了新的宗教内容，表明西王母开始获得了至上神的品质，长寿之外还可以解决社会问题。汉画像石和汉镜中至上神面貌的西王母图像，都是在西汉末流民事件之后开始流行的。如此，汉代的西王母有了一个由仙而神的发展结构。同时，由仙而神的宗教体验主要是在民间进行，这一点对汉以后的神仙发展产生了巨大的影响，因为我国本土宗教的一个特征是民间神特别丰富，而这些民间神的发展几乎都是建立于由仙而神的宗教体验之上。一方面，民间神的宗教体验往往是由仙人崇拜而来。信徒们认为，对生命无虑者不是平常之人，延寿者可以对他人提供帮助，同时，生活的艰难又使得对生命的终极关怀得到了无限放大，能延寿者必是万能之人。《太平经》提出“寿为最善”之道，其实就是基层信徒的宗教体验。因为有了这样的宗教体验，仙者为神就成为一个常态。另一方面，道教热心于对民间神的神化。道教是在广纳民间神的基础上建立并壮大了自己的神仙体系，因此道教神系先天松散，可以降低纳神的门槛。同时，道教在与佛教相争的过程中也需要壮大自己的神仙队伍。如此，仙化的民间神就鱼贯而入地走上了道教的神仙榜，走进了由仙而神的神仙结构。因为道教被主流社会所接受，所以民间神进入道教后自然也就成为被主流社会招安的神仙，神化成为民间神的一般归宿。

图 4-9　西王母图 山东嘉祥县纸坊镇敬老院画像石墓 东汉早期

概言之，两汉西王母信仰有着双重终极关怀。一方面，西王母包含着好生恶死的长寿体验和以死论生的重生体验，前者对道教的诞生是促进，后者为儒教提供了“事死如生”的彼岸体验；另一方面，西王母由仙而神的神仙结构对道教的神仙体系有贡献，同时，这个结构对壁画墓具有操作意义，汉以后凡长生元素进入壁画墓，也就是进入了由仙而神的结构，完成了重生信仰的体验（图 4-9）。

第五章

汉代墓室壁画

第一节　汉代墓室壁画的遗存梳理

从目前考古成果看，墓室壁画在西汉中期才出现，但是很快就被普遍接受，到了东汉时期，汉墓壁画和汉画像石成为流行的墓葬形式，主流社会和非主流社会都表现出了极大热情。在这样的背景下，壁画墓大量出现，从目前的考古成果看，两汉是各代中壁画墓遗存最多的时期。这一时期，墓室壁画主要有汉壁画墓、汉画像石墓和汉画像砖墓三种形制。在三种形制中，汉画像石墓的数量最大，学术界一直没有具体的统计，我们以近 60 年的考古报告为准梳理出 100 多座。汉画像石遗存还有一个特殊的情况，墓室之外还有大量的画像石存在，这些数量远超墓室中的画像石，这个内容不能被考古报告所覆盖，所以汉画像石墓室之外的零散汉画像石图像暂时不在我们的统计范围。

一、汉代壁画墓遗存

1. 遗存数量

目前，汉代壁画墓总数有 60 余座至 100 余座多种说法，有考古报告可查的是 63 座，壁画总面积在 400 平方米以上。其中，西汉数量较少，东汉遗存数量很大。

西汉壁画墓有考古报告是 10 座，目前可统计壁画总面积约 30 平方米。

东汉壁画墓总数是 50 座，目前可统计壁画总面积约 400 平方米。

2. 遗存分布

河南地区：18座。辽宁地区：16座。山东地区：6座。陕西地区：6座。河北地区：3座。山西地区：2座。甘肃地区：3座。安徽地区：2座。湖南地区：1座。内蒙古地区：2座。广东地区：1座。

二、汉代画像石墓遗存

1. 遗存数量

汉代画像石墓有考古报告的是131座，目前可统计画像石总面积逾300平方米。从目前考古成果看，两汉画像石墓的遗存主要集中于东汉。

2. 遗存分布

河南地区：45座。山东地区：33座。江苏地区：27座。四川地区：10座。陕西地区：7座。安徽地区：4座。湖北地区：1座。山西地区：1座。浙江地区：1座。

三、汉代画像砖墓遗存

1. 遗存数量

汉代画像砖墓有考古报告的是48座，画像砖总面积不详。其中，西汉数量比较少，东汉遗存数量较多。

2. 遗存分布

四川地区：2座。河南地区：41座。江西地区：3座。江苏地区：2座。

第二节　汉代墓室壁画的题材体系

墓室壁画图像体系的建立过程中，题材的选择、安排以及传承关系是其基本路径，因此我们描述各代墓室壁画的特征与发展时，选择墓葬图像的题材体系、分布体系和发展阶段作为三个基本指标。

首先，墓葬图像的题材体系。梳理图像的题材体系，可以反映墓室壁画在题材选择上的自然状况，同时也可以梳理出墓主人及其建造者对各类题材的基本态度，从而可以从类型层面上认识墓葬图像体系。简言之，题材体系可以优先回答“墓葬图像关注什么”的问题。

其次，墓葬图像的分布体系。被选择的题材在墓葬建筑中如何安排？这是墓主人及其建设者基本态度形成之后的一个倾向性选择，各地显然不一样，这一点同时也涉及图像形制。图像形制具有一定的物质属性，各类题材的图像在形制结构中获得自己的位置，并以程式化的方式固定，由此而直接表现出墓主人及其建设者对长生追求的侧重点，这个侧重点各个地域不一样。当地域成为样本对象时，这样的差异性表现得特别突出。简言之，地域性的分布体系可以优先回答“墓葬图像如何表现”的问题。

最后，墓葬图像的发展阶段。题材的选择和题材的安排构成了墓室壁画的基本结构，这一结构使关于重生的各种关系按照一定的原则组合，完成墓主人和墓葬建造者的终极关怀。需要强调的是：这一结构是动态的，形成之后就处于不断地补充、改变和丰富的过程之中，其中显然存在着阶段性的考量。简言之，发展阶段可以优先回答“墓葬图像的传承关系”的问题。

题材体系、分布体系和发展阶段并不是简单并列的关系，而是有一种递进的逻辑关系。这个逻辑关系是围绕题材展开的：题材体系是题材的选择特征，以图像类型为指标；分布体系是题材的安排特征，以图像形制为指标；发展阶段是题材选择和安排的变化过程，以时间周期为指标。在通史认识的层面上，题材体系可以提供一些图像选择的理由，但更多的选择理由来自于图像形制方面提供的材料，这是一种精心安排后的图像形态，因此分布体系表现的图像形态可以说明墓室壁画各类遗存之间的差别以及与其他宗教艺术之间的差别。一般而言，题材体系、分布体系侧重于墓室壁画共时性上的特征，发展阶段侧重于墓室壁画历时性上的特征。

在以上认识的基础上，我们首先认识汉代的题材体系。

从墓室壁画的整体发展看，由于主流社会的汉墓壁画和非主流社会的汉画像石共同繁荣，所以汉以后的各代发展都不如汉代墓室壁画的题材丰富。关于汉代墓室壁画的题材体系，目前理论界的认识也基本上是来自于汉画像石和汉墓壁画的遗存整理，其中又以汉画像石为多。

一、已有研究成果的梳理

第一，汉画像石的题材类型。

梳理汉画像石的题材分类是一件非常有趣的事情，各个时期、各个地区，乃至各种学科背景都可以从自己的角度进行细致分类，这一点很直观地表现出汉画像石在题材上的丰富性。概而言之，汉画像石的题材可以有一般性分类、地区性分类和特殊性分类这样三种类型。

一般性分类。这种分类多在宏观性研究的成果中，其中又可以分为普及性著作的分类、研究性著作的分类和辞书类著作的分类。首先，普及性著作的分类。代表性的有欧阳摩一《画像石》，将汉画像石分为八类，即生产劳动、豪华生活、乐舞百戏、远古神话、天文图像、神仙祥瑞辟邪、历史故事和其他内容[1]。蒋英炬、杨爱国《汉代画像石与画像砖》将汉画像分为四大类，即社会生活、历史故事、神鬼祥瑞和花纹图案[2]。其次，研究性著作的分类。代表性的有李发林《汉画考释和研究》，他将汉画像石分为四大类型：其一，反映社会现实生活的类型，其中又再细分为 11 种；其二，描绘历史人物故事的类型；其三，刻画祥瑞、神话故事的类型；其四，描绘自然景物的类型[3]。此外，土建中的《汉代画像石通论》分为七类：生产活动类，社会生活类，历史故事类，远古神话类，天文星象类，福瑞辟邪类，装饰图案类[4]。最后，辞书类著作的分类。代表性的是俞伟超和信立祥的观点，在他们撰写的《中国大百科全书·考古学》汉画像石条目中，汉画像石的题材有八类 50 余种[5]。

地区性分类。这种分类是各地考古工作者针对本地区汉画像石的遗存而进行的，该方面的研究成果很多，因为是身边的研究对象，所以作者不仅十分熟悉，而且也非常细致。王儒林、李陈广编著的《南阳汉画像石》一书中这样分类：

[1] 参见欧阳摩一《画像石》，辽宁画报出版社，2001 年，目录页。
[2] 参见蒋英炬、杨爱国《汉代画像石与画像砖》，文物出版社，2001 年，第 44 页。
[3] 参见李发林《汉画考释和研究》，中国文联出版社，2000 年，第 45 页。
[4] 参见王建中《汉代画像石通论》，紫禁城出版社，2001 年，第 6–7 页。
[5] 参见俞伟超、信立祥《汉画像石墓》，《中国大百科全书·考古学》，中国大百科全书出版社，1986 年，第 178–179 页。

①社会现实生活：包括车骑出行、宴飨、讲学、田猎、楼阁建筑、武库、六博、斗鸡、走犬以及各种门吏奴婢。②远古神话：包括伏羲、女娲、西王母、东王公、后羿、嫦娥等。③历史故事：包括二桃杀三士、鸿门宴、范雎受袍、聂政自屠、泗水取鼎等。④天文图像：有日月图像、日月合璧、日月同辉、苍龙、白虎、北斗、勾陈等星座。⑤乐舞百戏：包括建鼓舞、长袖舞、七盘舞等多种舞蹈和冲狭、飞剑跳丸、弄壶、吐火、角抵戏等百戏项目[1]。目前最全面的汉画像石图集《中国画像石全集》，其各分册的分类就是采用地区性分类的方法，如按山东、江苏、安徽、浙江、陕西、山西、河南等省对汉画像石题材进行的分类，这样的分类比较直观，也具有代表性，对汉画像石的整体认识可以提供有益参考。需要注意的是：这些分类成果是以现代省一级行政区划分类，与汉代的行政区划有所不同。

特殊性分类。这样的分类又可以分为两种：一种是对常规分类的进一步细化，如对四川汉画像石、边远地区汉画像石和特殊时期汉画像石的分类；另一种是对一些特殊形制的分类，如画像石棺、摩崖石刻等。

第二，汉墓壁画的题材类型。

汉墓壁画的分类没有汉画像石丰富，这与汉墓壁画的遗存现状和研究成果直接相关。同时，也与汉墓壁画的主流社会性质相关。一般而言，主流社会受到的制约多，其艺术创作上所运用的题材显然不及非主流社会来得丰富。目前的研究成果可以分为三种类型，即断代史研究中的题材分类、地区性研究中的题材分类和通史性研究中的题材分类。

其一，按断代史研究中的题材分类。贺西林《古墓丹青——汉代墓室壁画的发现与研究》给汉墓壁画题材下的定义是"涵盖天地、包罗万象的题材内容"。具体分为四类："一、宇宙天象与各种仙灵祥瑞组成的天堂仙界景致；二、镇墓辟邪的各种神怪灵异和人物；三、墓主的个人经历和与之相关的家居生活场景；四、标榜儒家道德理想的历史故事和历史人物。"他同时说明了题材表现的状态："上述题材内容并非同时存在于每座壁画墓中，壁画的图像往往是随着时代和观念的变迁以及地域的不同而有所侧重。同时，各种题材内容之间有着密切的联系甚至重叠，尤其是前两类题材内容，通常交织、混杂在一起。"[2]

---

[1] 参见王儒林、李陈广《南阳汉画像石》，河南美术出版社，1989年，第8页。
[2] 贺西林：《古墓丹青——汉代墓室壁画的发现与研究》，陕西人民美术出版社，2001年，第169-170页。

其二，按地区性研究中的题材分类。黄明兰、郭引强《洛阳汉墓壁画》以洛阳地区的汉墓壁画为对象，将汉墓壁画题材分为11类：羽化登仙，驱邪打鬼（傩仪图），神兽，神话传说，历史故事，天象神祇，迎宾拜谒，庖厨供膳，歌舞、宴享、车马出行，六博图，麈尾图[1]。

其三，按通史性研究中的题材分类。在这类的研究成果中，题材的分类往往是原则性的。贺西林、李清泉《中国墓室壁画史》认为："汉墓壁画题材内容极为广泛，举凡天文、地理、人事和神灵，无不涵盖，堪称一部用图像写就的汉代历史。"[2]

在《中国墓室绘画研究》和《汉墓壁画的宗教信仰与图像表现》两书中，增加了边疆及少数民族壁画墓的研究视角。与中原地区题材相比，边疆和少数民族地区的题材有一定的特殊性，这应当是一个有意义的题材划分。比如，内蒙古和林格尔壁画墓的大规模出行图，东北地区壁画墓中的当地民俗图，都具有自己的题材特征[3]。

二、我们理解的两个题材体系

以上研究成果都有着自己的理论依据，但基本上没有考虑到汉画像石和汉墓壁画之间所存在的信仰体系区别。能不能找到一个可以考虑到这一区别的划分指标？我们认为，汉代墓室壁画题材上划为两个体系比较合理，即主流社会的天界图像体系和非主流社会的仙界图像体系。这样的划分与之前的划分有所不同，不仅涵盖了汉画像石和汉墓壁画，而且可以在汉代墓室壁画整体考量的层面上将题材体系的特征说得更加清楚，同时也更加合理。

一方面，非主流社会的汉画像石登上了这一时代的艺术高峰。在汉以后墓室壁画的发展中，主流社会的图像体系一直处于主导地位，南北朝的壁画墓上移，唐代的帝王化图像趋势，这些都是主流社会影响所致，宋辽金虽然出现了平民化和少数民族影响增大的不同面貌，但仍然是主流社会在发挥作用。汉代不同，因为汉画像石与汉墓壁画的比肩，非主流社会的题材体系有着两分天下

[1] 参见黄明兰、郭引强《洛阳汉墓壁画》，文物出版社，1996年，第18-37页。

[2] 贺西林、李清泉：《中国墓室壁画史》，高等教育出版社，2009年，第11页。

[3] 参见上海大学出版社2010年版的汪小洋主编《中国墓室绘画研究》和上海古籍出版社2012年版的汪小洋《汉墓壁画的宗教信仰与图像表现》。

取其一的地位，甚至是更加辉煌的艺术成就，由此而带来了丰富的题材体系内容。因此，汉代的墓室壁画题材体系应当以主流社会与非主流社会划分的逻辑起点来考量，即汉代墓室壁画存在着两个题材体系。

另一方面，神灵图像的分布也支持两个题材体系的划分。汉代墓室壁画表现的是汉人“死既长生”的重生信仰。如何长生？汉人要依赖神灵。汉画像石依赖的是全能西王母，这是一个新兴的非主流社会神灵信仰，因此有了表现西王母主导的仙界图像；汉墓壁画依赖的是传统神灵，这是一个传统的主流社会神灵信仰，因此有了表现女娲等传统神灵主导的天界图像。如此，仙界题材与天界题材有别，它们是明确的两类题材。

从以上认识出发，我们从宗教类题材和世俗类题材的角度来梳理这两个题材体系。

第一，宗教类题材的比较。

宗教类题材是由神灵图像支撑的题材，所有的叙事都围绕着神灵体系而展开。从这一表现特征看，宗教类题材就是神灵题材。梳理汉代的宗教信仰发展，汉代神灵可以分为两类：一类是传统神灵，即汉代之前就已存在并广泛传播的神灵；另一类是新兴神灵，即汉代开始形成并得到广泛传播的神灵。同时，仙人系列和宗教纹饰也是与彼岸相关的内容，可以归属于宗教类题材。为了突出新兴神灵的兴盛之势，仙人系列可以归入新兴神灵范畴考虑。宗教纹饰是墓葬绘画中的常见题材，但属于附属性质的图案，缺少独立叙事的能力，因此是一个需要另外专门讨论的题目。

宗教类题材在已有的研究成果中都已经被广泛涉及，不过传统神灵与新兴神灵之间的区别并没有被关注，这是一个需要专门提出并予以深入讨论的问题，因为汉代的新兴神灵往往与长生信仰有着直接的关系，如果不注意这一点，支撑长生信仰的神灵就有许多模糊的地方了。如《南阳汉画像石》所举的5个题材类型中有远古神话类，其中举例有伏羲、女娲、西王母、东王公、后羿、嫦娥等，这些都存在着模糊的地方。远古神话中的西王母是兽形的自然宗教神灵，《山海经·大荒西经》这样描述：“有神人面虎身，有文有尾……戴胜虎齿，有豹尾，穴处，名曰西王母，此山万物尽有。”而在汉人眼中，西王母是贵妇人状的人为宗教神灵了，西汉末扬雄在《甘泉赋》中这样描述：“风傱傱而扶辖兮，鸾凤纷其御蕤。梁弱水之濎濙兮，蹑不周之逶蛇。想西王母欣然而上寿兮，屏玉女而却虑妃。玉女无所眺其清卢兮，虑妃曾不得施其娥眉。方攀道德之精刚兮，侔神明与之为资。”汉人笔下的西王母显然已经不是远古神话中的西王母了，它承担的任务是能够满足汉人长生的需要，外形上也从兽型变成了贵妇人形象，汉画像石中描写的西王母就是这个西王母。再看伏羲、女娲，远古神话中它们是独立大神，《尚书大传》以燧人、伏羲、神农为“三皇”，而女娲更是人类始祖神和创世神，但是在汉画像石中它们却成了对偶神，并且是依附于西王母身边没有独立性的神灵，两两相比，变化巨大。如果忽视传统神灵与新兴神灵之间的区别，那这些神灵变化中所包含的信仰信息就会失去。

远古神话与新兴神话不作区别的现象在仙人类题材的划分中最为普遍，这使得许多理论认识在仙人类题材的信仰指向上产生模糊。仙人信仰是为汉人长生思想服务的，仙人没有部落图腾的功能，也没有创世神的意义，他们只是为汉人实现到另一个世界的愿望而服务。如果将仙人神话置于远古神话类型中，那仙人所具有的长生信仰内容就被改变了。同时，仙人又具有半人半神的性质，他们并不是一个完整意义上的神灵，而只是掌握长生方法的一类特殊人，仙人故事演绎的都是他们如何满足人们长生幻想而引起的一些发生在现实生活中的事件，如齐燕沿海地区大规模方士群体的寻药活动。“人类借宗教向神灵寻求帮助，其思想基础是承认神灵的存在。仅到神灵存在为止，还只是哲学问题。宗教不仅相信神灵的存在，认为是神灵在主宰着世界上的一切，而且告诉人们，要得到这一切，必须向神灵乞求。从这个意义上说，宗教就是人和神的关系。”[1]仙人类题材反映的就是人与神之间的关系，不过是一种特殊的人神关系，他们本身不是神灵，但因为掌握了特殊的长生技能而使得他们能够行使神灵的职责或帮助人们接近神灵，得到神灵的帮助，因此方士在信徒那里有了与神灵等同的宗教体验。汉代仙人与神灵的这种关系，远古社会显然没有，而这样的关系，显然是不能忽视的。

从已有的汉画像石研究成果看，《南阳汉画像石》分类比较详细，该书将神灵集中于“远古神话”中。如前所述，西王母、东王公、伏羲、女娲、后羿、嫦娥等都具有新兴神灵性质，天文图像中的日月图像、日月合璧、日月同辉、苍龙、白虎、北斗、勾陈等星座图像来自于传统神灵体系，但汉人常常将它们演绎为特殊的长生材料，纳入到新兴神灵体系中。这些神灵，已经跨越了远古

[1] 李申：《论宗教的本质》，《哲学研究》1997 年第 3 期。

与现实，如果以“远古神话”来概括这些神灵显然是不够全面的，至少是将汉人对长生的热情忽视了，汉代产生的新兴神灵几乎都是为汉人长生而创造的。

从已有的汉墓壁画研究成果看，黄明兰、郭引强《洛阳汉墓壁画》的分类比较详细，他们将汉墓壁画题材分为11类[1]，其中羽化登仙是明显的新兴神灵故事，驱邪打鬼（傩仪图）、神兽、神话传说和天象神祇虽然在汉代的传播中有了一些变化，但它们来自于传统神灵，它们在汉以前就已经被人们所熟知，汉人对它们进行的只是仙人化的改造。以《洛阳汉墓壁画》所举神兽、神话故事为例，基本都是来自于汉代之前的神话，如傩仪图和四灵图。傩仪图表现的是原始社会即已存在的逐疫驱鬼仪式，《周礼·方相氏》记："方相氏掌蒙熊皮，黄金四目，玄衣朱裳，执戈扬盾，帅百隶而时傩，以索室驱疫。大丧，先柩，及墓，入圹，以戈击四隅，驱方良。"四灵图中的青龙、白虎、朱雀、玄武，汉之前也已产生，《礼记·曲礼上》记："行，前朱鸟（雀）而后玄武，左青龙而右白虎，招摇在上。"宋玉《九辩》记："左朱雀之茇茇兮，右苍龙之躣躣。"[2]

对比汉画像石和汉墓壁画中的神灵分类，可以梳理出这样三种类型的题材关系：其一，题材重叠的图像，如神兽、天象图像。其二，题材类似但表现不同的图像，如伏羲、女娲等，在汉画像石中它们是对偶神，依附于西王母，而在汉墓壁画中则是独立神，从目前已发掘遗存看，它们与西王母图像无关。其三，题材不同的图像，这主要指西王母图像，她在汉画像石中普遍存在而在汉墓壁画中零星出现。而且，西王母图像在汉画像石中还是主要图像，是所有长生神灵的中心，这种地位在汉墓壁画中是完全没有的。

进一步辨析，我们还会发现这样一个现象：在汉画像石中，以神兽、天象为主要内容的传统神灵图像，基本上都是作为背景图像出现，至少不是主要图像，它们是渲染仙界气氛而非制造仙界的主体；在汉墓壁画中，神兽、天象图像却是主要图像之一，它们带来了仙界的长生气息。洛阳新安铁塔山东汉墓壁画，墓室中的后壁为墓主人和侍女图像，右壁为车骑出行图，左壁为彩罐图，墓顶为天象图，不仅绘有太阳、月亮、北斗七星和彩云，而且其间还绘有神兽鹿和羊。显然，墓顶的神兽图和天象图是天界存在的象征，是整个墓室中重要的、不可或缺的图像，其墓顶的位置又是可以直接引申为天界的存在。汉墓壁

[1] 参见黄明兰、郭引强《洛阳汉墓壁画》，文物出版社，1996年，第18-37页。
[2] 黄明兰、郭引强：《洛阳汉墓壁画》，文物出版社，1996年，第18-37页。

画中，传统神灵题材是其主要表现的内容（图 5-1、图 5-2）。

图 5-1　女娲月象图 河南省新安县磁涧里河村砖厂汉墓 西汉时期

图 5-2　乐舞图 河南方城东关汉画像石墓 新莽时期或东汉初期

因此，我们认为汉代墓室壁画的宗教类题材上存在着两个题材体系：一是围绕西王母图像的题材体系；二是缺少西王母图像的题材体系。前者为非主流社会的汉画像石，后者为主流社会的汉墓壁画。

第二，世俗类题材的比较。

除神灵图像之外，就是世俗图像。与神灵图像相同的是，世俗图像也有着时间上的考虑，即过去与现在。因此，世俗类题材可以分为历史类题材和现实类题材两大类。

对于现实类题材的归纳，各家的表述并不完全一致，有“社会现实生活”和“乐舞百戏”[1]，有“墓主人享乐生活”和“历史人物故事”[2]，有“墓主的个人经历和与之相关的家居生活场景”和“标榜儒家道德理想的历史故事和历史人物”[3]，还有“迎宾拜谒”“庖厨供膳”“歌舞”“宴享”“车马出行”“六博图”和“麈尾图”这样具体举例的表述[4]。这些大同小异的内容得到不同的表述，可能是梳理者的侧重点不同。

从具体的图像遗存看，现实类题材实际上就是集中在两个指向上：其一，描写墓主人生前的社会地位。车马出行图、迎宾拜谒图等在墓葬绘画中占有很大比例的图像都属此类，表现出墓主人及其建造者对自己社会地位的强调，这是他们的重生信仰支持的精神需要。其二，描写墓主人生前的享乐生活。宴饮图、庖厨图、歌舞图等都属此类，相对于精神需要，这些图像表现的是墓主人及其建造者在现实生活中的生活状态，这是重生信仰支持的一种物质需要。精神需要和物质需要构成了现实类题材的基本内容：一方面，精神需要来自于封建社会的等级制度赋予的特权，墓主人到另一个世界时不能失去，或对另一个世界提出了这样的要求；另一方面，物质需要来自于墓主人生前的日常生活体验，这是墓主人在这个世界已经获得的物质享受，他们到另一个世界时也不能失去。在精神需要和物质需要得到满足后，墓主人及其建造者就可以获得两个世界之际进行转换的路径了。

对比汉画像石，汉墓壁画中的历史类图像少于现实类图像。梳理已有墓葬遗存后我们可以发现，汉画像石中普遍存在着历史类题材而汉墓壁画中则很少

[1] 参见王儒林、李陈广《南阳汉画像石》，河南美术出版社，1989 年，目录页。
[2] 参见中国画像石全集编辑委员会《中国画像石全集·四川汉画像石》，河南美术出版社，2000 年，目录页。
[3] 参见贺西林《古墓丹青——汉代墓室壁画的发现与研究》，陕西人民美术出版社，2001 年，第 169 页。
[4] 参见黄明兰、郭引强《洛阳汉墓壁画》，文物出版社，1996 年，目录页。

有历史类题材的表现，这是一个需要注意的现象。

以历史人物为例，我们对汉墓壁画中的历史人物图做了梳理，在已发掘的壁画墓遗存中，只有3座壁画墓有历史人物图像出现，即西汉的洛阳烧沟61号壁画墓、洛阳八里台壁画墓，以及东汉的内蒙古和林格尔壁画墓。汉墓壁画中历史人物缺少的现状，与历史人物在汉画像石中普遍存在的现状形成了鲜明的对照，这应当影响到了汉墓壁画在世俗类生活表现上的丰富性。

有历史人物图像的壁画墓中，洛阳“八里台”壁画墓中历史人物非常简单，洛阳烧沟61号壁画墓复杂些，有“二桃杀三士”“孔子师项橐”等13个历史人物；内蒙古和林格尔壁画墓中，历史人物最多，共有80多位历史人物，基本上每个人物旁边都有榜题，根据这些榜题可以知道这些历史人物是老子、孔子、颜渊、闵子骞、子路、后稷母姜原、秋胡子妻、丁兰、孟轲母、晏子、要离、伍子胥等。不过，和林格尔壁画墓中更多的内容还是现实类人物图像，这类题材的图像面积也较大，在该墓前室、后室、耳室和甬道中都有出现。

反观汉画像石中的历史人物，不仅数量多于汉墓壁画，而且内容也更丰富。张道一先生《汉画故事》收集的72个人物故事，其中以历史人物为多，主要有：孔子见老子，孔子弟子，击磬于卫，孔子问师，仓颉创文字，暴君夏桀，尧禅舜让，周公辅成王，柳下惠坐怀不乱，颜叔子握火，卫姬谏齐桓公，管仲射齐桓公，曹子劫桓，骊姬置毒，灵公观剑，獒扑赵盾，赵氏孤儿，桑下饿人，季札挂剑，晏子见齐景公，二桃杀三士（图5-3），秋胡戏妻，老莱子娱亲，无盐丑女钟离春，齐义继母，鲁义姑姊，梁寡高行，京师节女，曾母投杼，闵子骞失棰，楚昭贞姜，范雎受袍，范雎辱魏须贾，伯乐相马，神医扁鹊，名医仓公，荆轲刺秦王，聂政刺韩相，聂政自屠，专诸刺吴王僚，要离刺庆忌，豫让二刺赵襄子，蔺相如完璧归赵，泗水升鼎，高祖斩蛇，鸿门宴（图5-4），王陵母，李善抚孤，柏榆伤亲，刑渠哺父，金日磾拜母相，孝子赵荀，丁兰供木人，义浆羊公，董永孝亲，魏汤报父仇，义士范赎，冯婕妤以身挡虎，斗鸡图，公孙阏暗箭射人，力士孟贲，乌获与五丁力士，材官蹶张申屠嘉，辟除五毒，为蛇足者亡其酒，刘邦举兵围鲁，经学之争，党锢之祸[1]。这些历史人物，几乎将汉代流行的历史故事都罗列了进来。

[1] 张道一：《汉画故事》，重庆大学出版社，2006年，第1-2页。

图 5-3　二桃杀三士图 河南省南阳市英庄汉墓 东汉晚期

图 5-4　鸿门宴图 河南省南阳市汉墓 东汉时期

对于历史人物在汉画像石中多而汉墓壁画中少的原因，我们曾经这样认为："历史人物图在墓葬建造中，除了受到崇拜和尊敬，与墓主人的日常生活不会有什么联系。可是在汉代的国家宗教中，他们是一种信仰的符号。当这样的符号在画像石墓中置于西王母之下，突出了西王母至上神的地位，突出了长生信仰的巨大影响。与此相反，在壁画墓中，历史人物图是包含着国家宗教内容的图像，可以与神话传说人物同构，但是与现实生活中的人物就不能这样了。当然，内蒙古和林格尔壁画墓有特殊的背景，该墓各类人物同构的现象，是因为这一时期壁画墓已经受到了画像石墓的巨大影响，而且内蒙古远离中原地区，正统的国家宗教影响已经衰减。所以，和林格尔壁画墓的描写也属于合理。"[1]

综上，我们认为：汉代墓室壁画在世俗类题材上存在着两个题材体系：一是侧重于现实类图像而多描写西王母等新兴神仙的仙界题材体系；二是侧重于历史类图像而多描写传统神灵的天界题材体系。前者为非主流社会的汉画像石，后者为主流社会的汉墓壁画。

［1］ 汪小洋：《汉墓壁画的宗教信仰与图像体系》，上海古籍出版社，2012 年，第 139 页。

第三节　汉代墓室壁画的分布体系

分布体系是共时性的一个指标，表现出题材安排上的差异性。在这个差异性中，图像形制的认识是重点。汉画像石墓是非主流社会中流行的墓葬形式，只要有经济条件的支持，基本上都可以建造。汉壁画墓是主流社会中流行的墓葬形式，经济条件之外还受到等级制度的限制。在这个大背景下，汉画像石墓没有等级上的要求，只在规模上与汉壁画墓形成差异。因此，汉画像石分布广泛，汉墓壁画分布则比较集中，分布体系上汉画像石的划分难度较大，图像形制的讨论也更加复杂。

一、已有研究成果的梳理

第一，汉画像石的分布体系。

汉画像石分布体系的研究，有局部考量和整体考量两种类型。局部考量的研究，来自于汉画像石集中地的研究成果最多，这是一种局部考量的描述，《中国画像石全集》中的各省分册就是这种类型。整体考量的分布体系一般是五分法，即第一分布区，包括山东全境、江苏中北部、安徽北部、河南东部和河北南部，以山东西南部和江苏西北部的徐州为中心，所发现的汉画像石数量占全国汉画像石总数的 60% 以上；第二分布区，以南阳为中心的河南西南部和湖北北部地区，是汉画像石的最重要的发祥地；第三分布区，陕西北部和山西西部地区；第四分布区，四川、重庆和云南北部地区；第五分布区，河南洛阳市周围地区[1]。也有简单表述的五分法，即山东、河南、四川、陕西北部和江苏北部[2]。这是以现代行政区划而划分的一种表述，不过与汉画像石的主要集中地基本吻合。

王建中《汉代画像石通论》的区域分布有自己的特点，他认为“我国汉代画像石分区有以下特点：其一，分布于汉高祖刘邦故乡及其周边（刘邦圈或曰徐州圈）；其二，分布于汉刘光武帝刘秀故乡及周边（刘秀圈或曰南阳圈）；其三，分布于画像石墓习俗的郡县及其周边；其四分布于蕴藏石灰岩、砂岩山体周边。

[1] 参见信立祥《汉代画像石综合研究》，文物出版社，2000 年，第 13-15 页。
[2] 欧阳摩一：《画像石》，辽宁画报出版社，2001 年，第 11 页。

还有个不言而喻的特征，那就是分布于交通便利的驰道或河流两侧”[1]。这样的划分表现出三个指标：一是政治地理的指标；二是社会习俗的指标；三是自然条件的指标。这三个指标并不排他，所以操作起来会有交叉。

在分布体系的指标中，学术界普遍关注的还是经济与文化的考量。信立祥认为：“汉画像石主要分布在这五个区域不是偶然的，这与当时这些地区经济文化的发达有着直接关系。”他同时认为：“作为一种历史现象，在汉画像石流行的背后，显然有着更深刻的社会背景。这种社会背景就是两汉时期疯狂推行的厚葬风俗。”[2]

分布体系涉及图像形制的讨论，信立祥的《汉代画像石综合研究》有着全面而精辟的论述。他将汉画像石发展分为滥觞期和成熟期两个时期，而成熟期的汉画像石墓葬形制可分为四种类型。第一种类型：主室即棺室周围设有回廊的回廊式画像石墓。这种类型的画像石墓又可分为两种，一种是砖石混合结构的回廊式画像石墓，另一种是纯石结构的画像石墓。前者的典型墓例是河南唐河王莽天凤五年冯孺人墓，后者早期的典型墓例是河南唐河针织厂墓，晚期的典型墓例是江苏徐州邳州市缪宇墓。“这种回廊式画像石墓的墓主，都应是官秩两千石以上的高级官吏和贵族。”第二种类型：纵向有三重或四重墓室，并且两侧附有耳室和侧室的多室墓。这类也可以分为砖石混合结构墓和纯石结构墓两种，前者典型墓例是河南襄城茨沟画像石墓，后者典型墓例是山东安丘董家庄画像石墓。“这种大型多室画像石墓的墓主都应是官秩两千石以上的高级官吏和贵族。”第三种类型：是由前后两重主要墓室组成的、平面呈“日”字形或“凸”字形的画像石墓。同样，这类画像石墓有纯石结构墓和砖石混合结构墓两种，前者典型墓例为山东苍山元嘉元年墓和陕西绥德苏家岩墓，后者典型墓例为河南南阳石桥画像石墓、四川成都曾家包 1 号画像石墓。“关于这两重墓室的画像石墓的墓主身份，根据绥德县苏家岩墓后室中门柱上的题记铭刻，推测当为县令长等级以下的中、下级官吏或地方豪强。”第四类型：主要指四川成都地区特有的隧道式摩崖[3]。

在这样认识汉画像石墓室形制的基础上，信立祥给汉画像石的图像配置做

[1] 王建中：《汉代画像石通论》，紫禁城出版社，2001 年，第 46 页。
[2] 信立祥：《汉代画像石综合研究》，文物出版社，2000 年，第 15–17 页。
[3] 信立祥：《汉代画像石综合研究》，文物出版社，2000 年，第 230–235 页。

了具体分析：①由于纯石结构画像石墓的画像配置不受或很少受到位置的限制，可以比较自由地按照造墓者的意志来进行，因此这种墓也最能正确地反映画像石墓的图像配置规律。②主室图像形制。成熟期画像石墓的主室画像按其图形学意义分为六类：第一类是表现墓主在地下世界日常起居生活场面的画像，一般配置在主室壁面上。第二类是具有辟邪、保护墓主灵魂安宁和尸体安全、象征吉祥的仙禽神兽图和穿壁图等，散布在主室各处。第三类是表现天上世界的诸神图和天象图，都配置在主室顶部。第四类、第五类和第六类分别是表现墓主升仙愿望的仙界图、与祭祀墓主活动有关的狩猎图和历史故事画像，都配置在主室侧壁。在六类画像中，前三类是成熟期画像石墓主室最常见的、比较固定的画像内容，后三类则较为少见。在画像石墓建造者的观念中，主室的顶部象征高高在上的天穹，四壁的壁画象征其他宇宙构成部分，各类题材内容的画像根据当时的宇宙方位观念，分别被配置在适当的位置。③中室和前室图像形制。成熟期画像石墓的前室和中室的画像内容主要有天界诸神图像、西王母和东王公的昆仑山仙界图像、祭祀墓主活动图像、历史故事图像和墓主生前经历图像五大类，其中祭祀墓主活动图像最为重要，一般配置于横梁和门额上，天界诸神图像几乎毫无例外配置于墓室顶部，西王母和东王公的昆仑山仙界图像配置于门柱和立柱上部历史故事和墓主生前经历配置于横梁和门额下的壁面。④墓门图像形制。有两种配置：一种是常见的配置，门额刻仙禽神兽图，门柱刻门吏图，门扉刻衔环（图 5-5）；另一种是复

图 5-5　铺首衔环图 唐河县石灰窑汉墓 西汉晚期

杂的配置，各地不一[1]。

在分布体系的认识中，四川地区被特别重视，一些独特的画像石形制在这里比较多地出现。《中国画像石全集·四川汉画像石》记有摩崖画像、石棺画像和汉阙画像三种，在题材选择上有自己的特色。

摩崖画像在巴蜀地区比较丰富，其题材有四类：其一，反映现实生活，其中占突出地位的是墓主人奢侈生活的画面，又以宴饮和车骑行列最具代表性；其二，描绘历史人物、历史故事，以及西王母系列图形；其三，表现宗教信仰、巫术鬼道的神灵祥瑞，其中较有特色或常见的有“啄鱼图”“蹲鱼图”“镇墓神图”“魌头图”“坐佛图”等；其四，文字题刻，介绍墓主人身份和墓葬建造情况的文字[2]。摩崖画像中有些神灵图像生活化的气息很浓，是巴蜀地域特色的反映。重庆璧山县蛮洞坡崖墓出土的伏羲女娲图（图 5-6），两条蛇接生殖器处，既有生殖神话的痕迹，又有现实生活的气息，其他地方少见。

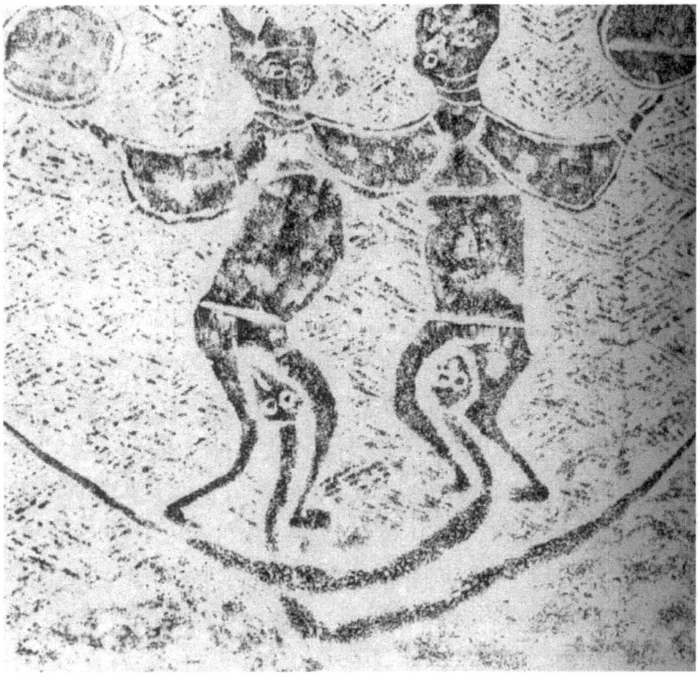

图 5-6　伏羲女娲图 重庆璧山县蛮洞坡崖墓 东汉时期

[1] 参见信立祥《汉代画像石综合研究》，文物出版社，2000 年，第 247-257 页。
[2] 参见中国画像石全集编辑委员会《中国画像石全集·四川汉画像石》，河南美术出版社，2000 年，第 5-7 页。

石棺画像在其他地区也有遗存发现，但巴蜀地区比较突出。罗二虎将汉代石棺画像的内容分为两大类：一是仙境与升仙；二是驱鬼镇墓。前者又可分为神仙仙境、升仙、墓主生活（社会生活）、历史人物故事和生殖崇拜五小类[1]。

汉阙在巴蜀地区遗存较集中，1992年出版的《四川汉代石阙》记："在全国仅存的二十九处汉代石阙中，四川境内就有二十处，数量居全国之冠。"[2]汉阙图像的题材主要有三类：其一，神话故事；其二，历史人物故事；其三，墓主人享乐生活。石棺画像的题材有四类：其一，反映现实生活的场景，表现中、上层社会政治生活的图像突出，如车马出行是常见的题材；其二，对来世即天堂世界理想化的描述，如反映"阙"内外生活的题材较多；其三，神仙鬼怪传说；其四，装饰性图案[3]。在汉画像石中，也有许多描写"阙"的图像，说明"阙"在汉人的现实生活中具有一定的普及性（图5-7、图5-8）。

图5-7　雅安高颐阙右阙 东汉时期

[1] 参见罗二虎《汉代画像石棺》，巴蜀书社，2002年，第169页。
[2] 徐文彬等：《四川汉代石阙》，文物出版社，1992年，第1页。
[3] 参见中国画像石全集编辑委员会编《中国画像石全集·四川汉画像石》，河南美术出版社，2000年，第7–8页。

图 5-8 墓阙图 四川成都扬子山 2 号墓 东汉时期

概而言之，汉画像石的分布体系五分法被普遍接受，同时因为第五分布区（河南洛阳市周围地区）的汉画像石遗存数量不大，所以又可以与第二分布区（以南阳为中心的河南西南部和湖北北部地区）一并考量，因此四分法也是一种被普遍接受的分布体系划分法。

第二，汉墓壁画的分布体系。

汉墓壁画的分布体系，目前大致有四分法、五分法和六分法三种划分。

四分法主要着眼于东汉后期的汉墓壁画发展，贺西林《古墓丹青——汉代墓室壁画的发现与研究》如此划分：以河南为中心的中原及其周边地区，北方内蒙古中南部和陕西北部长城沿线地区，西北甘肃河西地区以及东北辽阳地区[1]。

五分法也着眼于东汉后期的汉墓壁画发展，贺西林、李清泉《中国墓室壁画史》如此划分：以河南为中心的中原及周边地区，北方河北中部、内蒙古南部地区，西北甘肃河西地区，东北辽阳地区以及西南四川地区[2]。

关于六分法。汪小洋的《中国墓室绘画研究》如此划分：以洛阳为中心，

[1] 参见贺西林《古墓丹青——汉代墓室壁画的发现与研究》，陕西人民美术出版社，2001 年，第 1 页。
[2] 参见贺西林、李清泉《中国墓室壁画史》，高等教育出版社，2009 年，目录页。

兼有河南、河北、山西的中原区域；以山东、江苏、安徽为中心的东部区域；以陕西为主的关中区域；以辽阳为中心的东北区域；以甘肃为主的河西区域；以内蒙古、陕北为主的北方区域。这些地区地处边远，归之于边疆地区[1]。

二、我们理解的汉画像石四分法和汉墓壁画六分法

第一，汉画像石分布体系的四分法。

分布体系划分的依据主要是图像形制上的差异。图像形制，也就是图像配置的类型，与题材类型一样，从中可以反映出各汉画像石遗存集中地的主要特征。题材反映的是墓主人准备反映什么内容的重生信仰，图像形制则反映的墓主人如何表现这些重生信仰。不同地区的汉画像石有着不同的图像配置，分布体系与图像形制之间存在着明确的对应关系。

同时我们认为，墓室壁画首先是重生信仰的产物，然后才是艺术创作的作品。在这样的前提下，墓室壁画表现的就是墓主人去另一个世界的过程和其中的种种期待。由此，汉画像石墓的图像一般被规定为墓道、墓门和墓室三个部分，墓道部分的图像被规定为行走主题，墓门部分的图像被规定为跨越主题，墓室部分的图像被规定为墓主人将要得到的重生世界。在汉画像石墓中，墓室部分内容比较丰富，包括墓主人生前的生活场景和使之成为现实的仙人活动。墓道、墓门和墓室这三个部分组成了墓主人重生的过程，这一过程依赖于神灵帮助，围绕的是西王母主题。西王母使墓主人的重生得以进行，并证明重生的真实性，西王母图像由此而成为所有图像围绕的中心。因此，西王母图像的形制成为最重要的形制指标。

鉴于这样的认识，我们认为汉画像石的分布体系在划分时可以首先考虑以西王母图像的形制类型为指标。从汉画像石遗存的考古成果看，汉画像石中的西王母图像形制有四种类型，由此我们提出汉画像石分布体系的四分法。在考古研究的成果中，从新德的《西王母图像的类型学研究》为我们提供了这方面的依据。他认为：从西王母图像的现有考古成果出发，将汉画像石分为苏鲁豫皖区、豫中南区、陕北区和四川区。其中，苏鲁豫皖区画像石有自己的特点，“苏鲁豫皖区画像石中的西王母图像资料以山东最多，江苏也有发现。西王母形

[1] 参见汪小洋主编《中国墓室绘画研究》，上海大学出版社，2010年，第79页。

象特征基本为正面，双手合拱，跽坐。按有无基座分为BⅠ、BⅡ两型”；豫中南区画像石参照此区画像砖的分类，“该区西王母的形象特征可概括为：戴胜，手中执物，坐于山峦或台座之上，按四分之三侧身和侧身的不同坐姿分为AⅠ、AⅡ两型”；陕北区画像石也有自己的特点，“陕北地区西王母图像的基本特征是正面戴胜跽坐。亦可依其有无基座分为BⅠ、BⅡ两型”；四川区画像石是一个特殊的地域艺术现象，四川出土的西王母图像有明显的地方特点，四川画像石中普遍存在的龙虎座基本不见于其他地区。通过以上分布体系，从新德的结论是：“虽然在不同的区域、时期内，不断出现增删、更改的现象，但始终保持了最具代表性的特征，使之与周围的画像明显区分开来，成为汉代引人注目的文化现象。”[1] 在这篇论文所划分的类型中，不论是正面像还是侧面像、有基座还是没有基座，西王母在整个构图中都起着主宰的作用，始终是画面的中心，所有重生元素都是围绕着西王母的存在而存在并获得图像意义。东汉中期之后，与西王母同时出现的东王公也是高高在上，表现出主宰天下的色彩。

汉画像石的图像体系是围绕西王母的重生信仰体系而构建的，西王母图像的形制决定了汉画像石的图像特征。因此，从西王母图像的四种形制出发，汉画像石的分布体系也可划分为四个体系，即苏鲁豫皖的东部地区，豫中南的中部地区，陕北的西部地区以及巴蜀地区。东部地区是汉高祖刘邦故乡的辐射区域，中部地区是汉世祖刘秀故乡的辐射区域，西部地区是两汉政治中心的辐射区域，巴蜀地区是汉代文化独特而富庶之区域。运用这个四分法而得出的划分区域，与当时政治、经济中心的分布和辐射基本一致，也符合目前大多数研究成果的研究思路和结论。

第二，汉墓壁画分布体系的六分法。

汉墓壁画遗存分布有着自己的特征：一方面，遗存分布以王侯封地为线索展开，必然受到等级制度的限制；另一方面，汉墓壁画表现的是主流社会的重生信仰，强大的中央集权控制下，地方性特征相对而言没有汉画像石突出。因此，政治中心的辐射可以成为一个分布体系的合理指标，也即当时的行政区划可以成为分布体系划分的依据。

从这一认识出发，我们还是主张用六分法来划分：以洛阳为中心，辐射河

[1] 从新德：《西王母图像的类型学研究》，《西王母文化研究集成·论文卷》，广西师范大学出版社，2008年，第1200-1222页。

南、河北、山西等中原地区；以徐州为中心，辐射山东、江苏、安徽等东部地区；以长安为中心，辐射周边的关中地区；以辽阳为中心，辐射周边的东北地区；以甘肃为主的河西地区，以内蒙古、陕北为主的边疆地区。

第四节　汉代墓室壁画的发展阶段

汉代墓室壁画表现的是汉人最热衷的长生活动。如何能够获得长生？汉人几乎都加入到了寻找答案的队伍中，这使得当时的墓室壁画有了无比丰富的内容，也因此给阶段性划分带来了对应的多样性和复杂性。

一、已有研究成果的梳理

第一，汉画像石的发展阶段。

汉画像石的发展阶段是一个成果很多的领域，学者们的出发点不同，所得的结论就可能不一样。在这些成果中，考古学、地区特征和墓葬形制关注者比较多，我们尝试对这些成果进行初步梳理。

从考古学出发的观点。王建中《汉代画像石通论》从考古分期角度给汉画像石发展分为七个阶段：第一个阶段，西汉早期画像石椁墓的滥觞（前206—前141）；第二个阶段，西汉中期画像石墓的萌生（前140—前49）；第三个阶段，西汉晚期画像石墓的发展（前48—8）；第四个阶段，新朝时期画像石墓的蔓延（9—24）；第五个阶段，东汉早期画像石墓的崇尚（25—88）；第六个阶段，东汉中期画像石墓的流行（89—146）；第七个阶段，东汉晚期画像石墓的盛行（147—220）[1]。

从地区特征出发的观点。各地都有从本地区出发来划分汉画像石发展阶段的观点，我们在这里选择南阳地区的阶段划分。一者，南阳地区是汉画像石的重镇，具有代表性；二者，关于本地区的研究受到各方面的重视，研究成果也相当丰富。老一辈学者王儒林、李陈广编著《南阳汉画像石》，他们认为："根据已发现的汉画像石墓的形制，画像石的内容、雕刻技法和随葬器物等多种因

[1] 参见王建中《汉代画像石通论》，紫禁城出版社，2001年，第2-5页。

素进行分析：南阳汉画像石墓可分为早、中、晚三个时期。”早期是西汉中期至王莽时期，中期是东汉早期至东汉中后期，晚期为东汉晚期。其中，中期画像石墓发现较多，“这一时期的墓葬形制多样，墓室结构复杂，画像内容丰富，题材广泛，雕刻技法纯熟，是南阳汉画像石墓的全盛时期”[1]。近十多年来关于南阳地区汉画像石的发展，不仅论述的角度有变化，而且学者们的表述也有了不同的风格。徐永斌《南阳汉画像石的发展与分期》认为：“近年来随着考古发现的不断增多，南阳出土的汉画像石大量涌现，其发展演变的脉络也日益明朗，从西汉中期兴起，于东汉中期盛行，至东汉末年衰落。沿着这一线索我们可将南阳汉画像石的发展历程划分为初创、成长、发展、成熟四个时期。”具体是这样划分：第一个时期，简明单纯——初创期（西汉中晚期）；第二个时期，具体生动——成长期（东汉早期）；第三个时期，气韵生动——发展期（东汉中期）；第四个时期，精微传神——成熟期（东汉晚期）[2]。

从墓葬形制出发的观点。汉画像石墓在形制上可以分为地下墓室画像石和墓地祠堂画像石，墓室画像石当为主体。信立祥以地下墓室画像石为对象划分为滥觞期和成熟期两个阶段，他认为：“与第一汉画像石分布区的情况一样，这一地区的墓室画像石（指南阳和湖北北部地区——引者注），到西汉末期已经具备了进入更加成熟的发展阶段的条件。”[3]

第二，汉墓壁画的发展阶段。

汉墓壁画发展阶段的成果不多，学术界比较多的是运用贺西林的四分法观点。贺西林认为：第一阶段为西汉前期，是汉墓壁画的开创与借鉴时期，以广州象岗山南越王墓和河南永城芒山柿园梁王墓为代表；第二阶段为西汉后期，是整饬与定型时期，以洛阳卜千秋壁画墓和洛阳浅井头壁画墓为代表；第三阶段为新莽至东汉前期，是汉墓壁画的延续与滋衍期，以洛阳金谷园新莽壁画墓、偃师新村壁画墓、洛阳北郊石油站壁画墓为代表；第四个阶段为东汉后期至魏晋之际，是汉墓壁画的拓展与刷新时期，河南、内蒙古、陕西、甘肃、辽宁等地都有比较丰富的壁画墓遗存[4]。

---

[1] 王儒林、李陈广：《南阳汉画像石》，河南美术出版社，1989 年，第 6-7 页。

[2] 参见徐永斌《南阳汉画像石的发展与分期》，《中原文物》2009 年第 1 期。

[3] 信立祥：《汉代画像石综合研究》，文物出版社，2000 年，第 229 页。

[4] 参见贺西林《古墓丹青——汉代墓室壁画的发现与研究》，陕西人民美术出版社，2001 年，第 1 页。

二、我们理解的发展阶段

第一，汉代墓室壁画发展需要的条件。

汉画像石和汉墓壁画的出现，需要两个前提条件：一是人们在墓葬活动中认可生命能够在另一个世界存在，二是人们在墓葬建筑中为图像的存在提供物质化的空间。前者是观念，后者是形制。观念指导形制，形制为观念传播提供必要的物质支持。

关于这两个条件，学者们注意到两份材料。一份材料是考古成果中关于楚地墓葬建筑对空间的突破。战国早期湖北省随州市曾侯乙墓，椁内各厢的高大隔板下侧都开设了一个方孔，之后继续发展，形成了楚地独特的墓室构造轨迹，即开设方孔→装饰门窗→设置墓造门扉[1]。另一份材料是司马迁《史记·秦始皇本纪》中关于秦始皇陵的描述："始皇初继位，穿治郦山，及并天下，天下徒送诣七十万人，穿三泉，下铜而致椁，宫观百官奇器珍怪徙藏满之。令匠作机弩矢，有所穿近者辄射之。以水银为百川江河大海，机相灌输，上具天文，下具地理。以人鱼膏为烛，度不灭者久之。"

这两份材料都说明，在战国和秦朝时期，之前墓葬建筑强调密封和隔绝埋葬的观念已经开始发生变化，由此而促进墓葬变革的到来。李德喜、郭德维分析曾侯乙墓木椁各室尺寸后认为："任何一间椁室的面积，都可能比当时一般建筑物的面积大。如中室和东室，这么大的面积，这么高的空间，就是今天一般的居室也难以匹敌，足够当时人们居住和从事各种室内活动。这种椁室，我们认为可能是当时宫殿建筑往地下部分的移植或复制。也就是说，它是完全按照地面建筑实际的开间规格建造的，而地面的整体建筑可能会更大，故只能仿照其中一部分。"[2]蒲慕州在梳理墓葬形制转变时认为："综合以上木椁墓及砖室墓的发展过程，大致可以看出，最迟从战国晚期开始，传统的墓葬形制有了一种新的发展趋势，就是要比较具体地模仿生人的居宅。"[3]

经过这些准备，横穴墓在西汉出现。"西汉后期以后，虽还有竖穴土坑木椁墓，然已盛行用大型空心砖砌墓室取代木椁，并出现了一种横穴墓的洞室墓，即斜着或竖着向下挖到一定深度后，便横着向内掏空，挖成墓穴，初期直接将

[1] 湖北省博物馆编：《曾侯乙墓》，文物出版社，1989年，第11页。

[2] 李德喜、郭德维：《中国墓葬建筑文化》，湖北教育出版社，2004年，第5页。

[3] 蒲慕州：《墓葬与生死——中国古代宗教之省思》，中华书局，2008年，第193页。

椁置于其内，即洞穴就是墓室；后便仿照地面房屋，在洞穴中用砖和石料修筑墓室。”[1] 横穴墓出现后，墓室壁画就有了存在的空间。

我们还注意到这一时期存在的两个现象：帝陵普遍采用竖穴墓形制，以及砖室墓形制的流行。

关于帝陵的竖穴墓。董新林认为：“从考古调查和文献记载看，西汉十一座帝陵除文帝霸陵属于‘凿山为藏’的大型崖洞墓外，其余的都是在平地向下开挖的土圹竖穴墓，地表有高大的夯筑坟丘，形制类似‘黄肠题凑’墓。”[2] 西汉帝陵多竖穴墓，说明汉代帝陵在形制上并没有对壁画墓产生多少促进，这是一条不能忽视的信息。竖穴墓因为规模大，可以通过实物陈设来满足墓主人在彼岸仍然享受此岸高贵、富足生活的愿望，如黄肠题凑的出现。但大墓是有等级要求的，没有达到这样等级的汉人如何走向彼岸？横穴墓提供了对应的墓葬形制，这是墓葬建筑的进步。

关于砖室墓形制。西汉墓葬建筑的形制有木椁墓、土洞墓、空心砖墓、砖室墓和崖墓等，横穴墓主要采用空心砖墓和砖室墓，但两者流行的时间不一样。空心砖墓，战国中期开始出现，西汉时在中原和关中一带流行，到东汉即告绝迹。砖室墓，西汉中期开始出现于中原和关中地区，到东汉已普及全国，并盛行于以后各个时代[3]。砖室墓在汉以后成为墓葬建筑的主要形制，在汉代则也是对横穴墓发展起了巨大的促进作用，两汉的画像石墓、壁画墓基本上都是砖室墓。蒲慕州认为：“至于砖室墓的出现及其流变，由最早竖穴空心砖椁墓演变为横穴空心砖墓，乃至于小砖墓，似乎也循着一种趋势，就是朝着模仿生人居住的形式发展，其中最具关键性的转变，就是在空心砖墓由平顶转变为人字形顶之时。平顶空心砖墓基本上仍为‘箱型’结构，为木椁之代替品，而‘人’字顶空心砖墓则由其斜坡屋顶式的结构，极为像生人房屋顶，再加上有横梁、雕刻画像、墓门等装备，更加强了为其‘地下居所’的象征意义。‘人’字顶空心砖墓大约于西汉中期首先出现于河南地区。”[4]

从形制上看，横穴墓的出现，彻底改变了墓室壁画在空间上存在的问题，满足了重生信仰对墓葬建筑提出的空间要求，这是一个具有革命性的形制变化，

[1] 李德喜、郭德维：《中国墓葬建筑文化》，湖北教育出版社，2004 年，第 7 页。
[2] 董新林：《中国古代陵墓考古研究》，福建人民出版社，2005 年，第 145 页。
[3] 参见张之恒《中国考古学通论》，南京大学出版社，1991 年，第 268 页。
[4] 蒲慕州：《墓葬与生死——中国古代宗教之省思》，中华书局，2008 年，第 192 页。

墓室壁画因为横穴墓的出现而有了空间保证，并迅速流行开来。因此，西汉早中期横穴墓的被接受应当成为汉代墓室壁画发展的一个节点。当然，横穴墓首先是在主流社会流行的，这使得主流社会的壁画墓在西汉领先发展，非主流社会的画像石墓发展较晚，东汉中期方进入繁荣阶段（图 5-9）。

图 5-9　偃师杏园村东汉墓壁画全景

有了墓葬形制的准备，汉人在墓室壁画中想要表现什么？这是一个有明确答案的问题，即汉人是用神仙故事来说明重生体验的。汉人认为，他们可以依靠神仙从幕葬建筑中获得重生。由此，神仙题材的如何运用是梳理汉代墓室壁画发展阶段的一个指标。当然，我们也应当注意到汉画像石与汉墓壁画在神仙故事的表现上存在差异："汉壁画墓是对天界的描写，依托的是主流社会的国家宗教；汉画像石墓是对仙界的描写，依托的是非主流社会的西王母信仰和其他神仙信仰。在具体的图像表现中，汉壁画墓天界图像以天帝为中心，主要来源于国家宗教的长期积累，多始祖气息的传统神灵，对非主流社会的神灵并没有全部接受，因此缺少西王母图像；而汉画像石墓仙界图像以西王母为中心，在西王母信仰的指导下另建一个神灵世界，多仙人气息的新兴神灵，对主流社会神灵也有所改造，最著名的就是取消伏羲女娲的独立性而成为西王母身边的辅神。”[1]

营造神仙故事的气息，汉画像石与汉墓壁画都有一个动态的过程。从发展趋势层面看，汉画像石构筑的仙界和汉墓壁画构筑的天界都存在着一个神灵气息取代神秘气息的开端，之后是神灵气息被世俗气息不断稀释的过程，应当是一个转化的状态。大致看，有这样三个现象：其一，在早期的遗存中，墓主人注重宗教题材的表现，不仅神话题材大量出现，而且宗教题材的图像也比世俗题材图像描绘得细致。其二，在兴盛时期的遗存中，宗教题材仍然是墓主人最为关心的图像，与之前所不同的是宗教题材与世俗题材有了一种互相结合、共同表现的关系结构，这一点最突出的指标就是西王母有了对长生世界统治力的表现，重生信仰因而有了完整的叙事结构。其三，在晚期遗存中，墓主人的生活场景大量增加，世俗气息弥漫画面，甚至出现了墓主人图像与西王母图像混淆的情况。

因此，我们以神仙题材的演变为指标，梳理汉代墓室壁画的发展阶段。对汉画像石而言，有仙界形成期、仙界兴盛期和仙界转型期三个阶段；对汉墓壁画而言，有天界形成期、天界兴盛期和天界转型期三个阶段。

第二，汉画像石的三个发展阶段。

神仙题材的演变，也是一个对神仙叙事能力不断增强的过程，依此我们将汉画像石分划分为三个发展阶段，即仙界形成期、仙界兴盛期和仙界转型期。

仙界形成期——时间为西汉早期至西汉晚期。汉画像石的仙界形成期是神秘化题材被取代的开始，又可以分为仙界准备期和仙界建成期两个发展阶段。

（1）仙界准备期，时间为西汉早期至西汉中期。这一阶段，画像石的叙事能力不强，主要是几何形图案、玉璧、神鸟和常青树等比较简单的图像。图像的简单化，也是神秘化的一种特征。这一阶段有一个重要的考古成果，即发现了最早的纪年画像石。1984 年山东省临沂地区册山乡庆云山发现了两座石椁墓，“其中 M1 椁盖上面、内壁、东西侧侧板、南北两档板均刻有几何形图案……属于这一时期的画像石椁墓还有山东枣庄小山 M3，椁板内壁出现了玉璧、绶带、神鸟、常青树图”[2]。

[1] 汪小洋：《中国墓室壁画兴盛期图像探究》，《民族艺术》2014 年第 3 期。
[2] 王建中：《汉代画像石通论》，紫禁城出版社，2001 年，第 53 页。

（2）仙界建成期，时间为西汉晚期。这一时期，有纪年的画像石椁之外出现了有纪年的画像石墓，这是一个重大考古成果，画像石叙事的形制条件开始具备。杨爱国记："1962 年河南南阳杨官寺画像石墓发现时，报告定为东汉早期或中期。1978 年，河南南唐河胡阳公社新村店西'楸树坟'高地上发现了始建国天凤五年（18）郁平大尹冯君孺久画像石墓。通过类型比较，学者们意识到，杨官寺画像石墓的年代应当提前到西汉晚期，这一观点的得出正是得益于纪年汉代画像石墓的发现。"[1]

仙界兴盛期——时间为新莽时期至东汉中期。这一时期，画像石开始在社会上流行，画像石墓、画像石椁墓、画像石阙、画像石祠、画像石碑等画像石类型都已出现。新莽时期的山东汶上县天凤三年（16）路公食堂画像石，是我国目前最早的纪年画像石祠石刻。各种类型画像石的出现，为画像石发展提供了形制上的保证，从而直接提升了画像石的叙事能力。

更为重要的是，因为至上神西王母图像的出现，神仙故事开始饱满，画像石的叙事能力大大提高，重生的仙界得益于西王母而得到了完整的叙事结构。李凇认为："大约在东汉初期，即公元 1 世纪上半叶，侧面角度的西王母图像被正面角度的样式所取代，其一般形式有两个特点：西王母为画面的构图中心，西王母为正面角度并在左右常对称地布置有侍者。"[2] 李凇从图像志出发，将西王母图像分为三部分：核心图像，为西王母（戴胜）和玉兔；必要图像为蟾蜍、三足乌和九尾狐；辅助图像与区域图像，主要是阶段性、区域性，或某种特殊介质上的图像[3]。这些西王母图像的组成部分，在这一时期已经具备（图 5-10）。

许多学者们津津乐道的汉画像石遗存，都是出现在这一时期。东汉早期影响大的遗存有：画像石墓，南阳、山东、苏北地区比较突出，如河南唐河针织厂二号汉画像石墓、白庄画像石墓。画像石祠，山东长清孝堂山画像石祠是重要的考古成果，这一遗存是中国现存最早的石筑石刻房屋建筑，也是我国现存最早的地面房屋建筑。画像石阙，山东出现了纪年画像石阙，有莒南东兰墩孙氏元和二年（85）画像石阙，平邑南武阳皇圣卿元和三年（86）画像石阙，平

[1] 杨爱国：《幽明两界：纪年汉代画像石研究》，陕西人民美术出版社，2006 年，第 5 页。
[2] 李凇：《论汉代艺术中的西王母图像》，湖南教育出版社，2000 年，第 297 页。
[3] 参见李凇《论汉代艺术中的西王母图像》，湖南教育出版社，2000 年，第 248-270 页。

图 5-10　西王母图 山东嘉祥县红山村画像石墓 东汉早期

邑南武章和元年（87）功曹画像石阙。东汉中期影响大的遗存如下：画像石墓，纪年画像石墓和画像石增加，山东滕州、陕西绥德、江苏徐州、安徽淮北，以及河南南阳、洛阳、商丘、周口、安阳等都有重要考古发现。画像石阙，山东嘉祥建和元年（147）武氏画像石阙，河南登封嵩岳元初五年（118）太室画像石阙、延光二年（123）启母画像石阙，四川新都元兴元年（105）王稚子画像石阙、渠县延光二年（123）冯焕画像石阙等，都是重要考古发现。此外，东汉中期四川纪年画像石摩崖增加，如彭山永元十四年（102）画像崖墓、新津永建三年（128）画像崖墓、乐山阳嘉三年（134）麻浩画像崖墓、江北阳嘉四年（135）画像崖墓和简阳汉安元年（142）画像崖墓等。其中麻浩 1 号墓享堂门楣上一端坐者有背光可辨，据此学者们认为是佛像（或认为是东汉晚期）（图 5-11）。

图 5-11　坐佛图 乐山麻浩 1 号崖墓 东汉晚期

仙界转型期——时间为东汉晚期。这一时期，从信仰层面看，重生信仰已经深入人心，不需要神秘化支持就可以把重生故事说好；从图形层面看，偶像化的西王母带来了西王母图像的符号化，画像石的叙事能力又有了进一步的提高。在这样的背景下，世俗化的内容在增强叙事能力的同时也开始稀释神仙气息，汉画像石表现为转型形态，各地发展呈现出多样化面貌。王建中认为："东汉晚期，是我国画像石兴盛不一时期。南阳、鄂西北区画像石逐步走向衰落之路，而山东、苏北出现盛行的势头。与此同时，陕北更大面积出现画像石墓。四川则广泛流行画像崖墓、画像石墓、画像石椁墓。另外，浙江宁海、贵州金沙等边远地区也出现了画像石墓。值得一提的是，这一时期还出现了再建、再葬画像石墓。"[1]

世俗社会丰富多彩，世俗化成为汉画像石多样化的基础。从表层上看，新内容的增加成为转型期的最大特征。之前开始兴起的画像石祠得到越来越多的重视，山东比较突出，著名的山东嘉祥武梁祠（图 5-12）就在这一时期（建和、和平年间），此外还有东河芗他君永兴二年（154）画像石祠、嘉祥宋山永寿三年（157）画像石祠等。之前零星出现的佛像画像石有了新的内容，这一时期孔望山有了大面积的佛教图像出现，表现出当时人们对新宗教信仰的接受。特别重要的是，这一时期升仙故事比例减少，这使得神仙气息被明显稀释，甚至出现了西王母图像与墓主人图像误读的情况。比如，徐州贾汪区白集祠堂发掘的西王母、东王公画像石，两神本身没有神性的标志，以致考古队第一次发掘报告误认为是男女墓主[2]。

图 5-12　西王母图 山东武梁祠 东汉晚期

画像石在东汉流行并迎来了令后人仰慕的艺术高峰，可是汉以后的魏晋南北朝却迅速衰落，甚至是很快消亡，这一现象成为引人注目的学术问题。以往

[1] 王建中：《汉代画像石通论》，紫禁城出版社，2001 年，第 56 页。
[2] 参见汪小洋《汉画像石宗教思想研究》，天津人民美术出版社，2004 年，第 82 页。

学术界往往是用曹魏政权的薄葬政策和战乱后的萧条经济这样的社会背景来解释，其实东汉晚期画像石的转型期也是一个应当被考虑的角度。当重生信仰确立后，人们对重生的要求不会随意或迅速改变，改变的只能是一些形式。汉画像石进入仙界转型期，这就是为墓葬新形式的出现做好了准备。神仙气息被世俗气息稀释，更加世俗化的形式将取代画像石这样的形式，画像石的衰落与消亡显得突兀，但其中应当是存在着可辨的必然趋势。

三、汉墓壁画的三个发展阶段

汉墓壁画与汉画像石在发展轨迹上并不同步，从目前的考古成果看，汉壁画墓的出现早于汉画像石墓，早期的汉墓壁画在叙事能力上也是强于汉画像石。但是从整体发展面貌看，两者在神仙题材的叙事方式上方向一致，也存在着以重生信仰改造传统神灵题材的发展轨迹。如此，我们将汉墓壁画划分为天界形成期、天界兴盛期和天界转型期三个阶段。两汉时期，洛阳的壁画墓最为集中，同时数量也多，因此我们以洛阳汉墓壁画为例展开讨论。

1. 天界形成期——时间为西汉中期至西汉晚期

与汉画像石的仙界形成期一样，汉墓壁画在形成期也可以分为天界准备期和天界建成期两个发展阶段。这一时期汉墓壁画总体面貌是以神话题材为主，现实题材比较少，对于墓主人的重生信仰，神话题材与现实题材各自叙事，相互之间没有什么联系。就重生故事而言，叙事能力不强。

（1）天界准备期。时间为西汉中期，代表墓葬为西汉卜千秋壁画墓和稍晚的浅井头西汉壁画墓。两壁画墓的精彩部分或叙事集中部分是墓顶平脊上的壁画，主题为升仙（图 5-13）。其内容是："图中在十三块砖上从前至后依此绘有女娲、月亮、持节方士（着羽衣翁）、二青龙、双枭羊、朱雀、白虎、仙女、奔兔、猎犬、蟾蜍、卜千秋夫妇（男乘龙蛇，女乘三头凤）、伏羲、太阳、黄蛇等。"[1] 浅井头西汉壁画墓墓顶平脊上的壁画内容差不多，从南向北绘有：朱雀、伏羲、太阳、白虎、双龙、怪人、朱雀、双龙穿璧、蟾蜍、神人、月亮、女娲、瑞云等[2]。这些图像主要还是描绘传统神灵，神秘气息浓厚，但升仙主题

[1] 黄明兰、郭引强：《洛阳汉墓壁画》，文物出版社，1996 年，第 61 页。
[2] 参见黄明兰、郭引强《洛阳汉墓壁画》，文物出版社，1996 年，第 77-78 页。

图 5-13　卜千秋夫妇升仙图（局部）
洛阳市烧沟村西卜千秋墓 西汉中期

已经明确。

（2）天界建成期。时间为西汉晚期，代表墓葬为烧沟 61 号西汉壁画墓和八里台西汉壁画墓。这一时期增加了一些重要内容：其一，壁画面积增加，除墓顶、山墙外，墓室隔梁上也出现了壁画。其二，墓顶开始表现日月星辰等图像，升仙、神怪、驱邪打鬼的图像转移到墓室后壁和隔梁。其三，历史故事出现，如烧沟 61 号西汉壁画墓的“二桃杀三上”（图 5-14)、“孔子师项橐”（图 5-15）和八里台西汉壁画墓的“上陵图”。这些新增加的内容使汉墓壁画的天界基本建成，神灵题材和现实题材有了同构的条件。

图 5-14　二桃杀三士图 洛阳烧沟 61 号西汉壁画墓 西汉后期

图 5-15　孔子见项橐 洛阳烧沟 61 号西汉壁画墓 西汉后期

2. 天界兴盛期——时间为新莽时期至东汉中期

这一时期的壁画墓，神话题材与现实生活题材都很精彩，而且在叙事中两者有了呼应关系，这大大增强了汉墓壁画的叙事能力。因为叙事能力的增强，壁画墓开始在形制上有了变化，墓室中更多的空间出现了壁画图像。

从图像内容看，这一时期神秘化气息继续降低，升仙、打鬼和傩戏的图像比例减少，现实题材比例增加，特别是宴饮图、庖厨图、乐舞图等普遍出现，直接吻合了墓主人对彼岸的期待和想象。这样的图像，比西汉后期出现的历史故事又进了一步。历史题材具有神化祖先的色彩，是对神话题材的一种接近，而现实题材是明确的世俗性质，这样的题材直接进入彼岸来叙述重生故事，使得神话题材和现实题材形成有机结合，墓室壁画的叙事能力自然更加提高。

因为叙事能力的提高，墓主人可以用更多的空间来表现自己的重生体验，这一点也表现在壁画墓的形制变化上。这方面的代表墓葬是新莽时期的金谷园新莽壁画墓（图 5-16）、偃师新村新莽壁画墓以及道北石油站东汉壁画墓。金谷园新莽壁画墓墓葬形制为墓道、墓门、甬道、前室、后室，甬道和前室还各有一个耳室，与之前形制相比增加了许多壁画面积。偃师新村新莽壁画墓，“壁画所在的部位，不是在西汉常见的墓顶平脊上，而是绘在墓室两道勾栏的上额和前堂左右两壁上。壁画内容有驱邪升仙、庖厨宴饮、歌舞娱乐、执戟门吏等”[1]。这样的变化，从形制到内容都与之前有别，并成

图 5-16　墓前室内景图 洛阳金谷园新莽壁画墓 东汉前期

[1]　黄明兰、郭引强：《洛阳汉墓壁画》，文物出版社，1996 年，第 14 页。

为之后壁画墓的一个基本走向。道北石油站东汉壁画墓形制也有新内容，“新莽以期的壁画墓，画面一般都是两层，即绘在墓顶、隔墙或隔梁、墓壁上，这座墓的壁画则出现了上、中、下三层，即绘在墓顶、耳室上额、耳室门旁和甬道两壁等”[1]。画面层次的增加，必然是叙事能力提高的表现，这一时期的壁画墓已经可以叙述复杂而完整的重生故事了，通过天界表现重生信仰体验的汉墓壁画达到兴盛。

3. 天界转型期——时间为东汉晚期

这一时期的汉墓壁画向汉画像石靠拢，这使得世俗化的题材有了突出的表现。这是非常重要的信息，即汉墓壁画墓主人阶层出现了下沉的现象。

代表墓葬为唐宫路玻璃厂东汉壁画墓、东郊机场东汉壁画墓和偃师新村东汉壁画墓，这三座壁画墓都是横堂墓，墓顶作画开始减少，图像集中在甬道、四壁、门侧或门额。黄明兰、郭引强认为：“内容上由于东汉豪强地主庄园盛行，追求功名利禄，现世行乐之风取代了西汉幻想升天的思想。这样反映功名利禄的车马出行、宾主宴饮、舞乐百戏、庖厨劳作等就成立东汉晚期墓葬壁画的主要题材。”[2]从重生信仰角度看，现实生活成为壁画墓的主要题材，这正是墓室壁画叙事能力提高的表现，天界更加接近世俗世界，重生体验也必然更加深入人心。

当然，我们也注意到汉画像石向汉墓壁画借鉴的现象，如东汉后期画像石墓中出现了前期少见的传统神话题材。东汉后期之前，传统神话题材在壁画墓中表现得比较充分，在画像石墓中则表现不足，这个现象是汉画像石和汉墓壁画的一个重要区别。东汉后期出现的这个改变是一个非常重要的信号，可以被认为是汉墓壁画影响汉画像石的一个迹象，以往关注得比较少，学者们更多关心的是汉画像石对汉墓壁画的影响。洛阳朱村东汉–曹魏壁画墓出现的车队前恭迎图（图 5-17），与汉画像石的出行图就已经非常相似了。

---

[1] 黄明兰、郭引强：《洛阳汉墓壁画》，文物出版社，1996 年，第 14 页。
[2] 黄明兰、郭引强：《洛阳汉墓壁画》，文物出版社，1996 年，第 15 页。

图 5-17　车队前恭迎图 洛阳朱村东汉—曹魏壁画墓 东汉至曹魏时期

总体看，东汉后期汉画像石与汉墓壁画在题材的选择上走势趋同，在发展阶段层面上都是世俗化不断加强的趋势。

第六章

魏晋南北朝墓室壁画

第一节　魏晋南北朝墓室壁画的遗存梳理

东汉之后，南朝壁画墓数量减少，但北朝壁画墓继续保持着普遍存在的状态，数量仍然很大。从壁画墓遗存的数量看，中原文化对少数民族王朝产生了巨大的吸引力。

1. 遗存数量

魏晋南北朝壁画墓总数是155座，目前可统计的壁画总面积约1000平方米。

2. 遗存分布

甘肃地区：34座。江苏地区：25座。浙江地区：21座。山西地区：17座。河南地区：11座。河北地区：6座。山东地区：7座。辽宁地区：6座。陕西地区：8座。宁夏地区：5座。湖北地区：2座。吉林地区：3座。内蒙古地区：2座。新疆地区：3座。福建地区：2座。云南地区：1座。北京地区：1座。四川地区：1座。

第二节　魏晋南北朝墓室壁画的题材体系

汉代是我国中央集权得到全面加强的朝代，而南北朝则是中央集权遇到全面挑战的朝代，因此，中央集权是我们考察的出发点。冯友兰认为："两汉四百年统治之后，继之而来的四百年也许可以称之为分裂时期（221—589）。在这四个世纪的大部分时间里，中国南方分裂为许多统治时间不长的小国，北方也同样分裂成这样的小国。有些北朝的小国由非汉族的游牧民族组成，却跨越长城，在长城以南建立了国家。过去中国历史上，把这一时期看作‘五胡乱华’，看作‘黑暗时期’，因为民众遭受了许多苦难。但在文化上，这是非常杰出的时期。”[1] 为什么这一时期是中国历史上的苦难时期？是因为中原地区的大一统中央集权不复存在。为什么这一时期又是文化杰出的时期？是因为原有的中央集权文化被这一时期的各个大小政权所继承、改造和发展，特别是北朝政权实行汉化政策，中华文明因此而有了更加宽广的胸怀和更加强大的融合力。多元化是魏晋南北朝的时代特征，这个语境下，墓室壁画也进入到一个文化杰出的时期。

从这一时期墓室壁画的整体发展看，由于西晋政权的短暂统一和南北朝政权的长期对峙，墓室壁画的图像体系可以分为统一时期的题材体系和分裂时期的题材体系两个自然形态。前者具有汉文化直接沿革的性质，后者加入了“汉化”的内容。

一、已有研究成果的梳理

这一时期墓室壁画的图像体系，学术界一般都是从具体地域、具体壁画墓或各个时间段来认识的，这与当时的多元政治格局相关。此外，学术界在时间上也习惯于将魏晋时期划为第一阶段，南北朝划为第二阶段。曹魏政权并没有统一全国，但基本统一了中原，并直接为西晋所继承，这一时期中原文化已经成为中华文脉的主线，有着特别重要的意义，因此我们将魏与西晋合并作为一个时间单元考量。同时，我们也依学术界的习惯将十六国合并在魏晋单元中。

第一，魏晋时期的题材体系。

学术界讨论这一时期题材体系时一般都是重点讨论河西地区的墓室壁画，郑岩在《魏晋南北朝壁画墓研究》中设“从魏晋壁画墓看凉州与中原的文化联系”一章，专门分析河西墓葬壁画的题材。他认为：“将以上几个壁画内容粗略概括起来，可以划分为两个大的方面，一是表现生产和消费活动的内容，二是升仙

[1] 冯友兰：《中国哲学简史》，新世界出版社，2004年，第4页。

的内容。前者在许多研究中多被视为‘世俗生活’或‘现实生活’题材，并作为研究当时经济状况和阶级关系的直接材料。实际上，这些图像首先反映的是死者最基本需要，为死者在阴间的‘生活’提供了衣食的保障，少量的乐舞百戏表现了精神的享受……如果说这一方面内容的确像是对‘世俗社会’或‘现实生活’的模仿，那么后一类的升仙内容则反映了人们希望超凡脱俗、追求永恒的宗教需求。”[1]

汪小洋主编的《中国墓室绘画研究》一书认为，河西地区魏晋十六国砖墓壁画的题材大致可分为三类：其一，表现时人的劳动场景，其中又以“狩猎”“采桑”和“牛耕”三个主题的出现频率最高。其二，表现墓主人的财富和享乐生活，这一题材主要有动物图、宴饮图、庖厨图和出行图等。其三，表现军事题材，表明墓主人身份的出行、屯田、坞堡和操练等图像，这类题材数量不多[2]。

对于此期的辽阳地区东汉魏晋壁画墓和朝阳地区三燕壁画墓的题材，郑岩认为：“无论在辽东地区还是辽西地区，魏晋墓葬壁画的题材都继承了汉代壁画墓的一些特点，如墓主人画像、车马出行、庖厨、房舍、星象等，都与东汉晚期河北、河南、山东等地的壁画墓有许多继承关系，反映出边疆地区和少数民族在接受汉文化时的滞后性。”[3]

曹魏政权和西晋王朝都为汉族政权，墓室壁画的题材表现出对东汉的继承是合理的，这一时期题材体系的变化一般只是在某个方面予以强调或增加一些个别新内容。比如，汉画像石中的胡汉战争图像并不具有实际的军事意义，但在这一时期河西地区壁画墓中就有了坞堡和操练这样针对性很强的军事图像。林少雄认为：“在现有的嘉峪关墓葬的六百余幅砖画中，仅表现生产、屯戍的画面就有八九十幅，尤其是其中的三号墓，在墓室前室南壁上端十分醒目的位置，安排了两幅屯营图和屯耕图，形象地说明了魏晋时代统治阶级在河西地区的屯守活动。”[4]又如，贺西林、李清泉认为，朝阳地区冯素弗墓中有了一个新特点，“天象图中除了日月星宿外，还出现了星河”[5]。

第二，北朝时期的题材体系。

[1] 郑岩：《魏晋南北朝壁画墓研究》，文物出版社，2002 年，第 158 页。
[2] 参见汪小洋主编《中国墓室绘画研究》，上海大学出版社，2010 年，第 93-94 页。
[3] 郑岩：《魏晋南北朝壁画墓研究》，文物出版社，2002 年，第 41 页。
[4] 吴志杰主编：《中国古代审美文化论》（第一卷），上海古籍出版社，2003 年，第 168 页。
[5] 贺西林、李清泉：《中国墓室壁画史》，高等教育出版社，2009 年，第 65 页。

梳理北朝墓室壁画题材体系时，各代政权的更迭和地理范围得到重视。郑岩《魏晋南北朝壁画墓研究》就设以下几个小节：中原地区魏晋至北魏迁洛之前的壁画墓，洛阳地区北魏晚期壁画墓，河北、河南、山西、山东地区的东魏北齐壁画墓，陕西、宁夏地区的西魏北周壁画墓[1]。在这几个小节中，首先列出具体壁画墓遗存，然后梳理各个壁画墓的题材。这样的方式，也是学术界对这一时期墓室壁画题材体系梳理的一般路径。

汪小洋主编的《中国墓室绘画研究》一书就北朝后期壁画墓提出四对范畴，涉及题材体系的划分。其一，前世与后世。与汉墓壁画各地题材并非完全相同比较，北齐的壁画墓虽然绘画技法有高下之分，但从整体上实现了一种内容与形式的统一，即规格上移，这一点对之后隋唐壁画墓有影响。其二，北朝与南朝。魏晋之前墓葬绘画一般是以民间工匠为主，南朝出现变化，民间工匠对士大夫阶层的画家作品有模仿的趋势，民间工匠与士大夫画家有了互动，这一点影响到北朝。自北齐开始，由于统治者的重视，宫廷画家很可能参与到墓葬绘画的创作上，宫廷生活成为这一时期的一个常见题材。其三，世俗与信仰。由于北齐皇室热衷佛教，佛教因素开始在北齐墓室壁画中出现。与此同时，北齐风行的享乐主义对墓室壁画产生了巨大影响，世俗题材在墓室壁画中出现的频率大大高于祥瑞、升仙题材。其四，内地与西域。北齐腹地山东是南北朝时期丝绸之路的起点，北周重镇固原是丝绸之路上的重要关隘，北魏曾专设机构对进入中原的胡人进行管理，这些都为域外题材的传播提供了条件[2]。

有一些特殊的题材体系在这一时期出现，如学术界所关注的粟特人壁画墓的考古成果。20世纪末到21世纪初，粟特人墓葬相继被发掘，其中最为重要的就是石质葬具上装饰的画像石，大部分画面描述了西域风格的人物和故事情节，也有一些画像表现了中亚特有的生死观葬礼，属于祆教信仰的题材体系。我们大致可以将粟特人壁画墓的题材分为三大类："第一类是神像和祭祀场面，主要内容有火坛与祭司鸟神、祆教的主神阿胡拉、娜娜女神、焰肩神等天神。第二类是人世与神界的叙事画，主要描绘了墓主人的职业活动及相关的家居生活、狩猎、宴饮场景；其中兼有狮、虎、牛、羊、狗、野猪、象、骆驼、马等动物。第三类主要是装饰图案，有花卉、禽鸟、神兽、飞仙、乐伎、卫士、铺首等，

[1] 参见郑岩《魏晋南北朝壁画墓研究》，文物出版社，2002年，第41页。
[2] 参见汪小洋主编《中国墓室绘画研究》，上海大学出版社，2010年，第109–114页。

其中花边多为莲瓣纹、忍冬纹、连珠纹、水波纹等。上述三类中，第一类内容反映墓主人对教义的忠诚和执着；第二类内容，墓主人穿梭于人界和神界之中，通过描绘自身与主神阿胡拉的互动，讲述自己顺利的仕途历程，生前享有的财富和安逸的生活；第三类装饰图案的作用也很重要，飞天乐伎、莲花座为佛教、祆教所共有，反映了西域等中亚地区所趋同的审美情趣和文化观念。”[1]

第三，南朝时期的题材体系。

南朝墓室壁画主要有两个类型：一是壁画墓；二是画像砖墓。前者数量不及后者，目前的研究成果也主要集中在后者。

南朝壁画墓的题材明显沿革东汉后期壁画墓风格，墓主人以及与重生信仰相关的现实生活成为主要题材。比如，云南昭通后海子东晋壁画墓，墓主人居中，两侧有侍者，东西壁分上下层，有楼阁、人物、青龙、白虎、朱雀、玉女、怪兽、飞禽走兽以及云纹等，有些新意的是东壁下层绘执幡仪仗队列和甲骑、西壁下层绘汉族和少数民族部曲家兵队列。这些图像虽然在风格上表现出了浓郁的地域特色，但题材体系还是沿革两汉的结构，重生信仰的种种图像元素围绕在墓主人身边。

南朝画像砖墓从形制上看有两个系统：一是一砖构成一个完整画面的画像砖，这是传统系统；二是多砖拼镶成一个完整画面的拼镶砖画，这是新兴系统。传统系统的题材与北朝接近，多借鉴东汉墓室壁画，但增加了一些孝子图、佛教图像等方面的内容。新兴系统在继承东汉墓室壁画题材之外，“竹林七贤”与“荣启期”图像的出现是新内容，特别是这些高士图题材在墓室空间的重要部位大面积出现，这样的形制与原先墓主人图像突出的形制形成鲜明的对比，带来了特别明确的新意。这样的新意是时代特色，也对后代产生影响：“‘竹林七贤’与‘荣启期’图像在南朝墓中的出现和盛行，从某种意义上表达了死者对这高士群体的景仰。将八位贤达的画像围绕在墓室周围，取代了汉代墓葬中的儒家样板和神仙崇拜，转而营造一种饱含魏晋风度的人格向往。同时，这些砖画也呈现出不同于前朝的一些技术特点。首先，这些砖块一般砌于墓室的左右两侧，具有对称性，其砖块本身就是墓室的结构部分。其次，砖画工艺水平大大提高，砖块的数量很多，有些超过 2 米的画面采用超过 150 块砖进行拼嵌，烧制和拼嵌的难度很大。再次，这些砖画的装饰性极强，将线条的造型能力提高到一个

[1] 汪小洋主编：《中国墓室绘画研究》，上海大学出版社，2010 年，第 120 页。

新的高度，为后世风行的线刻人物画创立了良好的范本。”[1]

二、我们理解的两个阶段和三个题材体系

魏晋南北朝题材体系的形成与这一时期特殊的文化冲突语境相关。韦正认为，各地文化面貌与民族迁徙直接相关："汉末战争、疾疫、灾难造成中原地区社会经济的严重衰退，西晋永嘉之乱和胡族入主中原所造成的动荡超过汉末，大量人口逃离中原，涌向周边地区。这些人口和他们所携带的中原先进生产技术，客观上促进了周边地区社会生产的发展和文明程度的提高，其中，江南、河西、辽东是受益最多的三个地区，构成了六朝、五凉、三燕政权能够与中原地区分庭抗礼的经济基础。这三个地区魏晋南北朝考古遗存的丰富程度因之超过同时期其他地区。”[2]

我们同意这样的宏观分析。对于北方地区，西晋王朝灭亡后，中原地区进入北朝阶段，这一时期的中原基本为少数民族政权所覆盖。这样的政治局面下出现了新的文化形态：一方面，入主中原的新政权带来了差异比较大的非汉族文化，而且也强力推行着“汉化”政策；另一方面，政权频繁更迭也加快了与中原文化融合的节奏。对于南方地区，六朝政权以正统自居，南方富庶的经济和相对安定的政治环境又为弱小的王朝提供了比较好的维持条件，这使得随中原政权而来的中原文化也加快了与南方地域文化的互动，形成了更加广泛而深入的融合形态。因此，魏晋南北朝时期的题材体系有两个阶段，第一个阶段是短暂统一的魏晋时期，第二个阶段是南北对峙的南北朝时期。第一阶段的题材体系承接东汉，是一个完整的面貌；第二阶段的题材体系南北相分，是一个两分的面貌。从发展的角度看，第二个阶段是重新组合的过程，是一个具有新起点的题材体系。

第一，第一阶段的题材体系。

第一阶段的题材体系承接东汉的特征。一方面，升仙气息趋弱而世俗气息增强，墓主人对此岸生活的留恋超过了对彼岸的期待，反映在题材上就是庄园生活等图像大量增加；另一方面，东汉后期出现的汉画像石与汉墓壁画题材互

[1] 汪小洋主编：《中国墓室绘画研究》，上海大学出版社，2010年，第97页。
[2] 韦正：《魏晋南北朝考古》，北京大学出版社，2013年，第1页。

相借鉴而走向接近的趋势继续延续，主流社会与非主流社会在题材关注上并没有太大的区别。

嘉峪关魏晋墓群（图 6-1）是学术界对这一时期墓室壁画的关注点，被誉为“地下画廊”，题材体系上就充分反映了墓主人对此岸的热情关注。张军武、高凤山认为这一现象可称为“民俗画廊”：“这些画砖都取材自当时的社会现实生活，如果将墓室连通，就是一座地下画廊。这些砖画也以反映民俗内容者众多，故又可称为‘民俗画廊’。古墓葬出土的 660 幅彩绘砖壁画，充分描绘了当时的生产、生活状况，其内容包括牧畜、农耕、兵屯、林园、狩猎、营垒、出行、驿传、宴乐、舞蹈、六博酿造、庖厨、服饰冠帻、生活用具、部曲的族属和建筑装饰图案等。”[1] 林少雄以丁家闸 5 号墓（图 6-2）为个案分析，认为地面生活的画面特点鲜明：“与天上没有形成鲜明特色的图案和故事以及规范刻板的神界生活形成鲜明的对比，人世间的生活万象则是丰富多彩和充满鲜活灵动的画面。如墓主生前的宴饮享乐、仆从侍役的朴实本分、歌舞乐伎的精彩表演、百工杂技的生动活泼，以及车马的运行、眷属的出行等，都被真切地记录了下来。不仅日常生活的画面，最值得一提的、最有价值的是普通劳动者的生产和生活场面，也被真实地记录了下来。如农耕、耙磨、扬场、放牧、园林、采桑、逗鸟、饲鸡、坞壁、运输等，以及推牛、宰猪等各种庖炊场面。”[2]在题材表现上，既有东汉内蒙古和林格尔壁画墓的宏大场面，又有更加细致的具体场面，对现实生活的热情关注和精心描绘，将东汉后期的题材特征几乎发挥到极致。特别是生活细节上的具体描绘，在宗教类的绘画遗存中非常少见，可与之后的大足石刻媲美。

第二，第二阶段的北方题材体系。

南北朝的图像结构存在一个新的形态，即北朝的图像结构上移和南朝的图像结构下移。我们认为：“北朝壁画墓图像体系包含着两个图像结构，一是沿革前朝的图像结构，如墓主人的生活场景和传统神灵物象；二是强调皇权的图像结构，如邺城规制和对墓道图像的重视，这是一个上移的图像结构。”[3] 在上移的图像结构中，北方题材体系有着自己的特点，其中心点是得到“汉化”的指导，是向中央集权的中原文化学习后皇权强化的结果。

[1] 张军武、高凤山：《嘉峪关魏晋墓彩绘砖画浅识》，甘肃人民出版社，1989 年，第 1 页。
[2] 林少雄：《古冢丹青——河西走廊魏晋墓葬画》，甘肃人民出版社，1999 年，第 8–9 页。
[3] 汪小洋：《南北朝帝陵壁画墓的图像体系讨论》，《民族艺术》2015 年第 4 期。

图 6-1　男墓主宴饮图 嘉峪关新城 6 号墓 魏晋

图 6-2　女墓主出行图 酒泉丁家闸 5 号墓 十六国

其一，礼仪化的题材得到突出。

北朝墓室壁画的起点不高，在曹魏薄葬政策和长期战争动乱的状态下一落千丈，“从曹魏至北朝中期的三百年间，中原及周围地区的壁画墓几乎绝迹”[1]。北魏孝文帝推行汉化政策后，壁画墓得到迅速恢复和发展，其中礼仪化的题材最为突出，不仅数量增加，而且带来了形制上的促进。“东魏、北齐、北周高等级墓葬中开始流行壁画，并开启了在墓道内绘制大型壁画的先河，壁画场面宏大，绘制精湛，水平甚高。”[2] 同时，这一时期北朝墓室壁画中，墓道前端出现的龙虎图像（图 6-3）、突出墓主人身份的礼仪化构图等新图像表现，都集中体现出礼仪化题材得到重视并流行的特征。

图 6-3　白虎图 河北磁县大冢营村茹茹公主墓 公元 550 年

其二，邺城规制体现的题材相对集中特征。

这一时期以政治中心邺城为中心出现了一批高等级的壁画墓，在内容上有规制化的趋势，郑岩因此提出“邺城规制”的命题，并联系到这一时期墓室壁画题材的相对集中的特点。郑岩首先梳理了汉代墓室壁画题材多样化的现象：“墓葬中装饰画像的传统长期在社会中、下层流行，所反映的丧葬观念和其他相关的思想很难一致，更难以形成比较严格的制度。在许多情况下，墓葬中能否采用画像，选取什么样的题材和形式，往往由地方传统习俗、死者家族的经济实力以及各种其他人为的因素决定，而不是由官方的制度决定的。在许多大型

[1] 贺西林、李清泉：《中国墓室壁画史》，高等教育出版社，2009 年，第 82 页。
[2] 贺西林、李清泉：《中国墓室壁画史》，高等教育出版社，2009 年，第 83 页。

墓葬中，墓主身份等级一般不是以画像来反映，而是以墓葬形制、棺椁、玉衣和其他随葬品来体现。”他同时梳理了这一时期的墓葬形制流变：“汉代流行的多室墓在北朝时期完全为带长斜坡墓道的单室墓所代替，墓室的多少不再是代表墓葬规格的标准。平面呈方形的单室墓从西晋时期即开始在中原出现，是所谓‘晋制’的一个主要特征。这种墓葬形制而后为入主中原的北魏统治者所继承，即使是皇陵也采用单室墓。”单室墓使墓室空间方面的象征意义发生改变，越来越趋于单一化。因此他认为：“在墓葬规格提高的同时，壁画题材和分布趋于同一。我们不妨将这些特征称作‘邺城规制’。”[1]

我们认为，这个命题的提出是合理的，这也是北方少数民族政权推行汉化政策的影响所致。

其三，孝子图画像流行的上移指向。

这一时期孝子图的流行受到学术界的重视，贺西林认为：“从目前出土的北魏画像葬具看，其图像基本围绕两大主题展开，即反映神仙道教信仰的升仙主题和体现儒家思想的孝子主题，其中孝子主题占有绝对主导地位。此外，部分葬具也融入了佛教等外来宗教的图像与观念。在迄今所见的北魏画像葬具中，孝子图画像葬具不仅数量巨大，而且时代特色极为鲜明。”[2] 邹清泉的《北魏孝子画像研究》是比较深入的北魏孝子图画像研究专著，他认为孝子图画像在北魏流行是因为孝子图画像具备了“通于神明”的内涵和象征：“由于天人感应等神秘色彩的附加，孝子成为通天人之际的象征，这一象征性使孝子具有了神仙的特质，也使表现孝子，尤其是大孝子的画像具有了同样的性质。”他同时认为还有两个重要的历史因素：第一，是北魏中晚期后妃利用“子贵母死”擅权的特殊政治背景；第二，是墓室在北魏社会思想观念中的象征性，因为北魏时期人们视墓室为墓主的“神灵归趣”。他特别提到：“北魏覆灭后，‘子贵母死’之制随之消亡，北魏孝道思想的发展与孝子画像的刻画也盛极而骤衰。”[3] 这三个认识，都与最高统治阶级的政策、信仰和风俗相关，显然是北朝图像结构上移的表现（图 6-4）。

[1] 郑岩：《魏晋南北朝壁画墓研究》，文物出版社，2002 年，第 184-190 页。
[2] 邹清泉：《北魏孝子画像研究》，文化艺术出版社，2007 年，第 1 页。
[3] 邹清泉：《北魏孝子画像研究》，文化艺术出版社，2007 年，第 169-170 页。

图 6-4　孝子故事图局部（摹本）宁夏固原西郊北魏墓 公元 486 年

朱浒认为："然而有意味的是，在石刻画像中频繁出现的孝子图像却鲜在墓室壁画中出现，可以引发我们的思索。"[1]这是一个尚没有学者深入讨论的问题。目前出土的北魏孝子图画像都存在于石棺上，而石棺葬具是与壁画墓室有所区别的，因此我们认为这可能与葬具有关，从中也可以反映出北朝图像结构上移的影响。一方面，北魏孝子图画像表现出北魏政权对中原文化"孝"的极度重视。石棺葬具直接与入葬者接触，是整个墓室的中心所在，几乎等于北魏国策的"孝"，其图像在石棺上表现，是不是墓主人及其建设者在墓室的结构中有着一些特别的考虑？陈戍国论述北朝丧葬礼仪时就注意到一个现象："我们注意到孝文帝及其后诸帝的谥号，以'孝'为谥，应当可以说明汉人'孝'的传统观念已经为元魏统治者所接受（元宏自己也提到他的'孝子之心'），这种观念应当是元魏孝文帝特别尊崇太皇太后的主要原因。"[2]另一方面，北魏孝子图画像也表现出北魏对传统鲜卑族文化的保留。北魏虽然大力推行汉化，但仍然与中原文化存在着一定的距离。石棺葬具是一种特殊的葬俗，显然对鲜卑族的一些特殊风俗和信仰有着某种最后保留的意味。在汉代的墓室壁画中，壁画墓、画像石墓、画像石石棺墓都可以作图来表现墓主人对彼岸的期待，这几种画像载体之间已经被打通，在重生信仰的表现上没有什么特别的区别，但北魏阶段的

[1] 汪小洋主编：《中国墓室绘画研究》，上海大学出版社，2010 年，第 106 页。
[2] 陈戍国：《中国礼制史》（魏晋南北朝卷），湖南教育出版社，1995 年，第 369 页。

鲜卑族文化中还有着特殊的考虑，葬具与墓室仍然存在区别，一些画像主题可以在葬具中表现却不能在墓室中表现。北魏是北朝的第一个鲜卑族政权，保留一些特殊葬俗是有可能的。这是我们的一管之见，这个问题还有待深入讨论。

第三，第二阶段的南方题材体系。

从现有遗存看，南朝墓室壁画的题材体系有两个内容：一个是继承汉代墓室壁画而来的墓主人生活图像和仙界图像；另一个是新出现的高士图画像，以“竹林七贤”与“荣启期”为代表。因为高士图画像的出现和这些图像在帝陵壁画墓中所具有的重要位置，南方题材体系表现出来的是下移趋势。北朝题材体系上移是皇权强化所致，而南方题材体系下移则是皇权弱化所致。在这样一个特定的时期，南方题材体系表现出自己的特征。

其一，有序的文化辐射。北朝汉化遇到了困难，甚至是尖锐的矛盾，但依靠强大的皇权予以解决。南朝半壁江山也遇到了重重困难，没有强大皇权的弱小王朝依靠的是皇权文化上的有序传承来巩固江山。有序传承是南朝统治者反复强调的，有明确的制度予以保证，被人所诟病的九品中正制如此，政权的更迭也如此，南朝四个开国君主都要认认真真走完受禅为帝的程序。《宋书·武帝本纪》记：“皇帝臣讳，敢用玄牡，昭告后天后帝：晋帝以卜世告终，历数有归，钦若景运，以命于讳……敬简元日，升坛受禅，告类上帝，用酬万国之情。克隆天保，永祚于有宋。惟明灵是飨。”之后萧道成以齐代宋、萧衍以梁代齐、陈霸先以陈代梁都有这样的告天策文。政权上的有序传承带来了有序的文化辐射，南朝墓室壁画的题材体系表现出了这样的特征。韦正对南朝各地花纹砖和画像砖做了简略分析，他认为：“长江下游、长江中游、福建地区三地墓砖花纹和图案变化速度相近，而且节奏相似，都经历了东吴西晋时期的丰富多彩、东晋时期的简省和南朝时期的蓬勃发展三个显著阶段，表明这三地之间的联系最为紧密，是东晋政令发挥效用的最直接地区，这可以弥补文献之不足。”[1] 东晋政令之所以在这三个地区发挥效用，依靠的就是有序的文化辐射。

其二，生活化的文化走向。与北朝战乱频繁的动荡社会不同，南朝是一个相对安定的社会，在这样的社会环境下，生活化的文化走向已经成为时代特征。南朝社会在生活上享乐成风，仅田园修建就已极尽奢侈。《宋书·谢灵运传》记：“灵运父祖并葬始宁县，并有故宅及墅，遂移籍会稽，修营别业，傍山带江，尽

[1] 韦正：《六朝墓葬的考古学研究》，北京大学出版社，2001年，第267页。

幽居之美。”《宋书·恩幸传》记阮佃夫的庄园：“宅舍园池，诸王邸第莫及。妓女数十，艺貌冠绝当时，金玉锦绣之饰，宫掖不逮也。每制一衣，造一物，京邑莫不法效焉。于宅内开渎，东出十许里，塘岸整洁，泛轻舟，奏女乐。”这样的生活态度直接影响到时人的生死态度上，留恋此岸快乐，同时也期待彼岸不能失去快乐，由此而生出种种感慨：“夫死生是失得之大者，故乐莫甚焉，哀莫深焉。使死而有知乎，安知其不如生？如遂无知邪，又何生之足恋。故极言其哀，而终之以达……”（陆机《大暮赋》）这样的生死态度，在墓室壁画中就是题材下移，追求生活化，最典型的就是这一时期流行的“荣启期”与“竹林七贤”图像，甚至在帝陵中也接受这样的生死态度。孝子图是两汉沿革而来的题材，在这一时期有了细节和背景上的丰富，体现出来的也是一种生活化的走向。

第三节　魏晋南北朝墓室壁画的分布体系

王朝的更迭、政治中心和经济中心的转移，都给魏晋南北朝时期墓室壁画的分布体系带来了影响，两汉时期的分布体系指标显然已经改变，多元化以一个新的面貌呈现在我们面前。

一、已有研究成果的梳理

这一时期的分布体系有断代史类专著和通史类专著两个划分系统。

第一，断代史类专著的划分。

断代史类专著一般首先考虑横向的划分，然后才是纵向的划分。

郑岩的《魏晋南北朝壁画墓研究》一书中直接以地区为一级指标划分，在二级指标中才兼顾时间走向，表现出合理而巧妙的设计。该书如此划分：一，东北地区。包含：辽阳地区的东汉魏晋壁画墓，朝阳地区的三燕壁画墓。二，西北地区。三，南方地区。包含：南京地区的东晋南朝壁画墓和南方其他地区的东晋南朝壁画墓。四，中原地区。包含：中原地区魏晋至北魏迁洛之前的壁画墓，洛阳地区北魏晚期壁画墓，河北、河南、山西、山东地区的东魏北齐壁画墓，陕西、宁夏地区的西魏北周壁画墓[1]。

第二，通史类专著的划分。

通史类专著的划分，一般都是首先从时间上纵向考虑，然后才是地区上横向考虑。

杨泓的《美术考古半世纪》一书中涉及分布体系，该书基本以时间为序，在“继往开来——魏晋南北朝美术考古”一章中将这一时期美术考古分为六个部分：孙吴美术考古，汉魏时期佛教造型艺术品，东晋南朝美术考古绘画篇，鲜卑美术考古资料演变的轨迹，北朝美术考古壁画篇，丝路引入的西方美术作品[2]。

贺西林、李清泉的《中国墓室壁画史》一书中首先以时间为序展开，然后梳理横向上的地区。在“魏晋南北朝墓室壁画”一章中，作者将这一时期墓室壁画分为两个阶段三个部分。第一部分是：魏晋、十六国墓室壁画。这一地区有辽阳魏晋墓室壁画、朝阳三燕墓室壁画和河西魏晋、十六国墓室壁画，以及其他地区魏晋、十六国墓室壁画。第二部分是：东晋、南北朝墓室壁画。第三部分是：北朝墓室壁画。这一地区有山西、内蒙古北魏、北齐墓室壁画，河南、河北北魏、东魏、北齐墓室壁画，山东北魏、北齐墓室壁画，陕西、宁夏西魏、北周墓室壁画，集安及周边地区高句丽墓室壁画[3]。

汪小洋的《中国墓室绘画研究》第二章“魏晋南北朝墓室绘画”，也基本以时间为序展开，纵向作为一级指标。该书有如下划分：河西地区魏晋十六国砖墓壁画，南朝墓葬美术，北魏墓葬美术，北魏后期壁画墓，粟特人墓葬画像与入华祆教美术。该书中一级指标之下，直接以考古材料来描述分布体系。其一，魏晋时期壁画墓考古遗存分布：河西地区的魏晋十六国时期，主要以嘉峪关新城墓地为主，该墓地位于嘉峪关市东北 20 千米外的新城乡戈壁滩上。考古人员从 1972—1979 年先后发掘了 13 座墓地，其中 M1、M3、M4、M5、M6、M7、M12、M13 为彩绘砖壁画墓，共出土壁画砖 700 余块。从形制上看，这些壁画砖具有鲜明的地域特色。其二，南朝时期壁画墓考古遗存分布：南朝墓葬的发现，主要有两大核心区域：一是六朝古都南京，以东吴和东晋的贵族墓葬

[1] 郑岩：《魏晋南北朝壁画墓研究》，文物出版社，2002 年，目录页。
[2] 杨泓：《美术考古半世纪》，文物出版社，1997 年，目录页。
[3] 参见贺西林、李清泉《中国墓室壁画史》，高等教育出版社，2009 年，目录页。

为主；二是江苏丹阳，以齐梁时期墓葬为主。除此之外，还分布在安徽马鞍山、河南邓州市、湖北襄阳等地。其三，北魏时期壁画墓遗存分布：目前学界一般以北魏迁都洛阳这一事件进行划分，将北魏的墓葬大致分为“平城时期”和“洛阳时期”。北魏早期平城时期墓葬发现的并不多，主要集中在内蒙古、山西、河北、北京等地。北魏后期洛阳时期的墓葬发现较多，主要有：1974 年发现的洛阳北向阳村江阳王元乂墓，1989 年清理的孟津北陈村安东将军王温墓，1965 年和 1992 年两次调查的位于洛阳孟洛公路东侧的清河郡王元怿墓，1979 年清理的洛阳金家沟村元暐墓等。其四，东魏、西魏时期壁画墓考古遗存分布。东魏发现的墓室壁画数量要大大超过西魏，主要集中于河北磁县。磁县古称邺城，是三国时期曹魏的五都之一。在磁县境内，有民间传说的曹操七十二疑冢。中华人民共和国成立以后的考古发现表明，这些所谓的曹操疑冢大都为北魏至北齐间的贵族墓葬。目前，东魏的壁画墓主要集中在这一区域，主要有 1956 年发现的河北吴桥小马厂村两座东魏墓、1973 年发现的河北景县野林庄雍州刺史高长命墓、1974 年发掘的磁县东陈村赵胡仁墓、1976 年清理的河北赞皇南邢郭村司空李希宗墓、1978 年发现的磁县大冢营村茹茹公主闾叱地连墓、2006—2007 年发掘的河北磁县东魏皇族元祜墓等。其中以茹茹公主闾叱地连墓的级别较高，壁画保存也较好。其五，北齐、北周时期壁画墓考古遗存分布。北齐和北周的壁画墓相对要比东魏和西魏数量多，尤其是以邺城为中心的河北磁县周边，目前已经发现近 20 座壁画墓，大部分属于北齐的贵族和官员。其中比较重要的有：1957 年发掘的磁县讲武城 1 号墓和 56 号墓，1974 年发掘的北齐骠骑大将军尧峻墓，1975 年清理的北齐文昭王高润墓，1986 年发掘的山东临朐崔芬墓，1987 年清理的湾漳北齐大墓（应为帝陵）。在北齐的北方重镇山西太原也有重大发现，如 1973 年发现的定州刺史、顺阳王库狄洛墓，1976 年发现的右丞相、东安郡王娄叡墓，2002 年太原东郊王家峰的北齐太尉、武安王徐显秀墓等。其中，娄叡墓和徐显秀墓的艺术成就是南北朝时期最高的，而娄叡墓壁画因其人物比例和谐，写实生动，目前被学术界认为是代表北齐宫廷画师杨子华风格的作品。北周壁画墓主要集中在西安和固原两处。其中，西安附近主要有 20 世纪 50 年代发掘的咸阳底张湾建德元年墓、1988 年清理的咸阳底张湾建德五年使持节仪同大将军王德衡墓、1958 年发掘的华县 58H.C.M4 以及 1989—1990 年发掘的咸阳北斗乡建德四年骠骑大将军叱罗协墓。宁夏固原地处丝绸之路河西走廊的要道，其主要的北周壁画墓有：1983 年挖掘的深沟村天和四年柱国大将军李贤墓、1993 年清理的王涝坝村保定五年大将宇文猛墓以及 1996 年发掘的大堡村建德四年柱国大将军田弘墓等[1]。

二、我们理解的两个阶段和三个分布体系

魏晋南北朝是一个特殊的历史时期，中国由短暂的统一转为长期的分裂，这样的时代烙印也一定会打在墓室壁画的发展史上，因此我们仍然将这一时期定为两个阶段：第一个阶段为短暂统一的魏晋时期，第二个阶段为长期分裂的南北朝时期。在这两个阶段划分之下，我们再考虑横向的划分。因为南北朝时期南北政权的对峙以及少数民族王朝建立的特殊性，南北朝时期可以明确为北方和南方两个分布体系。因此，这一时期应当是统一时期的一个分布体系和分裂时期的两个分布体系。

我们按这样的分布体系划分，逻辑起点是中原文化的沿革走向，中原文化传承的脉络是我们分布体系的一级指标。这样的考虑，有考古成果的支持。韦正《魏晋南北朝考古》有关于这方面的精辟论述，他认为这一时期各地文化面貌与民族迁徙直接相关："三国分裂，为汉族内部之分裂，尚不影响各地区文化的构成。胡人入主中原，中原地区的文明进程改变了方向。留守中原的汉族遗黎与匈奴、鲜卑、羯、氐、羌等民族自愿或不自愿地接触，改造自身的同时也改造着对方，十六国至北魏迁洛前中原城市、墓葬等考古遗迹和遗物面貌无不是胡汉杂糅、别有风致。江南、河西、辽东三地汉晋文明尚能维持，但情况有别。河西地区前凉时期励精图治、一心向晋，但前秦控制河西后横征暴敛，前秦亡后河西东部混战不已，最终招致北魏兵锋，河西地区的前盛后衰在考古遗存中有直接反映。辽东慕容鲜卑本身拥有较高文明，又继承了乌桓文化的因子，与汉族相处甚得，不少汉人鲜卑化，其中北燕立国者冯氏最为典型，考古遗存中汉晋文化衰退之迹历历可数。晋末中原衣冠礼乐南渡，百余年间巍巍然，刘宋革命，所求者唯跻身士大夫行列，所以继续重清谈、讲义理，所谓大抵南朝皆依旧，瓷器不加装饰、墓志中列叙姻亲、以竹林七贤壁画装饰墓室等，从东

[1] 汪小洋主编：《中国墓室绘画研究》，上海大学出版社，2010 年，第 89–92 页。

晋至南朝相承不替。”[1]

两个阶段三个分布体系的结构中，我们有以下划分。

第一，第一阶段的分布体系。

这一时期中原政权仍然是汉族的王朝，但因为魏晋统治阶级实行的是薄葬政策，短暂的统一尚没有带来良好的经济复苏，因此体现两汉正统重生信仰的墓室壁画并没有在中原地区流行，考古遗存也没有多少成果，反倒是边疆地区有数量可观的壁画墓分布。从考古成果看，这一时期壁画墓主要分布地是西北的河西地区和东北的辽阳地区等。根据考古遗存提供的材料，我们将第一阶段分布体系划分为三个部分：河西地区体系，东北地区体系，中原及其他地区体系。从考古成果看，汉代墓室壁画的沿革在三个地方有不同面貌，河西地区是保持繁荣的体系，东北地区是保留汉风的体系，中原及其他地区则是勉强维系的体系。

其一，河西地区分布体系。

河西地区的墓室壁画有着特殊的地理条件，即这里是丝绸之路的繁荣地段。这一地理条件带来了三种文化交流：一是中原文化的覆盖，二是域外文化的进入，三是本地文化的繁荣。三种文化的交流是得天独厚的文化土壤，带来了不同的文化影响。首先，中原文化的重生信仰在墓葬中有突出的表现，如四神画像的普遍存在以及墓主人对彼岸享乐生活具体而热烈的期待等。其次，域外文化继续提供大量胡人活动的图像（图 6-5）外，还带来了佛教等新宗教文化元素。最后，本地文化带来了丰富的画面，河西的畜牧、屯田、车马、林木、酿造、驿传以及音乐、舞蹈、乐器等，都在墓室壁画中生动表现，真所谓是“民俗画廊”[2]。同时，借助中原政权和文化的力量，这一时期的河西地区文化可以辐射西域地区，河西地区的墓室壁画可以与西域地区墓室壁画共同梳理。

在这一时期所有地域文化的结构中，河西地区是最为开放的，也是最为稳定的。特殊的地理环境使得这一地区在很长时间里避开了中原的战乱，遥远的河西反而成为一片安宁的乐土，开放的地域文化得地利之助反而成为一个相对稳定的文化结构。依靠这样的地理优势，河西地区的墓室壁画体系在西晋以后南北朝，乃至唐代继续发展，不仅地下画廊如此，佛教画廊亦如此。

[1] 韦正：《魏晋南北朝考古》，北京大学出版社，2013 年，第 10–11 页。
[2] 参见张军武、高凤山《嘉峪关魏晋墓彩绘砖画浅识》，甘肃人民出版社，1989 年，第 1 页。

图 6-5 出行图（局部）嘉峪关新城 3 号墓 魏晋

其二，东北地区分布体系。

魏晋南北朝时期有许多重要墓室壁画考古成果在东北地区获得，这一地区的地方政权受中原文化的影响，有着明显的两汉文化沿革特征。这一时期建立的政权往往延续到之后的南北朝时期，所以墓室壁画的分布体系带来的特征可以兼顾之后的发展。东北地区墓室壁画遗存主要有三个分布地：辽阳，乐浪和带方，高句丽。三地共同的特征是对汉代墓室壁画的直接继承。

辽阳地区墓室壁画（图 6-6）。这一时期，辽阳地区墓室壁画发展分早期和晚期两个阶段，二者均为两汉风格所覆盖。韦正认为辽阳地区早期的魏晋之际回廊墓多："回廊墓除去小室和耳室，其平面布局与东汉时期的南阳杨官寺画像石墓、墓主疑为中山简王刘焉的河北定县大型砖室墓、江苏邗江广陵王墓、徐州彭城相缪宇墓非常相似。这类墓保存了较早的回廊式木椁墓的形制，在东汉时比前、中、后三室墓的等级高。这类墓葬都绘有壁画，一般墓门绘守门犬，前壁绘盛大的技乐百戏，耳室和小室绘墓主宴饮图，棺室和左右廊绘墓主出行图，后壁绘深宅高阁。这种大型墓葬的出现，或与公孙氏割据辽东，北方大量人士进入这个地区有关。稍晚些时候，大型回廊墓消失，‘工’字形、‘丁’字形、长方形墓葬继续流行，‘工’字形墓、‘丁’字形墓的左右耳室大小有别，与山东、苏北的一些画像石墓相似。两种墓葬多数为多人合葬，几乎都绘制壁画”[1]。

图 6-6　狩猎图（摹本）辽宁朝阳市十二台营子乡袁台子村壁画墓 前燕

乐浪和带方地区墓室壁画。这一地区的汉式墓葬较多，墓葬图像也接近两汉墓室壁画。“墓砖纹样既有简化的几何纹，如菱形、三角或折线，也有动物纹样，如游龙、奔鹿和飞鸟等，这些动物纹与长江下游东吴西晋画像砖相似。”[2]

高句丽地区墓室壁画。目前集安地区发现的高句丽壁画墓有二十多座，其年代包括了整个东晋南北朝时期，分为早期、中期和晚期三个阶段，早期两汉的影响比较大。吴广孝认为：“高句丽墓室壁画经历了四世纪至七世纪的三百多年连贯的发展过程，其早期壁画深受汉晋文化影响，内容以反映王室贵族的权势和享乐生活为主，因此世俗人物画占主体地位，画法以线描为主，绘画技巧简约而拙朴。”[3]

其三，中原及其他地区。

这一时期，中原壁画墓的考古发现寥寥，只在江苏和四川有零星发现，如南京万寿村永和四年墓、镇江南郊畜牧场二七大队墓、大邑董家村蜀汉墓等。

[1] 韦正：《魏晋南北朝考古》，北京大学出版社，2013 年，第 165-166 页。
[2] 韦正：《魏晋南北朝考古》，北京大学出版社，2013 年，第 168 页。
[3] 吴广孝：《集安高句丽壁画》，山东画报出版社，2006 年，第 9 页。

第二，第二阶段的分布体系。

南北朝时期的分布体系有三个因素要考量：一是南北对峙政治局面的存在，二是帝陵壁画墓的出现，三是地域特征的表现。其一，南北对峙政治局面的考量。这一时期的南北分裂与之前有着完全不同的性质，是少数民族政权入主中原而形成南北对峙。其二，帝陵壁画墓的考量。这一时期因为政局多变，政治中心的转移成为文化体系划分的一个重要指标，而帝陵壁画墓的出现，这一指标就更加突出了。南朝的政治中心基本稳定在建康，所以相对简单。北朝的政治中心比较复杂，有北魏迁都洛阳而将北魏的墓葬分为“平城时期”和“洛阳时期”以及之后的东魏、北齐和西魏、北周的两个体系发展。其三，地域特征的考量。南北朝时期出现帝陵壁画墓，但大量的遗存还是存在于贵族墓葬中。考古学将其分为帝王陵和中小型墓葬，两者的区别就应当考量。董新林认为：“魏晋南北朝时期的中小型墓葬，是相对于帝王陵而言。这些中小型墓葬的区域特征突出。以淮河为界，大体分为北方和南方两大地区。”[1] 也就是说，地域特征是来自于帝王陵之外的考量。

以上三个因素中，南北对峙与帝陵壁画墓有叠加效应，并影响到这一时期地域特征的形成，由此我们对这一时期墓室壁画的分布体系有如下认识。

其一，南北对峙带来南北平行的两大分布体系，即南方地区和北方地区的划分。这一时期分布体系的一级指标是南方地区和北方地区的划分，这是少数民族政权入主中原和帝陵壁画墓带来的时代特征，与之前的两汉墓室壁画比较有了不同的面貌。我们一直强调壁画墓是中、上阶层的墓葬形制，当南北朝壁画墓上移后，特别是帝陵壁画墓给出了最明确的说明。这一点，应当影响到分布体系的划分。从考古成果看，墓室壁画甚至比墓葬形制更加强调了南北相异的时代特征。董新林认为：“从已发掘的这个时期的帝王陵看，北方地区和南方地区的墓葬形制结构大同小异，但是在墓室壁饰上却有很大不同。北方地区的帝王陵墓多精美的彩绘壁画，而南方地区的帝王陵墓则以大型拼镶砖画为特色。”[2]

其二，地域特征带来了多样复杂的多元体系，即依靠政治中心和跨越政治中心的二元体系划分。这一时期主要的墓室壁画遗存的分布体系基本上都是为政治中心的分布体系所覆盖，但是也有超出政治中心覆盖范围的分布现象，使

[1] 董新林：《中国古代陵墓考古研究》，福建人民出版社，2005年，第187页。
[2] 董新林：《中国古代陵墓考古研究》，福建人民出版社，2005年，第187页。

得南北朝墓室壁画分布体系表现出多元体系的面貌。首先，依靠政治中心的分布体系。这样的分布体系参照物非常清楚，就是王朝更迭带来的变化，目前学术界的论述一般都是走这个路径。其次，跨越政治中心的分布体系。这一点主要体现在边疆地区，这些地区的政权与中原地区的政权更迭不同步，同时因为远离中原而带来了鲜明的地域特色，这两点使得这一时期有一批墓室壁画遗存处于跨越中原政权更迭的形态。

其三，两大分布体系划分的特殊意义。这一时期分布体系的意义应当集中于南北两大分布体系上，这是少数民族政权入主中原形成的两大分布体系，不仅体现出中原文化的“汉化”力量，而且也体现出少数民族文化对中华文化发展的贡献，同时也为随之而来的隋唐文化奠定了基础。以往谈论到南北朝宗教文化的融合，中原文化对佛教信仰的接受备受关注，其实两汉的重生信仰为各个民族所接受也是一个重要的方面。董新林认为：“北朝壁画墓布局中，有些墓道壁画有分栏的特点。壁画题材方面，墓道常绘仪卫出行图、墓顶绘天象图、墓室内绘墓主人生活图等。这种墓道分栏布局和壁画题材特点，应当是秉承了汉魏时期的特点，同时，又为隋唐所继承沿用，如陕西三原的李寿墓等。在一定程度上，北朝壁画墓起到了承上启下的作用。”[1] 我们在论及北朝后期壁画墓时也这样认为：“这一时期的北朝墓葬艺术，在北魏的基础之上绽放出了更加绚丽的花朵，尤其是北齐的几个大型壁画墓的发现；同时，在东魏、北齐的都城邺城（今河北磁县）附近，‘平城模式’和‘洛阳模式’演变为‘邺城模式’，北齐皇室贵族和高级官员的墓葬中出十了大量精美的壁画，使邺城成为继汉代洛阳之后的中国墓室壁画的第二个中心。除此之外，在山西太原、陕西西安和宁夏固原等地，还有一些零星的重要墓室壁画。由于这一时期壁画墓被广泛采用，因此成为继汉代之后的中国墓葬壁画的第二个繁荣期。”[2]

第四节　魏晋南北朝墓室壁画的发展阶段

魏晋南北朝墓室壁画中，重生信仰仍然支持着墓主人及建设者对彼岸的期

[1] 董新林：《中国古代陵墓考古研究》，福建人民出版社，2005 年，第 189 页。
[2] 汪小洋主编：《中国墓室绘画研究》，上海大学出版社，2010 年，第 106 页。

待，但社会环境不一样了，多年战乱带来了政局动乱，直至南北分裂。南北政权对峙局面下，南方弱小王朝的勉力维持和北方少数民族政权的强力汉化，佛道的兴起并普及以及玄学等社会思潮的流行，诸多社会形态交替呈现，这些都影响着墓室壁画的发展。当然，这一时期社会发展的主要矛盾还是非统一政治局面下中华文化的如何发展？历史的事实是分裂的政治局面并没有影响到中华文化沿革有序的发展趋势，墓室壁画的发展就体现出中华文化仍然存在着的发展一致性，只是各个阶段有着自己的特征。

一、已有研究成果的梳理

在大动荡的历史阶段中，政治中心的覆盖和地域特色的保持成为两个突出的时代指标，在魏晋南北朝墓室壁画发展阶段的研究成果中，这两个指标成为主要内容。

第一，魏晋的发展阶段。

这一阶段有许多考古学上的研究成果，落实到墓室壁画的发展，往往就是从壁画墓的分布地来考量。魏晋、西晋、十六国的壁画墓集中分布在三个地区，即辽东辽阳、辽西朝阳、甘肃河西地区，因此一般研究都是依据这个顺序来展开讨论，从中体现出发展阶段上的考虑[1]。

第二，南北朝的发展阶段。

南方发展阶段基本上是以政权更迭和重大政治事件为依据而划分。北方复杂些，郑岩这样描述中原地区的墓室壁画发展："该地区西晋和十六国时期的考古资料积累尚不丰富，壁画墓也十分少见。迁洛之前的北魏壁画墓仅有少量发现，迁洛之后的北朝壁画墓发展数量较多，其中洛阳附近多为北魏墓，河北磁县一带多东魏北齐墓，另外北齐壁画墓发现比较集中的还有山西和山东，西魏北周壁画墓则主要分布在陕西与宁夏。"[2]

二、我们理解的北朝两个发展阶段

魏晋南北朝时期的魏晋统一与南北朝分裂，形成了魏晋和南北朝两个发展

[1] 可参见郑岩《魏晋南北朝壁画墓研究》，文物出版社，2002年；贺西林、李清泉《中国墓室壁画史》，高等教育出版社，2009年。

[2] 郑岩：《魏晋南北朝壁画墓研究》，文物出版社，2002年，第96页。

阶段。魏晋阶段时间比较短，一般关注的是分布体系而很少对发展阶段进行考量。南朝司马王朝贯穿始终，发展阶段上的内容显得相对简单。墓葬形制上，有比较具体的论述。如韦正认为长江下游地区可以分为三个阶段："以上墓葬或有纪年，或已给出比定年代，可以将它们划分为三个大的历史时期组：东吴中期—西晋、东晋—刘宋中期、刘宋晚期—陈。"[1]但是在墓室壁画的研究中，尚没有做到这样具体的划分。这一时期学术界关注的是北朝发展，不仅时间比较长，覆盖地域广，而且政权更迭多，中原文化的继承与发展、中原文化与少数民族文化的交流与发展、中原地区文化与边疆地区文化的交流与发展，都是非常丰富的时代特征。因此，我们重点对北朝墓室壁画的发展阶段做深入的讨论。

我们认为，北朝墓室壁画分为北朝前期和北朝后期两个阶段，前者为北魏政权阶段，后者为北魏之后阶段。北朝前期奠定了北朝墓室壁画发展的基础，北朝后期迎来了北朝墓室壁画的高峰。

第一阶段，洛阳模式的新面貌。这一阶段的重大政治事件是北魏的迁都，促使墓室壁画从"平城模式"演变为"洛阳模式"。洛阳模式有两个突出特征：一是石质葬具的流行，二是孝子图画像的流行。

首先，石质葬具。北魏石质葬具主要有仿建筑型石棺（椁）和石床两大类，前者仿墓主人寝殿，后者类似具有域外特征的罗汉床。对于仿建筑型石质葬具，郭建邦认为：这个墓葬现象是受到汉代遗存下来的祠堂的影响，如山东长清孝堂山祠堂和金乡县朱鲔祠堂[2]。

其次，孝子图画像。北魏壁画墓中，孝子图像画像以及类似的道德劝诫主题画像普遍存在，墓主人用这种图画方式来强化自己的孝悌和道德操守，说明了汉化在鲜卑族社会中的巨大影响。北魏晚期石质葬具中孝子图画像最为流行，几个著名石质葬具中都有孝子故事的描写。

第二阶段，邺城规制的新面貌。北朝后期的阶段划分已经有许多研究成果，与政权更迭的走向基本一致。如韦正侧重于考古学层面对这一时期墓葬分期提出的观点，其实也是政权更迭的走向："北魏迁洛以后，东魏、北齐墓葬面貌一脉相承，其间变化是局部的、渐进式的，依据其间的变化，可将这近百年的时间细分为北魏洛阳时代、东魏至北齐早期、北齐三个阶段。"[3]

[1] 韦正：《六朝墓葬的考古学研究》，北京大学出版社，2011 年，第 28 页。
[2] 参见郭建邦《北魏宁懋石室线刻画》，人民美术出版社，1987 年，第 30 页。
[3] 韦正：《魏晋南北朝考古》，北京大学出版社，2013 年，第 83 页。

这一时期的墓室壁画特征，郑岩提出“邺城规制”。邺城是当时北齐的政治中心，有一段时间是北方的政治和文化重镇。何利群认为：“邺城地处晋冀鲁豫四省交界处，扼华北平原南北交通之要道。东汉以降，历为三国故地，六朝古都。北朝晚期又为中原北方地区的佛教文化中心。”在这里曾经形成了佛教造像上的“邺城模式”：“北齐邺城模式造像是在特定历史背景下萌发于东魏晚期，北齐初年具雏形，天保末年以后成为邺城造像的主流，并对周边地区产生了一定的影响。”[1]

从文化走向上看，墓室壁画的邺城规制与佛教造像的邺城模式有着不一样的侧重点。佛教造像有“汉化”削弱的趋势，何利群认为：“高齐建国之初，一反北魏孝文帝以来的汉化政策，政治取向表现出强烈的鲜卑化和西胡化趋势，传统的汉式装裳样式遭到颠覆，而新的样式正处在孕育之中。”[2] 墓室壁画则继续着“汉化”的趋势，西晋出现的“晋制”单室墓继续发展。郑岩认为：“大同方山北魏冯太后永固陵代表了双室墓转化为单室墓的最早形态，而洛阳北魏宣武帝景陵已完全确立了单室墓的制度，这一传统为磁县湾漳北朝大墓所继承。其他等级的壁画墓也采用单室墓的形制。单室墓的出现必然使得墓室在空间方面的象征意义发生变化，越来越趋于单一化。”[3]

我们认为，墓室壁画的邺城规制与佛教造像的邺城模式之间存在的不同走向就是邺城规制新面貌的特征所在。北魏之后北方再一次陷入分裂状态，鲜卑文化又开始影响到少数民族政权的政治取向，甚至影响到了佛教造像的风格。但是，墓室壁画表现出来的仍然是汉化风格，即“内容的规制化”：“在墓葬规格提高的同时，壁画题材与分布趋于同一。我们不妨将这些特征称作‘邺城规制’。”[4] 要维护“同一”，就必须得到对应的文化支持，墓室壁画的选择就是坚持已有的汉化发展的趋势。这个趋势的继续，迎来隋唐墓室壁画的新发展。

[1] 何利群：《从北吴庄佛像埋藏坑论邺城造像的发展阶段与“邺城模式”》，《考古》2014年第5期。
[2] 何利群：《从北吴庄佛像埋藏坑论邺城造像的发展阶段与“邺城模式”》，《考古》2014年第5期。
[3] 郑岩：《魏晋南北朝壁画墓研究》，文物出版社，2002年，第185-186页。
[4] 郑岩：《魏晋南北朝壁画墓研究》，文物出版社，2002年，第188-190页。

第七章

专题讨论

第一节　孔望山摩崖造像的图像体系[1]

20世纪80年代孔望山摩崖造像被再次关注后，学术界的关注热情一直未减。其中，学者们最关注的是佛教图像，其次是道教图像，其他图像则较少关注。其实作为汉代的墓葬图像，孔望山摩崖造像表现的重点是汉人对长生的追求，集中表现这一追求的重生信仰图像当然是应当被重点关注的，否则相关的研究就显得不完整，同时也会失去一些重要的信息。我们认为，孔望山摩崖造像属于汉代墓葬图像范畴，所有图像都是为墓主人重生服务的，重生信仰是孔望山摩崖造像的信仰主体。这个语境下，孔望山摩崖造像可以分为三个图像体系：重生信仰图像体系、佛教图像体系和道教图像体系。我们梳理三个图像体系后可以发现，佛教图像和道教图像是依托于墓葬图像而存在，佛教东渐之初得到的本土宗教帮助中，重生信仰大于道教信仰。

一、重生信仰图像体系辨析

在孔望山摩崖造像的图像中，有许多世俗人物图像。我们认为，汉代墓葬图像中的世俗图像就是重生信仰图像。汉人认为，长生不仅仅是只有长寿这条道路，还可以通过死亡之后的重生而达到长生。如此，墓葬图像中出现了大量与世俗生活无二的画面。孔望山摩崖造像也如此，重生信仰图像形成了整个摩

[1]　本章参见汪小洋《孔望山摩崖造像的图像体系讨论》，《民族艺术》2015年第1期。

崖造像中比重最大的图像体系。这一图像体系中，有几个方面需要我们辨析。

第一，大像辨析。

孔望山摩崖造像中，有三个超过 1 米的大型坐像，即西侧 1.55 米的 X1、中间 1.6 米的 X66 和顶部 1.15 米的 X68。温玉成认为："孔望山上有三尊最大的坐像（X1、X66、X68），呈三角状分布于主要崖面上，是解决孔望山造像性质的关键。"[1]孔望山摩崖造像是为墓主人的长生愿望而开凿，形制上具有仪式性质，大像有着特定的形制要求，辨析大像身份应当是认识孔望山摩崖造像的一个着力点。不过，这三尊大像远没有统一的身份判断，众说纷纭。据温玉成统计，三尊大像的身份主要有以下几种观点。

X1：圣贤，士大夫阶层，世俗，太平道，关令尹喜，门亭长，老子。

X66：圣贤，士大夫阶层，世俗，太平道，施主，孔子。

X68：圣贤，士大夫阶层，西王母，世俗，东王公。[2]

我们认为，从相关的考古资料和文献资料看，X1 不详，X66 为墓主人图，X68 为东王公图。具体辨析如下。

其一，X1 不详。

X1 为孔望山摩崖造像中尺寸最大者，居于西侧，这是一个很重要的位置，当为身份重要者。X1 袖手上部横置一物，学者们一般依此而判断其身份。或认为是"盾""案"，因此认为是门亭长；或认为是"一条鱼"，因此认为是老子。但从最初的拓片和实地考察看，这两种说法都不能肯定，因此门亭长或老子都存在疑问。另外，圣贤、士大夫阶层、世俗和太平道等说法，似乎也过于宽泛。这尊大像非常重要，有待更深入地讨论，目前为不详，可暂名为西侧人物图。

其二，X66 为墓主人图（图 7-1）。

这是一个有多种判断的造像。信立祥认为是老子造像："根据'老子化胡说'这一宗教神话，老子这位古代人物，不仅是道教教祖，也成了佛教的教祖。这也正是老子画像不仅刻画得特别高大，而且被配置在大量佛教内容的原因。"[3]汉画像石中，西王母、老子、孔子和墓主人都是可以得到重要位置的图像人物，

[1] 温玉成：《孔望山摩崖造像研究总论》，《敦煌研究》2003 年第 5 期。

[2] 温玉成：《孔望山摩崖造像研究总论》，《敦煌研究》2003 年第 5 期。

[3] 信立祥：《汉代画像石综合研究》，文物出版社，2000 年，第 342 页。

因此以位置而定的老子说不具有绝对说服力（笔者实地考察时，当地旅游局负责人说这是西王母造像，理由也是此像在整个摩崖造像的中间）。温玉成认为是老子造像，理由有三：一是可与 X1 呼应，二是曹魏尊孔而老子可居中心位置，三是“大量的佛教造像中有孔子，是该时代文化之表现”[1]。目前阶段，X1 的老子之说尚待确立，中心位置也缺少说服力，同时汉画像石中“大量的佛教造像”的现象并不多，目前有完整材料并被学术界普遍认可的佛像只有山东沂南汉墓中室的立柱上佛像和四川乐山麻浩 1 号墓的摩崖佛像，所以孔子说亦存疑。此外，与 X1 一样，圣贤、士大夫阶层、世俗和太平道等说法过于宽泛。

图 7-1　墓主人图（右为拓片）孔望山摩崖造像 X66　东汉

李洪甫、武可荣认为是施主像：“施主像 X66 座于西王母像的右下前方和西王母比例一致，位置最近，应视为西王母画像中的一部分。施主头戴短耳武弁大冠，包头帻上的三角形‘幄’以及长方形的‘颜题’都很清晰，是东汉时

[1]　温玉成：《孔望山摩崖造像研究总论》，《敦煌研究》2003 年第 5 期。

期典型的武员装束，像背后镌有浅龛，似乎也是置身石室。左侧有一侍者作捣药状，意在表示主人已获长生。”[1] 我们认同这一说法的理由，但认为在汉代墓葬图像的语境中，“施主”应当改为“墓主人”。同时，我们做如下补充。

首先，排除西王母图像。东汉中后期的西王母图像都是居于整幅画面的最高处，除了单个或身边物象不多时，她一般不再出现于画面的中间了。同时，东汉中后期的西王母已经偶像化，其图像多为正面像，孔望山摩崖造像是东汉晚期的作品，所以西王母居中且侧面，缺乏合理性。其次，等级制度因素。汉画像石的构图中，墓主人一般多大于身边其他人物，以体现等级制度的规定，X66 尺寸大，他的身边（左侧）有一尺寸极小者，这是汉画像石中侍者的通常构图。所以，我们认为，从汉画像石的人物构图关系看，X66 就是修建孔望山摩崖造像的墓主人。

其三，X68 为东王公图（图 7-2）。

X68 居于孔望山摩崖造像的最高处，并且居中，这是汉画像石中西王母的通常表现。不过，X68 没有“戴胜”，因此可以判断是东王公的图像。温玉成认为：“X68 头戴尖圆顶有檐的帽子（似‘恰帽’），面相长圆，直鼻大耳，穿宽衣博袖交襟袍服，袖手端坐。其形象与洛阳出土东王公西王母画像镜上的东王公十分相似……东王公事见《神异经》（旧说东方朔撰，张华注释）：‘东荒山中有大石室，东工公居焉，长一丈，头发皓，人形鸟面而虎尾，载一黑龙，左右顾望。’山东沂南北寨出土画像石上的东王公像，即有龙在下方。东王公像以头戴尖顶恰帽为特征，早见于 1991 年在湖南安乡县西晋荆州刺史刘弘墓出土的东汉中期的玉樽上。这幅东王公（其下有龙）拜会西王母（其下有虎）图上的东王公，即头戴恰帽。我们从其形象上可以找到与 X68 的相似之处。”同时他认为：“从理论上讲，海州在中国的东方，秦始皇二十五年（前 212）即已‘立石东海上朐界中，以为秦东门’（《史记·秦始皇本纪》）。连云港属齐鲁文化圈，尊崇龙、鸟，从未尊崇虎。所以供奉代表东方的东王公（神兽为青龙）是十分自然的。”[2] 我们同意温玉成的观点，这尊孔望山摩崖造像最高处的造像为东王公。

[1] 李洪甫、武可荣：《海州石刻——将军崖岩画与孔望山摩崖造像》，文物出版社，1990 年，第 28 页。
[2] 温玉成：《孔望山摩崖造像研究总论》，《敦煌研究》2003 年第 5 期。

图 7-2　东王公图（右为拓片）孔望山摩崖造像 X68　东汉

第二，中轴线图像辨析。

孔望山摩崖造像的东王公造像，不仅居于最高处，而且居于中间，以东王公为标准可以构成整个摩崖造像的中轴线，形成一个柱形图像分布区。这是非常重要的一部分，已发现的图像基本为重生信仰图像。从形制看，中轴线上的造像可以分为三层。其一，上层造像。为 6 组的 X68，东王公造像，这是一个汉画像石中流行的长生符号。其二，中层造像。这一层图像较多，为 5 组的 X66−67、4 组的 X64−65、16 组的 X93−95、17 组的 X96、18 组的 X97−105。5 组是这一层的中心，其中 X66 墓主人的身份也符合这一位置。4 组为胡人图像，其中 X64 漫漶不清，无法辨识，X65 为胡人图，这一组可认为与佛教图像相关。16 组的 X93−95、17 组的 X96 和 18 组的 X97−105 为龛室线刻图，这三组图像之间有呼应关系，相邻而凿，都是墓主人家居生活的图像。中层的这几组造像，围绕墓主人世俗生活展开，当都是表现墓主人以现实的世俗生活为参照而对重生后的种种期待。其三，下层造像。这一层的造像有三个内容：一是 X43，图像不完整。二是 X44，仰卧姿态，这是一个很少见的造型，或为百戏类图像，或为佛教图像，存疑。三是 X43−60，是一组杂技表演图像，这也是汉画像石中常见的墓主人生活场景。中轴线上的这三个层次之间存在逻辑关系，都与墓主人的重生叙事相关，上层东王公为墓主人提供重生的终极关怀，中层和下层是墓主人以世俗生活图像的描述而表现对重生后的种种期待。

第三，其他图像辨析。

除上述内容之外，孔望山摩崖造像的东侧和西侧也有重生信仰的图像需要辨析。首先，东侧图像。东侧是造像比较集中的地方，多与墓主人的家居娱乐相关。7组的X69-70是百戏图，或认为是相扑图。《汉文帝纂要》记："百戏起于秦汉曼衍之戏，技后乃有高絙、吞刀、履火、寻橦等也。"百戏中有许多高难度动作，相扑归于其中也应当没有什么问题。8组的X73-75是筵宴图，或认为是"迎舍利图"。筵宴图是汉画像石中普遍存在的图像，几乎是不可或缺，筵宴图之说似乎更加合理。13组的X85-86是力士和侍者图，这也是汉画像石中比较常见的图像。其次，西侧图像。最西侧15组，X88-92，图像漫漶不清，但形制为龛室线刻图，可推测内容与16组、18组是一个性质，为墓主人的世俗生活。

二、佛教图像体系辨析

孔望山摩崖造像得到学术界的关注，首先来自于佛教图像的被发现，学术界最集中的争论点也是来自于佛教图像的断代问题。从整个摩崖造像的形制看，佛教图像主要分布于中轴线的两边。以中轴线为界，我们做东侧与西侧两部分的辨析，同时对胡人图像进行讨论。

第一，东侧图像辨析。

东侧佛教图像目前有立佛像、坐佛像、弟子像、供养人像等说法，这些图像都属于佛教图像体系，不再赘言[1]。其中10组的X82存在争议，同时也是东侧造像中的一个重要图像。X82尺寸大，长1.55米，宽0.45米。躺姿的图像在汉画像石中比较少见，目前一般认为是舍身饲虎的本生故事，或认为"虎头难以辨识"而存在疑问[2]。笔者实地考察发现，因为酸雨洗刷等原因，现场图像还不如早期的拓片清楚，所以还是同意文物部门的最初看法。李洪甫、武可荣认为：在其左侧腰部有一突起像虎头的石块，长22厘米、高9厘米，用阴线刻出口、眼、鼻，作欲吞噬之状。和突起的石块相连处，另有一狭长石块，似表现

[1] 苏中保主编：《海州石刻》，新疆人民出版社，2004年，第33页。
[2] 温玉成：《孔望山摩崖造像研究总论》，《敦煌研究》2003年第5期。

因饥饿而弯曲的虎身[1]。这个关于虎图像的推测，可备索骥。

第二，西侧图像辨析。

西侧佛教图像也是有立佛像、坐佛像、弟子像、供养人像等说法，这是佛教图像体系的一般性描述。其中，需要讨论的是 2 组的 X4-42 和 4 组的 X65。

X4-42，涅槃图（图 7-3）。关于涅槃图，大多数学者是赞同涅槃图说法的。X4-X42 中，释迦牟尼半身侧卧，其上方有 40 多个人头像，约分三排，表情悲伤，这是典型的“涅槃图”。图中没有出现伎乐和飞天，与龙门石窟、云冈石窟、敦煌石窟相近，但与西域克孜尔石窟等处的“涅槃图”有所区别。对于涅槃图中存在的俗人图像，阎文儒认为：“根据《根本说一切有部毗奈耶》所说‘剃发染衣，其事未办’，说明围绕佛的众弟子可以俗人俗相。”[2]佛教传入初期，涅槃图是主要的佛传故事图像，在孔望山摩崖造像中出现是符合佛教传播轨迹的。

图 7-3　涅槃图 孔望山摩崖造像 东汉

X65，胡人图。这是一个有着多种解释的图像，虽然有不同看法，但学者

[1] 李洪甫、武可荣：《海州石刻——将军崖岩画与孔望山摩崖造像》，文物出版社，1990 年，第 29 页。

[2] 阎文儒：《孔望山佛教造像的题材》，《文物》1981 年第 7 期。

们基本上是认为与佛教相关。X65图像尺寸较大，高1米，同时落于中轴线区域，这是重生信仰图像的区域，因此颇引人注目。

第三，胡人图像辨析。

孔望山摩崖造像的佛教造像体系中，许多图像都被命名为立佛像、坐佛像、供养人像和弟子像，而且有些还与佛经的具体故事、情节联系上。这些说法都存在着商议的地方。佛教东渐，图像早于经书，或更流行于经书，因此初期的图像不可能像之后那样与经书有具体而详尽的一一对应。但是，这些图像与汉画像石中的胡人图像很接近，从图像学的角度看，具体的情节、生动的表达，应当在胡人图像中去找。如胡人与西王母的联系。宿白曾经指出："西王母传处西荒昆陵之阙，与西胡胡人居处相接……西王母转易为佛像。或与当时奉佛的胡人有某种联系。"[1]西方学者也有这样的看法，美国学者韩森认为："中国最初皈依佛教的人视佛祖为具有超凡能力的胡人的神，如果拜佛，就会得到佛的帮助。"[2]此外，最新的孔望山摩崖造像遗存考古成果也支持这样的观点。中国国家博物馆、南京博物院、连云港文物保护管理委员会和连云港市博物馆组成的联合考古队在21世纪初对孔望山摩崖造像做了新的调查，他们认为："经过本次调查确认，孔望山崖面造像中除三尊汉装人像、佛教内容造像，X85为力士形象和不能识别的图像X62、X63、与X65-X70外，能辨识出服饰特征的造像均为胡人形象，计有X3、X71、X78、X82-X84、X86-X91。他们或作胡人的典型装束，头戴无翅或单翅尖顶帽，身穿长袍，脚着靴，如X3、X71、X84、X86、X88、X89、X91；或只简略成符号式的胡人形象——头戴单翅尖顶帽、高鼻深目的头部侧影，如X82、X83；其中也存在个性化表现方式，如X78、X87、X90。他们形态各异，或坐或站；或占据独立的位置，或通过位置和相互关联的体态形成组合。"[3]通过这些考古成果的梳理，我们同意这样的观点："从早期佛教入华的传说看，无论是'汉明感梦，白马驮经'，还是西汉哀帝时期'大月氏王使伊存口述浮屠经'，佛教入华的媒介无一例外都是胡人。"[4]从个案看，孔望山舍身饲虎的造像就有着胡人的色彩，因为太子着胡服："从这一图像中我们可

[1] 宿白：《四川钱树和长江中下游部分器物上的佛像——中国南方发现的早期佛像札记》，《文物》2004年第10期。

[2] [美]韩森：《开放的帝国：1600年前的中国历史》，梁侃、邹劲风译，江苏人民出版社，2009年，第141页。

[3] 中国国家博物馆田野考古研究中心等：《连云港孔望山》，文物出版社，2010年，第200页。

[4] 朱浒：《"胡人礼佛"模式与汉代佛教图像的本土化进程》，《现象史学研究》，人民出版社，2014年，第65页。

以发现，早期佛像佛陀本身就带有胡人的特点。由于某种误解或讹传，佛陀的形象蜕变为胡人，或具有胡人特征，这同佛在汉人心中的‘胡神’身份是相符合的。”[1]。我们可以有这样的假设：从佛教传播初期的轨迹看，孔望山摩崖造像的佛教图像体系中，凡不可确定的图像都可以作胡人图像看。

三、道教图像体系辨析

几乎所有孔望山摩崖造像的文章都要提到道教图像，可当我们把重生信仰图像、佛教图像梳理之后，道教造像又有哪些遗存呢？这是个似乎有些唐突的问题，却又是真实存在的问题。

从道教初期的发展轨迹看，东南沿海是早期道教的兴盛地，但东汉末年的政治生态并没有为道教在徐州一带提供广泛传播的良好土壤，相反是地方当局的严厉打击。朱浒认为："黄巾之乱爆发后，徐州牧陶谦（188—194年在任）很早就赶走了黄巾军而保徐州安宁，‘百姓殷盛，谷米甚丰，流民多归之’。此时太平道受到重大打击，孔望山教众或因此受到牵连。此时佛教乘虚而入，开始占领太平道遗留下来的‘宗教空白’。由于徐州地区是胡人活动的主要聚集区，从楚王刘英时起开始就有僧团在此活动，僧团势力在公元193年前后笮融攫取权力之时达到顶峰，这一切应该得到了陶谦的默许。”[2]在这样的背景下，道教的传播空间被压缩。

从汉画像石遗存看，道教图像的存在不容乐观。汉代的道教图像，学者们所举基本上是西王母图像、老子图像和仙人图像这三类，但是汉画像石遗存并不支持这三类图像存在的观点。西王母母题、老子母题的图像在东汉早期的画像石中就已经存在，而且之后普遍存在于各地，如果说西王母图像、老子图像就是道教图像，那除了孔望山，全国各地有多少道教图像呢？仙人母题的图像有些特殊，仙人的长寿与道教“我命在我不在天”的宗教体验是一致的，但孔望山摩崖造像中有多少存在的空间呢？或者我们作一种假设：孔望山摩崖造像中凡不能定性为重生信仰图像和佛教图像的造像，都作道教图像看待。这样的图像不多，而且需要寻找更多的图像作对比，并找到相应的理论支持。

---

[1] 朱浒：《“胡人礼佛”模式与汉代佛教图像的本土化进程》，《现象史学研究》，人民出版社，2014年，第55页。
[2] 朱浒：《“胡人礼佛”模式与汉代佛教图像的本土化进程》，《现象史学研究》，人民出版社，2014年，第65页。

我们认为，孔望山摩崖造像是汉人的墓葬图像结构，墓葬图像表现的是墓主人寻求重生的地方而非获得长寿之地，对道教的接纳程度有限，对佛教图像的态度倒可能因为佛教传入初期宗教体验的模糊性和佛教传播者的热情而不作排斥。汉以后也是这个发展形态，墓葬图像中佛教图像多于道教图像。就孔望山摩崖造像而言，道教图像可能会存在，但数量不会太多。

四、图像体系的意义探讨

孔望山摩崖造像因为有佛教图像的出现，为学术界所关注，也成为一个认识汉代宗教图像和宗教发展的讨论平台。三个图像体系的划分，可以使我们在认识孔望山摩崖造像所具有的独特学术价值上获得一些有意义的研究思路。

首先，孔望山摩崖造像的形制特征。

孔望山摩崖造像面积大，造像数量多，同时因为地形的原因而使得图像分布不像其他墓葬图像那样规整，因此形制特征并不明显。不过，当我们梳理三个图像体系后，形制特征还是可以清晰地出现在我们面前。首先，倒“T”字形的形制结构。孔望山摩崖造像的图像集中于中轴线和水平线上，中轴线上的图像分为三层，上层图像独立，中层和下层的图像与水平线的图像在中轴线下半部相交，由此而形成了倒“T”字形的结构。这是一个比较特别的形制，由地形决定，但也体现出墓主人及其造像者的有意识安排。其次，程式化的汉画像石形制结构。东汉中期后，汉画像石开始程式化，其形制结构为两个图像组合：一是西王母图像的组合，西王母（或东王公）的图像作为重生信仰符号居于最高端，情节相对简单而生硬；二是墓主人图像的组合，墓主人的图像居于中间，重生信仰涉及的世俗生活叙事围绕着墓主人展开，情节相对丰富而生动。孔望山摩崖造像的形制结构也是如此，东王公图像高高在上而简单，墓主人图像居中而丰富多彩。再次，独特的摩崖造像形制。摩崖造像的形制汉代也有不少，四川、重庆就有比较多的崖墓，但是像孔望山这样完全开放的崖墓并不多见，非常独特。有学者认为这样的形制是受到了印度石窟造像的影响，笔者曾经到印度考察石窟，其实完全裸露的石窟造像也不多。相反，我国许多裸露于石壁上的大型佛教造像倒是给人以深刻印象。河西走廊一带有许多裸露于绝壁的造像，如甘肃天水的大象山石窟，几十米高的大佛直接描绘于悬崖峭壁上，令人叹为观止。这样风格的造像南北朝时期比较多，时间晚于孔望山摩崖造像。这些现象之间有没有关于佛教本土化的呼应关系？有待探讨。

其次，孔望山摩崖造像的世俗性质。

独特的形制给我们带来了这样的思考要求：墓主人的地位问题。孔望山摩崖造像的墓主人不仅有实力造像，而且还可以接触到早期佛教传播，他应当是具有一定社会地位和强大经济实力的人物。明陈文烛《孔望山铭》就感叹道："观海于澜，真难为水。岂无王侯，何能似此。"[1]汉代，画像石墓是中、下阶层的墓葬形制，壁画墓才是中、上阶层的墓葬形制。但是，这一现象在东汉后期有所改变，画像石墓与壁画墓之间的界限开始模糊，孔望山摩崖造像符合这一趋势。另外，墓主人有这样的地位和实力，那就不应当怀疑孔望山摩崖造像在形制上缺少整体的考虑。有学者认为："孔望山摩崖石刻没有经过很好的规划，属于民间性质的较为随意的作品，混合了世俗生活、神仙思想和佛教的内容，因此可能包括不同时期的制作，但一般认为属于东汉末到两晋时期的作品。"[2]我们同意孔望山摩崖造像可能存在着多个时期的作品，但其原因不是来自于这里的造像没有规划和具有民间性，而是来自于这个墓葬建筑没有封闭性以及受到佛教造像本土化的影响。

再次，孔望山摩崖造像的宗教性质。

孔望山摩崖造像具有什么样的宗教性质？因为对佛教造像的关注，这个问题常常被忽视。其实，这个问题是其他问题研究的前提，没有一个清楚的宗教性质认识将会影响到其他方面的研究。我们认为：其一，孔望山摩崖造像具有重生信仰性质。汉人长生有长寿和重生两个方向，进入墓葬建筑，那就只有重生这条道路了，孔望山摩崖造像就是表现墓主人期待在这里通过生命转化而得到重生的愿望，重生信仰是主体信仰，这是孔望山所有造像表现宗教体验的起点，也应当是学者们研究的逻辑起点。其二，孔望山摩崖造像的佛教图像表现出重生信仰的贡献。佛教东渐之初借助本土化的宗教活动而取得人们的接受，许多学者因此更多地关注于佛教对道教的借力，其实佛教对重生信仰的借力更加突出，东汉乃至南北朝前期的佛教图像，许多是出土于墓葬建筑之中，摇钱树、魂瓶等都与重生信仰相关。孔望山摩崖造像中大面积的佛教图像出现，就

[1] 陈文烛：《隆庆海州志》，燕山出版社，1992年，第23页。
[2] 徐振杰：《中国早期佛教造像民族化与世俗化研究》，山东大学博士学位论文，2006年。

是来自于重生信仰的支持。同时我们也可以注意到，东汉后期道教正在兴起，而重生信仰则已经是成熟而流行的本土宗教了。质言之，佛教进入我国中原的前期，重生信仰的支持早于、大于道教信仰的支持。其三，孔望山摩崖造像中道教影响不大。从目前的考古成果看，道教图像不多。一方面，道教的生命长寿与重生的生命转化都是与长生信仰范畴，重生信仰的图像对道教图像有兼容的可能；另一方面，墓葬图像中，东汉中期以后就出现了仙化色彩降低的趋势，道教图像的缺少符合这一趋势。此外，当地政治生态的变化、特别是黄巾起义之后地方当局对道教徒的打击，也是道教图像不多的原因之一。

最后，孔望山摩崖造像的时间。

孔望山摩崖造像的时间是学术界长期讨论的问题，其中存在许多争议，有东汉说、汉魏说、汉至唐代说等，各家皆有自己的依据[1]。我们同意温玉成关于造像有两个时期的观点："孔望山造像分为两期：第一期，三大像及大多数造像，大约雕造于沂南画像石墓以后、鄂州塘角头2号墓以前，即曹魏前期，大约公元220—250年。第二期，第2组涅槃图、第15组五比丘图，或许也包括X45–X60等，晚于第一期，在250年以后、270年以前。"[2]当然，我们从孔望山摩崖造像的图像体系出发提出一些补充的证据和观点。我们有这样的描述：其一，图像体系。孔望山摩崖造像存在重生信仰图像体系、佛教图像体系和道教图像体系三个图像体系，其中重生信仰图像体系的比重最大，位置也最重要，因此这是一处表现重生信仰的墓葬图像遗存，表现出东汉后期墓葬图像的特征。其二，图像形制。一方面，孔望山摩崖造像在形制上表现出倒"T"字形结构，重生信仰图像不仅在中轴线上存在，而且在水平线上也有很大比例的数量，因此这一处摩崖造像以重生信仰为主。另一方面，佛教图像在中轴线两边展开，东侧的中心图像是舍生饲虎的本生故事，西侧的中心图像是佛祖涅槃的佛传故事，这种呼应关系以集中重生信仰图像的中轴线为分界线，也就是佛教信仰图像被重生信仰图像分为两个部分，所以在时间上重生信仰图像体系先于佛教图像体系的可能性更大。其三，蟾蜍石的形制结构。孔望山摩崖造像的对面有一块巨大的蟾蜍石，长2.4米，宽2.2米，通高1.1米，趴在一块直径约2.9米的圆盘

[1] 汤池：《"孔望山造像学术研讨会"会议总结》，《孔望山造像研究》（第一集），海洋出版社，1990年，第202页。

[2] 温玉成：《孔望山摩崖造像研究总论》，《敦煌研究》2003年第5期。

形巨石上。最奇特的是，蟾蜍石在东王公图像的正前方，直线距离 160 米，海拔位置低东王公图像 17 米。汉代，西王母的长生故事往往有蟾蜍参与，在墓葬图像中，西王母与蟾蜍构成了重生图像的常规形制结构，这种结构汉代之后就消失了。此外，这块蟾蜍石如此巨大，唯有长生炽热的汉人才有这样的制作热情，而且这块蟾蜍石的雕刻风格和气势与茂陵等地的汉代雕塑非常相近，扑面而来的是汉人风格。因此，从蟾蜍石提供的形制结构看，孔望山摩崖造像是汉代遗存（图 7-4）。

图 7-4　孔望山摩崖造像实测图 东汉

第二节　南北朝帝陵壁画墓的图像体系[1]

魏晋南北朝是我国墓室壁画发展史上继汉代繁荣之后出现的第二个繁荣时期，相关的研究成果已经非常丰富，但是这一时期的一个考古现象尚没有得到

[1]　本节参见汪小洋《南北朝帝陵壁画墓的图像体系讨论》，《民族艺术》2015 年第 4 期。

足够重视，即帝陵壁画墓的出现。从目前的考古成果看，之前的汉代没有帝陵壁画墓，之后的唐代则出现了许多“号墓为陵”的壁画墓。显然，这一时期帝陵壁画墓给壁画墓的发展带来了一些特别的内容。另外，对比于汉代墓室壁画的发展，这一时期的墓室壁画出现了北朝和南朝两个图像体系，而这一时期帝陵壁画墓也表现出了南北相异的体系特征。帝陵为最高统治者的墓葬建设，魏晋南北朝时期壁画墓进入帝陵，虽然数量有限，但这一现象包含着值得我们深入讨论的理论意义。

一、北朝图像体系梳理

从已有的考古成果看，这一时期北朝的帝陵壁画墓只有一座，即磁县湾漳北朝壁画墓。因为没有明确的文字材料出土，所以目前还没有明确定名，但发掘者推测为帝陵，并且学术界基本已形成共识，认为该墓为北齐文宣帝高洋的武宁陵[1]。我们认为该墓为帝陵壁画墓：首先，该墓是一个规格极高的大墓。该墓原有高大坟丘，占地面积 8000 平方米，墓葬通长 52 米，被盗后尚存 1805 件随葬品，同时壁画水准也高。“该墓规模宏大，墓中壁画是已知北朝壁画墓中绘制水平最高的。”[2] 其次，该墓规格高于同时期的其他大墓，并且在北齐帝陵墓区范围内。徐光冀认为：“我们在《简报》中‘推测有可能是北齐某帝的陵墓’。当时是从该墓的形制规模，宏伟的壁画及其内容，随葬数量众多的精美陶俑以及墓前的石刻人像等分析，其规格要高于同一墓区的茹茹公主墓、北齐文昭王高润墓和太原北齐东安王娄散墓等大型墓，应属于帝陵。同时该墓位于北齐高氏陵墓区内，在高欢的义平陵西北 2 千米。”[3] 再次，该墓壁画中的仪仗图像表现出皇帝规格，这一点特别重要。“由于东魏北齐的仪卫制度文献缺乏记载，只可从北魏和隋代的文献记载得到一些启示，可以初步确认某些仪仗为皇帝的专用仪仗。这些皇帝常用的某些主要仪仗，通过壁画陈于墓中，应是具有象征身份和‘以象生存’的意义。”[4] 同时期的东魏茹茹公主壁画墓、北齐娄睿壁画墓也有相似的仪仗壁画，但规格明显不及。因此，从发掘现场的成果看，磁县湾

[1] 徐光冀：《河北磁县湾漳北朝大型壁画墓的发掘与研究》，《文物》1996 年第 9 期。
[2] 叶知秋：《〈磁县湾漳北朝壁画墓〉简介》，《考古》2003 年第 5 期。
[3] 徐光冀：《河北磁县湾漳北朝大型壁画墓的发掘与研究》，《文物》1996 年第 9 期。
[4] 徐光冀：《河北磁县湾漳北朝大型壁画墓的发掘与研究》，《文物》1996 年第 9 期。

漳北朝壁画墓是一座帝陵壁画墓。

磁县湾漳北朝壁画墓为一类A型墓，墓葬的主要部分墓道、甬道、墓室都有壁画出现，同时甬道入口处的门墙上也有大量壁画出现。具体看，墓道全长37米，上口宽3.88米、下底宽3.36～3.62米，呈现斜坡状，东西两壁和地面均有保存较好的绘画。甬道为直壁券顶砖砌结构，地面铺正方形青石，券顶三层砖券，全长6.7米，分南北两段。甬道南段之上，有高大门墙，高5.06米、宽6米，绘有正视形象的大朱雀，甬道有三重封墙，中封墙与北封墙之间有石门，门楣上亦有绘画。墓室平面近方形，略有弧度，南北7.56米、东西7.4米，墓室四壁和墓顶均绘壁画，可惜残甚[1]。该墓的发掘成果表明，这是一个已经非常汉化的壁画墓了。

帝陵壁画墓的出现，表明最高统治者对壁画墓这一汉地葬俗的接受，同时也带来了最高统治者的影响。与之前相比，这一时期壁画墓出现了一些新的内容。

首先，壁画墓表现出汉化发展趋势。

北朝初期，沿革少数民族的葬俗而葬俗多样，北魏迁都洛阳后接受中原文化，葬俗开始趋于一致。韦正认为："北魏迁洛以后、东魏、北齐墓葬面貌一脉相承，其间变化是局部的、渐进式的，依据其间的变化，可将这近百年的时间细分为北魏洛阳时代、东魏至北齐早期、北齐三个阶段。"[2]磁县湾漳北朝壁画墓为第三阶段，这一时期葬俗已多汉化，壁画墓这种典型的汉地墓葬形式被广泛接受，可以突出地表明这一发展轨迹。考古遗存发掘也说明这一点："东魏北齐墓迄今共发现42座，其中有壁画的共有22座，大约占该时期墓葬总数的50%。"[3]

汉化也表现在中原地区特有的包容性特征上。一方面，积极继承前朝的葬俗。北朝多为少数民族政权，但这些政权的势力范围主要是覆盖着中原地区，这里在汉代是壁画墓流行的地区，从目前的考古成果看，壁画墓仍然是北朝的流行墓葬形式。据统计，至2010年底，魏晋和北朝发掘的壁画墓遗存有54座，这个数字远远超过了同时期南朝14座壁画墓遗存的数量[4]。历史上一些水平很

[1] 徐光冀：《河北磁县湾漳北朝大型壁画墓的发掘与研究》，《文物》1996年第9期。
[2] 韦正：《魏晋南北朝考古》，北京大学出版社，2013年，第83页。
[3] 杨效俊：《东魏、北齐墓葬的考古学研究》，《考古与文物》2000年第5期。
[4] 参见汪小洋主编《中国墓室绘画研究》"中国墓室绘画年表"，上海大学出版社，2010年，第302-307页。

高的壁画墓也出现在北朝时期，如考古界耳熟能详的东魏茹茹公主墓、北齐娄睿墓、北齐徐显秀墓等。另一方面，这一时期还出现一些特殊的墓室绘画现象，如十六国冯素弗夫妇墓出土的彩绘石棺藏具、北魏司马金龙夫妇合葬墓出土的漆屏风等。在这样的背景下，磁县湾漳北朝壁画墓表现出了特别意义，它代表了帝陵壁画墓的出现，同时也代表了最高统治者接受中原文化后对中原葬俗的接受以及由此而带来的汉化影响。

其次，壁画墓表现出了皇权性规制要求。

对北朝图像体系的认识，郑岩提出了“邺城规制”观点：“邺城是东魏、北齐的首都，这一地区的壁画属于皇室和异性贵族，由于墓主人身份较高，因此墓葬形制和壁画内容都受到制度的约束，形成了一定的规制，对于其他社会阶层、其他地区和时代都产生了显著影响，在中国壁画发展史上具有重要意义。”他转引了杨泓对邺城地区壁画特征的总结：第一，墓道壁画以巨大的龙、虎布置在最前端，青龙和白虎面向墓外，衬以流云、忍冬，有时附有凤鸟和神兽。第二，墓道两侧中段绘出行仪仗；闾叱地连墓出现廊屋内的列戟，湾漳墓仅存廊屋残迹。墓道地面有莲花、忍冬、花卉等图案，或认为是模拟地毯。第三，墓门正上方绘正面的朱雀，两侧有神兽等图案，闾叱地连墓、尧峻墓和湾漳墓保存较好，高长命墓仅残存神兽及火焰，余二墓（指高润墓和颜玉光墓——引者）残毁不详。门侧多有甲门吏。第四，甬道侧壁为侍卫人像。第五，墓室内壁画仍按传统做法，在正壁（后壁）绘墓主人像，旁列侍从卫兵。侧壁有牛车葆盖或男吏女侍。墓主绘作端坐帐中的传统姿态，如高润墓。室顶绘天象，其下墓壁上栏分方位绘四神图像，闾叱地连墓保存较完整[1]。从邺城地区壁画墓的这些特征看，基本上是中原地区原有图像体系的沿革，但是这些特征上升到“规制”层面，那帝陵对壁画墓的接受毫无疑问是不可或缺的支持，这样的支持与北朝几个少数民族政权时期出现的汉化趋势是一致的，抑或是这个趋势的一种表现。

皇权性规制还表现在这一时期墓道图像的形制上。汉代，壁画墓的墓道并不是整个墓室的重点，只有简单的出行图。魏晋开始，墓道得到了空前的重视。“洛阳及周边地区魏晋墓一般都有宽大的阶梯状斜坡墓道，墓道的工程量远大于

[1] 参见郑岩《魏晋南北朝壁画墓研究》，文物出版社，2002 年，第 181-189 页。

墓室本身。”[1] 这一趋势在北朝发展得更加突出，几个大型壁画墓都在墓道上出现了大型仪仗队图像。磁县湾漳北朝壁画墓（图 7-5）的考古报告中，墓道东西两壁的壁画就备受关注。“仅墓道两壁保存的壁画面积即达 320 平方米，每壁所绘由 53 人组成的仪卫出行场面，以气势雄伟、形神兼备、构图严谨著称；仪卫上方，描绘腾跃于莲花流云纹间的方相氏及众多神禽瑞兽，勾线挺劲，赋彩典雅，表现出丰富的想象力与卓越的技巧。”[2]

图 7-5　仪仗图 河北磁县湾漳村北朝壁画墓墓道东壁 北齐

磁县湾漳北朝壁画墓为帝陵壁画墓的出现提供了可能，帝陵壁画墓标志着入主中原的少数民族政权在葬俗上的汉化。同时，帝陵壁画墓出现了皇权性的规制要求，这一规制主导了北朝图像体系的形成。就整体特征而言，这一时期的规制要求是之前汉代没有出现的现象，这是帝陵壁画墓带来的新现象，是皇权性的规制要求，之后的唐代出现“号墓为陵”的现象明显带有帝陵影响的痕迹。就图像特征而言，这一时期出现的墓道出行仪仗图像规模之大前朝也没有出现

[1]　韦正：《魏晋南北朝考古》，北京大学出版社，2013 年，第 78 页。
[2]　中国社会科学院考古研究所等：《河北磁县湾漳北朝墓》，《考古》1990 年第 7 期。

过，这是皇室气势的表现，对于汉代盛行于汉墓中的墓主人送行图像，北朝帝陵给予了发扬光大。这些现象说明在壁画墓的发展中，北朝帝陵壁画墓表现出了上移的趋势。

概言之，北朝壁画墓图像体系包含着两个图像结构：一是沿革前朝的图像结构，如墓主人的生活场景和传统神灵物象；二是强调皇权的图像结构，如邺城规制和对墓道图像的重视，这是一个上移的图像结构。

二、南朝图像体系梳理

南朝的考古成果显示，南朝的帝陵壁画墓的数量比北朝多。与北方帝陵不同，南朝几个政权多建都于建康，南朝的帝陵因此围绕于南京和附近的丹阳、句容和江宁一带。1949 年以来，考古学者先后认定这一时期的帝王陵墓有 32 处[1]。这些帝王陵墓中，可以作帝陵壁画墓讨论的有 4 座，丹阳 3 座，南京 1 座。

丹阳古称南兰陵，是南朝萧齐发迹的地方，也是帝陵集中之地。丹阳有 3 座帝陵壁画墓，学术界没有大的异议。丹阳胡桥齐景帝萧道生的修安陵，1965 年发掘，有大面积拼镶砖画。丹阳胡桥吴家村和建山金家村南齐大墓，1968 年发掘，发掘报告认为："据朱孔阳《历代陵寝备考》考证，废帝东昏侯肖宝卷墓在丹阳县东约十六公里，其位置与建山金家村墓相当（只是方向略偏北一些），此墓可能即废帝肖宝卷之墓。而胡桥吴家村墓，或许就是文献上失载的和帝肖宝融恭安陵。这都有待进一步考订。"[2]

南京西善桥南朝壁画墓，1960 年开始发掘，有精美的拼镶砖画。这座壁画墓被认为是帝陵壁画墓，但对墓主人的身份有不同的看法。1960 年被发掘时，考古报告认为墓主人属于东晋末年至刘宋初年期间的士大夫阶层。之后《新中国的考古收获》中，墓主人被定为东晋时期。1996 年，最初考古报告的执笔者罗宗真将墓主人定为刘宋的第四个皇帝孝武帝刘骏的景宁陵[3]。在没有新的材料出现前，本文从景宁陵之说。

关于南朝帝陵壁画墓的图像体系，《江苏丹阳县胡桥、建山两座南朝墓葬》这样描述：甬道中彩绘壁画表现的龙凤一类图案外，甬道至后主室的内容分别

[1] 董新林：《中国古代陵墓考古研究》，福建人民出版社，2005 年，第 182 页。
[2] 南京博物院：《江苏丹阳县胡桥、建山两座南朝墓葬》，《文物》1980 年第 2 期。
[3] 罗宗真：《六朝考古》，南京大学出版社，1996 年，第 69 页。

为：①太阳和月亮，②狮子，③武士，④羽人戏龙和羽人戏虎，位于主室前方上部，⑤竹林七贤及荣启期，⑥车马出行（实为墓主出行的仪仗画）[1]。其他帝陵壁画墓内容与此墓大同小异。这些图像内容与南朝之前的壁画墓有着非常明显的沿革关系，但“竹林七贤”与“荣启期”却是一个全新的内容。南京西善桥南朝壁画墓的考古报告就认为：“本墓出土文物中最有价值的，当为墓室两壁的两幅搏刻壁画，这在南京地区六朝墓中尚属初次发砚。”[2]

从形制特征看，“竹林七贤”与“荣启期”成为帝陵壁画墓的一个图像标志。武翔认为：“江苏六朝画像墓都为大中型墓，3 米以下的小型墓不见，大中型墓因级别不同，画像砖规模也有不同，这正是六朝封建等级和礼制在墓葬中的反映，只有贵族王侯才有实力承担构筑画像砖墓的巨额花费。至于像‘竹林七贤’这样的大幅拼嵌砖画，更是帝王才可享受的。因此今后我们分析六朝墓葬的级别时，也可把画像砖的规模列入评判标准。”[3] 李若晴推论，“刘宋、萧齐两朝可能存在一项以‘七贤’砖画装饰帝陵墓室的葬制”，因此他这样认为：“尽管现在所发现的这四座南朝大墓，其墓主人的具体归属仍有争议，但基本可以确定他们都是帝王一级的人物。因此‘七贤’砖画应定位为帝王一级的特殊产物，而不能移的就矢，将记载士族的资料拿来论证帝王的情况。在论及‘七贤’砖画功能及其文化内涵时，尤须注意此点，否则容易出现偏差。”[4] 目前，南京、丹阳地区的考古成果支持这样的观点。2012 年考古发掘活动的考古报告《南京市雨花台区铁心桥小村南朝墓发掘简报》一文认为：“最为重要的是，M1 出土有与‘竹林七贤’、龙、虎等题材有关的画像砖。南朝‘竹林七贤与荣启期’等大型拼镶壁画墓自 1960 年在南京首次发现后，迄今为止在南京和丹阳共发现 8 座……有关墓葬的年代和墓主，虽有多种论点，但对墓主身份的确定，均认为墓主身份为皇帝或王侯。”[5]

这样的形制特征也提出了这样的问题：为什么“竹林七贤”与“荣启期”能够进入帝陵壁画墓的图像体系并成为一个图像标志？具体的解释有这样两个方向：郑岩落脚于“高士图像的象征性”，他认为：“不管这些人物的行为有多

[1] 南京博物院：《江苏丹阳县胡桥、建山两座南朝墓葬》，《文物》1980 年第 2 期。
[2] 南京博物院、南京市文物保管委员会：《南京西善桥南朝墓及其碑刻壁画》，《文物》1960 年第 Z1 期。
[3] 武翔：《江苏六朝画像砖研究》，《东南文化》1997 年第 1 期。
[4] 李若晴：《是否为南朝葬制及其起止年代——关于“竹林七贤与荣启期”画像砖的两个问题》，《浙江艺术职业学院学报》2005 年第 4 期。
[5] 南京市博物馆：《南京市雨花台区铁心桥小村南朝墓发掘简报》，《东南文化》2015 年第 2 期。

么高玄、文章有多么精彩、思想有多么深邃，一旦他们的画像与丧葬礼仪结合起来，其价值就只停留在功利性的层面上了。在人们的心目中，高士们是道术极为高深的人，他们是通往仙界的媒介，甚至本身就是神仙。”[1] 韦正落脚于南朝的门阀制度，他认为：“竹林七贤等墓室壁画（图 7-6）的出现可能与刘宋的背景出身有关。”他引用唐长孺的观点为依据：“他们（指新出门户）虽然按照当时婚宧标准业已符合士族身份，但在门阀贵族面前还是寒人，而他们的最高愿望不是打破这种士庶等级区别，相反的是想挤入士族行列，乞求承认，并且转而以之自傲，甚至同样坚持士庶区别观点。”[2]

图 7-6　竹林七贤与荣启期 南京西善桥宫山墓 刘宋时期

我们同意高士图像的象征性和南朝门阀制度的影响这样的观点，同时有一

[1]　郑岩：《魏晋南北朝壁画墓研究》，文物出版社，2002 年，第 229 页。
[2]　韦正：《六朝墓葬的考古学研究》，北京大学出版社，2011 年，第 303 页。

些补充：一方面，荣启期图像提供了彼岸性质。墓主人在墓葬建设中获得重生是需要神灵帮助的，这个神灵在壁画墓中是一个符号化的图像，壁画墓中的所有图像都因为这个符号而具有了彼岸性质，汉画像石墓中是西王母图像，南朝帝陵壁画墓中则是荣启期图像。荣启期是先秦人物，时间的遥远使他具有了被神灵化的条件，历史上的高人因此在重生体验中转化为墓室壁画中的神灵符号。在这个符号之下，竹林七贤也获得了彼岸的色彩。另一方面，竹林七贤本身具有神仙气息。竹林七贤是前朝之人，不具有神灵性质，但可以成为仙人。在道教信仰体验中，贤人是可以进入仙人之列的。道教早期的《太平经》就将神仙榜分为神人、真人、仙人、道人、圣人、贤人六个等级。《太平经》还有这样的描述："神人主天，真人主地，仙人主风雨，道人主教化吉凶，圣人主治百姓，贤人辅助圣人理万民录也，给助六合之不足也。"

从宗教体验的角度看，在竹林七贤与荣启期的图像中，荣启期图像有着确定的宗教意义。墓葬建筑是墓主人的重生之地，这里的壁画表现的不是完成长生不死而是重新获得生命，这样的宗教体验只有借助神灵才能够实现，荣启期就是这样的神灵。贤人转为仙人是道教传播中很普遍的现象，但转为神灵却是一个需要时间过程或其他一些特殊的条件，竹林七贤在南朝帝陵中尚不具有成为神灵的可能。如此，荣启期具有神灵的性质，竹林七贤则成为类似于汉画像石西王母身边的仙人，"竹林七贤"与"荣启期"也因此能够为墓主人提供重生体验。

从墓室壁画的题材发展角度看，竹林七贤则更应当受到关注。竹林七贤是前朝历史人物，他们不属于主流社会，而且还或多或少地具有对抗性质，他们进入最高统治者的陵墓，无疑是一个非常态的行为。我们认为韦正关于东晋帝陵家族墓葬化的观点可以提供一个很好的解释。韦正认为："东晋帝陵的家族墓葬化，是一个深刻的历史现象。东晋皇室不仅在现实政治中不敢以天下共主自居，在墓葬上也是退缩到天下之一族的位置，而且在墓葬方面的表现比历史更加直接明确。"[1]"天下共主"之陵与"天下之一族"之陵是不可同日而语的墓葬观念，帝陵的家族墓葬化显然是一种下移的形态，表现在壁画墓中也就出现了壁画题材下移的趋势。这样，受人尊敬的竹林七贤就有了进入帝陵的机会。我们要补充的是：其一，门阀制度畸形发展，以致豪门大族可以与皇权抗衡，所

[1] 韦正：《六朝墓葬的考古学研究》，北京大学出版社，2011年，第289页。

谓“在江左得到高度发展的门阀制度，讲究的是婚与宦”[1]，这一特殊现象为南朝帝陵壁画墓提供了下移的语境。其二，如果作横向比较，不唯竹林七贤是下移的题材，荣启期也是下移的题材。汉画像石中的西王母汉之前是一个部落首领，具有图腾的性质，经过秦汉求仙风气的帮助成为帮助墓主人重生的神灵，荣启期是先秦的一位名士，显然没有西王母的地位，这是一位下移的神灵。“竹林七贤”与“荣启期”图像的出现，是一种士族化图像流行的标志。

概言之，南朝壁画墓图像体系有两个结构：一是沿革前朝而来的图像结构，主要是围绕墓主人的生活图像和仙界物象；二是新出现“竹林七贤”与“荣启期”的士族化图像，这是一个下移的图像结构。

三、南北朝帝陵壁画墓的理论意义

梳理南北朝帝陵壁画墓的图像体系后，我们发现它们有一个共同的图像结构——沿革前朝的图像结构，这个结构中的图像大同小异，都是墓主人曾经的生活图像和神灵、仙人图像的点缀。同时，它们还有一个不同的图像结构，这就是北朝的上移图像结构和南朝的下移图像结构。相同的图像结构说明了南北朝壁画墓对前朝的直接继承，不同的图像结构则说明南朝与北朝在沿革前朝的方向上存在着不同的选择，这样的选择提供了帝陵壁画墓的理论意义。其中特别引人注目的是帝陵壁画墓何以选择上移和下移两个不同的方向，以往学术界对这方面的内容缺少关注。

其一，民族平衡与阶层平衡的图像体系。

南北朝时期社会动荡，南北方都遇到了如何巩固政权的问题，但主要矛盾的性质并不相同，北朝遇到的是各民族之间的平衡问题，南朝遇到的是各阶层之间的平衡问题。正是因为民族和阶层的性质不同，影响到帝陵壁画墓在图像特征方面出现了上移和下移两个方向。

关于北朝的上移图像体系。北朝的主要矛盾是民族矛盾，取得政权的鲜卑等少数民族文化与中原先进的汉文化发生冲突，这就决定这一时期各少数民族政权多推行汉化政策，在民族大融合中获得政权稳定。向中原汉文化靠拢，是北朝各代的共同政策。匈奴人刘渊建北方第一个少数民族政权后汉时，即自称其家族是汉代和亲公主的后代“冒姓刘氏”而自封汉王，“立汉高祖以下三祖五

[1] 牟发松：《从社会与国家的关系看唐代的南朝化倾向》，《江海学刊》2005年第5期。

庙神主而祭之”（《晋书·载记第一》）。汉化方面得到史家最高评价的是北魏政权，北魏孝文帝将都城从平城迁至洛阳，从而完成了一次比较彻底的民族融合。他以融入中原的理由来解释迁都政策：“令代（代城）在恒山之北，为九州之外，以是之故，迁于中原。”（《魏书·卷十四》）通过这样自上而下的汉化政策，少数民族统治者通过学习中原政权体制而强化了皇权，改造或摒弃了原有的落后文化。北朝帝陵壁画墓就是汉化的结果，一方面，墓道壁画中出现规模浩大的仪仗图像，直观而强烈地表现出皇权的至高无上；另一方面，汉代壁画墓多为中、上贵族阶层选择，是等级制度的体现，北朝壁画墓完全继承这一特征。有考古报告认为：“壁画墓在北周高级贵族墓中占有极高比例，除了北周武帝孝陵，其他高级贵族墓几乎都绘有壁画。”[1] 强化皇权是帝陵壁画墓的主题，形成了北朝壁画墓的上移图像体系。

关于南朝的下移图像体系。南朝的主要矛盾是阶层矛盾，南下的北方大族与南方土族豪门形成了复杂的统治集团内部矛盾，各代政权推行的是沿袭魏晋已经形成的门阀制度，在士族阶层的政治垄断中获得政权稳定。士族阶层形成了南朝政权的基础力量和依靠力量，但这一阶层在政治垄断的同时，也对中央集权产生了一种削弱。这一点，日本学者谷川道雄有很好的描述：“作为当时支配阶级的六朝贵族是怎样形成的呢？正如很多学者所指出的那样，以庄园制、大土地所有制作为其形成必要条件的观点，是难以说服人的。与其认为他们是土地贵族，不如视其为官僚贵族、教养贵族更为合适……问题在于认为他们是官僚贵族的话，是否就意味着在阶级本质上，他们就只能是皇帝的走卒；而认为他们是教养贵族的话，那他们与现实社会的关系到底怎样呢？”对于官僚贵族与教养贵族之间的关系，谷川道雄倾向于精神世界的力量：“贵族阶级凭着这一世界的支持，得以超越王朝权力而自立。”[2] 士族阶层超越王朝权力而自立，实际上就是一种政权下移的姿态。在这样的背景下，“竹林七贤”与“荣启期”出现在帝陵中就是一个很好理解的现象。南朝帝陵壁画墓中，墓室的最重要位置不是像汉壁画墓那样表现伏羲、女娲等传统的主流神灵，而是大量表现历史人物转变来的神灵和仙人，这一点与汉画像石墓倒是很接近，下移后体现出一种接近中、下阶层面貌的图像形态。皇权的弱化改变了南朝帝陵壁画墓的面貌，

---

[1] 原州联合考古队：《北周田弘墓——原州联合考古队发掘调查报告 2》，第 123 页，转引自郑岩《魏晋南朝壁画墓研究》，文物出版社，2002 年，第 136 页。

[2] [日] 谷川道雄：《中国中世纪社会与共同体》，中华书局，2002 年，第 92-94 页。

形成了南朝壁画墓的下移图像体系。士族相对于皇族是一种下移，南朝帝陵壁画墓因此表现出士族化色彩。

其二，礼仪化与生活化的图像特征。

南北朝帝陵壁画墓反映出上移与下移的不同形态，表现在图像上就是北朝的礼仪化和南朝的生活化两种特征。

关于北朝的礼仪化图像特征。南北朝时期被称为“礼学尤明”的时代，而北朝有自己的特点：“与南方士族相比，北方少数民族贵族要想成为中国传统文化的正式继承人，反而比南方贵族更热心于儒学的教育与儒典的研究。于是，礼学乃盛。”[1]礼仪兴盛的时代特征在帝陵壁画墓上有充分体现，并且影响到北朝同时期的壁画墓。北朝壁画墓的考古成果表明，礼仪化的图像普遍存在，我们之前讨论的邺城规制实际上就是制度化了的礼仪图像体系。“从邺城开始，壁画成为表现墓葬等级地位的比较稳定的指标，并影响到北方其他地区的墓葬和后代壁画的发展。”[2]具体看，有这样三点：首先，突出礼仪图像的墓道形制。北朝大型壁画墓的墓道中都有规模巨大而表现精美的出行仪仗图像，形成一种独特的形制。这是所有考古成果都注意到的图像特征，此不赘言。其次，标志性图像的礼仪化。这一时期大型壁画墓的墓道中还出现了龙虎图像，并且位于墓道前端，这是两汉魏晋所没有的图像，北朝之后唐代沿用。龙虎是帝王的专用图像，因此成为一种礼仪化的符号，北朝壁画墓出现这样的图像是礼仪化的结果。最后，围绕墓主人的礼仪化构图。北朝壁画墓中表现墓主人身份的图像俯拾皆是，给人以很强的礼仪色彩。东魏茹茹公主墓的墓室北壁下栏绘墓主人图像，旁边即有持盖举扇的侍女立像，这是一种体现等级的礼仪构图。北齐徐显秀墓，墓主人夫妇身边出现包含等级制度内容的人物排列与器物，礼仪化的色彩更加强烈。北魏元□墓的墓室顶部绘星象图，有三百多颗星辰，有观点认为这是实指的天象图（图7-7），其实祭祀星辰自古就是一种礼仪，三百当为虚指，是一种礼仪内容的表现。

关于南朝的生活化图像特征。南朝也是“礼学尤明”的时代，但因为门阀制度的强大，务实者不多，所谓“多迂诞浮华，不涉世务”（《颜氏家训·涉务》）。在这样的时代背景下，壁画墓表现出了生活化的倾向。首先，突出工艺水准的墓葬形制。与北朝庞大的出行仪仗队图像相比，南朝壁画墓的图像在工艺上表

[1] 陆建华、夏当英：《南北朝礼学盛因探析》，《孔子研究》2000年第3期。
[2] 郑岩：《魏晋南北朝壁画墓研究》，文物出版社，2002年，第199页。

现出强烈的生活气息。拼镶砖画一幅有几十块甚至上百块画砖组成，一座壁画墓往往又有十幅左右这样复杂的拼镶砖画，尽显帝王在生活享受上的奢侈要求。杨泓认为："总之，大幅拼镶砖画的设计、范印、焙烧、运输到拼砌于壁画，工艺复杂，耗时费工，在经济方面花费颇大，除了最高统治阶层外，当时一般人是无力承担的，何况当年还有封建的等级、礼制等方面的各种限制。因此嵌有大幅拼镶砖画的南朝大墓，可能都是各代的帝王陵墓。"[1]其次，标志性图像的生活化。南朝帝陵壁画墓的标志性图像是"竹林七贤"与"荣启期"，历史人物来到壁画墓的主要位置，这本身就是一个生活化的倾向。同时，在这些人物塑造中，如嵇康弹琴、王戎侧卧、阮籍吹箫、向秀闭目养神、刘伶饮酒等都是生活化趣味的状态。最后，缺少神秘感的一般性题材。南朝壁画墓的一般性题材大多与前朝的升仙类、生活起居类等图像相似，表现的也都是仙人戏动物、墓主人出行、侍女拥立等叙事情节，没有什么新的内容加入，这些题材的图像因此也就缺少了神秘感，成为与生活常态相互联系的图像。

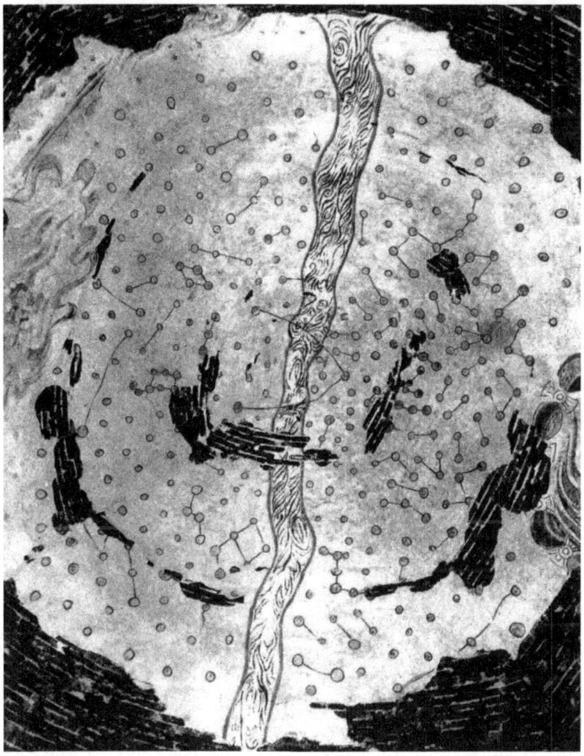

图 7-7　天象图 河南孟津县前海资村元□墓 北魏

其三，图像证史的图像意义。

南北朝帝陵壁画墓具有很高的图像证史意义，主要鉴于两方面：一方面，图像本体的信度高。虽然文献中记录了许多南北朝时期的图像创作盛况，但实物图像几乎缺失，壁画墓不仅可靠，而且遗存数量极大。另一方面，图像有完整的叙事结构。这是墓葬图像的特有结构，壁画墓表现的是墓主人即将去的另

[1]　杨泓：《美术考古半世纪》，文物出版社，1997 年，第 199 页。

一个世界，因此要求这些图像描写的世界是完整的，即使是低等级的、规模小的壁画墓，其图像表现的也都是一个完整的世界，帝陵壁画墓表现得不但完整，而且更加丰富。不过，目前的相关研究即使涉及艺术材料，也很少用到墓室壁画的图像资料。陈寅恪先生《隋唐制度渊源略论稿》和唐长儒先生《三论》涉及艺术，牟发松认为是“建筑亦属艺术，这里主要指书法”这样的概念[1]。壁画墓，尤其是帝陵壁画墓的图像缺少图像证史的关注，实为遗憾。我们举例南北朝佛教的传播与隋唐“南朝化”的讨论两例说明。

关于南北朝佛教的传播。佛教进入中土，南北朝时期得到迅速发展，但也遇到了如何与本土宗教结合的问题。“可以说魏晋南北朝是封建统治阶级探索适应宗法等级制度的意识形态的时期，在这个过程中发生了儒、释、道三教的冲突与融合。”[2]佛教有“像教”之称，佛教图像可以迅速反映佛教传播的阶段性特征。以往学者重视佛教图像，多从石窟、寺庙的造像来认识，可是这些造像的仪式感特别强，象征性的符号常常代替了叙事性的环节，其图像结构迅速进入程式化，在说明南北朝佛教如何传播上常常显得有所局限而难以展开。南北朝帝陵壁画墓图像提供的材料就不一样了，我们可以找到佛教图像的叙事过程，从而得到佛教传播的阶段特征。如磁县湾漳壁画墓，“墓道地面壁画分三列，两侧绘莲花、忍冬等纹饰，中间绘八朵仰天盛开的大莲花”[3]。该墓图像丰富，基本为重生信仰图像和道教信仰图像，佛教图像比例很小。这样的位置与比例说明，佛教图像在壁画墓里尚没有形成系统性结构，在人们普遍参与的墓葬活动中佛教仍然是一种初入状态，这与石窟造像的繁荣形成对比，南北朝的佛教发展史应当注意到这一点。

关于隋唐“南朝化”的讨论。“南朝化”是史学界的一个重要命题，即南北朝时期历史主流是在北还是在南？陈寅恪提出“南朝化”，但也认为“唐代制度之河西地方化”，唐长孺丰富此说，认为“南朝化”是唐代历史演进中一种带有普遍性的倾向。学术界有不同意见，钱穆就认为：“隋唐制度，自是沿袭北朝。”[4]这些讨论，并没有涉及墓室壁画的材料。如果注意到南北朝帝陵壁画墓中表现出的上移与下降的现象，那“南朝化”的问题可以获得一个合理解释。我们认为，南北朝最高统治者解决的问题不一样，留下的影响也应当有别。北

[1] 牟发松：《从社会与国家的关系看唐代的南朝化倾向》，《江海学刊》2005年第5期。
[2] 牟钟鉴、张践：《中国宗教通史》，社会科学文献出版社，2000年，第444页。
[3] 韦正：《魏晋南北朝考古》，北京大学出版社，2013年，第91页。
[4] 参见牟发松《从南北朝到隋唐——唐代的南朝化倾向再论》，《南京晓庄学院学报》2007年第4期。

朝的汉化主流实际上是一种向中原文化靠拢的民族妥协，通过学习先进文化而平衡尖锐的民族矛盾，在强化皇权的体制下巩固政权，帝陵壁画墓因此有了上移的方向。南朝的门阀制度主流实际上是一种政治利益集中化的阶层妥协，通过士族化的政治垄断制度来平衡统治阶级内部的各种关系，帝陵壁画墓因此有了下移的方向。唐代，不同的阶段接受不同的影响。在这方面，学术界特别关注中唐的时间节点。“放眼汉末至宋初的历史发展，可知北朝隋唐时期特别是唐中叶的南朝化倾向，是中古历史按照其内在逻辑自然演进的结果。”[1] 唐代壁画墓的发展就可以反映这样的发展结构，初唐出现“号墓为陵”的现象，维持着北朝帝陵壁画墓上移的趋势，中唐后皇权受到冲击，生活化的壁画墓渐渐增多，出现了南朝化的下移走向。

[1] 牟发松：《从社会与国家的关系看唐代的南朝化倾向》，《江海学刊》2005 年第 5 期。

第二编　中国墓室壁画的繁荣期

——隋唐五代宋辽金西夏元

第八章

概　论

中国墓室壁画发展的第二阶段为繁荣期，对应的朝代是隋唐五代宋辽金西夏元，其中唐宋元为这一时期的盛世大朝。这一时期墓室壁画的总体面貌是繁荣和独立：一方面，墓室壁画在世俗化的推动下与其他宗教艺术共同繁荣。这一时期，我国传统大教已进入迅速发展阶段，信仰传播成为各宗教体系的主要任务，因此世俗化成为共同特色。对宗教图像而言，世俗化的宗教发展带来了最为丰富的生活内容，同时世俗化的宗教图像也从艺术繁荣层面促进了宗教本体的世俗化发展。艺术与宗教信仰之间的互动，将这一时期的宗教艺术推向了高峰。在宗教艺术繁荣的大环境下，墓室壁画也是一派繁荣景象。另一方面，墓室壁画在重生信仰支持下仍然保留着独立发展的图像体系。墓室壁画的独立图像体系，是在佛道盛行的大环境下存在和发展的，这一特征具有不可忽视的意义，因为在保留本土性方面，道教图像受到了佛教的巨大影响，而墓室壁画受到的影响则相对较小，这为本土宗教信仰的发展提供了良好而又必要的土壤，由此而发挥出了独特的历史作用。

第一节　图像体系的讨论

这一时期图像体系的划分，与之前有所不同。我们有两个方面的考虑：一是整体层面的思考，二是等级制度的影响与意义。前者主要着眼于墓室壁画与同时期王朝之间的对应关系，后者则是考虑等级制度引起的观念转变以及由此而在墓葬活动中产生的影响。

第一，整体层面的思考。

隋代接受的墓室壁画已是一个成熟的艺术形式，同时，隋代也是我国封建体制再一次获得大一统发展局面的起点，这样的时代背景为我们提供了整体思考的条件与意义。

其一，整体思考的条件。这一时期，墓室壁画经历了隋、唐、五代、宋、辽、金、西夏、元等多个王朝。从政治体制沿革的角度看，这一时期虽然有了安史之乱、靖康之变，甚至是少数民族全面入主中原的元帝国出现，但中国的封建体制在整体趋势上仍然处于平稳发展而有活力的形态之中。之后的明清时期，这样的活力就被严苛的封建制度剥夺了。同时，这一时期的唐宋元都是史上大朝，有着覆盖辽阔疆域的统治力，这不仅仅表现在政治结构上的庞大，更表现在文化影响力上的强大。在统一王朝覆盖下，文化交流空前活跃与深入。其中，中央政权在文化交流上表现出强大的主导性。这样的主导性维护着一个有形的完整空间，与之前南北朝的文化交流不可同日而语。即使是积弱的宋代，半壁江山的南宋仍然是以中原大朝而自居，时人的归属感和责任感从来就没有离开中原，相反是更加自觉、炽热和坚定。就墓室壁画而言，这一时期作为整体看待还有一个特殊的理由，这就是元以下明清时期的墓室壁画进入衰退期，遗存骤减，艺术水准也是一副江河日下的面貌。而且，汉至元代，墓室壁画的图像与同时期世俗图像有着互相促进、甚至领先的关系，明清墓室壁画的图像则难登大雅之堂了。因此，将隋至元的墓室壁画作为一个阶段看待，也有着墓室壁画自身发展走向的考虑。所以我们认为，这一时期有着作为整体思考的条件，通过整体层面上的思考，突出唐宋元这三个大王朝对墓室壁画繁荣的影响，使图像体系的研究在共时性上寻找一个更有张力、更有把握性的空间。

其二，三个体系的思考。隋至元作为整体思考后，这一时期的图像体系表现出什么样的时代特征呢？我们对之前的图像体系发展作一个整体性的回顾，可以发现墓室壁画的图像体系已经呈现出多样形态。经过汉代和南北朝的发展，墓室壁画的图像体系主要出现了三种类型：其一，帝王化的图像体系。这个体系由汉壁画墓发展而来，南北朝时壁画墓墓主人的阶层上移促进了它的发展。其二，平民化的图像体系。这个体系由汉画像石墓发展而来，南北朝时发展并不充分，前朝风采难以为继。其三，边疆地区风格的图像体系。这个体系由汉代边疆地区和少数民族壁画墓发展而来，南北朝时因为政权上南北对峙所提供的广阔空间而有了很大的发展。这三个体系，基本可以覆盖隋之前墓室壁画已经存在的各类图像。那么，墓室壁画的三个图像体系在隋至元的各代中是如何发展的呢？经过梳理，我们可以发现三个体系与唐宋元王朝有着一定的对应关系。

这一时期，政治统治力覆盖面广而时间延续长的王朝是唐代、宋代和元代，这一时期历史主线就是围绕着唐宋元三个朝代而展开的，这一历史特征对墓室壁画的繁荣产生影响。从墓室壁画的遗存看，唐宋元三个朝代与墓室壁画的三个图像体系出现了这样的对应关系：唐代墓室壁画的墓主人多为中、上贵族阶层，壁画墓多集中于京畿地区，墓室壁画体现出帝王化图像体系的特征；宋代墓室壁画的墓主人阶层明显降低，壁画墓多分布于经济活动发达地区，墓室壁画体现出平民化图像体系的特征；元代是少数民族入主中原的王朝，这一特殊的政治背景将边疆地区的墓室壁画体系推向了高峰。唐宋元是本期大王朝，梳理出这样的对应关系，无疑也获得了一个提示：三个体系的发展可以勾勒出这一时期墓室壁画整体面貌，同时也凸显出各个朝代墓室壁画的具体特征。

三个图像体系的发展可以追溯到汉代，但唐宋元的发展面貌与之前还是有所不同。主要有三点：首先，三个图像体系在汉代都有比较好的发展，而唐宋元的墓室壁画则是每个朝代对其中一个图像体系有所侧重，其中可以看出我国皇权结构对墓室壁画发展的影响。其次，汉代的图像体系依托不同的墓葬形制而表现，帝王化的图像体系依托壁画墓，平民化的图像体系依托画像石墓，唐宋元的墓室壁画则没有这样明显的划分，其中可以看出我国墓葬形制与图像体系之间存在的演变关系。最后，墓室壁画在汉代是重要的墓葬形制，是重生信仰的主要载体，但唐宋元墓葬形制的选择更多，墓葬载体更加多元化，其中可以看出墓室壁画在佛道盛行之下独立发展的生存状态和由此而带来的独特贡献。

质言之，繁荣期墓室壁画的图像体系有三种类型：一是帝王化的图像体系，主要流行于唐代；二是平民化的图像体系，主要流行于宋代；三是边疆地区风格的图像体系，主要流行于辽金元。

第二，等级制度观念的影响与意义。

这一时期，墓室壁画的三个图像体系各有侧重而先后发展，表现出墓室壁画繁荣期的阶段性特征，同时也为唐宋元大帝国的皇权结构与墓室壁画发展之间的相关性提供了梳理路径。概言之，三个图像体系的形态受到三个影响：一是大帝国等级制度提供的平衡结构；二是大帝国富强提供的物质条件；三是大帝国政治版图为多元文化交流提供的前所未有的空间。对于后两个影响，唐宋元的大朝面貌可以提供直观的认识，我们重点讨论等级制度的影响，认识等级制度的新结构给重生信仰增加的内容。

墓室壁画依托的信仰是重生信仰，“事死如生”的一个世俗化指标就是等级制度在墓室世界中的继续存在。等级制度代表着墓主人的地位和财富，这个内容不分此岸与彼岸。但是从隋唐开始，原有的等级制度结构受到冲击，新的等级制度结构开始形成。这个变化，影响到墓室壁画的发展。

其一，等级制度在实施过程中的强调与变通。

唐宋元时期，仍然是一个强调等级制度的时期，墓葬活动亦如此。敦煌P2622号写本书仪中就记有等级制度对坟墓高度的规定：“三品已上坟高一丈二尺，五品已上坟高九尺，七品已上坟高七尺，九品[已]上坟高六尺。”[1]对平民阶层也有要求，《唐会要·葬》记：“庶人先无文，请限十五事。皆以素瓦为之，不得用木及金银铜锡。其衣不得用罗锦绣花。”北宋时期，“非官不志”的制度被遵守，表现出来的也是等级制度的约束。

不过，这样的制度约束从唐代开始有了变通的做法，这方面最突出的是号墓为陵。号墓为陵出现后，受到时人的批评。《旧唐书·卢粲传》记载：“伏寻陵之谓，本属皇王及诸君等。自皇家已来，诸王及公主墓，无称陵者。唯永泰公主承恩特葬，事越常涂，不合引以为名。”但是号墓为陵还是受到了欢迎，不过其内容有变通之处。陈成国认为：“李唐以墓为陵者与不为陵者还有墓室结构之别（如天井、小龛之设）；壁画内容之别除列戟之数以外，也还有其他内容（如壁画所绘仪仗）。以墓为陵者与真正的皇帝陵当然也还是有区别的，如绘皇帝‘六尚’宫官与太子或诸侯王内官之别；又如陵园内城（围墙）、地面石刻、地下葬具与随葬之物，以墓为陵者终究比不上帝陵规格。”[2]

等级制度的变通做法在前朝的墓葬活动中就已经存在，但是这样的做法进入到陵墓的级别，有了号墓为陵的墓葬行为，其意义显然就不一样了。人们仍然维护着等级制度，却对其有了修改的姿态，根据自己的需要而在等级制度的实施过程中予以变通，这个做法贯穿于整个唐宋元时期（图8-1）。

[1] 转引自陈成国《中国礼制史》（隋唐五代卷），湖南教育出版社，1998年，第144页。
[2] 陈成国：《中国礼制史》（隋唐五代卷），湖南教育出版社，1998年，第156页。

图 8-1　前室 陕西乾县永泰公主墓 唐代

其二，等级制度在观念上的转变。

等级制度在实施过程中有了变通的做法，原因还是来自于皇权结构发展的需要，也就是统治者在大一统的局面下需要获得更加广泛的支持。但是，他们可以得到等级制度的支持却不愿意受到等级制度的约束。这样的发展影响到墓葬活动，直接导致人们在等级观念上发生变化。

首先，制度改变体现的变化。这一变化在唐宋诏葬和敕葬的发展上有明确的体现。诏葬是皇权给予功勋大臣或位高权重者的特殊荣誉，其授受面很窄。《旧唐书·职官志三》记："凡诏葬大臣，一品则卿护其丧事，二品则少卿，三品丞一人往。"这一现象在敕葬出现后有了改变，敕葬即是将这一特殊荣誉享有者的层面给予扩大，特别是在宋代。《丧葬令·卷第二十九》记："诸应宗室、皇亲及臣僚等敕葬者，所须及赐人徒并从官给。"诏葬原先是维护少数人荣誉的手段，敕葬将其变为了施恩于更多人的渠道。

其次，经济影响力的增加。在墓葬活动中，等级制度提供了制度上的制约，但经济影响力的增加产生了冲击力。仍然以敕葬为例，敕葬的出现扩大了皇恩沐浴面，但是敕葬实施中皇恩主要是给予荣誉，提高了待遇后，敕葬的费用并不是葬者都能支持，这种情况下出现了自降身价的宣葬。《朝野类要·卷五》记："赐资财令办葬事。丧家多愿宣葬，盖省费于敕葬也。"吴丽娱认为："在财政不足支应的情况下，敕葬不得不进一步划分等级，减少用度，使敕葬公给的成分大大削弱。因此虽然至南宋时仍由宋政权和大官僚们尽力维系着其形式化的表面风光，却没有了昔日那般为人羡慕的绝顶隆重的内在辉煌。"[1]由诏葬到敕葬，是政治要求在发挥影响；由敕葬到宣葬，则显然是经济因素在发挥影响。

最后，门荫制度自下而上的改变。唐代开始，门荫制度出现了一种可以由本人的官位、功勋而决定的赠官路径。与以往自上而下的世袭制度不同，这是一种自下而上的封赠制度。"对官员而言，上封父母、下荫子孙是朝廷除了本人加官进爵外给予的超级礼遇。父祖封赠既不限制来源，子孙用荫也没有特定人选（即不一定为嫡长子），一切围绕官员本人官位进行，是其中最大特色。"[2]在这一变化的推动下，等级制度就有了一个全新的内容，即通过自己的努力，不仅可以提高自己在等级制度体系中的地位，而且还可以使自己的父辈、子孙也进入到等级制度体系之中。这样的做法使官与爵之间的先后关系发生变化，无爵者也可以获官并因此得爵，获官的意义开始大于得爵的意义。阎步克这样认为："当官僚制度逐渐走上正轨的时候，各种权益开始从重爵逐渐向重官倾斜，而与士族政治相关的'爵本位'则被'官本位'所取代。"[3]

其三，等级制度变化的意义。

从总的趋势看，壁画墓的墓主人在南北朝呈现阶层上移的趋势，这对墓室壁画是一种促进，但同时也产生了由等级制度带来的一些限制。南北朝时平民化的画像石墓走向衰落，可以为这样的限制提供一个注脚。隋代开始，之前疯狂的门阀制度受到打击，但等级制度在这个打击之下不是被消灭，而是得到调整，通过调整而获得一个可以适应大帝国发展的平衡结构。这个结构是保留等级制度，但同时也提供了个人跨越等级制度的渠道。这是一个新的平衡结构，

[1] 吴丽娱：《终极之典——中古丧葬制度研究》，中华书局，2012年，第705页。
[2] 吴丽娱：《终极之典——中古丧葬制度研究》，中华书局，2012年，第877页。
[3] 转引自吴丽娱《终极之典——中古丧葬制度研究》，中华书局，2012年，第883页。

它的直接意义是在保持墓主人阶层上移的同时，也扩大了墓主人队伍，因此使墓室壁画有了平民化的基础。吴丽娱认为："通过研究可以证明，令、格、式、制敕共同组建的丧葬制度，经唐后期五代与宋制接轨，而皇帝、官员、庶民之礼在等级制度下的发展和衔接，也是葬礼在这个官僚制度和走向世俗化、平民化的社会中不得不有的趋势。"[1]丧葬活动中的平民化趋势如此，墓室壁画中的平民化趋势也是如此。以往论及唐宋元宗教艺术的发展，世俗化是大家一致关注的特征，但学者们往往都是从佛道艺术的发展来论证，其实墓室壁画中体现出的平民化趋势应当是一个非常好的证据，如果从中国皇权结构的影响力看，墓室壁画有着更好的相关性。

第二节　图像特征的讨论

繁荣期的墓室壁画，世俗化是总体趋势。帝王化的唐代、平民化的宋代和边疆地区风格的元代，构成了特色鲜明的三个阶段。这三个阶段所包含的世俗化内容，也表现出繁荣期图像特征的三个取向。

第一，唐代帝王化图像特征的讨论。

唐王朝是可以与汉王朝比肩的强大王朝，国力所至使墓室壁画得到了又一次繁荣发展的机会，同时也打上了唐帝国文化的深深烙印。

其一，壁画墓的空前集中。根据考古发掘成果，唐代地域辽阔，壁画墓各地都有发现，不过关中地区的壁画墓在数量上占有唐代壁画墓的80%以上，表现出一个集中度空前的分布面貌。关中为唐代的京畿之地，是都城长安直接辐射的地区，京兆府属地有二十三县，是帝王、皇亲国戚、文武重臣墓葬活动的集中地（图8-2）。这样的条件，直接影响到唐代墓葬的发展。郝红星、于宏伟认为："约公元630年，唐王朝的墓葬等级制度形成，即弧边墓为上、直边墓为下的制度开始实施。这时西安地区从中原地区分离开来，单独成为一个墓葬级别偏高的地区，出现了许多只有太子、君王才能使用的弧边双室墓，而原来常能见到这种墓葬的河北地区，此时却没有了。"[2]墓葬规格的提高，也直接影响

[1] 吴丽娱：《终极之典——中古丧葬制度研究》，中华书局，2012年，第896页。
[2] 郑州市文物考古研究所编著：《郑州宋金壁画墓》，科学出版社，2005年，第252页。

到墓室壁画的发展。目前的考古成果表明："较大的墓葬一般绘有壁画，三品以上的大墓，壁画内容更加丰富。"[1]

图 8-2　陕西乾县铁佛乡南陵村靖陵玄宫发掘现场 公元 889 年

其二，帝王题材对神灵气息的突破。神灵气息的减少，是唐代墓室壁画的一个突出特征。墓室壁画是一个表现生死转化过程的封闭性艺术结构，需要神灵图像的支持。"两汉时期，墓葬建筑中神灵图像数量很多，位置也很突出，神灵的帮助提供了生命转化的重生结构。南北朝时期，神灵图像减少，位置也不如之前重要，这实际上表现出一个神灵图像符号化的趋势，但神灵帮助的重生结构仍然存在。唐代开始，神灵图像越来越边缘化，甚至图像的象征性也被图像的装饰性所取代，神灵已无法继续支持重生结构。这样的形态下，墓葬建筑直接提供了生命转化的重生结构。如此，墓葬建筑中的墓室壁画减去了此岸与彼岸转化的一些过渡性交代，直接将现实生活表现在图像上，导致墓室壁画中

[1] 张之恒：《中国考古学通论》，南京大学出版社，1991 年，第 313 页。

现实气息越来越浓郁。”[1]从形制安排看，帝王图像都是占最大的画面，在最重要的位置，如号墓为陵的墓道中，仪仗图（图8-3）上等人大小的队伍普遍存在，恢弘气势扑面而来。从题材看，帝王生活图像成为主角，如宫女形象在唐壁画墓中是常见的题材，这与之前墓室壁画中的侍女题材有继承的关系，但皇家气息却是另有一番面貌。从艺术表现看，皇家大场面带来更高的艺术要求，这一时期群体人物图特别多，排列错落有致，其构图能力前所未有，令人叹为观止。唐代墓室壁画的这些变化，直接来自于帝国文化的冲击，是帝王题材突破神灵气息的客观表现。

图 8-3　仪仗图 陕西乾县乾陵懿德太子墓 公元 706 年

其三，风格多样的大帝国格局。这一时期虽然壁画墓主要集中于关中地区，但仍然表现出了风格多样的大帝国格局。从图像体系看，帝王体系壁画墓外，平民化体系壁画墓在山西地区、南方地区都有发展，边疆地区风格体系壁画墓在新疆吐鲁番等地也有发展（图 8-4）。从形式上看，新疆吐鲁番的木骨屏风绢画、青海省吐蕃时期的墓葬棺板画等遗存，都颇具考古价值和艺术价值。

[1]　汪小洋：《中国墓室壁画图像体系探究》，《民族艺术》2014 年第 2 期。

图 8-4　朱雀图（摹本）青海郭里木吐蕃墓葬 公元 750 年

第二，宋代平民化图像特征的讨论。

宋代虽积弱，但却是当时世界上、我国历史上科技、文化、经济最发达的朝代，这样独特的时代特征也覆盖到宋代的墓室壁画发展。南北朝开始的墓主人阶层上移形态在这一时期发生转变，宋代的墓室壁画呈现出平民化的面貌。

其一，经济活动影响力增加。考古学界一般将两宋墓葬分为5个地区，即中原北方地区、长江中下游地区、湖广地区、赣闽地区和川贵地区[1]。不过就壁画墓而言，其分布有自己的面貌，也就是显得相对集中，即北宋中原腹地的壁画墓和中原与少数民族交融地区的壁画墓，以及之后的南宋时期壁画墓[2]。当然，唐宋有别。唐壁画墓的空前集中，依托的是唐帝国的强大政治统治力。宋代壁画墓的集中，则是依托了经济繁荣所带来的文化辐射力。中原腹地是当时经济发达地区，边疆地区壁画墓也多是处于经济交流频繁的地区，这两个地区的共性是都属于经济活动集中的地方。经济活动影响力的增加，为宋代墓室壁画的平民化特征提供了必要的支撑。

其二，平民化的艺术表现。宋代是从平民化方向上为世俗化做出贡献的，落实到艺术表现上有两方面特别突出：一是壁画题材的平民化，二是形制上仿木结构的普遍运用。从题材看，宋代墓主人阶层下移，中、下贵族和平民为多，这使得壁画题材更多地取自于平民日常生活，孝子图、侍吏图、散乐图、开芳宴图和妇女启门图等都与唐代壁画墓中的帝王生活图像拉开了一定距离。唐代开始，壁画墓中世俗化内容的图像明显增加，到了宋代则世俗化图像占据了最大比例。在壁画墓常见的上、中、下分层结构中，中、下层皆为现实性题材。中层一般是孝子图，下层基本上就是宴饮、乐舞、梳妆等日常生活场面，表现神灵内容的图像一般只在上层出现。从形制看，宋代墓葬多砖砌仿木结构，在壁画墓中，建设者常常采用凸出壁画的砖砌做法，在墓室内壁上彩绘和雕刻出门窗、屏风、桌椅、衣架、柜子、镜台、刀尺等。这样的形制，现实感得到更加直观的表现。唐代已有“墓为真宅”的说法，宋代壁画墓中砖砌仿木结构又进了一步，是墓主人阶层下移的一种表现。这一特征，也影响同时代的金墓（图8-5）。

[1] 张之恒：《中国考古学通论》，南京大学出版社，1991年，第338页。

[2] 参见牛加明：《宋代墓室壁画研究》，华南师范大学硕士学位论文，2004年。牛加明认为：北宋而言，墓葬壁画遗存主要是发现于两个地区：一是中原腹地，有河南的登封、开封、郑州、洛阳、禹州，山东的济南、烟台，以及湖北的随县等地；二是边疆地区，是中原与少数民族交融的地区，有河南的安阳、河北、陕西、山西、甘肃的大部地区。

图 8-5　墓室左转角 清水县贾川乡董湾墓 金代

其三，墓祭活动的影响。宋代的墓祭活动更加受到重视，陆游诗句“家祭无忘告乃翁”广为时人传诵。南宋的墓祭已形成拜坛、墓祠、坟庵、坟寺四个层次，这使得墓葬活动的重心已从地下转移到地面，其中墓祠活动的影响最大。郑嘉励认为：“墓祠在南宋士庶阶层中普及，既是古代墓祭习俗的延续，更打上了以朱熹为代表的理学家提倡祠堂祭祖的烙印。”[1]宋人也已经注意到这个变化，南宋后期舒岳祥《阆风集·广孝庵记》记：“古不墓祭，故庵庐之制未之闻也。后世以庐墓为孝，于隧外作饗亭，为岁时拜扫一席地。其后有力者又为庵于饗亭之左边，使僧徒守之，以供焚修洒扫之役。又其后，仕宦至将相勋阀在宗社者，得请赐寺院为灯香之奉，其事奢矣。”这些改变，影响到人们墓葬活动重心的转移，当然也会影响到壁画墓墓室中的图像表现（图 8-6、图 8-7）。

第三，元代边疆地区风格图像特征的讨论。

边疆地区壁画墓是一个特殊的类型，它不仅是地域上的概念，同时还是文化融合上的概念。自东汉起，边疆地区壁画墓就已经形成一定的规模，并表现出了很高的水准，如内蒙古和林格尔壁画墓，是目前已发掘汉墓中规模最大的

[1] 浙江省文物考古研究所编：《浙江宋墓》，科学出版社，2009 年，第 169 页。

壁画墓。南北朝时期，少数民族政权入主中原，壁画墓阶层上移，甚至出现了帝陵壁画墓，促进了壁画墓的发展，直接影响到唐代号墓为陵壁画墓的出现。唐王朝时期，壁画墓主要集中于关中地区，但因为山西、青海和新疆少数民族

图 8-6 送葬图（一）山西长治北郊西白兔村宋墓 公元 1088 年

图 8-7 送葬图（二）山西长治北郊西白兔村宋墓 公元 1088 年

壁画墓的贡献，唐代壁画墓仍然表现出了丰富的色彩。两宋时期，辽金西夏先后与两宋并行，这些都是可以挑战中原汉族政权的强大王朝，都有着自己古老的宗教信仰，其壁画墓由此而有了更多的本民族特征，直接开启了元代的壁画墓。因为汉民族墓葬活动重心移到地面，南宋壁画墓已呈衰败之象，但是元代壁画墓在沿革之前边疆地区壁画墓的基础上将这个衰败时间推迟了。元代壁画墓，既具有总结性，又具有再兴的贡献。

整体梳理之后，元代壁画墓有这样几个图像特征：

其一，边疆地区主导的文化交流。边疆地区壁画墓因为少数民族政权的影响，都有着主动向中原文化学习的努力，这种文化交流以往是以中原文化为主导方面，交流的目的与过程往往依附于政治上的需要。但是，当辽金西夏几个少数民族政权与中原政权分庭抗礼后，政治上的依附性呈现下降趋势，元代在中原建立了大一统的王朝后，政治上的依附性更是大大降低，即使是有依附性也是以一种压迫性的姿态出现。在这样的背景下，边疆地区壁画墓表现出边疆地区主导的形态，这是一个以前没有的形态。因此，这一时期各民族之间的文化交流更加充分，不仅表现在一些特殊壁画题材的现象上，而且更有宗教信仰、壁画形制、等级制度等墓葬活动方面的全面融合。

其二，过渡带壁画墓的特别形态。在中原汉族政权与边疆少数民族政权之间，还有一种存在于政权交织地区的壁画墓，这是在少数民族政权强大过程中出现的特别形态，具有过渡带性质。以往对这方面的研究比较少，其实从辽金西夏至元代，这样的壁画墓都存在，是一个体量可观的壁画墓类型。这种类型的壁画墓中，民族特色并不稳定，有时也不确定，甚至连墓主人的民族身份都会成为重要的课题。但是，文化交流在这类壁画墓中表现得很充分，特别是信仰的改变、形制的改造等，有别于其他类型。

其三，特别形制和题材的意义。边疆地区壁画墓风格在形制和题材上表现得最为明显，这是最容易获得共识的研究领域。当少数民族政权强大后，这个特征就更加明显。如辽代帝陵中出现的“四时捺钵”壁画（图 8-8）、金代壁画墓中出现的完整的杂剧演出场景（图 8-9、图 8-10）、元代山西的道教徒壁画墓（图 8-11）等，皆与特别的形制、题材相联系。不过，我们也应当注意到这些壁画墓都为少数民族政权所覆盖之地，所以在具有特别性外又具有着普遍意义，这是边疆地区墓室壁画与中原墓室壁画对照后的共同特征。

图 8-8　四季山水（夏）内蒙古巴林右旗庆陵东陵 辽代中期

图 8-9　杂剧图（一）山西屯留县李高乡宋村金墓 公元 1135 年

图 8-10　杂剧图（二）山西屯留县李高乡宋村金墓 公元 1135 年

图 8-11　升仙图 山西长治东郊南垂村金墓 公元 1153 年

第三节　墓室壁画的独立性与重生信仰意义

墓室壁画的繁荣期也正是我国宗教发展的繁荣阶段，宗教繁荣的一个突出指标是佛教本土化的顺利发展和因此产生的广泛影响。本土化的佛教不仅为佛教带来了一片繁荣，而且也影响到了道教的发展，道教借他山之石构建自己的理论体系，同时也学习石窟等艺术表现形式，甚至出现佛道合一的造像。这一时期的墓室壁画发展也受到了佛教的影响，但这样的影响远不及道教。墓室壁画所依赖的重生信仰保持着独立的信仰体系，图像也因此保持着独立的图像体系。梳理唐宋元的壁画墓遗存，我们可以看到佛道图像比例不高，特别是佛教图像在形制上还常常处于缺失状态。

首先，墓室壁画遗存表现出的独立性。

唐代墓室壁画是帝王化的趋势，其中一个突出的特征是壁画墓遗存大部分集中于关中地区，这一地区佛道图像的分布应当具有代表性。我们以李星明《唐代墓室壁画研究》中“唐代壁画墓一览表”所收壁画墓为对象，经过梳理可以发现：在关中地区 101 座壁画墓中，有 69 座图像可辨，其中道教图像存在的壁画墓有28座，佛教图像存在的壁画墓有2座[1]。这里对佛教图像的梳理，是以明确标明为准，如“飞天”“飞天图像”，有些图像可能会因为没有明确标明而疏漏。不过，这也是唐代壁画墓中佛教图像的一个特点，即不确定性。李建林这样认为：唐墓壁画里直接表现佛教内容的图像并不多见，目前可以见到的佛教内容大多与本土观念夹杂，形式也不纯粹。如以唐代常见的莲花纹为例，它不但出现在壁画里，而且还出现在瓦当、地砖上面。此外，李寿墓甬道里的佛寺壁画，昭陵长乐公主墓中的飞天、飞天俑和大量的莲花纹，这些图像虽然表现的并不一定就是佛教信仰内容，但显然都在一定程度上受到了佛教的影响[2]。由此，唐代关中地区壁画墓中佛教图像不丰富的现象是可以确定的了。

宋代墓室壁画是平民化的趋势，其中一个重要特征是受经济活动影响大，因此我们以中原腹地的郑州壁画墓为梳理对象。郑州市文物考古所编著的《郑州宋金壁画墓》，收有 12 座宋代壁画墓。这些壁画墓中，道教图像普遍存在。佛教图像方面，人物图像只在 1 座壁画墓中出现，其他多为佛教色彩的装饰图

[1] 李星明：《唐代墓室壁画研究》，陕西人民美术出版社，2005 年，第 409-426 页。
[2] 张建林：《唐代丧葬习俗中佛教因素的考古学考察》，《西部考古》（第一辑），三秦出版社，2006 年。

案。所收金代2座壁画墓中，与宋代一致，道教图像存在，佛教图像缺失[1]。显然，宋代郑州地区壁画墓中佛教图像不丰富的现象也是可以明确的了。

元代墓室壁画是边疆地区风格的特征，受多民族文化交流的影响，佛道图像比例大一些，有些壁画墓还有叙事性的道教图像。比如，河南登封王上墓绘有《论道图》和《升仙图》（图8-12），大同西郊冯道真墓有《论道图》《观鱼图》和《山水图》，皆与修仙相关。不过，佛教图像仍然不多。

图8-12　升仙图 河南郑州登封市王上村元墓 元代

通过梳理我们可以发现，唐宋元墓室壁画中佛道图像比例不高，反映墓主人对另一个世界期待的重生图像仍然是墓室壁画的构成主体，这是一个独立的图像体系，佛道图像没有影响到重生信仰的独立性。

其次，唐宋元墓室壁画独立性的认识。

佛道图像在墓室壁画中比例不高，说明佛道思想的影响力有限。那么，壁画墓的独立性就是一个不能忽视的历史现象。图像之外，我们从文字方面也可以梳理出重生信仰在唐宋元墓葬活动中的活跃表现。这一点，甚至可以与两汉

[1] 郑州市文物考古研究所编：《郑州宋金壁画墓》，科学出版社，2005年。

对比：其一，厚葬活动仍然存在。从文献看，唐宋元时期重生信仰普遍存在于时人的墓葬活动中。人们仍然认为另一个世界存在着一个生命的形态，因此实施厚葬。《新五代史·温韬传》记："韬在镇七年，唐诸陵在其境内者，悉发掘之，取其所藏金宝。而昭陵最固，韬从埏道下，其宫室制度闳丽，不异人间。中为正寝，东西厢列石床，床上石函中为铁匣，悉藏前世图书、钟、王笔迹，笔墨如新，韬悉取之，遂传人间，惟乾陵风雨不可发。"墓室所藏，与两汉厚葬无二。其二，墓主人的葬仪文书仍然流行。这在买地券上特别突出。郑州南关外北宋砖石墓出土买地券一块，其文记："维至和三年岁次丙申三月癸 丑朔八月庚申没故□人胡进 今用钱九万九千九百九十贯 文买墓地南北长四步东西 阔三步东至青龙西至白虎 南至朱雀北至□□保人张坚□见人李定□□□□得辄夺先有居者□□千里之外 急急如律令。"[1] 这样的交代，汉代已经存在，唐宋元时期在连格式都没有什么大的变化。其三，生命转化过程仍然被认可。与唐宋元之前相比，重生增加了一些新内容，但生命转化的过程仍然被认可。比如，宋代墓葬活动中墓祠受到重视，出现了"永慕亭""孝思亭""敬思亭"等墓祠名称，这里面有理学的影响，体现了儒家丧礼中的孝道思想。但是，这些名称都是需要以"重生"为前提的，而且宋人也确实有这样的认识。考古发现："个别墓葬在神道上还建有跨越河溪的石桥，称'墓前桥'或'接魂桥'，如鄞县、海宁尚存的5个南宋墓前石桥。"[2]

概言之，我们认为墓室壁画的图像体系有着明确的独立性，这是一个需要引起关注的图像现象，也是一个宗教现象。以往在论述唐宋元宗教发展的时候，学术界关注于佛道的发展，却很少论及墓室壁画中的宗教表现，如果论及，在不多的成果中又主要是说佛道对墓葬活动的种种影响。但在梳理这一时期墓室壁画的图像后可以发现，佛道图像在壁画墓的遗存中比例不大，佛教图像还往往缺失，这说明壁画墓是有着独立于佛道之外的信仰体系，也因此有着独立的图像体系。我国的壁画墓有着历代沿革的清晰脉络，其独立性可以为本土宗教信仰提供传承载体，同时也表明在保留本土信仰的纯粹性方面，重生信仰的贡献大于道教。重生信仰的纯粹性大于道教，这是一个可以深入讨论的本土宗教现象。

[1] 郑州市文物考古研究所编：《郑州宋金壁画墓》，科学出版社，2005年，第15页。
[2] 杨古城、龚国荣：《南宋石桥》，《浙江宋墓》，科学出版社，2009年，第159页。

第九章

隋唐五代墓室壁画

隋唐五代作为一个发展阶段，着眼点的是这一时期，中国再次成为一个南北统一的大帝国。五代没有一统天下的局面，但各代王朝时间短暂，大帝国的惯性仍然可以维持，所以看作大帝国文化的尾声。整体看，隋唐五代墓室壁画所具有的时代特征来自于强大的中央政权。

第一节　隋唐五代墓室壁画的遗存梳理

隋唐均为我国历史上的强大王朝，墓室壁画表现出的上移形态与王朝气息非常契合，特别是在唐代，壁画墓遗存 80% 集中于京畿地区，一个地区的面貌就可以表现出一个时代的特征，中央集权的强盛势态一览无余。

一、隋代壁画墓遗存

1. 遗存数量

隋朝壁画墓总数是 18 座，壁画总面积目前可统计逾 100 平方米。

2. 遗存分布

陕西地区：10 座。山西地区：2 座。河南地区：2 座。山东地区：1 座。江苏地区 1 座。宁夏地区：1 座。甘肃地区：1 座。

二、唐代壁画墓遗存

1. 遗存数量

唐代壁画墓总数是157座，目前可统计壁画总面积逾2600平方米。

2. 遗存分布

陕西地区：91座。新疆地区：9座（其中有两座在墓葬群内）。山西地区：12座。内蒙古地区：11座。北京地区：10座。河南地区：6座。宁夏地区：4座。湖北地区：4座。浙江地区：2座。青海地区：2座。重庆地区：1座。甘肃地区：1座。广东地区：1座。江苏地区：1座。福建地区：1座。吉林地区：1座。

三、五代壁画墓遗存

1. 遗存数量

五代壁画墓总数是31座，目前可统计壁画总面积逾100平方米。

2. 遗存分布

四川地区：5座。河南地区：6座。内蒙古地区：9座。陕西地区：3座。浙江地区：3座。江苏地区：2座。山西地区：2座。河北地区：1座。

第二节　隋唐五代墓室壁画的题材体系

隋唐为大一统的中央集权王朝，五代为短暂的偏安小王朝，大帝国文化构成了这一时期的时代特征。在隋唐之前的墓室壁画发展中，各代特色相异。两汉时期，墓室壁画建立了以汉画像石为代表的非主流社会的仙界题材体系，以及以汉墓壁画为代表的主流社会的天界题材体系。魏晋南北朝时期，大一统帝国不再，墓室壁画的题材体系有了新的组合，北方有了礼仪化的上移而南方有了生活化的下移。当统一局面重新出现后，汉代的两个题材体系有了继承的基础，同时边疆地区的墓室壁画在大帝国文化的支持下显得更加活跃，与之前各代发展有所不同的是，这一时期皇权突出，京畿地区壁画墓空前集中，新的题材体系开始形成。

一、已有研究成果的梳理

隋代时间短暂，长治久安的局面没有形成，五代不仅时间短暂，而且都是半壁江山的小王朝，因此这一时期的题材体系特征主要还是表现在唐代。

第一，隋代的题材体系。

隋代的壁画墓遗存数量不多，目前发掘十余座，所以相关论述都比较简单，题材的特征一般都是以具体发掘成果来说明。《中国墓室绘画研究》认为："隋墓壁画中仍有大量表现仙界题材的绘画。李和墓石棺的前档有身着铠甲的武士。盖棺的中心纹样是人首动物身的一男一女两人，他们手持象征日月的圆形物体。据推测，这可能象征着伏羲和女娲。人物的四周刻有数十个圆形图案。外圈由16—23个圆珠组成，圈内绘有象、豹、鸡等各种怪异的动物形象。在石棺的两侧，绘有双手握剑、骑青龙御白虎的守护神，还有飞天、神鹿、奇花异草等形象。石棺的底部刻有仙山和奇神异兽。这样的图像配置可以说是继承了汉代马王堆帛画的'天上、人间、地下'三段的分层形式，但其中的飞天及人物和动物的组合方式又带有某种佛教的色彩，伏羲与女娲、仙山的出现也带有一些道教的意味。这样的图像配置方式，可以说是融合了多种文化的图像配置方式和图像母题。"[1]

隋代对北朝的继承，特别是对北齐的继承是学术界的共识。"虽然隋代是在北周的基础上建立起来的，但此时距北周灭北齐很近，山东的壁画墓明显是受到了北齐邺城规制的影响。比如，山东嘉祥英山一号徐敏行夫妇墓。该墓壁画室顶部绘有天象图，东方绘有星星和太阳，南北方绘有天体星辰，西方绘有星星和月亮，月亮里有桂树和玉兔。这和郑岩在《魏晋南北朝壁画墓研究中》提出的'邺城规制'中总结的邺城壁画的墓室顶部一般绘银河、星象和四神非常相似，也和后来的唐墓相类似……其墓室北壁绘墓主人夫妇坐帷帐中榻床之上宴享，榻后绘一扇山水屏风。以墓主人正面像为核心，在核心人物之侧或者两侧多绘有侍者，这与郑岩的'邺城规制'中总结出来的邺城壁画后壁绘正面墓

[1] 汪小洋主编：《中国墓室绘画研究》，上海大学出版社，2010年，第140页。

主像，墓主灵魂的替代物，其正面的形式有着偶像的色彩是异曲同工的。”[1]

第二，唐代的题材体系。

唐代题材体系的研究成果一般围绕四个方面展开：一是对之前墓室壁画题材的追溯，二是对具体壁画墓遗存中的题材表现梳理，三是对一些特别题材表现的梳理，四是从整体上梳理题材体系。

其一，对之前墓室壁画题材的追溯。

对之前的回溯，是许多学者自觉进行的一项工作。杨泓在《汉唐美术考古和佛教艺术》中评价初唐墓室壁画图像，他认为初唐的墓葬壁画继承了北齐与北周两方面的内容并拼合在一起，缺乏磨合融汇。“墓道前端两壁绘面朝墓外的大幅青龙（图 9-1）和白虎，本源于南朝而在北朝晚期流行于东魏—北齐的邺城地区，目前列戟也是邺城地区墓中在东魏武定年间出现的壁画题材，外出游猎则是北齐晋阳地区墓道壁画的主要题材。”[2]

图 9-1　青龙、人物图 山西太原焦化厂唐墓 武周时期

李星明《唐代墓室壁画研究》提出了两个图像系统的观点：“唐代壁画墓中

[1] 汪小洋主编：《中国墓室绘画研究》，上海大学出版社，2010 年，第 139 页。
[2] 杨泓：《汉唐美术考古和佛教艺术》，科学出版社，2000 年，第 157-158 页。

的府邸（或宫苑）内外场景现实性图像系统和宇宙神瑞图像系统是两个相对独立的图像系统，在墓葬中具有不同的功用。”[1] 这个观点的一个基础性工作就是对北朝图像的分析，他认为河北磁县东魏闾叱连地墓的壁画有新的内容：“此墓壁画的布局方式与魏晋时期壁画已经完全不同，明确地分为具有不同作用、有序的两个图像系统：①位于墓室四壁、甬道东西两壁、墓道东西两壁的表现以墓主人正面像为核心的贵族府邸内外一元空间场景的现实性图像系统。②位于墓室穹隆顶、墓门上方、墓道东西两壁上方和最前端的天象、四神、畏兽、鸾鸟、翼兽、流云、莲花、忍冬、火焰宝珠等组成的宇宙、神瑞图像系统。”[2]

学者们站在唐代墓室壁画的层面追溯之前墓室壁画题材，这是一个必要的基础性工作，特别是对北朝题材体系的重视，可以更好地辨析隋唐题材体系的发展基础和走向特征。

其二，对具体壁画墓遗存中的题材表现梳理。

这样的研究成果最为丰富，特别是对许多大型壁画墓的题材进行梳理，描述了具有代表性的内容，可以由此而提出一些具有整体层面认识上的观点。王仁波《唐懿德太子壁画墓题材的分析》详尽描述了懿德太子壁画墓的图像题材，勾勒出了唐代“号墓为陵”壁画墓的题材体系。首先，墓道内的壁画。墓道入口处有武装仪仗队，紧接着在东西两壁是青龙白虎，之后是城墙、阙楼和行进中的大批仪仗队。其次，过洞、天井内的壁画。过洞有六，皆为侍人；天井有五，为仪仗队和出行的家人。最后，甬道、和墓室内的壁画。主要表现墓主人的宫廷生活，前甬道顶部有团花、宝相花、海石榴等图案花纹，后甬道顶部有云鹤图案，后墓室顶部有星辰、银河、金乌、蟾蜍等图案[3]。

对某个地区墓室壁画题材的梳理也是学者比较关心的一个方面，京畿地区之外，这样的梳理一般是针对壁画墓数量比较多的地区。于璞认为北京地区的唐代壁画墓分为三个时期：第一期壁画内容主要表现宇宙观念和现实生活场景，这与同一时期的西安等地区的唐墓壁画题材表现出一致性，后者突出表现墓主人的家居生活，狩猎、仪仗等内容减少，而星象、四神等形象依然存在；第二期壁画内容体现了墓主人的现实生活和个人信仰，由于“安史之乱”的特殊历

[1] 李星明：《唐代墓室壁画研究》，陕西人民美术出版社，2005 年，第 133 页。
[2] 李星明：《唐代墓室壁画研究》，陕西人民美术出版社，2005 年，第 22 页。
[3] 参见王仁波《唐懿德太子壁画墓题材的分析》，《唐墓壁画研究文集》，三秦出版社，2001 年，第 173-183 页。

史背景，这一期地域特征突出；第三期壁画内容展现了家居生活和庭院景致，而这一时期的西安地区唐代墓葬壁画中生活气氛也很浓厚。北京地区唐墓壁画既与西安等京畿地区的墓葬壁画保持一致，具有鲜明的时代特征，而又有其地域的特点[1]。权奎山《析南方发现的唐代壁画墓》分析了保存最好的A型墓李徽墓，他认为：李徽墓墓室北壁立柱东绘鞍马与控者，这样的题材和形制西安地区开元十七年（792）才出现，而太原郊区金胜村M5绘制最早，李徽墓接近。同时特别做出了李徽墓中的花卉题材："墓室四壁立柱南绘花卉，加上六扇花卉屏风，全室壁面三分之一多绘的是花卉。这是同时期其他壁画墓中所不见的新情况。西安地区唐墓墓室成片绘制花卉的做法，以天宝十五年（756）明威将军（从四品）高元珪墓为最早。因此，李徽墓出现的这种情况似与其他地区关系不大，怀疑可能同他生前'恬淡自居，清贞寡欲'的生活有关。"[2]

其三，对一些特别题材表现的梳理。

这些研究关注唐代墓室壁画中出现的新题材，对了解唐代墓室壁画的图像发展很有帮助。主要有：出行仪仗图，门庭仪卫列戟图，内侍图，伎乐图，十二生肖与天象、四神组合图，等等。这些题材，或是首次出现，或是增加了新的内容，或是有了新的组合，从题材体系上表现出唐代墓室壁画的新面貌。

花鸟画是唐代墓室壁画研究中受到关注的一个重要题材，一般与屏风画一并研究。杨泓认为："唐墓中花鸟题材壁画，更多的是出现于仿屏风壁画的屏面中，会昌、大中、咸通年间最为流行，其中不少在六曲屏面上均绘云鹤，如会昌四年（844）梁元翰墓和咸通五年（864）杨玄略墓都在墓室西壁绘六曲云鹤屏风，显系一时风尚。据《历代名画记》，唐时'屏风六扇鹤样'创始自薛稷，一直盛行不衰，为人喜爱，很可能与当时达官文士赏鹤成风有关。至于流行云鹤，或许还有道教影响的因素。"[3]北京海淀区八里庄唐墓北壁花鸟画，是目前唐代壁画墓遗存中尺寸最大的花鸟画，长290厘米，高165厘米。李星明将唐墓室壁画中的花鸟画分为三类性质：一是神瑞化的花鸟画，二是附属点缀性的花鸟画，三是独立主题性的花鸟画[4]。

山水画也是受到关注的题材，许多成果是从艺术发展角度来展开。李星明

---

[1] 于璞：《北京地区唐墓壁画的分期与时代特征》，《文物春秋》2010年第6期。
[2] 权奎山：《析南方发现的唐代壁画墓》，《唐墓壁画研究文集》，三秦出版社，2001年，第111-112页。
[3] 杨泓：《汉唐美术考古和佛教艺术》，科学出版社，2000年，第277页。
[4] 参见李星明《唐代墓室壁画研究》，陕西人民美术出版社，2005年，第4页。

认为："目前已发掘的唐代墓壁画，能够提供较多山水画事物资料者，主要有神龙二年（706）懿德太子墓、章怀太子墓，景云元年（710）节愍太子墓（图 9-2），富平朱家道村盛唐墓。在这些壁画墓中，只有富平朱家道村盛唐壁画墓中的六扇屏风式山水画为独立画幅的作品，其学术价值自不待言。"他认为这些壁画墓中山水画的意义有三点，一是多有确切纪年，二是均为皇室和贵族墓葬，三是具有艺术发展意义："这懿德太子墓、章怀太子墓、节愍太子墓、惠庄太子墓属于神龙至开元年间，这些墓中的山水壁画与'二李'和吴道子同属一个时代。朱家道村墓山水画属于盛唐后期，可与王维、张璪等比较论述。五代王处直墓山水画具有晚唐画风，与董源同时。它们分别构成了印证盛唐前后和五代山水画发展的实物材料。"[1]

图 9-2　山石风景图 陕西富平县宫里乡南陵村唐节愍太子墓 公元 710 年

树下老人图（图 9-3）是唐代墓室壁画中曾经流行的题材，这类题材在北朝

[1] 李星明：《唐代墓室壁画研究》，陕西人民美术出版社，2005 年，第 320 页。

产生，有南朝“竹林七贤”的影响，唐代继续发展，在并州（今山西太原）、长安（今陕西西安）、原州（今宁夏固原）流行，最远至西州吐鲁番阿斯塔那墓葬群，有一个由南至北、自东向西的传播走向。马晓玲认为：与北朝时期相比，树下老人已不再是坐姿，而是站立或者行走，而且人物神态也发生了变化，北朝时为漫不经心、放荡不羁的神情，唐代则多变得庄重而严肃。当然，这些老人所代表的形象也发生了变化，唐代屏风式壁画中的老人有孝子、忠臣、高士（图 9-4），还有的是在表现墓主人生前活动的场景，如吐鲁番阿斯塔那 38 号墓。总体来看，无论是山西太原金胜村老人图中的孝子、忠臣，还是固原、西安地区老人图所代表的高士形象，他们或是德行高尚的贤者，都具备榜样的资格，或是志趣高尚出俗的高逸之士。唐代统治者与汉代统治者一样，把绘画视作“成人伦、助教化”的工具。所以高士、烈女往往成为选择的对象[1]。

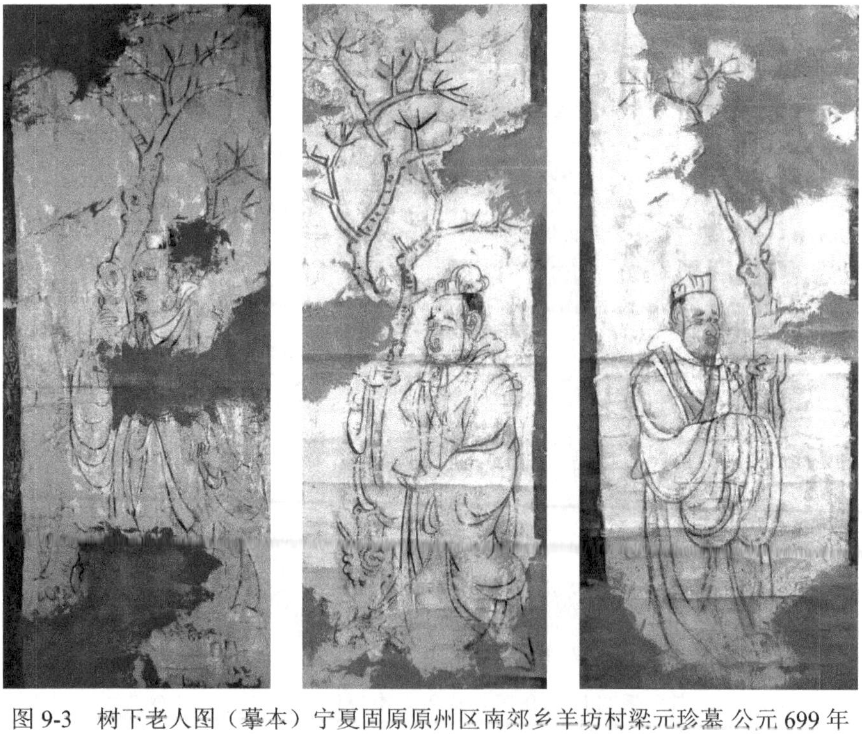

图 9-3　树下老人图（摹本）宁夏固原原州区南郊乡羊坊村梁元珍墓 公元 699 年

[1] 参见马晓玲《从摆脱世俗的潇洒风度向现实生活意趣的转变——以北朝—唐墓室发现的屏风式“树下老人”图为中心的考古学观察》，《考古与文物》2011 年第 3 期。

图 9-4　高士图 陕西韦曲镇南里王村韦浩墓 公元 708 年

道佛图像是学术界普遍关注的题材，同时也是一个存在争议比较多的领域。唐代的道佛题材有两方面的内容：一是对道佛元素图像的讨论，如云鹤、莲花等图像；二是对一些重要考古遗存的讨论，主要集中于李寿壁画墓的墓道寺观图和长乐公主壁画墓的《云中车马图》（图 9-5）。李寿壁画墓的考古简报认为，墓道的两壁发现了寺观图[1]。不过学术界尚有不同看法，有待进一步讨论。如果在初唐的壁画墓中出现这么大面积的寺观图，那李寿墓的学术影响就可与东汉末的孔望山摩崖造像媲美了。长乐公主壁画墓的《云中车马图》也是存在争议的图像。武仙竹认为："云中车马图第一次把道教人物、佛教人物和中国古代神话瑞兽绘在同一幅画中。"[2] 于静芳认为："《云中车马图》壁画的构图以及造型

[1]　参见陕西省博物馆、文管会《唐李寿墓发掘简报》，《文物》1974 年第 9 期。
[2]　武仙竹：《唐初"云中车马图"浅议》，《四川文物》1995 年第 4 期。

受《洛神赋图卷》影响，很可能是出于图式以及神仙理念等多方面因素的考虑。而从墓葬营造者的观念来看受神仙思想的影响也是显而易见的，这从墓志铭与史料都可找到端倪。综合以上背景因素分析，《云中车马图》表现道教神仙引导升仙的主题，多数学者认为其属佛教的题材或有佛教因素的看法比较牵强。”[1]文俊的观点突出了佛教图像的特征，他认为：墓道东西两壁是根据净土宗而描绘的东方和西方两个极乐世界，拉车为神兽“摩羯”，车中长者为观音菩萨。因此结论：“《云中车马图》实际上展示了两部分的内容：净土信仰中的主要人物观音菩萨的出现与摩羯的形象构成了佛教的内容，而奔驰的马车与车夫、护从构成了世俗的内容。宗教与世俗结合得这样隐秘而完美，完全是艺术家的独特创制。”[2]我们认为：升仙主题是墓室壁画中永恒的主题，但《云中车马图》与《洛神赋图卷》的关系尚有待继续论证。观音菩萨图像的出现，目前还是推论，佛教本土化在唐代得到迅速推进，但有没有去掉背光的佛造像？这有待其他图像遗存的发现来证明。

图 9-5　云中车马图（局部）陕西礼泉烟霞镇陵光村长乐公主墓 公元 643 年

[1] 于静芳：《唐长乐公主墓壁画〈云中车马图〉考》，《南京艺术学院学报》（美术与设计）2014 年第 5 期。

[2] 文军：《佛教与世俗的结合——长乐公主壁画墓〈云中车马图〉初探》，《唐墓壁画研究文集》，三秦出版社，2001 年，第 225 页。

其四，从整体上梳理题材体系。

唐代墓室壁画题材的整体梳理，主要有三个类型：一是以京畿地区的特征来说明整体，二是以图像系统来说明整体，三是以全局视角来梳理整体。

首先，京畿地区特征的整体说明。

唐代墓室壁画发展中，京畿地区地位特殊，因为这一地区的壁画墓遗存占了这一时期壁画墓遗存的80%以上，因此许多题材梳理多是以这一地区的壁画墓展开。

宿白的《西安地区唐墓壁画的布局和内容》将京畿地区的唐墓壁画分为5个阶段，并梳理了5个阶段的题材特点：第一阶段，有1座墓，即李寿壁画墓。较鲜明的唐代墓葬壁画特点还没有出现，但有一些新意可讨论，如列戟与寺观，“是否在唐初以前就出现在墓葬壁画中，目前由于资料缺乏，尚不便多作推论”。第二阶段，有6座墓。青龙、白虎出现在墓道两壁的前方，取代了引导的飞天。更重要的是过洞、天井和甬道部分的影作木构形制普遍出现，使题材有了新的组合，“影作木构是这阶段比较普遍出现的新事物，它的出现和柱间描绘的男女侍相配合，使墓内宅院化这个唐墓壁画的特点，在第二个阶段就更加鲜明了”。第三阶段，有7座墓，依墓主人等级高低分为两组，第一组墓主人等级与之前相似，第二组墓主人等级更高，为懿德太子李重润墓、永泰公主李仙蕙墓、章怀太子李贤墓，前两墓享受号墓为陵待遇。“这一阶段第二组地位特殊的墓葬壁画，还保持了出行仪卫的内容，和前阶段墓主人身份相似的第一组的壁画则几乎淘汰了这个传统的题材。影作木构在这个阶段高度发展。墓室壁画人物形象的姿态动作和背景题材越来越自由化，这种情况反映在石椁线雕上尤为显著。背景题材中的花卉、云鹤，都出现了独立的画面。综观壁画全部，游乐内容的增多，是一、二两组的共同点。许多游乐的题材中，表现了中亚的强烈影响，章怀墓大场面的击球和懿德墓绘出的猎豹以及懿德与万泉县主墓（序列号12）绘出的长喙细腿的波斯犬，都来源于中亚乃至西亚。”第四阶段，这一阶段7座墓也分为两组，第一组墓主人身份与上阶段的第一组相似，第二组2座，墓主人身份较低。第一组，外出仪卫图没有了，影作木构被淘汰，出现了可以直接取代影作木构的折扇式屏风画。这一阶段墓道壁画衰落，有的只剩下青龙、白虎，第二组墓道两壁不再绘制壁画。屏风画是新题材。“墓葬中变实物为壁画，似乎也从这个时期开始，山西太原西部南郊新董茹村和金胜村发现的属于武则天晚期的四座中小型砖室墓，墓室棺床后面的壁面，都绘出八或六扇树下人物屏风。因此，我们怀疑这种折扇式屏风画，可能先流行在地方上的墓葬里，当首都长安墓葬盛行了这种题材的壁画后，不久就普遍流行起来。”第五阶段，墓主人身份与上阶段墓主人身份相近，壁画简化趋势更加明显。墓道没有壁画，甬道只有一二个女侍。“壁画集中在墓室，从现存西壁的壁画看，都绘屏风六扇。屏风画的内容改变了，云鹤、翎毛取代了人物，特别是云鹤题材更为盛行。”[1]

王仁波、何修龄、单暐《陕西唐墓壁画之研究》认为，根据目前陕西已发掘的唐墓的壁画题材，大致可以分为 8 大类：①四神：青龙、白虎、朱雀、玄武。②狩猎：猎骑、架鹰、架鹞、驯豹等。③仪仗：步行仪仗队、骑马仪仗队、车、马、繖、伞、马（马佚）、骆驼（驼佚）、戟架等。④宫廷生活、家居生活：男侍、女侍、乐舞、庭院行乐、马球、观鸟扑蝉、墓主人像、农耕、农牧、杂役、六鹤屏风等。⑤礼宾：唐代鸿胪寺官员、外国和国内少数民族宾客。⑥宗教：佛教、道教寺观。⑦建筑：阙、城墙、楼阁、斗拱、柱、枋和平綦图案等。⑧星象：金乌、蟾蜍、银河、星斗等[2]。

《中国墓室绘画研究》也是以京畿地区为依据而展开：“我们将京畿地区的整个壁画图像从内容上分为两大部分，分别是世俗图像和神瑞图像。世俗图像表现了墓主人的日常生活、仪仗出行、骑射宴饮等；神瑞图像则表现了四神、十二生肖、天象图等与宇宙神瑞相关的内容。如此，可以将一些独立看来是花鸟、侍女、侍卫、山水等的图像放置到一个有整体意义的图像里去，从而更好地认识图像作为墓葬整体思想外显的内涵。”[3]

其次，图像系统的整体梳理。

李星明认为，唐代墓室壁画存在两个图像系统：①表现贵族府邸（或宫苑）内外场景的现实性图像系统，对应的题材有墓道中的仪仗队、骑马出行、车舆、檐子（车辇）、狩猎出行、大马球、客使、门吏等，过洞、天井中的仪卫武士、列戟架、文吏等，靠近甬道、过洞和天井、甬道两壁的内侍、侍女、宫女、贵妇，以及墓室中的侍女、宫女、乐舞、屏风等。②表现宇宙时空的宇宙图像和表现升仙、吉祥或厌胜的神瑞图像所构成的图像系统，对应的题材有四神、

[1] 宿白：《西安地区唐墓壁画的布局和内容》，《唐墓壁画研究文集》，三秦出版社，2001 年，第 173-183 页。

[2] 参见王仁波、何修龄、单暐《陕西唐墓壁画之研究》，《唐墓壁画研究文集》，三秦出版社，2001 年，第 66-67 页。

[3] 汪小洋主编：《中国墓室绘画研究》，上海大学出版社，2010 年，第 141-142 页。

十二生肖、仙人、云中车马、飞天、祥云、忍冬、莲花等[1]。

一些特别的图像形式曾经流行，从而使得其表现的题材形成了一个结构或一个题材群体，也可以作为图像系统看待，如屏风画。张建林认为："唐墓壁画屏风画的题材内容较丰富，现可知有树下老人、树下贵妇、侍女、借诫、乐舞、花草、鸟虫、云鹤、卧狮、昆仑奴牵牛等十余种，与唐代史书、文学作品及出土遗物、传世品所反映的题材内容多相合。"[2]

最后，全局视角的整体梳理。

这方面的成果也比较多，大的方向基本一致，只是在题材范围大小和名称上存在一些差别。

白寿彝总主编的《中国通史》第六卷一书结合所绘的部位梳理了唐代墓室壁画的题材，其内容大致如下：①四神图。即青龙、白虎、朱雀、玄武，用以表示方位，分布在墓道的东西壁及墓室的南北壁。②仪卫图。由步、骑或步、车、骑仪仗组成，分布在墓道东西壁，见于高级贵族的墓葬中，为墓主人生前地位的象征。③启戟图。官吏出行和门第列戟表现身份和荣耀，所绘戟数的多少与墓主人的官品高低有关。④建筑图。是墓主人生前宅第的写照。⑤妇女及内侍图。妇女中有贵妇、宫官、侍女，多绘于墓室内，也见于甬道和过洞中，表现贵族行乐生活。⑥农牧生产图。反映墓主人经营庄园的场景。⑦打球图。画面为数名骑手执球杖驱马抢球，场面宏大，属于贵族官吏生活的内容。⑧客使图。为异国及其他民族的使者。此外，还有乐舞、人物故事、游猎、树下人物等内容[3]。

李德喜、郭德维《中国墓葬建筑文化》中将唐代壁画题材内容分为7大类：①仪仗：步行仪仗队、骑马仪仗队、车马、伞、马和马夫、骆驼和骆夫、戟架等。②社会生活：唐代鸿胪寺官员，外国和国内少数民族宾客，男侍、女侍、乐舞、庭院行乐、马球（毬）、墓主人像、六曲或八曲屏风（内画人物、花鸟、树木）等。③狩猎：猎骑、架鹰、架鹞、驯豹等。④生产：农耕、农牧等。⑤建筑：阙、城垣、楼阁、佛寺道观、斗栱、柱、枋、平綦等图案。⑥星象：金乌、蟾蜍、银河、星斗等。⑦四神：青龙、白虎、朱雀、玄武[4]。

[1] 参见李星明《唐代墓室壁画研究》，陕西人民美术出版社，2005年，第22页。
[2] 张建林：《唐墓壁画中的屏风画》，《唐墓壁画研究文集》，三秦出版社，2001年，第234页。
[3] 参见白寿彝总主编，史念海主编《中国通史》（第六卷），上海人民出版社，2004年，第126页。
[4] 参见李德喜、郭德维《中国墓葬建筑文化》，湖北教育出版社，2004年，第219页。

此外，尹盛平主编的《唐墓壁画真品选粹》中将唐墓壁画的内容分为八个方面：四神、星象、宗教、建筑、仪卫、狩猎、生活、唐与四邻的友好往来。李西兴在《陕西唐代墓葬壁画》中坚持了这个观点[1]。

第三，五代的题材体系。

五代的墓室绘画在20世纪40年代以来，被考古人员陆续发现。目前五代的壁画墓已经发现约10座。主要分布在三个地区：第一，北方地区，这一地区主要以仿晚唐形制的大型壁画墓为主（图9-6）。第二，江南地区，这一地区以早年发现的装饰有彩绘壁画的南唐二陵为代表。第三，四川地区，这一地区以前蜀、后蜀的大小墓葬为主，这一地区墓葬的壁画较少，一般是作为辅助雕塑的彩绘而存在，而雕塑的艺术性较高[2]。

李德喜、郭德维《中国墓葬建筑文化》认为："目前所见五代壁画墓多为门将、宫女、花卉、云气和天象图等。"[3]

图9-6　备茶图 山西太原第一热电厂北汉墓 公元961年

王处直墓是学者们关注较多的壁画墓遗存（图9-7），其图像与唐代京畿地

[1] 参见申秦雁、杨效俊《陕西唐墓壁画研究综述》，《唐墓壁画研究文集》，三秦出版社，2001年，第10页。

[2] 参见汪小洋主编《中国墓室绘画研究》，上海大学出版社，2010年，第181页。

[3] 李德喜、郭德维：《中国墓葬建筑文化》，湖北教育出版社，2004年，第218页。

区和太原地区有不同的风格。郝建文认为：王处直墓前室，有天象、云鹤、团花、垂帐、人物、花鸟、山水等图像，门类众多，采用了一条3～4厘米宽的土红色线条，把天象图隔开，把云鹤、团花、人物、山水等图像统一在一起。这条土红色的线条，起到了协调整个图像组织的作用[1]。

王处直墓中的两幅山水画受到学术界关注。李星明认为："王处直墓中的这两幅山水画有确切的纪年，其作者与上承晚唐下启五代宋初的山水画巨匠荆浩、董源大致处于同一个时代。"[2]

图9-7 侍女与屏风花鸟图 河北曲阳西燕川村王处直墓 公元924年

二、我们理解的唐代皇权强大与三个题材体系

李唐王朝是中国长期分裂后再次统一的强大王朝，国势之强可比肩刘汉王朝，大帝国的文化必然要反映在墓室壁画的题材上，这就是皇权题材独大，形成了帝王化的趋势。在这样的文化背景下，我们提出唐代墓室壁画有京畿地区、非京畿地区和边疆地区三个题材体系。我们从以下三个方面讨论这三个题材

[1] 参见郝建文《浅谈曲阳五代墓壁画》，《文物》1996年第9期。
[2] 李星明：《唐代墓室壁画研究》，陕西人民美术出版社，2005年，第358页。

体系。

第一，唐代壁画墓分布上的高度集中。

对于唐代墓室壁画的题材，目前的研究成果从方法上看主要有三个指向：一是微观性的梳理，以讨论代表性壁画墓遗存为主；二是宏观性的梳理，有一般性的全面梳理和图像系统梳理两种路径；三是以艺术风格入手的梳理，更多考虑图像表现上的变化。

微观性的梳理是常见的方法，在具体壁画墓遗存的研究中有很好的成果，但这样的成果基本不涉及全面的考察。艺术风格入手的梳理也是常见方法，因为唐代绘画的繁荣发展，许多学者在唐代墓室壁画的题材梳理上引入了绘画风格的维度，在这个方向下按照画科分类，并体现出题材分类。我们认为，世俗绘画的成就肯定要影响到墓室壁画的创作，但传世绘画和墓葬绘画还是有所区别的，特别是面对重生信仰语境下的绘画作品。

在宏观性的两个路径中，我们倾向于图像系统梳理的路径。李星明提出现实性图像系统和神瑞图像系统的两分法有比较清晰的逻辑关系，也符合墓室壁画的图像表现。但是，墓室壁画中彼岸和此岸是不变的两大主题，各代都一样，这样梳理之下唐代墓室壁画的时代特征并没有凸显出来。能不能有一个针对性更强的梳理方法？

我们认为唐代墓室壁画在遗存分布上有一个现象需要特别关注，即唐代壁画墓的分布高度集中。比之唐以前各代，唐代的壁画墓特别集中，大部分在京畿地区。李星明认为："已经发掘或清理的唐代壁画墓已超过120座，其中约80%集中于陕西关中唐代京畿地区，均为皇室、贵族、王公、大臣和高官的墓葬。另外几个唐代壁画墓比较集中的地区是山西太原、宁夏固原、新疆阿斯塔那、湖北郧县和浙江临安，这些地方均为当时重镇，聚集着许多贵族官员。因此，唐代墓室壁画属于贵族文化的一部分。"[1] 如此高度的集中，必然有其存在的理由。忽视这一理由，唐代墓室壁画的特征就可能失去一些重要信息。

第二，唐代丧葬礼仪有了新的变化。

壁画墓是丧葬活动中一个特殊的类型，唐代基本流行于主流社会，受到国家丧葬制度的支持。从唐代社会形态看，唐代皇权主导了当时的丧葬活动。唐代与汉代相比，皇权主导有了更加明确的强调，而且提出了一些特别的要求。

[1] 李星明：《唐代墓室壁画研究》，陕西人民美术出版社，2005年，第5页。

这其中最突出者是为避讳而修改凶礼，在初唐的《贞观礼》中,《国恤章》被删去。《新唐书·礼乐志十》记："《周礼》五礼，二曰凶礼。唐初，徙其次第五，而李义府、许敬宗以为凶事非臣子所宜言，遂去其《国恤》一篇，由是天子凶礼阙焉。至国有大故，则临时采掇附比以从事，事已则讳而不传，故后世无考焉。"同时，《贞观礼》还将"五礼"的顺序作了调整："《贞观新礼》跟隋朝《五礼》相比较，重要的区别是将凶礼移于最后部分，反映了'贞观之治'的太平盛世。从此以后，'五礼'的传统次序改为吉、宾、军、嘉、凶。"[1]支持丧葬活动的政治制度能够被修改，唐代的皇权已经达到空前的强大。

唐代丧葬礼仪的变化，是历史性的大事。吴丽娱认为："皇帝丧葬礼的家国两重性质，与皇帝作为国家和民众最高统治者所具有的地位及影响，以及借助丧礼传达的唐朝廷和皇帝统领四方的形象及意念，是研究中古皇帝丧礼留给我们的深刻印象，也是中古礼制所表达的核心内容。皇帝丧礼作为示范，将引领我们对中古唐宋官品等级制度下的丧礼制度和丧礼活动进行更深入的研究，也将使我们对整个中古礼制得出更加完满和更令人信服的结论。"[2]梳理唐代墓室壁画的题材体系，这一点应当成为我们讨论的方向。在此基础上，唐代壁画墓高度集中于京畿地区就是一个可以理解的丧葬现象了，这是皇权空前强大而带来的结果。

第三，京畿地区、非京畿地区与边疆地区组成了三个题材体系。

唐代皇权强大带来了壁画墓集中于京畿地区的分布特征，这也必然带来题材体系上的影响，"帝王化"题材就是这样的时代特征，在题材体系的划分上，就有了京畿地区与非京畿地区的划分。同时，唐代国势的强大使边疆地区再次为大帝国文化所覆盖，文化交流与融合进入新的高度。因此，我们将唐代墓室壁画划分为京畿地区、非京畿地区和边疆地区三个题材体系。这三个题材体系中，京畿地区最为丰富和影响巨大，其他两个题材体系的研究论文几乎都有与之比较的内容。

1. 京畿地区题材体系的特征

京畿地区题材体系最鲜明的特征是与大帝国文化相适应的大结构，南北朝

[1] 赵澜：《〈大唐开元礼〉初探——论唐代礼制的演化历程》，《复旦学报》（社会科学版）1994年第5期。
[2] 吴丽娱：《终极之典——中古丧葬制度研究》，中华书局，2012年，第404页。

时期北朝上移的礼仪化趋势和南朝下移的生活化趋势在这个大结构下被包容，并且形成题材特色。在皇权强大的唐代，帝王化是唐代墓室壁画的题材特征，也是京畿地区墓室壁画的题材特征。

其一，强化皇权至上的帝王礼仪题材。

唐代在丧葬礼仪上继承了北朝一脉，这是许多学者已经注意到的。比如，我们从《贞观礼》上可以发现，唐代在继承南北朝丧葬观念时表现出了不同的态度。吴丽娱认为南朝较北朝对于古礼更少保守而容易打破传统，她这样梳理："因为讳言帝王凶事一定是北朝的一种习惯，像梁陈那样，'朝臣共议大行皇帝灵座侠御人所服衣服吉凶之制'的情况在北朝很少见到记载，而隋唐后丧礼仪注的空白也已充分证明了这一点，但南朝皇帝丧礼仪注的丰富恰恰提供了对此避忌不如北朝的论据。可以理解，从'王与马共天下'发展而来的东晋南北朝士族政体，皇权显然不被看成是凌驾于所有大族之上，皇帝的死也没有被列入谈论禁区，因此某种角度上皇权神圣的心理北重于南。《贞观礼》一方面向南朝学习'国恤'，另一方面却又顺从北俗忌讳凶事，正可以认为是南北理念共行的一种产物。至于《显庆礼》中后者被突出，不过是皇权发展过程中的一个必然产物。"[1]我们曾经提出南北朝时期南朝墓室壁画有下移的"生活化"倾向和北朝墓室壁画有上移的"礼仪化"倾向，这一点应当是与文献相符，墓室壁画的题材体系是从图像角度说明了"皇权神圣的心理北重于南"的观点。

唐代继承了北朝强调皇权的丧葬礼仪，反映在墓室壁画的题材中就是帝王礼仪得到强化。白寿彝总主编《中国通史》第六卷中归纳的四神图、仪卫图、启戟图、建筑图、妇女及内侍图、农牧生产图、打球图、客使图等，这些内容几乎都是与皇权和皇室活动相关。在皇权活动充分表现的基础上，帝王礼仪得到强化，如突出表现封建等级的仪卫图像。范淑英《唐墓壁画〈仪卫图〉的内容和等级》中认为："在西安地区墓主为三品以上高官的唐墓中，大都绘有表述外出仪仗和门前仪仗的仪卫壁画。但即使同是三品以上的高官，由于墓主与皇室关系的亲疏，在仪卫人数、交通工具等方面仍然存在差别，这些差别明显地表现出唐代仪卫制度中的等级差异。"该文特别讨论了西安地区 7 座代表性壁画墓的列戟图（图 9-8、图 9-9）的表现：7 座墓中有五座保存有列戟图，所示戟

[1] 吴丽娱：《终极之典——中古丧葬制度研究》，中华书局，2012 年，第 36-37 页。

图 9-8　仪仗列戟图 懿德太子墓 公元 701 年

图 9-9　列戟图 李寿墓 公元 630 年

数有24、14、12三个等级，分别代表了天子、嗣王、公主的不同地位。懿德太子墓因采取号墓为陵的特制，故其戟不合东宫列戟十八的规定，而与天子列戟二十四相合，而且在相对于宫门、殿门的门前立有两套戟。李寿和章怀太子墓均绘14戟，李寿以君王身份埋葬，章怀墓列戟数与李寿墓同，其列戟图应是以雍王礼而非天子礼绘制的。关于公主的列戟数，唐代礼仪制度中虽无明确记载，但从新城长公主和永泰公主墓壁画中可知，公主列戟12杆[1]。唐代这些大型壁画墓以图像表现等级制度的现象，说明帝王化已经成为唐代墓室壁画的一个主要题材特征。

其二，强调宫廷生活的宅院化题材。

唐代墓室壁画的研究成果基本上都要提到宅第内外的图像变化，即宅院化的图像特征。宿白认为唐代壁画特征是第二阶段开始出现："从表示是宅第门外的墓道壁画到表示是宅第内室的墓室壁画，前后紧密连贯成为一个长卷式的既和谐又简洁的整体，显然和前一段分为二个单元的布局大不相同了。"同时他特别描述了影作木构的图像："影作木构是这阶段比较普遍出现的新鲜事物，它的出现和柱间描绘的男女侍相配合，使墓内宅院化这个唐墓壁画的特点，在第二阶段就更加鲜明了。"[2]李星明在这个内容上也分为两个系统的观点："关于唐代壁画墓中府邸（或宫苑）内外现实性图像系统所包含的出行仪卫图像和内宅侍奉图像这两个图像单元，分别表现墓主人居行生活中的两个具有代表性的场景，一个体现礼仪，一个表现享乐，从不同方面反映出儒家哲学的入世精神。"[3]西方学者有将唐代墓室与东宫作比较的研究成果。Saehyang P，Chung在《隋唐长安城的东宫：设计复原》（*The Sui-Tang Eastern Palace in Chang'an：Toward A Reconstruction of Its Plan*）中，结合考古与文献资料试图复原隋唐长安城东宫的形制，其中"懿德太子墓与东宫的设计"一节认为懿德太子墓各个部分配合其壁画反映了东宫的不同部位。比如，墓道两壁壁画的前半部分可能代表崇明宫外面的空间，阙楼和城墙围起来的可能是崇明宫外面的广场。比如，5个过洞代表着各宫殿、各宫门和宫殿前庭院。再如，前甬道可能代表崇教殿（懿德太子的起居处），前后墓室代表丽正、光大、承恩三个寝殿中的两个。后甬道代表了

[1] 参见范淑英《唐墓壁画〈仪卫图〉的内容和等级》，《唐墓壁画研究文集》，三秦出版社，2001年，第153-154页。

[2] 宿白：《西安地区唐墓壁画的布局和内容》，《唐墓壁画研究文集》，三秦出版社，2001年，第43-44页。

[3] 李星明：《唐代墓室壁画研究》，陕西人民美术出版社，2005年，第142-143页。

它们之间的走廊[1]。

宅院化的图像是属于生活类图像的范畴，从内容沿革看应当是归于南朝生活化图像的一脉，但是唐代在强调宫廷生活上给予改造而有了非常明确的新发展。南朝墓室壁画生活类图像的代表题材是“竹林七贤与荣启期”，而且这样的题材是出现在帝陵中，表现出“下移”的特征。唐代墓室壁画生活类题材也出现在号墓为陵等高等级壁画墓中，但描述的是宫廷化的生活内容，显然不是“下移”的特征，而是表现出“上移”的倾向。这一点在形制结构上表现得特别突出。从墓室形制看，唐代壁画墓在墓室前多安排几个天井和过道组成的结构，象征着重重院落的宫宅大院。从壁画形制看，唐代前期大量出现的影作木构和后期大量出现的屏风画，表现出浓郁的宫廷生活气息。在这样的形制安排下，墓室壁画的题材出现了宫廷色彩的家居生活，如男侍、女侍（图 9-10）、乐舞、庭院行乐、马球以及与礼宾相关的鸿胪寺官员接见外国和国内少数民族宾客。此外，壁画墓中出现的阙、城墙、楼阁、斗拱、柱、枋和平綦等图案，也是宫廷色彩的图像。唐代墓室壁画的宅院化题材，实际上就是生活化题材的宫廷化。

图 9-10　第五过洞东壁侍女图 新城长公主墓 初唐

政治生活的生活化也是宅院化的一种表现。王世平《唐墓壁画的社会意义》提到一个现象：“所有的唐墓壁画都不画或极少画墓主人（已被指认有墓主人出

[1] 转引自申秦雁、杨效俊《陕西唐墓壁画研究综述》,《唐墓壁画研究文集》，三秦出版社，2001 年，第 18 页。

现的唐墓壁画，其结论能否成立都还值得商榷），也没有他们如何发号施令、统帅部属、处理政务的情景。”因此他认为：“如果说墓中的门洞象征着一重重大门，墓室象征着人间殿堂的话，那这些宫殿也只是供生活与居住的偏殿偏厅，而非处理政务内容的正式宫殿、衙署。总的来说，表现政治生活的场景普遍生活化了，这是唐墓壁画的一种处理手法，也是一大特点。”[1] 宅院是生活化的一个符号，也是一个物质结构，政治生活贴上这个符号，进入这个结构，生活化的色彩也就形成了。当然，这样的生活是宫廷中的生活，与南朝生活化的下移相比较，这是一种上移的走向。

其三，强大的唐王朝决定生活化的上移走向。

唐代墓室壁画生活化的题材能够表现出与南朝生活化题材“下移”不同的“上移”方向，其深层原因还是来自于唐帝国的中央集权强大。南北朝时期，弱小的南朝偏安江左，墓室壁画反映士族生活而无力顾及其他“上移”内容，生活化成为南朝壁画题材体系的特征；少数民族的北朝占据中原，墓室壁画乐于反映汉化生活而没有意愿再兼顾其他“下移”内容，礼仪化成为北朝墓室壁画题材体系的特征。李唐王朝一统天下，皇权强大而发扬北朝礼仪的“上移”趋势，同时也有力量兼顾南朝“下移”的相关内容。因此，宅院化题材成为京畿地区题材体系的一个重要内容。

唐代的丧葬活动处于一个皇权得到更加强调的时代：一方面，壁画墓分布地的高度集中充分反映了这一时代特征，皇权的影响可以成为我们梳理唐代墓室壁画题材体系的一个针对性更强的指向，由此而理解壁画墓特别集中的理由；另一方面，京畿地区是一个特殊的区域，是一个以皇权直接覆盖而存在的行政区划。在这样的区划中，墓室壁画的题材体系必然是更加直接地围绕皇权，因皇权强化而存在，也更加集中表现皇权强化的唐代面貌。

2. 非京畿地区题材体系的特征

非京畿地区的壁画墓主要分布在今天北方的山西、河南，以及南方的湖北、四川、广东、浙江等地。此外，京畿地区之外今天的北京、河北、宁夏、甘肃、新疆等地区，我们将其划为边疆地区。

京畿地区之外的地区都属于非京畿地区，但因为唐帝国的强大，我们在非

[1] 王世平：《唐墓壁画的社会意义》，《唐墓壁画研究文集》，三秦出版社，2001 年，第 123 页。

京畿地区中单独划分出边疆地区，以此而体现唐帝国的疆域辽阔。三个题材体系共同结构成唐代墓室壁画的题材面貌：一方面，京畿地区的政治地位高于其他地区，丧葬活动的形态也应当更加强烈地体现出皇权特色；另一方面，唐王朝空前强大，大一统帝国的疆土辽阔无垠，文化结构多元丰富，非京畿地区、边疆地区的丧葬活动也成为国势面貌不可或缺的部分。因此，京畿地区的题材体系和非京畿地区、边疆地区的题材体系共同结构，可以更加完整，以及针对性更加明确地表现出唐代墓室壁画的题材特征。

从文化地理的角度看，非京畿地区的行政区划覆盖面大，文化涵盖范围广泛，在一致性的基础上也表现出了多元化的特色。

其一，强大的京畿地区影响。

不论是对北方地区壁画墓，还是对南方地区壁画墓，京畿地区的影响都非常强烈。首先，主要题材基本一致。大唐帝国赫赫国威下，文化的一致性是帝国文化的基础，墓室壁画的题材也是这样。如门卫、男侍、女侍、树下人物、屏风画等，这些京畿地区墓室壁画中的主要题材在非京畿地区墓室壁画中仍然占有主导性。这些题材的组合，非京畿地区也与京畿地区基本一致，墓道、甬道、天井的象征意义，墓室的生活场景安排，这些都没有什么变化，只是因为规格的限制而在规模上、丰富性上有一些不同。其次，等级制度带来的图像区别。这一区别在礼仪类图像上明显，特别是仪卫图，非京畿地区很少有仪卫图存在。壁画墓遗存中，南方地区墓道壁画基本脱落，北方地区墓道壁画也很少保存，目前有图像保存的墓道中，尚没有仪卫图出现。山西运城地区的薛儆墓（721），墓道两壁对称绘有四神、祥云和仙人等组合的壁画图像，与同期京畿地区墓道壁画多仪卫图的组合很不一样。薛儆为唐睿宗公主的驸马，可能还享受不到仪卫图的品级格，但这样的要求也没有替代图像表现，可见与京畿地区图像有所区别。河南洛阳豆卢氏墓（740），“墓道东西两壁上边沿绘一排红色阑额，下边沿墓道斜坡绘一条宽红带，中间是间隔相等的红色廊柱，在廊柱之间存有零星的仕女、花草等残迹”[1]。洛阳豆卢氏墓与运城薛儆墓一样，也没有仪卫图出现。此外，非京畿地区的墓室壁画也多有生活图像描写，但宅院化的结构不多，宫廷气息明显不足。最后，中央政权的辐射力度影响图像题材。一方面，目前的壁画墓遗存多为初唐和盛唐时期，这一时期中央政权的辐射力度空前，

[1] 李星明：《唐代墓室壁画研究》，陕西人民美术出版社，2005年，第116页。

因此南方和北方的墓室壁画在基本题材上没有什么不同；另一方面，同一地区墓室壁画的题材前后有所不同，早期与京畿地区相同性多一些，后期则少一些，体现出不同时期中央政权辐射力度强弱变化带来的影响（图 9-11）。

图 9-11　侍奉图 山西太原焦化厂唐墓 武周时期

其二，明确的地域文化支持。

在大唐帝国版图内，地域文化给予墓室壁画明确的地域文化支持。首先，与京畿地区发展的不同步。这一点在北方壁画墓中比较明显，许多图像还保留着北朝的风格。如太原地区的壁画墓，李星明认为："太原壁画墓凡顶部保存较好的均绘有由挽结幔帐、四神、日月、星辰组成的天象图，这种天象图与关中壁画墓墓室顶部那种仅由日月、星辰、银河组成的视觉印象的天象图有很大的不同，显然是继承了北魏北齐壁画墓天象图有四神的旧制而又有新的特征。"[1]其次，一些特殊题材的支持。这是一个非常直观的图像现象，各地都普遍存在。如湖北郧县李徽墓中大面积的花卉壁画，与他远离中央政权的心境有关，也与他居住地的自然环境、风俗相关。河南洛阳豆卢氏墓出现的红色阑额、红色廊柱等图案，都有着地域特色的渲染。再次，题材组合的多样化。同样的题材，地方特色加入后也会出现不同的组合，而且因为地方缺少京畿地区那样强大的中央政权控制力，可能会造成同一地区有不同的题材组合。如浙江临安的钱宽

[1] 李星明：《唐代墓室壁画研究》，陕西人民美术出版社，2005 年，第 112 页。

墓、水邱氏墓的花卉图像（图 9-12），与京畿地区的壁画墓表现出不同组合特征，两墓之间也有一些不同。权奎山认为："钱宽、水邱氏墓壁画内容均以花卉为主。在安排上两墓略有差异，钱宽墓绘在前室左右耳室之上，水邱氏墓绘于后室左右壁和后壁一龛内。其内容与西安地区晚唐墓葬壁画流行以云鹤、翎毛为内容的屏风画的情况截然不同。两墓数量较多的耳室、壁龛口不但占据了很大一部分壁面，而且还破坏了壁面的平整和连续性，不宜绘制高矮适度的人物，更不便绘六扇屏风画。"[1] 最后，南方题材的一些特殊贡献。南北朝以后，南方的重要性越来越大，唐时已成全国粮仓，杜甫有诗赞誉"云帆转辽海，粳稻来东吴"（《后出塞五首》）。时人称当时最富庶的扬州和成都为"扬一益二"，都在南方。

图 9-12　墓室花卉 浙江临安水邱氏墓 M23 晚唐

[1] 权奎山：《试析南方发现的唐代壁画墓》，《唐墓壁画研究文集》，三秦出版社，2001 年，第 112 页。

司马光《资治通鉴》卷259记："先是，扬州富庶甲天下，时人称扬一益二。及经秦、毕、孙、杨兵火之余，江、淮之间，东西千里扫地尽矣。"南方成为富庶之地，壁画墓因此在形制、题材上常常作出补充。权奎山《试析南方发现的唐代壁画墓》梳理了南方9座已发掘唐代壁画墓，归纳了题材上与中原北方的一些不同：A型墓中，李徽墓（684）的树下人物屏风画比西安苏思勖墓早近半个世纪，李徽墓的墓室中成片绘制花卉的做法早于西安地区最早这样做的高元桂墓（765）。李欣、阎婉墓甬道绘男侍吏，阎墓靠近甬道门者持杖，这种做法目前唐壁画墓中还未见到。B型墓中，青龙、白虎绘在甬道左右两壁，是冉仁夫妇墓壁画布局的突出特点，在唐代其他壁画墓再不见这样的安排。C型墓中，钱宽、水邱氏墓壁画内容均以花卉为主，其内容与西安地区晚唐墓葬壁画中以云鹤、翎毛为内容的屏风画的情况截然不同。权奎山认为："综上所述，南方唐墓壁画，内容多为中原北方所常见，体现了时代的共同特征；布局除杨氏墓、李泰墓外，其余各墓与西安地区同时期壁画墓差异显著，具有浓郁的地方特点。"[1]

其三，京畿地区与非京畿地区题材体系仍然有区别。

梳理京畿地区与非京畿地区的题材体系，我们可以发现几个表象区别：首先，神灵图像有别。京畿地区的天象图由日月、四神、星辰和银河组成，山西地区的天象图由日月、四神、星辰和绾结幔帐组成，非京畿地区的仪式感显然要弱于京畿地区。稍后南方地区的五代吴越国王康陵，后室顶部石板正中刻有一幅星象图，用单线阴刻二十八宿，并刻有三个直径分别为46厘米、190厘米、200厘米的同心圆，表现内规、外规和重规。星象图共绘有218颗星，原均用金箔贴饰[2]。吴越王墓中天象图如此规整和突出表现，可见天象图在构筑另一个世界所具有的重要意义，这是缺少大帝国气象的表现。其次，图像规格不同。京畿地区墓道中发现大量的仪仗队图像，而非京畿地区这类图像不仅规模小，而且数量也少，山西地区的墓道中就完全缺少仪仗及相关图像，封建社会的等级制度表现在了题材的选择上。最后，生活气息不一样。京畿地区图像中多皇家活动，如宫廷生活、客使图等，生活气息被强烈的皇家色彩所掩盖。非京畿地区不同，生活气息的图像明显增加。如高士图，京畿地区高士图分布比较少，山西等地高士图分布则相对多。高士是与统治者有些距离的阶层，高士图的比

[1] 权奎山：《试析南方发现的唐代壁画墓》，《唐墓壁画研究文集》，三秦出版社，2001年，第111-113页。
[2] 参见张玉兰《浙江临安五代吴越国康陵发掘简报》，《文物》2000年第2期。

例可以反映出皇权辐射的地理距离和对应的政治影响。

从深层次看，唐代墓室壁画题材体系的形成与大帝国文化的影响有关。我们曾经对唐代提出“帝王题材对神灵气息的突破”的观点：“从形制安排看，帝王图像都是最大的画面、最重要的位置，如号墓为陵的墓道中，仪仗图上等人大小的队伍普遍存在，恢弘气势扑面而来。从题材看，帝王生活图像成为主角，如宫女形象在唐壁画墓中是常见的题材，这与之前墓室壁画中的侍女题材有继承的关系，但皇家气息却是另有一番面貌。从艺术表现看，皇家大场面带来更高的艺术要求，这一时期群体人物图特别多，排列错落有致，其构图能力前所未有，令人叹为观止。唐代墓室壁画的这些变化，直接来自于帝国文化的冲击，是帝王题材突破神灵气息的客观表现。”[1]

我们还可以从唐代壁画墓形制上的变化来考虑帝国文化的影响。李德喜、郭德维认为：“唐代墓室多天井、过道，象征重重院落的宫宅大院。墓室内还用红色宽线画出梁柱、斗拱等木构建筑构件。壁画绘制在墓道、过洞、天井、甬道、墓室的各个部位，从不同角度反映了当时的社会生活。壁画的基本布局多为单层，只绘人间，不像隋之前有二三层，表现天上、人间、地下三界。”[2] 一层图像就可以表现天上、人间、地下三界，这是大帝国文化才可以出现的图像结构。其实不唯隋代，在汉代也有这样的现象。在描写重生信仰体验时，汉墓壁画一般都是一层图像结构表现，而汉画像石则一般都是几层图像结构表现。究其原因，汉墓壁画是主流社会的墓室壁画图像，依靠的是传统神灵来构筑彼岸世界，大汉帝国的国家宗教完全可以在一个层面上叙述重生故事，天人合一的统治思想也已经规定好了叙事的基本结构。而汉画像石是非主流社会的墓室壁画图像，依靠的是西王母等新兴神灵来构筑彼岸世界，西王母需要至上神的地位，新兴神灵需要可以信赖的重生细节，墓主人也需要一个与神灵接触的过程，这些需要的结合，几个层面是最后的结构。

3. 边疆地区题材体系的特征

从唐代壁画墓的遗存看，边疆地区的壁画墓主要分布在北方的宁夏、北京、河北，西北的新疆、甘肃以及东北的吉林等地，其中数量比较多的地方是宁夏

[1] 汪小洋：《中国墓室壁画图像体系探究》，《民族艺术》2014 年第 2 期。
[2] 李德喜、郭德维：《中国墓葬建筑文化》，湖北教育出版社，2004 年，第 217 页。

固原、北京及周边地区、新疆吐鲁番阿斯塔那地区。

这几个壁画墓集中地的地理特点是远离唐王朝的政治中心，皆为边关重镇。固原从汉代起就是边关重镇，丝绸之路要津，唐武德元年（618）废平凉郡复置原州，贞观五年（631）复置原州中都督府，到天宝元年（742）又改为平凉郡，广德年间（763—764）没于吐蕃。唐代，北京属幽州，划河北道，曾设置幽都县，也是边关重镇，这里的地域文化特点是胡风炽盛。陈寅恪认为，因为唐前期不少胡人迁入河北地区，所以河朔地区存在胡化问题。之后，玄宗后半期以蕃将统带府兵，为其武力之中坚，而安、史以蕃将之资格，根据河北之地，施行胡化政策。这样背景下，河北之地转变为一胡化地域[1]。吐鲁番是由河西走廊进入西域的第一站，陆上丝绸之路的必经之地，是边关要地，也是商埠要津。

边关重镇形成了特殊的地理文化，这一点在墓室壁画的题材上得到反映。

其一，中原题材的影响和滞后。

虽然边疆地区的壁画墓分布非常不集中，甚至相隔数千里，但是中原题材的影响却是各地一样，墓室壁画的主要题材与中原地区基本一致，仍然是与彼岸相关的宇宙神灵类题材和与此岸联系的世俗生活类题材两者的结合。于璞《北京地区唐墓壁画的分期与时代特征》这样描述："七类题材：①星象：太阳；②四神；③瑞兽：镇墓兽；④十二生肖；⑤人物：墓主人、马夫（马厩、骏马）、持戟武士、胡服挎弓武士、持笏板文臣、捧物侍女等；⑥屏风：六曲屏风、牡丹芦雁图屏风、牡丹鸽子图屏风、松柏太湖石图屏风；⑦家具与器皿：盆、瓶、炉、凤头壶状器物、方形案几、炊食器皿。"[2]除了胡服挎弓武士外，其他与中原大致相同。宁夏固原史索岩墓中的朱雀图有引导墓主人灵魂之意，而梁元珍墓的牵马图和女子图（图9-13）等又是世俗生活的真实写照，这些都与中原地区类似题材的表现基本相同。

但是，边疆地区在与中原地区一致的同时也表现出明显的滞后性，这也是边疆地区的题材特色。如固原史索岩墓中的朱雀引导图，唐代中原壁画墓中已经很少有这样的图像，更多的是礼仪性的出行图。滞后性是京畿地区之外墓室壁画中普遍存在的现象，是唐帝国文化多元化的一个突出表现。比如，树下人物屏风图与京畿地区有别，却有着与南北朝相似的现象。太原市文物考古研究

[1] 参见陈寅恪《隋唐制度渊源略论稿唐代政治史述论稿》，商务印书馆，2001年，第230-310页。
[2] 于璞：《北京地区唐墓壁画的分期与时代特征》，《文物春秋》2010年第6期。

图 9-13　女子图（墓室东壁）宁夏固原梁元珍墓 公元 699 年

所《山西太原晋源镇三座唐壁画墓》一文认为："纵观现已发表资料的唐代壁画墓，以屏风式树下单一人物画为主题的砖室壁画墓，主要分布于陕西西安、宁夏固原、新疆吐鲁番和山西太原等地，其中太原地区发现数量最多。而陕西西安、宁夏固原、新疆吐鲁番等地的壁画，是以屏风式树下单一人物为主题，没有任何背景内容为衬托，以表现高士形象为特色，如西安东郊苏思勖墓（745）、宁夏固原梁元珍墓（699）、新疆吐鲁番阿斯塔那 216 号墓。此类描绘高士形象的墓葬壁画，在北朝时期已出现，有山东临朐北齐崔芬墓（551）、山东济南东八里洼北朝壁画墓等，本次 TL2001M552 中壁画内容与此相类。此类壁画题材和人物形象的刻画显然是受南朝竹林七贤和荣启期拼砖画风格的影响。"[1] 信佳敏也讨论了这样的现象："屏风图像的内涵也在各时期发生了转变，这一点在树下人物屏风图像上表现得尤为突出。北朝时期山东地区的树下老人图屏风图像应是来源于竹林七贤图，表现了玄道高士的集体形象。唐代早期，这种图式在太原和长安地区得到应用，并发生了转变。太原地区的树下老人图屏风图像（图 9-14）主要表现了孝子、忠臣等标榜儒家道德观的人物形象。在长安地区，则以烈女传为原型，以'烈女形象'替换了'老人形象'创造了树下烈女屏风图像。从初唐后期开始，随着享乐思想的逐步盛行，树下烈女图屏风图像又转变为表

[1]　太原市文物考古研究所：《山西太原晋源镇三座唐壁画墓》，《文物》2010 年第 7 期。

现贵族妇女世俗生活的树下贵妇屏风图像。”[1]

图 9-14　屏风人物图 山西太原焦化厂唐墓 武周时期

其二，边关特色的地域题材。

边关特色首先表现在边关重镇的特征上。目前的壁画墓集中地多为边关重镇，这些地方既是军事要地，又是边关贸易的要津，像京畿地区那样的礼仪类题材比例大大减少，特别是出行礼仪图基本没有了，而与军事、财富、日常生活相关的题材比例大大增加。墓道中题材变化最大，出行礼仪图已不见，取而代之的是南北朝继承而来的神灵图像或本地特色题材。宁夏固原唐梁元珍墓（图 9-15），3 个天井东西两壁各绘制一幅人物牧马图，每幅一人一马，牵马人高 60 ～ 90 厘米，马匹长高都在 70 ～ 100 厘米，这图像基本上是等高的绘制，现实感很强。墓室内的图像也是加强了生活气象的内容。北京地区唐纪公夫妇墓的墓壁上发现有墨线勾勒的壁画，其中一幅绘的是置于方形案几上的炊食器皿，墓壁上还有涂以朱彩的影作门窗、灯座、柱子和斗拱，完全是一幅家居生活的图像[2]。

边关重镇也是边民集中居住的地方，这是一个完整的生态环境，也是一个相对封闭的空间，这一点反映在墓室壁画的图像上就是有了许多生活环境的交代，与之前南北朝下移的生活图像、甚至是汉代的家居图像都有不同。《山西太

[1] 信佳敏：《汉唐时期墓室壁画中的屏风图像研究》，中央美术学院硕士学位论文，2010 年。

[2] 《海淀区太平路唐代墓葬》，《中国考古学年鉴》（1986），文物出版社，1988 年，转引自于璞《北京地区唐墓壁画的分期与时代特征》，《文物春秋》2010 年第 6 期。

第二天井牵马图

第三天井西壁牵马图

甬道东壁牵马图

甬道西壁牵马图

图 9-15　牵马图 宁夏固原梁元珍墓 公元 699 年

原晋源镇三座唐壁画墓》这样描述唐温神智墓（TL2001M618）（图 9-16）的生活图像："生活起居图 2 幅。位于墓室东壁。北边一幅为舂米图。远处天空有几朵云彩，凉棚下有碾盘，另有碓、臼，井旁立有汲水的桔槔。有一人在舂米，一人在锅旁劳作。南边一幅画面部分剥落不清，为田园图。远处有高低起伏的小山，山顶绿草丛生，山谷绿树挺立。北侧有一牛为红色，大弯角，头向前倾，抬蹄作行走状。牛旁有一带棚的牛车。画面南部绘一马夫，头戴黑色幞头，身着长衫，双手持缰。马夫后有马一匹。"[1] 这些内容包括了生活方式、生产过程，甚至还包括了生产资料，是一个封闭性结构的生活形态，自给自足，与边关生活十分相符。这样带有封闭性结构的生活图像，是南朝下移生活图像的创新发展，也是对宋代平民化图像的启动。以往墓室壁画的完整性更多的是体现在神灵图像体

[1]　太原市文物考古研究所：《山西太原晋源镇三座唐壁画墓》，《文物》2010 年第 7 期。

系上，世俗图像体系更多的是生活化的片段，唐代的边关图像有了改变。

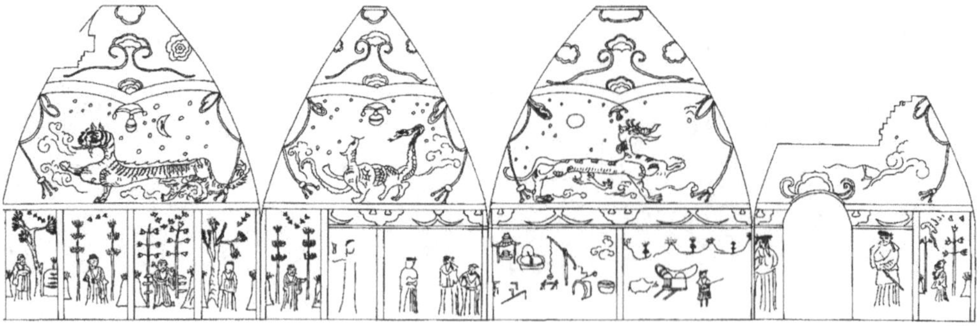

图 9-16　山西太原晋源镇果树场温神智墓壁画分布示意图 公元 730 年

边关特色还表现在一些特别题材的运用上，这方面最突出的是外来的佛教类题材。边关重镇许多都是丝绸之路上的重要城镇，因此外来宗教图像、特别是佛教图像是研究者所关注的，但从目前壁画墓的遗存看，佛教图像在壁画中并没有大量出现，或形成图像体系。幽州卢龙节度使刘济墓因为发现了彩绘须弥座石棺床（图 9-17）而被学术界广泛注意，刘乃涛《刘济墓考古发掘记》记：

图 9-17　彩绘须弥座石棺床 北京房山区刘济墓 唐代

“彩绘须弥座石棺床，在主室的北部中央，平面呈梯形，南宽北窄，须弥座式由石条拼合砌筑而成。每层形式各异，或浮雕金刚脸及瑞兽造型，或彩绘云纹及牡丹图案。石棺床呈六层结构，每层均有雕刻：第一层是面部形象，比如人面、兽面，表情各异；第二层是祥云；第三层是牡丹花的纹饰；第四层是瑞兽；第五层是彩绘牡丹；第六层是祥云。”[1]刘乃涛提出“浮雕金刚脸”的图案，但在石棺床具体交代时并没有描述这一内容，可能还存在争论，或只是一个推论。即使有佛教图像存在，葬具与壁画还是有所区别的。

边关特色也表现在同样题材但有不同的组合或不同的细节。如这一时期流行的“树下老人图”（图 9-18），就有不同的细节而因此有一些与中原不同的理解。《山西太原晋源镇三座唐壁画墓》描述这几座唐墓的树下老人图：“温神智墓和 TC2001M1 中所绘人物形象与太原地区同时期墓葬壁画人物形象有很多相似之处。壁画主题突出，内容均为大树之下有一老人，身着长袍，表情丰富，动作各异。壁画中有负薪执斧、面对坟丘神态凝重的树下老人形象。”[2]这幅图中“神态凝重”的细节，显然与中原流行的图像有所区别。杨泓认为太原唐赵澄墓（696）的树下老人图有特点：“正壁并延及两侧壁绘多扇屏风画树下老翁，所绘树石景物各幅不同，老人状态各异，一般是八扇，也有六扇的。这样题材的壁画在长安附近的唐墓中还没见到过，显示出地方色彩。”[3]

其三，吐鲁番阿斯塔那墓室壁画、绢画与郭里木吐蕃棺板画的特别意义。

新疆吐鲁番阿斯塔那绢画与青海郭里木吐蕃棺板画的出土，是边疆地区美术考古的重大收获。不过，这些成果属于墓室葬画，但不属于墓室壁画范畴。我们认为，墓室绘画是一个大的观念，包含墓室壁画和墓室葬画两个主要形式。墓室壁画是墓室中不可移动的绘画作品，是专为墓室活动而绘制的；墓室葬画则是可移动的绘画作品，可能是作为墓室活动而专门绘制，也可能是之前就存在的绘画作品。因此，我们在认识唐代西域墓室壁画艺术成就时，可以一并考察吐鲁番阿斯塔那绢画与郭里木吐蕃棺板画的艺术成就，但要有明确的界定观念。在边疆地区美术考古的语境中，墓室绢画、墓室棺板画的考古成果对墓室壁画的研究毫无疑问是一份特别的支持。

[1] 刘乃涛：《刘济墓考古发掘记》，《大众考古》2013 年第 2 期。
[2] 太原市文物考古研究所：《山西太原晋源镇三座唐壁画墓》，《文物》2010 年第 7 期。
[3] 杨泓：《汉唐美术考古和佛教艺术》，科学出版社，2000 年，第 267 页。

图 9-18　树下老人图 山西太原晋源镇温神智墓 唐代

首先，墓室绘画遗存形式的辨别。

阿斯塔那墓葬群中绘有屏风画的墓室有 4 座，分别是阿斯塔那 216 号墓的六扇屏风鉴戒图、阿斯塔那 38 号墓的六扇屏风树下人物图、阿斯塔那 217 号墓的六扇屏风花鸟图和阿斯塔纳 50 号墓出土的纸木六屏花鸟图（图 9-19）。六扇屏风画，是唐代流行的一种屏风样式，这 4 座墓的屏风画就是对这种样式的模仿。阿斯塔那墓葬群的屏风画虽然内容有别，但位置基本固定，一般都是绘在墓室中的木棺之后，这也是墓主人以此岸生活作参照而对彼岸生活的一种安排。

图 9-19　纸本六屏花鸟图 吐鲁番阿斯塔那 50 号墓 唐代

阿斯塔那有三座唐墓出土了绢画，分别为长安三年（703）至开元九年（721）的张礼臣墓、武周时期至天宝年间的 187 号墓以及开元三年（715）的 188 号墓，这三座墓分别出土了木框联屏乐舞绢画、木框联屏围棋仕女绢画和木框联屏牧马绢画（图 9-20）。这些绢画在墓室中位于象征卧榻的土台之上，与壁面上的屏风画不同，绢画是一种以实物直接表达重生诉求的方式。屏风画和绢画是一种组合形式，模拟居室内的床榻和屏风，这是墓主人家居的一种方式。

青海郭里木的两座吐蕃大墓出土了三具木棺，郭 M1 的木棺和郭 M2 的棺椁共三具，葬具形制相同，均有彩绘。郭 M2 的木棺形制、图像布局及内容与郭 M1 大体相似，仅体形较小。棺板画不仅是令人称奇的绘画遗存，而且也是吐蕃时期墓葬绘画的首次发现，为研究早期藏族绘画发展提供了重要资料（图 9-21）。许新国这样描述："其中棺档头绘有四神、花鸟，棺侧板绘有狩猎图、商旅图，以及赞普、赞蒙（王、王后）为中心的帐居迎宾图和职贡图。"[1] 仝涛认为是"丧礼图"，他指出：郭 M1 葬具残存两侧板及前后挡板，左侧板绘狩猎、帐居、宴饮、野合、射牛等场景，共绘男女 40 余人，以及毡帐、马、鹿、牦牛、狗、骆驼等；右侧板绘迎宾、哭丧、出行、帐居、宴饮、野合等场景，共绘男女 60 余人，以及毡帐、马、牦牛、骆驼等；前后挡板分别绘朱雀和玄武[2]。

[1]　许新国：《郭里木吐蕃墓葬棺板画研究》，《中国藏学》2005 年第 1 期。
[2]　仝涛：《青海郭里木吐蕃棺板画所见丧礼图考释》，《考古》2012 年第 11 期。

图 9-20　木框联屏牧马绢画 吐鲁番阿斯塔那 188 号墓 盛唐时期

其实，这一地区最丰富的图像遗存还有一种类型，即吐鲁番墓葬群出土的伏羲女娲图（图 9-22）。“1928 年，黄文弼随中瑞西北科学考察团最早发现了吐鲁番墓葬中的伏羲女娲图。20 世纪中叶在阿斯塔那、哈拉和卓等地发掘的 40 多座墓葬中，发现了二三十幅伏羲女娲绢、麻布画。新疆博物馆馆藏伏羲女娲图达 28 幅。在国外，斯坦因所得现存英国伦敦，也刊布了几幅伏羲女娲绢画。韩国国立京城博物馆所藏 3 幅是日本大谷探险队发现的。美国波士顿艺术博物馆也收藏有吐鲁番墓葬伏羲女娲图。现藏伏羲女娲图遍及世界各地，作为‘吐鲁番学’的重要艺术资料已成为国际性的研究课题。”这些伏羲女娲图的形制有些特别，但内容与中原基本一样：“吐鲁番出土伏羲女娲图绘于绢或麻布上，一般用木钉钉在墓顶上，画面朝下，正对墓主，少数画折亚包裹放在死者身旁。画图长不足 2 米，宽约 1 米，多上宽下窄，呈梯形。其基本构图为，画面中心绘男女上身连臂或交臂，或手勾对方颈腰……一般画面上下分绘日、月，周围星辰环饰，构成宇宙星宿。有的描绘日月星辰更加细致，日内多绘三足乌；月呈桃形，内绘玉兔、桂树和蟾蜍，日月之外绘流云，星辰间有连线，表现南斗、北斗等星宿星座。”[1]

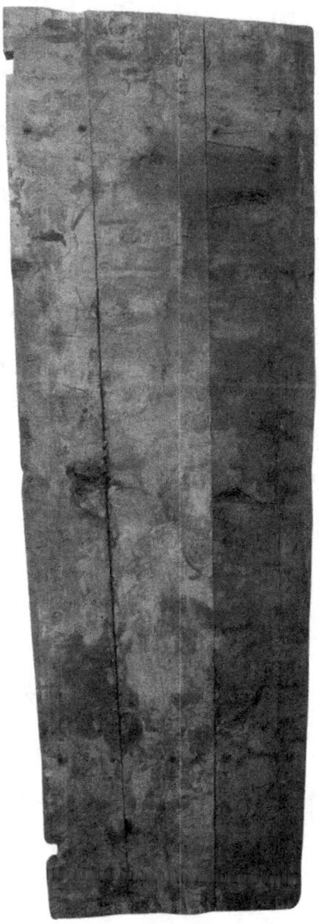

A板

B板

图9-21　1号棺板画 青海郭里木吐蕃墓 公元750年

其次，壁画遗存的题材辨析。

三座壁画墓的图像都是六屏屏风画的形式，但内容上还是各有侧重，大致可分为鉴戒图、树下人物图和花鸟图三个类型。

鉴戒图。出土于阿斯塔那216号墓的墓室后壁，第一扇，绘一欹器；第二扇，绘一胸前写有“玉人”二字的男子，袖手端坐于方席上；第三扇，绘一背上写“金人”二字的男子，口缠布条，坐于方席上，双手托物似送于人；第四扇，

[1]　刘湘萍：《吐鲁番出土的伏羲女娲图》，《美术观察》2007年第12期。

图 9-22　伏羲女娲绢画
吐鲁番阿斯塔那墓群 唐西州时期

绘一胸前写有“石人”二字的男子，坐于席上，作张口辩论状；第五扇，绘一男子，正襟危坐于席上；第六扇，绘一束生刍、素丝和一个扑满[1]。

树下人物图。出土于阿斯塔那 38 号墓的墓室后壁，第一扇，绘树下两人，一人持物捧送给穿紫袍的男子；第二扇，绘穿红袍男子在双陆棋盘边，少男少女侍侧；第三扇，绘身穿绿袍的男子坐于树下，身旁一女侍持围棋盘，女侍后一男侍拱手而立；第四扇，绘一身穿绿袍的男子坐于树下的榻上，前面站有两个侍者，其中一人臂架鹰隼；第五扇，绘有两个男子，一坐一立，一人着红袍，另一人穿绿袍；第六扇，绘两人，身穿紫袍男子作回首状，披发男子向他双手拱举[2]。

花鸟图。出土于阿斯塔那 217 号墓的墓室后壁，每扇以红色边框线相隔，所绘内容左右相对。每扇均画一株兰花、百合或水仙，其下是或卧或立的鸳鸯、野鸡或野鸭，均以墨线勾勒，填以红、石青、石绿、朱砂、赭石等颜色，平涂和晕染兼施，属于中原画法[3]。左边的三只禽鸟为雌性，右边的三只禽鸟为雄性，是一种对称性的构图，有着明显的中原风格痕迹。

最后，题材体系的特征辨析。

三座壁画墓的图像有限，加上绢画、棺板画材料也不算多，但是这些图像比较集中，特别是它们之间存在的一致性特征，结合起来看，还是可以说明河西走廊至西域这一特定地区所具有的题材体系特征。

一方面，中原影响形成了基本题材。吐鲁番汉时置高昌壁隶属凉州敦煌郡，南北朝建汉人政权的高昌国，唐贞观十四年（640）灭高昌，置高昌县，后设安

[1] 参见陈霞《吐鲁番屏式壁画所见唐人的精神生活》，《兵团教育学院学报》2002 年第 3 期。
[2] 参见新疆维吾尔自治区博物馆、西北大学历史系考古专业《1973 年吐鲁番阿斯塔那古墓群发掘简报》，《文物》1975 年第 7 期。
[3] 参见宿白《中国美术全集・绘画编 12・墓室壁画》，文物出版社，1989 年，第 132 页。

西都护府。这是西域境内与中原联系最为紧密的地区。唐太宗在一封诏书中说："高昌之地，虽居塞表，编户之甿，咸出中国。"[1]唐代中原地区墓室壁画中表现比较多的人物、山水、鞍马、花鸟等题材，在阿斯塔那壁画墓中都有表现，并且也是主要题材。

另一方面，文化交融形成了本地特色。吐鲁番最大的本地特色应当是中原文化与西域文化的多元文化交融，这一交融影响到题材的选择，也可以使表现形式影响到题材特征。如阿斯塔那216号墓的《鉴戒图》，一方面，体现出了族群墓中的强烈宗族观念，画面上听者学而不厌，言者诲人不倦，这是儒学的汉式风格；另一方面，画面上人物严肃而至刻板的态度，加上框架性的构图，表现出了程式化的结构，这是佛教石窟壁画中的"说法图"风格。儒学与佛法的结构，形成了《鉴戒图》的本地特色。另外，出土于阿斯塔那217号墓《花鸟图》的装饰性也表现出强烈的地域特色。贾应逸归纳西域石窟壁画的色彩时指出："新疆壁画用色沉着。无论是画面深沉的背景，或是人物的衣饰都是平涂厚彩，从那些剥蚀脱落的斑驳色彩中可领会到'堆起素绢不隐指'的情趣，也增强了画面的立体感。壁画中大量使用石青、石绿和白等冷色调，适当地加以朱、赭、黑色对比，使画面的色调明快和谐。再将这些美丽的色彩有规律地排列，更加强了画面的节奏感，表现出一种富有民族特色的装饰效果。回鹘民族喜欢赭、红、茜、黄等热烈的颜色，无论是画面的底色，还是大型立佛的袈裟，或是帔帛裙带等大量地使用暖色，又用石绿、白色相间，饰金色头冠、璎珞等，富丽堂皇。"[2]西域与河西走廊都是佛教早期传入中国的重要地段，墓室壁画与佛教壁画比较应当是空间巨大的领域。

此外，丝绸之路上的文化传播节奏。吐鲁番毕竟远离中原，中原文化的传播也表现在一些题材的滞后性上，在这里可以发现许多中原地区之前流行的题材。这是丝绸之路的传播节奏，虽然滞后，但绵绵不断。这一点在伏羲女娲图中表现最突出，许多学者都注意到阿斯塔那唐墓中的这类图像在中原已经不再流行，而是与南北朝、甚至是东汉的风格非常相似。

青海郭里木吐蕃棺板画有一些特殊的历史内容，反映的是吐蕃王朝的墓葬活动，棺板画表现出了多元文化的交融。仝涛《青海郭里木吐蕃棺板画所见丧

[1] 许敬宗编，罗国威整理：《日藏弘仁本文馆词林校证·卷六六四》，中华书局，2001年，第249页。
[2] 许建英、何汉民编译，贾应逸审校：《中亚佛教艺术》，新疆美术摄影出版社，1992年，第19页。

礼图考释》中有翔实的论证。学者们普遍认为棺板画反映的是青藏高原北部的吐蕃文化面貌，而对于其具体族属则意见不一，有苏毗说、吐蕃说和吐谷浑说。仝涛有全面认识："根据棺板画的丧葬形式、所绘人物的服饰特征，以及当时的历史背景，笔者推断其墓主人应该是吐蕃统治下的吐谷浑人，棺板画总体上反映的是吐蕃文化的特征。"根据敦煌古藏文写卷P・T・1042和P・T・239等描述古老本教丧葬仪轨的文献，仝涛认为："总体来看，这些棺板画上以叙事手法，自右向左大致完整地描绘了吐蕃时期本教丧葬仪式中的几个重要环节，各画面在空间上连续无间断，时间上先后有次，构图上错落有致。迎宾献供、灵帐哭丧、动物献祭和骑射祭祀，都是围绕停尸灵帐来进行，丧宴是丧礼的最后部分，占据了整个棺板的左半部分。"这些图像内容，有些与墓葬活动有关，有些无关，但图像之间的结合反映从中原文化的影响及相互融合："从整个棺板画的布置来看，三幅丧礼图都位于葬具的右侧板上，左侧板主要描绘狩猎、帐居、乐舞、宴饮、野合等场景，没有与丧葬相关的任何内容，应该是死者生前享乐生活的写照。因此左右两侧的内容应该是遵循了固定的模式：左侧再现死者生前的享乐生活，右侧描绘其死后的丧葬场景；前后挡板分别是朱雀和玄武图像，可见中原丧葬观念对青藏高原地区的强烈影响。但将丧礼场景作为墓室内装饰，则非中原地区所流行，足见吐蕃文化对于丧葬礼仪的重视程度。"[1]

质言之，从题材看，壁画、绢画和棺板画的题材基本一样，河西走廊和西域都受着中原文化的影响，同时又有着本地文化的体现，结合丝绸之路的特殊地理条件，多元文化的交融在河西走廊和西域的墓室壁画和墓葬活动中有着其他地区所不具有的地理优势。

综上，唐代墓室壁画的题材体系特征鲜明。如果说汉代墓室壁画题材体系的特征是主流社会汉墓壁画的天界图像与非主流社会汉画像石的仙界图像相互结构，南北朝墓室壁画题材体系的特征是北朝上移的礼仪化图像与南朝下移的生活化图像相互结构，那么唐代墓室壁画的题材体系就是京畿地区皇权强势的图像体系和非京畿地区、边疆地区地域特色补充的图像体系相互结构。但是我们应当注意，唐代墓室壁画的这个题材体系结构是一个京畿地区独大的结构，这也构成了唐代墓室壁画的一个突出特征。

[1] 仝涛：《青海郭里木吐蕃棺板画所见丧礼图考释》，《考古》2012年第11期。

第三节 隋唐五代墓室壁画的分布体系

隋王朝统一全国，但只历二代而时间过于短暂。五代政治局面狭小，且皆为短暂王朝。因此，这一时期墓室壁画的分布体系主要在唐代范围讨论。

一、已有研究成果的梳理

（一）隋代墓室壁画的分布体系

隋代墓室壁画墓目前在陕西、宁夏、山东、陕西发现，主要有陕西三原李和墓壁画、陕西潼关县高桥乡税村隋代壁画墓、西安南郊隋李裕墓以及宁夏固原史射勿墓壁画、山东嘉祥徐敏行夫妇墓壁画、山西太原虞弘墓等。

隋代墓室壁画处于一个承上启下的位置，其墓室配置、布局内容、绘画风格都基本承袭了北朝的旧制。汉以后，河西是中原文化的保留地，很多在中原地区已经消失的汉画题材，还保留在河西魏晋墓葬当中，这是隋代墓室壁画发展的基础。随着隋代的统一，传统壁画形式迅速地回归中原地区。关中地区隋代壁画墓发现较少，资料也很不完整，但据潼关税村隋墓的壁画来看，隋代壁画基本沿用了北齐规制[1]。

（二）唐代墓室壁画的分布体系

因为京畿地区壁画墓的集中，唐代墓室壁画的分布体系特点也很鲜明：围绕着京畿地区而展开，其他方面的研究成果不多，也缺少深入研究。

1. 整体划分的认识

李星明《唐代墓室壁画研究》中的三个地区划分和贺西林、李清泉《中国墓室壁画史》中的四个地区划分，涉及这方面的考虑。

李星明《唐代墓室壁画研究》是断代史著作，该书在上编“唐代壁画墓形制与壁画配置”中将唐代墓室壁画如下划分：关中唐代壁画墓形制与壁画配置

[1] 参见程义《关中唐代墓葬初步研究》，西北大学博士学位论文，2007年；汪小洋主编：《中国墓室绘画研究》，上海大学出版社，2010年，第129页。

的历史性嬗变，北方其他地区唐代壁画墓形制与壁画配置的区域性特征，以及南方唐代壁画墓形制与壁画配置的区域性特征[1]。

贺西林、李清泉《中国墓室壁画史》是通史性著作，他们将唐代墓室壁画分为：关中地区唐代墓室壁画，北方其他地区唐代墓室壁画，南方地区唐代墓室壁画，以及渤海墓室壁画[2]。贺李之说与李星明不同的是，加上了渤海地区。

2. 考古学角度划分的认识

在已有成果中，还有从考古学角度的划分，因为所划区域内都有壁画墓，同时作者论述时也涉及壁画墓，所以这样的成果也纳入我们的视野。董新林《中国古代陵墓考古研究》这样划分：西安和洛阳地区，燕山南北地区，西北地区，南方地区。这样的划分中，作者提出了一些很好的材料和观点。首先，描述燕山南北地区唐墓密集的现象。他认为："燕山南北地区自古就有一个相对单独的文化圈。在唐代'安史之乱'之后，这里形成了严重的藩镇割据的局面，政治、文化上形成了地区性特点，在墓葬上也有明显的特殊性。特别是辽宁省西部的朝阳地区，唐代墓葬发现比较密集。"其次，关注南方地区壁画墓的特征。他认为："从考古发现看，南方地区的唐墓规模较大者，多是壁画墓……南方唐墓的壁画内容多是北方中原地区所见的题材，而布局多具有地方特点。"[3]

3. 局部深入讨论的认识

在局部讨论的成果中，有许多深入的认识。如河南与河北壁画墓的区别，李星明认为："严格地讲，河南和河北地区的唐代墓葬在文化特征上是有区别的，洛阳一带属于两京地区，与关中大致呈同一特征，北京属于幽州、营州地方文化圈，具有自己的特点。由于这两个地区目前发现的唐代壁画墓不多，为方便起见，故而在此一并介绍，并不表示它们同属一个区系。"[4]

当然，京畿地区是形制上分析最为深入的地区，相关的研究成果也最多，李星明《唐代墓室壁画研究》有非常细致的梳理。他认为，通过对这些墓葬基本结构形制的观察，可以划分为天井洞室墓、洞室墓和竖井墓三大类，分别用

[1] 参见李星明《唐代墓室壁画研究》，陕西人民美术出版社，2005 年，目录页。
[2] 贺西林、李清泉：《中国墓室壁画史》，高等教育出版社，2009 年，目录页。
[3] 董新林：《中国古代陵墓考古研究》，福建人民出版社，2005 年，第 203-218 页。
[4] 李星明：《唐代墓室壁画研究》，陕西人民美术出版社，2005 年，第 115-116 页。

A、B 和 C 来表示（图 9-23、图 9-24）。A 类天井洞室墓的特点是：主要由墓道、过道、天井、甬道和墓室构成，结构最为复杂，规模均比较大，根据用材和结构的不同和差异又可分为 7 型 11 式。B 类洞室墓的特点是：主要由墓道、甬道和墓室组成，有的规格壁画墓将甬道省略，结构比天井洞室墓简单许多，规模也小许多，根据用材和结构的不同和差异又可分为 7 型 8 式。C 类竖穴墓的主要特点是结构最简单，以长方形竖式土坑为主体，根据结构的差异可分为三型。他的结论是："总体而言，在关中唐代京畿地区，A、B、C 三类墓的各型、式，对应于皇室成员、贵戚功勋、各级品官、平民等各个阶层。A 类天井洞室墓中规格较高的墓型是初盛唐皇室贵戚和高官墓葬的主要形制。B 类洞室墓虽然在初盛唐就存在，但墓主人身份较低；而在中晚唐，随着 A 类天井洞室墓的减少

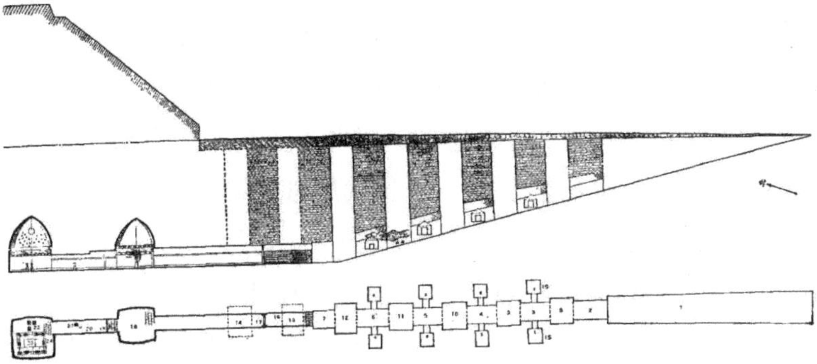

图 9-23　墓葬平、剖面图 陕西懿德太子墓

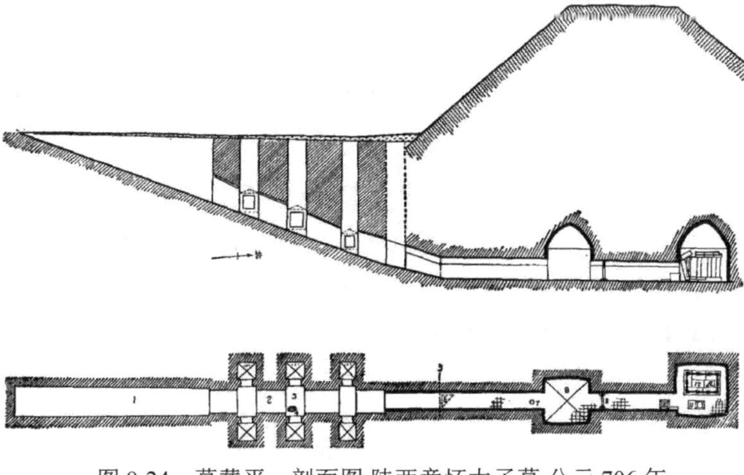

图 9-24　墓葬平、剖面图 陕西章怀太子墓 公元 706 年

和消失，遂成为皇室贵戚、高官和下层官员、庶民通用的墓葬形制。平民主要使用造价低廉的A类、B类中规格最低的墓型和C类墓。”[1]

《中国墓室绘画研究》有归纳性的描述：“首先，在墓室结构方面，墓葬基本坐北朝南，墓室结构由斜坡墓道、拱券顶过洞、天井、拱券顶甬道、穹顶墓室组成。其次，壁画的位置也较为固定，一般在墓道和过洞的东西两壁、天井四壁、甬道东西两壁、拱券顶和穹隆顶部。再次，墓葬结构象征的宅院景观与壁画在墓葬中的分布有互相对应的关系。壁画配置中的世俗人物图像，如侍女、伎乐、仪仗队等都统一在一个完整的宅院居室的景观中，这种宅院景观一般是成套的影作木构建筑，而且此木构建筑是与墓葬结构相呼应的。另一类象征宇宙祥瑞的天象图，如青龙白虎、日月星辰、祥云瑞鹤等，它们单独地构成一个关于宇宙、神瑞的图像体系。最后，墓葬的大小、墓葬结构的复杂性，以及壁画的内容、题材等方面都与墓主人的身份地位明确相关，表现出了十分明显而严格的等级制度。根据墓主人职务的高低、封爵的大小，以及与皇室血缘关系的远近，墓葬结构中的墓道长度、过洞、天井、小龛和墓室的数量都会有差别。这种‘京畿规制’在初唐定型之后一直到武周时期都稳定发展，并且在武周之后得到了更加充分的发展。”[2]

湖南地区也有唐代的墓室壁画遗存发现，胡彬彬、梁艳认为：两汉以来，直到明清，湖南的墓室壁画仅见维山古墓这一处。此墓因为人为破坏，没有明确的文字记载，但借助于考古科技的鉴定，大致可以判断为晚唐至五代时期[3]。

（三）五代墓室壁画的分布体系

五代时期的壁画墓在20世纪40年代以来被考古人员陆续发现，主要分布在三个地区：其一，北方地区。这一地区主要以仿晚唐形制的大型壁画墓为主。其二，江南地区。这一地区以早年发现的装饰有彩绘壁画的南唐二陵为代表。其三，四川地区。这一地区以前蜀、后蜀的大小墓葬为主，这一地区墓葬的壁画较少，一般是作为辅助雕塑的彩绘而存在，而雕塑的艺术性较高。在这些壁画墓中，壁画墓中壁画面积最大、最具有代表性的是我国北方地区的王处直墓和冯晖墓。

[1] 参见李星明《唐代墓室壁画研究》，陕西人民美术出版社，2005年，第95-107页。
[2] 汪小洋主编：《中国墓室绘画研究》，上海大学出版社，2010年，第145-146页。
[3] 参见胡彬彬、梁艳《湖湘壁画》，湖南美术出版社，2009年，第63页。

三个主要地区的墓室壁画的差异主要表现在壁画和砖石雕的关系上。在北方地区，仍然是晚唐的大型壁画墓为主；在四川地区，壁画退居次位，取而代之的是浅浮雕的石雕，其写实性的艺术造诣达到了这一时期的顶峰；以南唐、吴越为代表的南方十国地区，壁画和浅浮雕相映成趣，壁画往往是以装饰性的彩色花卉、云气为主，而浅浮雕则表现人物，其特征夸张，具有典型的地域特色（图 9-25）[1]。

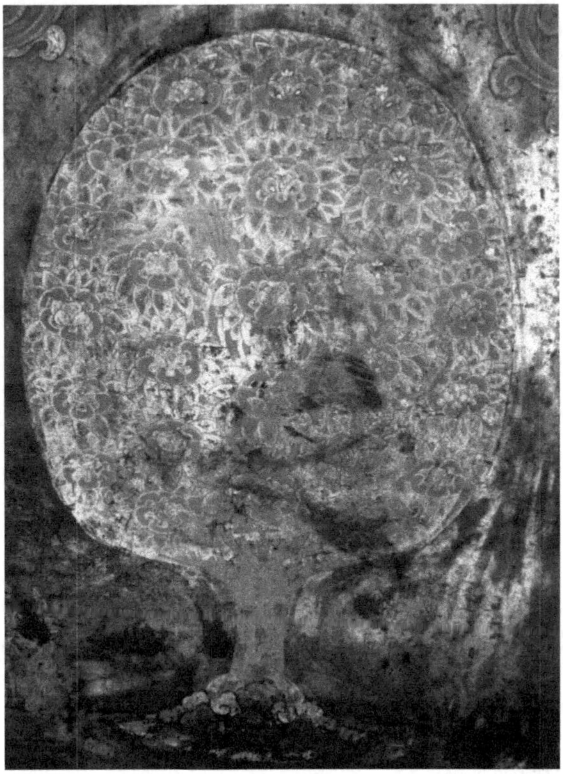

图 9-25　牡丹树 浙江临安吴越国康陵 公元 939 年

二、我们理解的唐代三个分布体系

唐帝国的空前强大，使我们在讨论唐代墓室壁画分布体系时更加强调政治中心的影响。壁画墓是中、上贵族的墓主活动，政治中心往往成为壁画墓的分

[1] 参见汪小洋主编《中国墓室绘画研究》，上海大学出版社，2010 年，第 181-183 页。

布地，即使在南北分裂的南北朝时期也是这样的状态。当大一统李唐王朝建立后，政治中心在壁画墓分布上的影响更显突出。与之前两汉与南北朝有别，唐代绝大部分的壁画墓遗存分布于京畿地区，这是一个扩大而又加强了的政治中心，充分说明强大的中央集权对墓室壁画发展带来的巨大影响。

京畿地区之外的壁画墓如何分布？这当然仍然是由中央集权的唐王朝来决定，从唐代中央政权和地方政治中心的关系看要涉及唐代的藩属体制。藩属体制是唐帝国京畿地区之外政治中心分布的一个指标性内容，同样也是壁画墓分布体系的一个指标性内容。关于唐代藩属体制的结构，李大龙《汉唐藩属体制研究》有着非常好的描述。他认为，汉代天下统治结构大致是由郡县统治区、特设机构统治区、边疆民族政权羁縻统治区三个层次构成。唐王朝在汉代的基础上予以发展，行政区域可以分为州府统治区、都护府区和藩国区三个层次。比较两汉，汉唐相异表现在两个方面："一是对第二层次的认识唐王朝的观念较汉代更为明确，不仅认为这一区域也是唐王朝实施有效统治的区域，是皇帝'家'的范围，而且与此相适应，这一区域内所设置的管理机构及其官员配置也都纳入到唐王朝正式的官制序列中；二是和羁縻统治区域内各民族政权的关系不仅有了范围上的拓展，而且也更加细化了，不仅更多的边疆民族政权被纳入到这一区域之内，而且分布范围上也较汉代有所进一步的发展。"[1] 唐代京畿地区之外的地域广大，但壁画墓的分布有规律。从遗存看，壁画墓大多数是存在于第二层次的边关重镇，或第三层次的少数民族政权所在地，这些都是中央政权之外的地方政治中心。

因此，我们将唐代墓室壁画的分布对应于州府统治区、都护府区和藩国区而划分为中央区、中央辐射区和藩国区三个分布体系。

1. 中央区的分布体系

这一地区包含京畿地区和一些重要的地方政治中心，这是中央政权直接覆盖的地区，虽地域辽阔，但所有的政治中心都基本上与中央政权保持一致，这样的大背景下，各地的墓室壁画即使在形制等方面有所不同，那也是一些来自于地域文化方面的局部补充，一致性是主体。与汉代主流社会壁画墓和非主流社会画像石墓的多个分布体系、南北朝的两个阶段三个分布体系不同，因为京

[1] 李大龙：《汉唐藩属体制研究》，中国社会科学出版社，2006年，第291-294页，附图。

畿地区壁画墓的大比例集中，唐代墓室壁画的中央区分布体系不仅表现出唐代墓室壁画的主流面貌，而且也表现出唐代墓室壁画皇权独大的整体特征。质言之，中央区分布体系主要有这样几个特征：首先，结构宏大，包容性突出。南北朝墓室壁画出现了南朝的下移和北朝的上移两个走向，唐代墓室壁画都予以接受，既有表现帝国之威之势的仪卫图，又有表现生活常态的宅院图，宏大的结构提供了包容两个走向的可能。其次，突出皇权特色，强调等级制度。在中央区分布体系中等级制度的要求无处不在，这一点在号墓为陵的形制上和仪卫图的列戟数量上充分表现。号墓为陵是因为政治需要而在形制上取得突破，帝国政治现实改变了的壁画墓形制。仪卫图的列戟数量分为三个等级：第一等级是身份特殊的太子和亲王，第二等级是太子、王和身份特殊的公主，第三等级是三品以上高官，帝国等级制度在图像表现时体现了具体而细致的安排。最后，主流特征明确，阶段性与帝国政治体制发展一致。虽然唐代墓室壁画的发展有五阶段、四阶段、三阶段等不同划分，但各种划分都是以唐代政治体系的发展脉络为参照系，各阶段的标志都是以唐王朝的年号而标明。

2. 中央辐射区的分布体系

中央辐射区多为边关重镇，这是唐王朝有效统治区域，这一背景下墓室壁画首先表现出来的是与京畿地区的一致性，在一致性的基础上有了一些新内容。质言之，中央辐射区分布体系主要有这样几个特征：首先，墓主人对等级制度有所忽视而对财富更加强调，许多题材要素都没有作仪式性的安排。如宁夏固原梁元珍墓中马图像，“在天井和甬道绘有连续的牵马画面，这些马与关中壁画墓墓道和靠近墓道的过洞、天井东西两壁的出行仪仗图场面中的马不同，并不是用来表现墓主人官品的……此墓中连续的牵马图应该是墓主人生前财富和身份的一种象征”[1]。其次，一些中原已经不再流行的墓葬形制在中央辐射区仍然流行，表现出滞后性。如影作木构的流行形态，中唐开始消退，但在中央辐射区往往可以看到这样的遗存。最后，从神灵图像看，中央区的墓室中已经很少四神图像，而中央辐射区的墓室中仍然存在四神图像，一方面是延续了北朝墓室壁画的构图形制，另一方面也是中央权威的辐射在传播中有所衰减的表现。

---

［1］ 李星明：《唐代墓室壁画研究》，陕西人民美术出版社，2005 年，第 115 页。

3. 藩国区的分布体系

唐代藩国区的壁画墓，目前的遗存主要分布于西域吐鲁番地区的墓葬群中。这里的墓室壁画特征，首先表现出来的是与中原具有相同的重生信仰，如阿斯塔那、哈拉和卓等地墓葬遗存中发现的数十幅伏羲女娲图，仍然延续着中原地区的影响。同时，中原地区的形制、题材影响也普遍存在于各个遗存中，如屏风画的形式、树下老人图的题材等。这一地区最突出的地域特色应当表现在壁画的一些特别形制上，吐鲁番墓葬群中的伏羲女娲图绘于绢或麻布上，然后钉在墓室顶上，画面朝下正对着墓主，这实际上就是在墓室顶部绘制伏羲女娲图，只是一种特殊的形制，可作墓室壁画看。这样的图像，装饰性很强，但墓主人重生的要求没有变，是地域特色的充分反映。

此外，近年来青海郭里木吐蕃墓的发掘也提供了吐蕃时期的墓室壁画材料。青海郭里木吐蕃墓棺板画上描绘了吐蕃人现实生活的重大事件，如商贸、狩猎、会盟、宴饮（图 9-26）、送葬、合欢（图 9-27）等内容，这些画面表现出了浓郁的吐蕃民族风情，可说是中国最早的风俗画之一，这比北宋颇为著名的风俗画

图 9-26　宴饮图 青海郭里木棺板画 公元 750 年

《清明上河图》还要早四百多年[1]。

图 9-27　合欢图 青海郭里木棺板画 公元 750 年

4. 唐代墓室壁画中的平民化图像

唐代的墓室壁画是上移的趋势，因此壁画墓是少数中、上贵族阶层的墓葬形式，这使得中央政权的辐射力成为壁画墓分布的一个决定性因素，这一因素也使得唐代墓室壁画形成了帝王化体系，平民化体系的墓室壁画被大大边缘化。唐代平民化体系的墓室壁画存中央区分布体系中极少存在，其他分布区少量存在。如宁夏固原梁元珍墓中的牵马图，没有做过官的墓主人忽视等级制度的要求而表现出鲜活的生活气息。南方临安钱宽壁画墓、水邱氏壁画墓中图像以花卉为主，也表现出浓郁的平民气息。

第四节　隋唐五代墓室壁画的发展阶段

唐代墓室壁画发展的最大特征就是大一统政权的影响，与汉王朝一样，唐王朝皇权加强而国势强大，但与汉王朝不一样的是唐代壁画墓是基本在主流社

[1]　汪小洋主编：《中国墓室绘画研究》，上海大学出版社，2010 年，第 179 页。

会流行的墓葬形式，并且壁画墓主要集中于京畿地区，这样的分布表现出唐代墓室壁画与世俗政权更加紧密的关系。这样的关系结构里，墓室壁画进入到新的阶段。在唐代墓室壁画中，重生信仰与世俗生活有了一个新的平衡结构，强大的皇权更加直接地加入到彼岸构建之中，墓室壁画中的神秘性趋于弱化而世俗性日益增强，唐代墓室壁画开启了世俗化的新阶段。隋代和五代时间短暂，壁画墓遗存数量也不多，成果也不多，这里从略。

一、已有研究成果梳理

唐代墓室壁画的发展，因为唐帝国地域辽阔、历时数百年，这是中国墓室壁画发展的又一个繁荣期。

1. 以京畿地区为主线的研究成果

京畿地区壁画墓的高度集中，使得这一地区的墓室壁画发展研究成果丰富，并且具有主导性的学术影响，即使是全国性的分期研究，也一般是从京畿地区说起。

在这方面成果中，20 世纪 80 年代宿白和王仁波等几位学者的观点具有代表性。宿白《西安地区唐墓壁画的布局和内容》提出五个发展阶段的观点：第一阶段为高祖到太宗中期，壁画布局内容沿袭隋墓壁画旧制，分上、下两层；第二阶段为高宗、武则天时期，唐代壁画特征开始出现；第三阶段为中宗至玄宗开元时期，是唐代壁画特征的形成时期；第四阶段为玄宗天宝年间至德宗时期，是发生较大转变的阶段，墓道壁画衰落，身份较低的墓道不见壁画，墓室流行折扇式人物屏风画；第五阶段为顺宗以后，壁画更为简单，墓道无壁画，墓室内流行云鹤题材的屏风画[1]。王仁波、何修龄、单暐《陕西唐墓壁画之研究》提出三个发展阶段的观点，他们的出发点是根据墓室壁画的题材演变并参照艺术风格的变化，实际上是覆盖整体发展的一种划分。他们认为：第一期为唐高祖武德至中宗景龙年间（618—709），题材突出地表现墓主人生前的仪仗和狩猎场面，同时适当地安排了宫廷生活和日常家居生活的各种场面；第二期为唐睿宗景云至玄宗天宝年间（710—756），突出表现墓主人生前的日常家居生活，狩猎

[1] 宿白：《西安地区唐墓壁画的布局和内容》，《考古学报》1982 年第 2 期。

出行、仪仗出行场面减少；第三期为唐肃宗至德至唐末（756—907），家居生活题材盛行，仪仗出行题材进一步削弱，六扇屏风题材盛行[1]。

20 世纪 90 年代后，齐东方等先生的观点具有代表性。齐东方、张静《唐墓壁画与高松冢古坟壁画的比较研究》从壁画内容、布局、构图、艺术特征和绘画技法的发展提出四个发展阶段的观点：第一阶段，隋至初唐（581—649），李寿、杨恭仁墓为代表，题材源于十六国迄北朝壁画，日常生活以庭院为背景，布局上下分栏。第二阶段，唐高宗、武则天时期（650—704），影作木构建筑普遍，墓室宅院化，人物无背景。第三阶段，唐中宗至玄宗开元时期（705—742），这一阶段在过洞、甬道、墓室所绘人物，大都以象征式廊柱建筑为背景，墓室壁画生活气息更浓厚，游乐场面增加，墓道壁画简化。第四阶段，唐玄宗天宝（742）以后，壁画绘于墓室，题材多为四神、侍者，出行、影作木构淘汰，流行屏风画、云鹤题材。楚启恩《中国壁画史》从布局和题材变化提出三个发展阶段：第一阶段为初唐至盛唐，是唐代墓室壁画特征形成和发展时期，壁画采用单栏式，全墓壁画布局趋于一致，出现墓室宅院化特点。第二阶段为中唐时期，绘于墓道中的壁画逐渐少见，墓室壁画流行墓主人像和人物屏风画。第三阶段为晚唐时期，壁画越来越简化，屏风画的内容以云鹤、花鸟为主，人物形象少见[2]。

2. 特别方向的研究成果

在京畿地区之外，还有一些特别方向的研究，对唐代墓室壁画发展阶段提供了很好的成果。

其一，地域特征层面的研究。

因为壁画墓遗存没有京畿地区那样集中和数量多，所以地域特征方向的研究展开不多，但有许多很好的启发观点。

关于南方墓室壁画的发展。权奎山《试析南方发现的唐代壁画墓》梳理了 1949 年以后发掘的 9 座唐代壁画墓，他认为：最早一座壁画墓是唐太宗时期，最晚一座壁画墓是唐昭宗时期，壁画墓在南方贯穿整个唐代。“但是应当特别指出的是，在时间上有严重的缺环，从玄宗天宝元年（742）到昭宗光化二年（899）

[1] 王仁波、何修龄、单暐：《陕西唐墓壁画之研究》（上、下），《文博》1984 年第 1、2 期。
[2] 转引自周天游主编《唐墓壁画研究文集》，三秦出版社，2001 年，第 14-15 页。

的一百五十多年间未发现一座；初、盛唐时期，虽然各个主要阶段都有发现，但数量少。”[1]

关于北方太原地区唐代墓室壁画的发展。李星明《唐代墓室壁画研究》根据壁画墓遗存将山西唐代墓室壁画分为初唐时期和盛唐时期两个阶段。他对初唐时期的特点有如下描述：“太原唐代壁画墓除了与关中同时期壁画墓有相同之处外，既保留了一些北朝传统又具有新的特点，这些构成了太原地区武周及其其后不久的壁画墓的地方性特征。”[2]

其二，题材运用层面的研究。

这方面的成果以屏风画的研究为主，这是一个从题材维度进行的研究。张建林《唐墓壁画中的屏风画》中以关中地区为主要研究对象，将唐代墓室壁画中的屏风画分为四个阶段：第一个阶段，有总章元年（668）王善贵墓和垂拱二年（686）元帅奖墓，均为多扇连屏环绕墓室，前例至少有15扇屏风，后例则多达22扇，每屏面均绘一侍女，与北朝、隋墓屏风壁画相比已不再出现屏风以上的帷帐，屏风所绘内容由主人携侍者出游变为单纯的侍女图。第二阶段，有景云元年（710）节愍太子墓，屏风内容为树下贵妇，太原金胜村三座墓与其相似，屏风画内容为树下老人图。第三阶段，集中天宝年间，最晚的是永泰元年（756）韩氏墓。六扇屏风内容保留此前侍女图、树下老人图、树下贵妇图之外，又新出现花草图、山水图。三扇屏风、独立屏风内容有乐舞图、宴饮图、双鹤图和胡人牵羊图等。吐鲁番阿斯塔那屏风画与这一阶段基本相同。第四阶段，兴元元年（784）至唐末，有4例，内容为云鹤、花鸟等[3]。杨效俊《影作木构间的树石—兹德太子与章怀太子墓壁画的比较研究》中根据屏风画的题材将唐墓壁画中的屏风画分成两个阶段，认为第一阶段流行历史人物故事画，第二阶段题材多样，历史人物故事画稀少[4]。

其三，绘画发展层面的研究。

唐代墓室壁画中，绘画成就达到一个新的高度，因此绘画发展开始受到关注，这方面李星明《唐代墓室壁画研究》有系统的梳理。他认为唐墓壁画中的

[1] 权奎山：《试析南方发现的唐代壁画墓》，《唐墓壁画研究文集》，三秦出版社，2001年，第100页。
[2] 李星明：《唐代墓室壁画研究》，陕西人民美术出版社，2005年，第112页。
[3] 参见张建林《唐墓壁画中的屏风画》，《唐墓壁画研究文集》，三秦出版社，2001年，第237-238页。
[4] 参见杨效俊《影作木构间的树石——兹德太子与章怀太子墓壁画的比较研究》，《唐墓壁画研究文集》，三秦出版社，2001年，第343-344页。

人物画分四个发展阶段：高祖至高宗时期的传承与蜕变，武则天至唐睿宗时期的主流风格精进，唐玄宗时期的盛世经典，唐肃宗至唐末的延续与渐变。其他山水画、花鸟画都有相关的分期描述[1]。对唐墓壁画的整体艺术风格的分期与嬗变，李星明认为可以分为三个时期：唐高祖至唐高宗时期（618—683），武周至唐玄宗时期（684—756），安史之乱至唐末时期（750—907）。

二、我们理解的唐代四个发展阶段

唐代墓室壁画的图像内容表现出明确的包容性，但是就墓葬性质而言应归属于中、上阶层的墓葬活动，这就决定了唐代墓室壁画的发展与唐代皇权发展有着极高的相关性。因此在描述唐代墓室壁画发展时，我们还是将反映唐代皇权发展的礼制发展作为一个重要参照体系，同时关注唐王朝藩属体制的发展阶段，在此基础上讨论唐代墓室壁画的发展阶段。

其一，唐代三次修礼和藩属体制的四个发展阶段。

唐代对“五礼”进行了三次大规模的修订，即唐太宗时的《贞观礼》、唐高宗时的《显庆礼》和唐玄宗时的《开元礼》。唐太宗时修《贞观礼》，开始与隋朝《五礼》表现出不同的面貌，将“凶礼”由第二位移到第五位，自此“五礼”次序改为吉、宾、军、嘉、凶，反映了“贞观之治”后最高统治者提高皇权的要求。唐高宗时修《显庆礼》，因加入了宫廷斗争的因素而有前后不统一的问题，时人和后人的评价也不一，但此次修礼中强调天的唯一性和皇权的至高无上，使得皇权再一次得到加强。唐玄宗时修《开元礼》，意在平衡各种矛盾，同时继续完善皇权的统治地位，由此而得到集大成的修礼成果。《新唐书·礼乐志一》记：“由是，唐之五礼之文始备，而后世用之，虽时小有损益，不能过也。”安史之乱后，唐王朝盛世不再，已经无力再大规模修礼。因此，唐王朝的三次修礼和安史之乱后的衰落，唐代的礼制发展可以分为四个阶段。

唐代藩属体制也有一个建成和完善的过程，一般认为经历了四个发展阶段。李大龙认为：“唐高宗、唐太宗两朝是藩属体制的初步形成时期，时间为618—649年；唐高宗至唐睿宗三朝是藩属体制的基本定型时期，时间为650—683年；武则天至唐玄宗四朝是藩属体制的调整时期，时间为684—755年；安、史之乱

[1] 参见李星明《唐代墓室壁画研究》，陕西人民美术出版社，2005年，第3-4页。

后则是藩属体制的逐渐衰败时期，时间为756—907年。”[1]

由三次修礼和藩属体制的四个阶段可以看出，唐代礼制的发展与藩属体制的发展是基本同步，唐代重大的历史事件和重要的制度制定在时间点上都与这四个阶段的划分相一致，这四个阶段可以概括出唐代历史发展的主要阶段。

其二，唐代墓室壁画的三个发展阶段。

我们认为，唐代墓室壁画是唐代中、上阶层墓葬活动的产物，墓室壁画的发展显然是需要与唐王朝的礼制发展保持一致。同时，唐代壁画墓的政治中心分布特征又需要得到京畿制度、藩属体制等国家管理制度方面的支持。因此，唐代墓室壁画的发展与唐代历史发展的趋势基本一致，也可以划分为对应的三个时期。在此基础上，我们的划分更接近于齐东方等学者的四分法，但第二、第三阶段合并为一个阶段，这是唐代皇权加强和完善的阶段，为唐墓壁画的繁荣时期。

具体如下划分：第一阶段，为唐代壁画形成期。初唐的唐高宗、唐太宗时期（618—649），李寿、杨恭仁墓为代表，这是唐墓壁画区别北朝和隋代而有自己面貌的开始。第二阶段，为唐代壁画繁荣期，其中又分前期和后期。前期是唐高宗、武则天时期（650—704），墓道礼仪化、墓室宅院化等特征开始形成，影作木构建筑流行于中原地区。后期是唐中宗至唐玄宗开元时期（705—742），号墓为陵的壁画墓将唐墓壁画的等级推向高峰，同时期的另外一些壁画墓则出现了墓道壁画简化的现象。第三阶段，为唐代壁画衰退期。唐玄宗天宝（742）以后，壁画绘于墓室，影作木构淘汰，屏风画流行，四神又成为流行题材，神秘气息有所回归。

[1] 李大龙：《汉唐藩属体制研究》，中国社会科学出版社，2006年，第334页。

第十章

宋辽金西夏墓室壁画

宋辽金西夏是中国历史上的一个特殊时期，虽然中原政权军事力量不强大，但经济繁荣，所以有了一个与之前不一样的面貌，即使不依赖军事力量，也能维持中央政权的相对平稳。这一时期文化发展繁荣，显然是得益于平稳的政治局面，这一特点也为这一时期的墓室壁画平民化特征准备好了充分的条件。

第一节　宋辽金西夏墓室壁画的遗存梳理

宋辽金西夏是我国墓室壁画发展的一个繁荣时期，虽然战乱不断，中原政权和少数民族政权长期对峙，甚至失守中原，但是壁画墓这种墓葬形制被入主中原的少数民族政权所接受，宋辽金西夏共同推动了这一时期墓室壁画的繁荣发展，壁画墓遗存数量很大，目前见于报道的总数是340座，其繁荣程度可比汉唐。

一、宋代壁画墓遗存

1. 遗存数量

宋代壁画墓总数是138座，壁画总面积考古报告基本没有直接的统计材料。这些壁画墓遗存主要为北宋时期，南宋时期的数量非常少。

2. 遗存分布

河南地区：55 座。河北地区：14 座。福建地区：14 座。山东地区：11 座。山西地区：17 座。四川地区：6 座。湖北地区：5 座。江苏地区：5 座。陕西地区：4 座。湖南地区：2 座。江西地区：1 座。广东地区：1 座。贵州地区：2 座。甘肃地区：1 座。

二、辽代壁画墓遗存

1. 遗存数量

辽代壁画墓总数是 104 座，目前可统计壁画总面积近千平方米。

2. 遗存分布

内蒙古地区：49 座。辽宁地区：25 座。北京地区：11 座。河北地区：9 座。山西地区：10 座。

三、金代壁画墓遗存

1. 遗存数量

金代壁画墓总数是 105 座，壁画总面积目前尚无直接统计数据。

2. 遗存分布

山西地区：60 座。河南地区：12 座。陕西地区：5 座。河北地区：13 座。山东地区：5 座。甘肃地区：3 座。北京地区：1 座。辽宁地区：2 座。黑龙江地区：2 座。内蒙古地区：1 座。吉林地区：1 座。

四、西夏壁画墓遗存

1. 遗存数量

西夏壁画墓总数是 7 座，壁画总面积目前尚无直接统计数据。

2. 遗存分布

甘肃地区：5 座。宁夏地区：2 座。

第二节　宋辽金西夏墓室壁画的题材体系

宋辽金西夏是一个特殊的时期，正统的中原政权在政治版图上长期不能统一是其突出的时代特征。赵宋有北宋和南宋之分，北宋尚能维持南北大体上的统一局面，南宋则只剩下半壁江山。这一时期的常态是正统的中原政权与少数民族政权长期对峙，北宋先后与辽、金、西夏对峙，南宋几乎是终一朝而与金国对峙。两宋王朝难现大唐盛况，雄才大略帝王不再，帝王化失去了基础，平民化成为墓室壁画的时代特征。

一、已有研究成果的梳理

（一）宋代的题材体系

宋代墓室壁画可以分为两类：一类是帝王墓的墓室壁画，另一类是一般墓葬的墓室壁画，前者遗存数量有限，目前的研究成果也主要集中于后者。

1. 整体层面的题材认识

李德喜、郭德维《中国墓葬建筑文化》主要对一般壁画墓的题材作了归纳，他们认为：宋代墓室壁画内容多为墓主人像，享受生活，男侍女从，孝悌故事等，题材不广。与唐时相比明显呈衰落之势，但家居生活气息较浓厚。描绘的家居生活，极为详尽具体。最为流行的题材是“开芳宴”，孝子烈妇事迹在北宋晚期再度盛行，墓主人像也普遍存在[1]。

《中国墓室绘画研究》认为，宋代壁画墓图像的题材可以分为四大类：第一类，墓主人生前的日常生活场景。第二类，宇宙天象和引魂升仙的天象神瑞场景。第三类，宣扬儒家伦理道德的孝行故事。第四类，几何、花卉等装饰性

[1] 参见李德喜、郭德维《中国墓葬建筑文化》，湖北教育出版社，2004 年，第 218 页。

图案[1]。

韩小囡《宋代墓葬装饰研究》认为："宋代墓葬装饰的题材内容十分繁杂，可以说是历汉、南北朝、隋唐、五代后，墓葬装饰题材的一次总的融合与爆发，其中许多内容是历代传统墓葬装饰题材与宋代文化尤其是民间文化艺术相结合，而衍生出的新样式。"她根据目前的考古发掘成果做了如下分类：第一类，仿木建筑装饰。第二类，家具陈设装饰。第三类，墓主像。第四类，启门图。第五类，备侍图。第六类，门吏武士。第七类，乐舞杂剧。第八类，鞍马轿舆。第九类，升天及祥瑞。第十类，孝行故事。第十一类，四神、十二神像与二十八宿。第十二类，日月星辰。第十三类，进奉与劳作。她同时认为："由以上宋墓装饰内容分类情况看，前十类是北方地区宋墓较流行的内容，其中除第五类'备侍图'和第十类'二十四孝'外，其余八类及第十一类'四神、十二时及二十八宿'在南方宋墓中也是较为主流的内容，最后两类只是在少数北方宋墓中出现。"此外，相同的内容在表现形式上也存在着较大差异，如地域文化的影响："第八类表现出行的鞍马轿舆题材，其中鞍马及驭手形象主要出现在北方宋墓中，有的还装饰骆驼等内容，而抬轿、乘轿图多出现在南方宋墓中，这大概也是现实中南北方交通工具的差异在墓葬装饰中的体现。"[2]

赵明星《宋代仿木构墓葬形制研究》认为：与唐代壁画墓的墓主人身份比较，宋代壁画墓的等级较低，墓主人多为社会下层的地主或商人。此时墓葬最突出的特点是砖雕壁画的大量出现，主要题材包括仿木建筑、家具陈设、墓主像、启门图、备侍图、乐舞杂剧、门吏武士、鞍马轿舆、升仙及祥瑞、孝子故事等[3]。

2. 地域层面的题材认识

北方地区的研究成果比较多，壁画墓遗存集中地区的题材研究具有一定的代表性。洛阳始终是北方墓室壁画的重镇，宋代也遗存丰富。徐婵菲认为："洛阳壁画墓中出现的题材主要有以下几种：①开芳宴；②妇人启门、版门、格扇门；③家具、日用品、装饰品；④门吏；⑤孝子故事；⑥杂剧；

[1] 参见汪小洋主编《中国墓室绘画研究》，上海大学出版社，2010 年，第 194 页。
[2] 参见韩小囡《宋代墓葬装饰研究》，山东大学博士学位论文，2006 年。
[3] 参见赵明星《宋代仿木构墓葬形制研究》，吉林大学硕士学位论文，2004 年。

⑦纳贡；⑧梳妆；⑨仙鹤流云。”她将以上的内容归纳为三大类题材：家居生活（图 10-1）、伦理道德、吉祥图案[1]。

图 10-1　育儿图 河南登封黑山沟村北宋李守贵墓 公元 1097 年

南方地区的研究成果相对较少，主要集中在四川、贵州、福建等地。李德喜、郭德维认为四川、贵州壁画墓："室内刻简单的仿木构建筑，近门处刻武士，四壁刻四神，后壁刻妇人启门状，其主题雕刻仍是墓主人的'开芳宴'。在贵州遵义发现的石刻宋墓，其形制和雕刻内容，都与成都宋墓类似，但在后壁上刻出墓主人像。"[2]这一时期湖北襄樊也出现了壁画墓遗存（图 10-2），这是一个比较少见的现象。

[1]　参见徐婵菲《洛阳宋代墓葬壁画略论》，《洛阳师范学院学报》2004 年第 6 期。
[2]　李德喜、郭德维：《中国墓葬建筑文化》，湖北教育出版社，2004 年，第 219 页。

图 10-2　庖厨图 湖北襄樊襄城区檀溪墓地 196 号墓 南宋

董新林认为，宋代画像石墓的画像石有浮雕和线刻两种。浮雕画像石主要在四川地区发现，主要内容是武士图、四神图、蓬莱仙境图、出行图、备宴图、狮子戏绣球图等。线刻画像石主要在中原北方地区发现，主要内容有 22 幅孝悌故事图、散乐图、妇人启门图、天女散花图、鹿和麒麟等祥瑞图[1]。

关于四川地区出现的世俗化现象，赵忠波认为："四川盆地宋墓所体现出的世俗化主要有以下两方面：一是极富生活气息的墓内场景，如砖室墓内仆侍俑分列棺台两侧，随葬品摆放陶房、陶猪圈、四合院模型等，模拟出日常生活中家丁众多、六畜兴旺的景象；二是石室墓内设置夫妻开芳宴、妇女启门图、宾客宴饮图、庖厨图、焚香图等，营造出丰富多彩的出行交往和内宅生活。此外，石室墓内的墓门武士图、四神图、瑞兽图、花卉图也是常见的题材，不仅在中、下层的品官和平民墓中盛行，甚至在高等级的品官墓如赵雄墓、安丙墓内也变得常见，体现出世俗化的雕刻题材对整个社会阶层的强烈影响。"[2]

3. 特殊题材层面的认识

首先，戏曲和表演题材。

[1] 参见董新林《中国古代陵墓考古研究》，福建人民出版社，2005 年，第 234–235 页。
[2] 赵忠波：《从葬制葬俗变革看社会变迁》，四川大学硕士学位论文，2007 年。

戏曲图像受到学者们的特别关注，主要方向是以图像与文献比照而获得以图证史的意义。延保全对韩城盘乐村北宋墓杂剧壁画（图 10-3）的文物和学术价值有详细考释，他认为：首先，该壁画中十二人的伴奏乐队，是我们目前所能看到的人数最多的宋杂剧伴奏乐队，特别是筚篥色的多员配置，为深入了解宋代宫廷杂剧向民间杂剧的转化提供了重要依据。其次，韩城北宋杂剧壁画形态各异的面部化妆，为研究宋杂剧角色化妆提供了文物新证。再次，韩城北宋杂剧壁画展示了宋代乐人和宋杂剧不同角色的服饰类型。最后，韩城北宋杂剧壁画以其灵动的、富有戏剧性的画面展示了宋杂剧演出的精彩瞬间，为人们探究宋杂剧的演出剧目提供了深入想象的空间[1]。比如，河南偃师宋墓出土的五人砖雕上有表演杂剧的图像，河南温县宋墓出土的五人砖雕上也有同样的表演杂剧图像（图 10-4），从这些图像中可以对读文献中关于宋代杂剧演中常见的五个角色，即末泥、副净、引戏、副末和装孤[2]。

图 10-3　杂剧图 陕西韩城盘乐村 218 号墓 北宋

[1]　参见延保全《宋杂剧演出的文物新证——陕西韩城北宋墓杂剧壁画考论》，《文艺研究》2009 年第 11 期。
[2]　参见张思青、武永政《温县宋墓发掘简报》，《中原文物》1983 年第 1 期。

图 10-4　杂剧图 河南焦作温县宋墓 北宋

此外，墓室壁画中出现的表演图像也受到重视。山西侯马宋墓东壁绘有四个乐者，其中一人手持横笛，另一人手执拍板，正在演奏；西壁三人，一人敲击圆形手鼓，另外二人正在演唱。这可能是"唱赚"形式，与宋末元初陈元靓编的《事林广记》中记载的唱赚图相同，书中有一幅与墩球绘在一起的唱赚图，并有诗描述："鼓板清音按乐星，那堪打拍更精神。三条犀架垂丝络，双只仙杖击月轮。笛韵浑如丹凤叫，板声有若静鞭鸣。几回月下吹新曲，引得嫦娥侧耳听。"四川广元罗家桥南宋墓石刻中也有一个表演场面，三件石刻，一人吹笛，一人击拍板，一人击有架的扁鼓[1]。山西平定县宋墓中，儿童参与演出的画面出现，弥足珍贵（图 10-5、图 10-6）。墓室壁画表演方面的论文一般都与辽金共同梳理，重要的研究成果也多在宋辽金的比较研究中。

图 10-5　乐舞表演图 山西平定县城关镇姜家沟村宋墓 北宋

[1] 参见牛加明《宋代墓室壁画研究》，华南师范大学硕士学位论文，2004 年。

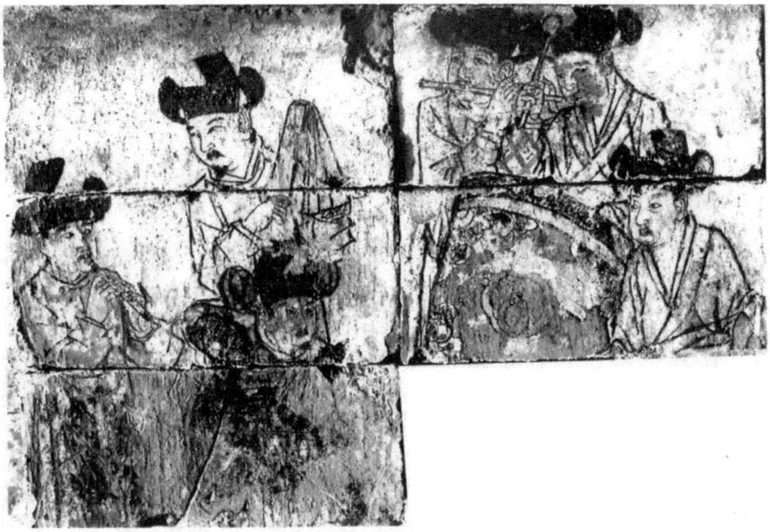

图 10-6　乐舞表演图 山西平定县城关镇姜家沟村北宋墓 北宋

沈倩认为：在现今出土的宋代戏曲文物中，所占比例最大的便是各类戏曲砖雕。在他列举的戏曲文物中共有砖雕 9 种，分别为：河南禹县白沙宋墓杂剧砖雕（4 块，共雕 4 人）；河南偃师酒流沟宋杂剧砖雕（3 块，共雕 5 人）；温县出土北宋杂剧人物砖雕（10 块，共雕 10 人）；河南温县前东南王村宋杂剧砖雕（1 块，共雕 5 人）；河南温县前东南王村宋散乐砖雕（1 块，共雕 6 人）；河南温县博物馆藏单人戏雕（1 块，共雕 1 人）；丁都赛砖雕（1 块，共雕 1 人）；河南南召云阳宋墓木偶戏砖雕（2 块，共雕 4 人）；温县博物馆藏北宋墓杂剧砖雕（5 块，共雕 5 人）。其中，“河南温县前东南王村宋散乐砖雕”所雕内容为乐队表演，“河南南召云阳宋墓木偶戏砖雕”所雕内容为木偶戏表演，其余均为杂剧演员或杂剧角色形象。这类戏曲砖雕均于宋代墓室中出土，“其最一般的做法，是将戏曲作场的情景或者杂剧演员的形象，绘图模勒，制为雕砖，在修砌墓室时镶嵌入墓壁，使之成为整个墓室结构的组成部分”。这类砖雕也是厅堂之中的象征性装饰，与整个墓室的厅堂内室构造或四合院内天井式结构相结合，组成一个完整的家庭戏曲演出场面的立体环境[1]。

其次，装饰性题材。

装饰性题材的流行，是宋代墓室壁画平民化的一个特征。谷莉认为：“宋代

[1] 参见沈倩《文物物语——论宋代戏曲文物与宋代演出》，上海戏剧学院博士学位论文，2009 年。

装饰纹样是时代的主流。由于工艺技术的提高，促进了工艺美术品的繁盛发展，有益于装饰纹样的发展，使装饰纹样的应用面和题材比以往更宽广，传承并超越了唐代装饰纹样。”这些纹样包括几何纹样（回纹、八达晕、卍字纹、方胜纹和毬路纹）、植物纹样（牡丹纹、莲花纹、菊花纹、叶纹和瓜果纹）、动物纹样（龙纹、凤纹、虎纹、狮纹和摩羯纹）、人物纹样（佛教人物纹、人物故事纹、乐舞杂剧纹和婴戏纹）、其他纹样（水纹、抽象纹、舟船纹）五大类[1]。佛教题材在装饰性图像中的普遍运用，说明佛教在中国的普及，同时也说明佛教本土化的深入，在宋代墓室壁画世俗化的语境中，世俗化对本土化的影响是显而易见的，应当引起关注（图 10-7）。

图 10-7　飞天图 山西长治北郊故县村北宋墓 公元 1078 年

（二）辽代的题材体系

这方面的研究主要有两个层面：一是发展的层面，二是类型化的层面。

[1] 参见谷莉《宋辽夏金装饰纹样研究》，苏州大学博士学位论文，2011 年。

1. 发展层面的研究

张国庆《辽代社会史研究》从契丹文化发展和汉文化影响出发将辽代墓室壁画分为三个题材体系。他认为："早期墓壁画大多出现在西辽河上游的辽墓中，数量不多，规模较小，装饰性极浓。内容以辽地自然风光为主，直接描绘契丹人的游牧生活，生动再现了契丹人逐水草、牧牛羊的特点，具有浓郁的草原气息。辽代中期以后，辽墓的壁画出现了场面大、人物多、形象生动、线条流畅的特点。如大场面的车骑出行，车马相接，前呼后拥，在草原上浩浩荡荡；宴饮则草原风光，山树相衬，野鹿追逐奔跑；营卫则驼车启驾，侍吏备马臂鹰，随骑前引。而在靠近中原的燕云地区辽墓出土的壁画上，内容及风格始终体现了汉族的文化特色，不论是宴饮、出行，或山水花鸟，乃至生活场景、人物都保持了汉族的特征。"[1]

张鹏《辽墓壁画研究》认为：早期。契丹上层墓葬壁画有唐代遗韵，甚或是直接袭用唐代绘画粉本。契丹下层墓葬壁画，更为贴近契丹人的生活。早期汉人墓葬壁画虽然考古资料不够丰富，但已经透露出一些汉人生活的信息，如许从赟虽身为大同军节度使之军事要职，其墓葬壁画的表现题材仍不离宅内生活，而赵德钧墓更是以汉人的文化活动赏画作为表现内容，从而提供了辽代汉人墓葬壁画发展的主线索。中期。在不断的民族迁移过程中，将中原文化与契丹风俗相互交融，创作者也不断尝试将这两种不同习俗、内容的绘画题材融合并置，使辽墓壁画更多地呈现出情节化、风俗化的特色。晚期。一是大型人物画的成熟，画家自如地运用人马车驼群像的构成方式，确立了绘画整体的起承转合关系。二是汉人与契丹人形象自然地并置于同一画面空间之上，不仅人物个体形象的特点表达清晰，而且群像的安排自然合理。三是不同民族的题材元素在同一墓葬壁画中交相辉映，运用自如[2]。

少数民族政权带来的多元文化和地域文化的影响，得到学者们的关注，这其中政权的影响力成为发展阶段划分和艺术特征认识的重点（图 10-8、图 10-9）。

---

[1] 张国庆：《辽代社会史研究》，中国社会科学出版社，2006 年，第 216–217 页。

[2] 参见张鹏《辽墓壁画研究——以庆东陵、库伦辽墓和宣化辽墓壁画为中心》，中央美术学院博士学位论文，2004 年。

图 10-8　屏风侍女图 北京石景山区八宝山韩佚墓 公元 995 年

图 10-9　厅堂图 内蒙古阿鲁科尔沁旗东沙布日台乡宝山村 1 号墓 公元 923 年

2. 类型化层面的研究

李德喜、郭德维认为：可以分契丹贵族墓壁画和汉人官吏墓壁画两大类型。契丹贵族墓室壁画的题材主要有：游牧生活，男侍女从图，四时风光，宴饮散乐，门吏、武士、门神，出行归来图，四神、十二生肖图，山水花鸟，佛道升仙图，孝悌、义妇故事，星云图。汉人墓室壁画的题材主要有：开芳宴，散乐图，屏风画，天象图，盆花，家居生活，孝悌故事[1]。

汪小洋认为：辽代墓室壁画分为契丹贵族墓、汉族高官墓和其他墓室壁画三个类型。其中，契丹贵族墓的题材有三个鲜明特点：其一，唐风影响。辽代前期墓葬不论从绘画风格、题材，还是形式上，多接近唐风。其二，强烈的民族特色。壁画中不论是人物的着装、发式，还是所用器物、营帐，都洋溢着浓郁的草原民族气息，如鸡冠壶、长颈瓶和篦纹陶器、驼车等适应北方寒冷气候和游牧生活的器物在汉墓中都是罕见。其三，突出权力象征。位于庆陵墓室四个方位的四季山水被普遍认为代表了辽代皇帝的“四季捺钵”，是一种特殊的契丹皇权象征。此外，契丹贵族墓又有上层和下层之分，下层贵族壁画墓多表现游牧生产生活的实际内容，上层壁画墓则较少具体生产层面而多射猎图[2]。辽宁朝阳建平县黑水镇七贤营子村水泉一号辽墓，出土的壁画中有契丹侍从图（图 10-10）、汉人侍从图（图 10-11），这是一个非常特别的图像，在说明辽代少数民族政权的权利特征外，还说明了民族文化交融、地域特色等方面的直接影响。

图 10-10　契丹侍从图 辽宁朝阳建平县黑水镇七贤营子村水泉一号辽墓 辽代

[1]　参见李德喜、郭德维《中国墓葬建筑文化》，湖北教育出版社，2004 年，第 219-221 页

[2]　参见汪小洋主编《中国墓室绘画研究》，上海大学出版社，2010 年，第 216-232 页。

图 10-11　汉人侍从图 辽宁朝阳建平县黑水镇七贤营子村水泉一号辽墓 辽代

（三）金代的题材体系

赵永军将金代墓葬装饰内容分为砖雕、壁画和石刻画像三类，他认为，砖雕内容有：墓主人图、妇人启门图、侍从图、武士图、家居生活图、出行图、孝行图、八仙图、散乐图、百戏图、杂剧图、祥瑞图、建筑家居装饰图（图 10-12）；壁画内容有：墓主人图（图 10-13）、妇人启门图、侍从图、武士图、家居生活图、出行图、孝行图、散乐图、百戏图、杂剧图（图 10-14）、祥瑞图、建筑家居装饰图、天象图；石刻画像内容有：墓主人图、妇人启门图、侍从图、武士图、家居生活图、出行图、散乐图、四神、动物、花草图、孝行图。赵永军同时认为："以砖室墓为主流的金墓中，墓室盛行装饰的风气。所见图像装饰方式主要有砖雕、壁画以及线形石刻等，砖雕和壁画二者在多个题材方面内容是相同的，只有少数几个方面有所不同。石刻画像内容基本同于前二者。"[1]

李德喜、郭德维认为：金代壁画墓发现最多的为山西晋南地区，其壁画和砖雕题材除原有的开芳宴、门吏、备宴、男女侍、技乐散乐外，妇人启门应用得更加广泛，最流行的要数杂剧题材、孝行题材，盆花装饰也较为普遍，墓顶

[1]　参见赵永军《金代墓葬研究》，吉林大学博士学位论文，2010 年。

有天象、八仙人物、云鹤等图案[1]。

图 10-12　建筑彩画图 河南林州市桂林镇三井村金墓 金代

汪小洋认为："孝行图"和"杂剧图"是宋金元时期中国北方地区墓室壁画中流行的图像主题，在金墓壁画流行的三个地域中，北方金源地区和辽旧地带有这类图像的壁画墓很少发现，多以宴饮和草原文化社会图像为主，而在宋旧地的广大地区，尤其是晋南、河南地区的金墓中，孝行和杂剧成为常见题材[2]。边疆地区的民风、民俗是金代墓室壁画图像体系的特色所在。

[1]　参见李德喜、郭德维《中国墓葬建筑文化》，湖北教育出版社，2004 年，第 222 页。
[2]　参见汪小洋主编《中国墓室绘画研究》，上海大学出版社，2010 年，第 240 页。

图 10-13　人物图 山西繁峙县杏园乡南关村金墓 金代

图 10-14　杂剧图 山西平定县城关镇西关村 1 号金墓 金代

（四）西夏的题材体系

蒙古人征服西夏后，西夏文化几乎失传七百年，目前的考古成果也很有限。根据墓室结构和装饰结构，西夏的墓葬遗存可以分成四种类型，分别是木板画墓、塔葬墓、瓮棺墓和壁画墓，其中木板画墓备受关注，壁画墓有待新的考古成果支持。

1. 木板画墓

木板画墓目前发现四例，较为重要的是武威西郊林场西夏二号墓，出土了29幅木板画（图10-15），其中5块已经腐朽。这些木板画以描绘墓主人生活、出行为主，真实地反映了西夏人的生活。《西夏美术史》认为："西夏不论皇室陵墓还是一般墓葬，墓室中多用护墙板，这些木板上多绘有彩画，在某种程度上可视为墓室壁画的变种。"[1] 宁笃学、钟长发认为：已经发现的木板画内容主要有蒿里老人（可能是墓主人）、贵妇、男侍、女侍、童子、武士、星宿、家禽等[2]。于光建认为："通过与唐宋墓葬丧葬习俗及随葬品的比较分析，武威西郊西夏二号墓出土的木板画以写实的手法，采用线描和渲晕的绘画技法，将墓葬神煞绘制在小木板上，代替了唐宋墓葬中陶制神煞。这既是西夏对中原丧葬习俗的吸收，又表现了西夏的民族特点。同时，西夏崇信佛教，受此影响，在丧葬上采用先火化，然后将逝者骨灰装入木制塔形灵骨匣或小木棺后再土葬的习俗，墓室较为狭小，所以采取了将随葬的陶俑等墓葬神煞绘制在木板上来代替。在墓葬中既有墓主人信仰佛教印记，又是信奉道教的体现，表现了西夏多元的宗教信仰文化。"[3]

2. 壁画墓

壁画墓目前没有系统的考古报告，据相关介绍，西夏显陵有墓室壁画存在。内部发行的《宁夏古代文物》记："在甬道前的东、西两壁白灰墙上，还残留有壁画，内容是单个的武士像各一幅。他们面向墓门，作守护状。头顶绘熊熊的火焰图案，他们身着战袍，一手叉腰，腰配剑鞘，着护臂甲，着色用蓝、赭红

[1] 韩小忙、孙昌盛、陈悦新：《西夏美术史》，文物出版社，2001年，第353页。
[2] 参见宁笃学、钟长发《甘肃武威西郊林场西夏墓清理简报》，《考古与文物》1980年第3期。
[3] 于光建：《武威西郊西夏2号墓出土木板画内涵新解》，《西夏研究》2014年第3期。

和绿三色，可惜大部已漫漶不清和脱落……此外还有铜‘副肘版’（版门上的片状装饰物）二件，上面的装饰图案各为一只展翅飞翔的凤凰，可见墓未被破坏前，甬道内装设有墓门。”[1]

图 10-15　武士图 武威西夏二号墓木板画 西夏

（五）横向比较的题材体系认识

宋辽金西夏政治上对立，军事上对峙，但文化交流上却表现出鲜明的融合面貌，因此在这一时期的研究成果中，很多是从融合的维度进行研究。

在宋代题材的影响上，李德喜、郭德维认为："辽金壁画虽然同受宋代壁画影响，但辽代壁画民族特色较强，而金代壁画民族特色不明显。这似可以从一个侧面反映了金代文化受汉文化影响的程度较深。"[2]

在装饰题材的比较上，谷莉认为："总的来说，宋辽夏金装饰纹样（图 10-16）以宋为主，不断融合、不断碰撞，形成了总体生机勃勃、吉祥浪漫、雅俗共赏的纹样面貌，在中国装饰纹样史上占有重要的历史地位。宋辽夏金时期我国装

[1]　宁夏回族自治区文物管理委员会：《宁夏古代文物》，内部发行。
[2]　李德喜、郭德维：《中国墓葬建筑文化》，湖北教育出版社，2004 年，第 222 页。

饰纹样的整体发展趋势由古典趋向于世俗，纹样的消费群体从上层社会转向下层社会，从贵族社会转向平民（市民）社会，由宫廷拓展到市场，从精神人文层面转向世俗生活面，从而奠定了中国装饰纹样发展的格局。宋辽夏金装饰纹样在后世元、明、清甚至近现代的装饰设计中，常常被沿用和借鉴，虽然因为时代的变化，材料的更新，工艺的进步，装饰纹样的手法有很多变化，但它们之间的传承关系和影响却是显而易见的。”[1]

图 10-16　装饰纹样图 陕西甘泉县柳河湾村金墓 公元 1196 年

关于题材接受丧葬礼仪和习俗的影响，邓菲认为：“墓中的杂剧、散乐、备食、供饮等场景均可与当时民间的丧葬礼仪、习俗相关联。然而，如果仔细观察宋金墓葬中围绕墓主夫妇展开的侍奉、娱乐场景，所表现出的气氛，似乎并不是哀伤而严肃的丧祭氛围，而是充满着生动、欢乐的生活气息。这类欢快的生活氛围，似乎可以由民间丧葬习俗中的娱乐性质所解释。民间祀神与丧葬活动中充斥着浓厚的娱乐气息，具有娱神与娱人的双重功能。”[2]

[1]　谷莉：《宋辽夏金装饰纹样研究》，苏州大学博士学位论文，2011 年。
[2]　邓菲：《宋金时期砖雕壁画墓的图像题材探析》，《美术研究》2011 年第 3 期。

此外，开芳宴、孝子图、妇人启门图等题材流行于宋辽金，相关的论述都涉及比较的层面。

二、我们理解的宋辽金西夏两个题材体系

宋辽金西夏的大背景是两宋中央政权不能统一天下，而且与之对立的是强大的少数民族政权，这就造成这一时期历史发展有了两条主线：一是汉民族中央政权的发展；二是少数民族政权的发展。在这两条主线的影响下，墓室壁画也形成了两个题材体系，即中原题材体系和少数民族题材体系。

第一，政治格局和丧葬传统共同结构的两个题材体系。

政治格局是这一时期题材体系的第一个结构要点。两宋三百多年间，赵氏王朝先后与多个少数民族政权并列，这样的政治格局形成了多个文化圈，其中主要是中原文化圈和与之相对的少数民族文化圈，由此而结构成了墓室壁画的两个题材体系：一是由北宋形成而南宋沿革的中原题材体系；二是辽金西夏先后发展的少数民族题材体系。前者虽有北宋和南宋之分，但南宋始终是以中原正统政权自居，因此中原题材体系一直保留着自觉的延续性；后者皆为少数民族政权，互相之间有差异，但它们都有着接受中原文化并融合发展的共同点，因此少数民族题材体系也一直保留着一致的发展方向。

丧葬传统是这一时期题材体系的第二个结构要点。这一时期涉及的各少数民族王朝都有着自己的丧葬传统，并且历史悠久。中原题材体系依托的是以汉民族为主的中原丧葬传统，这是一个在中原礼制思想指导下形成的丧葬传统，以重生为信仰基础，以皇权为中心结构，事死如生，将此岸世界的生活内容搬到彼岸世界之中继续存在，强调等级观念，并由此而建立了世俗化方向发展的图像体系。少数民族题材体系依托的是独特而悠久的本民族丧葬传统，这其中有着本民族特有的生死观念，有着大量的本民族特有丧葬习俗，同时也有着与中原文化交流的生死观念和丧葬习俗，由此而形成了多元文化交流的图像体系。就辽而言，契丹建国之前曾实行树葬，《北史·契丹传》记："父母死而悲哭者，以为不壮，但以其尸置于山树之上，经三年后乃收其骨而焚之。"建辽后，曾有火葬，但受中原文化影响，主要实行土葬。就金而言，宋人徐梦莘《三朝北盟汇编》有金人丧葬风俗的记载，涉及埋葬方式、殉葬内容和"烧饭"习俗。如下记："其死亡，

则以刃剺额，血泪交下，谓之送血泪。死者埋之而无棺椁，贵者生焚所宠奴婢、所乘鞍马以殉之，所有祭祀饮食之物尽焚之，谓之烧饭"[1]。就西夏而言，火葬与土葬并行，这就与中原风俗有别。唐宋时中央政府是反火葬的态度，而西夏政府的态度是允许。对于火葬的态度，西夏政府与唐、宋政府不同。唐、宋政府均反对火葬，认为火葬就是焚尸扬灰，只有大恶大奸之人才焚其尸。《宋刑统》抄录了唐律禁止火葬的全部规定，如“子孙于祖父母、父母”，“烧棺停者流二千里，烧尸者绞”。而西夏政府并不反对火葬，西夏法典规定：“人尸骨已埋或已烧，尸灰未舍弃，已集土而放置，如有损毁者，则徒十二年。”还规定：“逃难者或乞丐死了，准许于官私闲地中埋烧，不准其自家主人往他人地中烧埋尸体。”[2]从这些规定看，西夏政府与唐宋不同，是提倡火葬的。

宋辽金西夏的两个题材体系，政治格局提供的是共时性上的支持，并列政权划分出不同的文化圈而形成两大题材体系；丧葬传统提供了历时性上的支持，各自悠久的丧葬传统对题材选择有着传统倾向上的影响（图 10-17）。

图 10-17　四洲大圣度翁婆图 河南新密平陌村宋墓 公元 1108 年

［1］ 徐梦莘：《三朝北盟会编》，上海古籍出版社，1987 年，第 18 页。
［2］ 孙昌盛：《略论西夏的墓葬形制和丧葬习俗》，《东南文化》2004 年第 5 期。

第二，中原题材体系是这一时期的主流题材体系。

这一时期，两个题材体系是并列的，不过从两者的关系上看，中原题材体系是这一时期的主流题材体系，少数民族题材体系有自己的特征，当融入中原文化大家庭后，更多的是接受中原题材体系的影响。

一方面，丧葬观念等文化要素上接受中原文化的影响。中原礼制观念带来的影响非常普遍，孝悌图、出行图、墓主人图等这些基本题材都是礼制观念的体现，其中的等级思想更是普遍存在。几个王朝的帝陵都有向中原礼制学习的表现。辽代帝陵的壁画，向中原皇权学习加入了权力至上的成分，“四季捺钵图”被认为是辽帝巡游四季的真实写照，有契丹传统的风俗，更有中央政权统治四方的意义。西夏帝陵直接参照宋代帝陵，《嘉靖宁夏新志》记：“贺兰山之东，数家（冢）巍然，即伪夏所谓嘉、裕诸陵是也。其制度仿巩县宋陵而作。”

另一方面，接受中原文化过程中表现出了不断丰富的面貌。辽金西夏都有着游牧民族的文化传统，当融入中原文化传统后，墓室壁画的题材都有了进一步的丰富。辽代壁画墓中四季捺钵图、金代壁画墓中的杂剧图和西夏蒿里老人图等以及孝行图、开芳宴图的流行，都有着少数民族题材体系的贡献。这其中，金代墓室壁画受中原题材体系的影响最大，对应的丰富性也最明显。卢青峰硕士学位论文《金代墓葬探究》有细致的讨论，他认为：装饰内容方面，与北宋墓葬相比，金墓显得更加丰富多彩。①开芳宴中墓主夫妇不再是简单的袖手而坐，而是分持念珠、经卷对坐，中间为曲足大几或桌子，上置花卉、碗、盘、水果，以装饰华丽的卷帘为背景，还出现二人正面并坐的场景，对坐的位置也变成了在通壁的三开间格子门之前。②妇人启门图（图 10-18）的装饰细节也变得多元化，如妇人持盒启门、执壶启门、牵幼童启门等。③宋墓中盛行的孝行图在金代晋南地区个别墓内则变成了泥塑。④金墓内杂剧人物砖雕形象、生动，没有一丝拘泥之态，有的还在背后装饰了乐队，且多与结构精巧、造型美观的舞台并存，这与北宋墓内杂剧人物雕砖数量少、形象呆板、表演阵容小、人物比例失调相比，反映了金代戏剧表演艺术的成熟及舞台表演的完善，另外模制戏俑的出现，则标志着金代戏剧表演艺术的繁荣及普及。⑤北宋、辽墓内散乐图中的乐器组合、种类多寡不一，而金墓散乐图中拍板、革案、大鼓、腰鼓、笛的乐器组合已基本成为固定形式，从一个侧面反映了演奏乐曲的丰富及散乐表演的成熟。⑥表现民间社火活动的童子乐舞砖雕（图 10-19）增多，如敲锣、打鼓、吹笛、舞蹈、庆丰收、乔装人物等，表现了宋元时代乐舞的兴盛，与孟元老《东京梦华录》序“垂髫之童，但习鼓舞”相符。⑦金代砖室墓内还发现有马球图，说明马球运动在当时相当普及，这与金代把马球列入科考项目的历史背景不无关系。⑧晋、豫地区金墓中表现异域风情人物的装饰增多，如有的男侍形象为分发长辫、女侍头梳盘髻，与历史文献记载“金俗好衣百，辫发垂肩与契丹异……妇人辫发盘髻亦无冠”相符，此人物形象当为女真人形象；有的则晃发，或头顶扎三撮头发余皆剃光，或顶扎朝天髻、晃颅顶发，余发垂肩，当为契丹人形象；有的则为胡人形象，深目高鼻，披发，耳系坠环，着短褂、短裤、筒靴，骑狮疾驰等。上述人物形象共存，很好地反映了金代黄河中下游地区汉、契丹、西域胡人等各族人民的融合[1]。

图 10-18　妇人启门图 山东济南历城区港沟镇昭和塑料有限公司厂区 1 号金墓 公元 1201 年

不过，中原文化的影响在契丹贵族壁画墓和汉族贵族壁画墓中是有比较明显区别的，董新林认为：“从目前资料看，辽代壁画墓基本不见孝子图，只是在辽东地区画像石墓内有类似题材。而元代壁画墓‘孝子故事图’较为多见。”[2]

图 10-19　社火表演图
山西新绛南范庄金墓 金代晚期

此外，宋辽金墓室壁画中的细节描写是这一时期平民化的一个特征。北宋壁画墓中，细节的描写比比皆是。在

[1]　参见卢青峰《金代墓葬探究》，郑州大学硕士学位论文，2007 年。
[2]　董新林：《蒙元壁画墓的时代特征初探——兼论登封王上等壁画墓的年代》，《美术研究》2013 年第 4 期。

河南登封高村宋代壁画墓中，甬道东壁的备洗图，幔帐、屏风、盆架、水桶等一一描写，细节远超之前的家具图。该墓甬道西壁的烙饼图，更是题材独特，前无古人，将这些关系到生活中各个方面的图像结合起来看，使人联想到同时期的《清明上河图》，其平民化的审美取向是完全一致的。

第三，宋代皇权影响平民化特征形成。

宋代墓室壁画的特征是平民化，这已是学术界的共识。如何形成平民化？我们曾经认为："从题材看，宋代墓主人阶层下移，中、下贵族和平民为多，这使得壁画题材更多地取自于平民日常生活（图 10-20），如孝子图、侍吏图、散乐图（图 10-21）、开芳宴图和妇女启门图等都与唐代壁画墓中的帝王生活图像拉开了一定距离。"[1] 墓主人阶层下移应当是平民化走向的基础，出现这一现象的原因，我们认为还是来自于皇权结构的调整。宋代实行"与士大夫共治天下"的政策，这是对皇权的又一次加强。

图 10-20　夫妇对坐图
河南新安县石寺乡李村北宋宋四郎墓 公元 1126 年

与唐王朝加强皇权的权威不同，宋王朝侧重的是加强皇权的权力。范祖禹这样描述："唯本朝之法，上下相维，轻重相制，如身之使臂，臂之使指。民自徒罪以上，吏自罚金以上，皆出于天子。藩方守臣，统制列城，付以数千里之地，十万之师，单车之使，尺纸之诏，朝召而夕至，则为匹夫。是以百三十余年，海内晏然。"（《范太史集·转对条上四事状》）如何做到这一点？其一，抑武崇文的文官制度。杨亿《谈苑》记："太宗尝谓侍臣曰：'国

[1] 汪小洋：《中国墓室壁画繁荣期讨论》，《民族艺术》2014 年第 4 期。

图 10-21　散乐图 北京石景山区八角村金墓 公元 1143 年

若无内患，必有外忧；若无外忧，必有内患。外忧不过边事，皆可预为之防。惟奸邪无状，若为内患，深可惧焉。帝王合当用心于此。'"在这样思想的指导下，宋王朝的皇帝制定了抑武崇文的文官制度，所谓"凡制敕所出，必自宰相"（《资治通鉴长编・卷一八》）。其二，有利于中、下层知识分子的科举制度。首先，科举录取人数多。宋代科举录取的人数大大增加，唐代每次开科录取少则几人，多则二三十人，而宋代每次录取进士少则几十人，多则 200 多人，平均每次录取近 48 人。徽宗时，平均每次近七百人。两宋共开科 118 次，取士二万以上，人数之多空前绝后。其次，科举制度倾斜中、下层知识分子。两宋有意识扶持"孤寒"而打击"势家"，宋太祖有诏曰："自今举人凡关食禄之家，委礼部具析以闻，当令复试。"（《资治通鉴长编・卷九》）宋太祖正式建立了殿试制度，殿试及第后直接授官。太祖还下诏，凡及第者不准对考官称"师门"或自称"门生"，自此所有及第者都成为"天子门生"。宋代始，殿试成为定制，将选士的大权直接控制在皇帝手中，使恩归有司改变为恩归主上，加强了皇权，又防止了势家结党舞弊，堵塞寒俊仕进之途。蔡襄这样描述科举取士后的盛况："今世用人，大率以文词进。大臣，文士也；近侍之臣，文士也；钱谷之司，文士也；边防大帅，文士也；天下转运使，文士也；知州郡，文士也。虽有武臣，盖仅有也。"（《莆阳居士蔡公文集・任才》）

在宋代如此取士、用士的环境下，加强了皇权，同时又加强了中、下士族阶层的社会地位，这两个走向的加强获得了新的平衡。与之前相比，因为科举制度打击了世族的势力，提高了寒族的地位并扩大了这个阶层的队伍。宋代加强了皇权的权利，皇帝更加高高在上，皇权扩大了其子民政治平台的面积，但同时也压低了这个政治平台的高度，统治阶层的平民化结构开始形成，这样的社会结构也必然要反映到墓室壁画的题材上。唐代号墓为陵中的仪仗图、列戟图等反映社会地位的图像不再出现，而孝行图、宴饮图、妇人启门图等家常生活的图像大量出现，墓室壁画开始描写另一个面貌的等级图像了。这其中，墓主人图是一个很有代表性的现象，在强调等级观念的中、上贵族墓葬中，墓主人图不多，甚至是消失，但在混淆或有意忽视等级观念的中、下贵族墓葬中，墓主人图是常见图像，并且占据着重要位置。宋之前的唐代，墓主人图像趋少，直到晚唐才又有一些出现，宋代则不同，墓主人图像大量出现。其实，杂剧图的出现也是墓主人图的一个类型，如果没有墓主人的存在，杂剧将失去观众。

第三节　宋辽金西夏墓室壁画的分布体系

宋辽金西夏是先后并列的政权，宋有北宋和南宋之分，辽金西夏又有辽在前而西夏后，金再后，这之间又存在许多重叠，造成了比较复杂的政治地域划分。这一时期墓室壁画分布体系要考虑这个历史环境，不过我们重点还是考虑墓葬艺术的自身发展轨迹和壁画墓的遗存分布。

一、已有研究成果梳理

宋辽金西夏时期政治地域的分布错综复杂，许多专著和论文就直接以王朝辖区为分布体系指标，描述为宋辽金西夏墓室壁画，相关的成果也多集中在具体王朝壁画墓的研究中。

1. 宋代墓室壁画的分布体系

北宋是基本统一中原的大王朝，所以宋代的分布体系是赵宋辖区层面的划分，也有兼顾整体层面的描述。

李德喜、郭德维认为：已发现的宋代墓室壁画可以分为两类：一类是帝王的陵墓，另一类是富商地主的墓葬。在河南巩义市发掘的宋太宗元德李皇后陵墓中，发现残存在穹隆顶至影作屋檐以上的壁画。宋代富商地主的壁画墓，已发现的主要分布于河南、山东、江苏、河北、山西、四川等地[1]。

牛加明按照壁画墓的分布密度和图像内容的不同配置划分为三个主要地区：第一分布区，是宋代壁画墓分布最密集的一个区域，墓室壁画的质量较高，数量也较多，包括宋代京东路、京西路、开封府组成的广大区域，主要的发现地点有今河南的登封、开封、郑州、洛阳、禹州，以及山东的济南、烟台和湖北的随县等。第二分布区，处于中原与北方少数民族政权统治区之间的交界处，是中原和北部的主要缓冲地带，由宋代的河北路、河东路、陕西路组成，主要发现地点有今河南的安阳、河北的井陉和曲阳、山西的潞城和平定、陕西的洛川，以及甘肃的陇西等。第三分布区，以宋代福建路尤溪为中心，主要发现地点在今福建省的尤溪县，墓室壁画的内容、风格和中原地区的墓室壁画有着很大的区别，大多修建于南宋时期[2]。

韩小囡以宋墓装饰类型为指标，分为北方、南方两个大区。其中北方又可分为 5 个小区，分别为：豫中、晋西南地区；晋东南、晋中及豫东北、冀西南地区；冀中鲁北地区；陕甘宁地区；豫西南、鄂北及皖西地区。南方可分为 3 个小区：江苏及赣北地区、川渝贵地区、福建地区[3]。

吴敬对比南北明器的发展和特征后认为："由此可见，宋代南方人更加重视随葬器物，北方人则将墓葬装饰放在首位，随葬品放在较为次要的地位。"[4]

这些论述中，韩小囡最为细致，依据其博士学位论文可以作如下梳理：关于北方宋墓装饰。这一地区的共性主要体现在以下几个方面，墓门多为砖雕仿木结构门楼，大多数墓室中以仿木建筑装饰为基本框架，有的在壁面上雕饰家具陈设组合（图 10-22），有的雕饰格子门和杈窗。在图像配置上，以墓门与后壁间为一条中轴线，左右两侧装饰内容不一定是严格意义上的对称。在此基础上，各小区的墓葬装饰又各有其特点，豫中晋西南地区的装饰内容最全面，图像配置体系相对较为成熟、完整；晋东南、晋中及豫东北、冀西南地区墓葬装饰内容以仿木门窗及孝子故事为主要特点；冀中鲁北地区以仿木门楼及墓室内的仿木建筑、家具陈设组合为特点，似乎一直保留早期传统习俗。关于南方砖

[1] 参见李德喜、郭德维《中国墓葬建筑文化》，湖北教育出版社，2004 年，第 218 页。
[2] 参见牛加明《宋代墓室壁画研究》，华南师范大学硕士学位论文，2004 年。
[3] 参见韩小囡《宋代墓葬装饰研究》，山东大学博士学位论文，2006 年。
[4] 吴敬：《论南方宋墓的共性特征及其成因》，《考古与文物》2014 年第 1 期。

石雕壁画墓。这一地区多数装饰有门吏武士、捧物侍者形象，最突出的是作为方位保护神的四神尤为流行，左右壁面装饰内容具有严格的对称性。福建宋墓虽然明显不同于中原地区的北宋墓，在墓葬形制及装饰布局形式上具有南方宋墓的特点，但其装饰内容和形式与川渝贵地区也大不相同。墓主像、启门图、乐舞杂剧等内容在福建地区几乎不见，且福建宋墓的装饰以壁画形式为主，也不同于川渝贵地区以石雕为主的装饰形式，因此，可以说福建地区的宋墓装饰具有独特的地方色彩。关于川渝贵地区的宋墓。这一地区虽然在墓葬形制、建筑材质、装饰布局等方面与北方宋墓大相径庭，但其装饰内容却与北方地区有着高度的一致性，二者的主流内容有相当多的重叠，体现了两宋在丧葬文化上统一性的一面[1]。

图 10-22　床榻图 福建尤溪县城关第一中学二号墓 北宋

2. 辽代墓室壁画的分布体系

张国庆以契丹文化发展和与汉文化交流来划分两个分布体系：一是西辽河地区的壁画墓，这是契丹传统文化的中心地区；二是靠近中原的燕云地区辽代壁画墓，内容及风格都始终显现了汉族的文化特色[2]。杨星宇也是两分法，他认为辽朝自然条件的南北差异与“蕃汉分治”的政治体制，反映在墓葬制度上，即为出现了明显的地域性特点，据此将目前发现的辽代壁画墓分为南、北两区，两区以长城为界[3]。

[1] 参见韩小囡《宋代墓葬装饰研究》，山东大学博士学位论文，2006 年。

[2] 参见张国庆《辽代社会史研究》，中国社会科学出版社，2006 年，第 216–217 页。

[3] 参见杨星宇《辽墓壁画的分期研究》，内蒙古大学硕士学位论文，2009 年。

张鹏以墓葬群的三个中心来划分辽代壁画墓的分布体系，他认为：以庆东陵墓壁画为中心的壁画墓分布区，体现辽代皇家审美风范的形成与影响；以库伦辽墓壁画为中心的壁画墓分布区，代表了辽代契丹贵族墓葬壁画的象征意义与审美选择；以宣化辽墓壁画为中心的壁画墓分布区，代表了辽代蕃界汉人墓葬壁画的兼收并蓄与文化取向[1]。

《中国墓室绘画研究》以契丹贵族墓和汉族高官墓来考虑分布体系。其一，辽代契丹贵族壁画墓。集中分布于今内蒙古赤峰市、通辽市和辽宁省西北部，唯一在河北省发现的一处也是位于河北省北部与内蒙古交界处，这一分布区当时是上京临潢府、中京大定府和东京辽阳府所在。墓葬形制上看，这里的壁画墓基本上高规格，接近中原大墓风格。契丹贵族壁画墓集中于几个城市，说明汉人封土入葬的观念是从这些中心区逐渐辐射开来的。同时，这种观念被契丹上层阶级的认可也表明了他们对中原文化的态度。其二，辽代汉族官吏壁画墓。主要集中于辽宁朝阳地区和京津唐和河北部分地区，其他地区仅有少量分布，分布中心比契丹贵族墓明显南移。究其原因，一方面是因为松漠以北地区与燕云地区汉人人数差异较大，另一方面是因为汉人大多有迁葬返回祖籍的习惯。墓葬形制上看，从唐代开始，圆形仿木结构的砖室墓就已经出现，并贯穿于整个有辽一代，而多边形的墓在唐代尚未可见，最早发现于辽统和年间的汉人墓。从姜承义墓（994）的尚不规则的平面形状和尚不明显的转角等特征来看，这种多边形墓应该是从圆形墓室发展演变而来的。辽太平年间以后，这种形状的墓室逐渐完善，棱角也渐趋鲜明，形成了平面较为规整的六角形或八角形，这显然是受到契丹墓葬形制的影响。有些墓葬所用形制使人惊讶，如京津唐地区的赵德钧墓共有九室。有学者认为这种规模的形制应为帝王之制，赵德钧虽官至检校大师兼中书令，封北平王，但用这样规模的墓葬仍超出了他的级别，说明了当时燕云地区富甲一方的汉族高官对礼制的逾越[2]。

3. 金代墓室壁画的分布体系

金代的墓葬分布一般是依照考古学的划分而来，目前考古学的金代墓葬分布有三分法和六分法两种。卢青峰《金代墓葬探究》将金代墓葬划分为三区："东

[1] 参见张鹏《辽墓壁画研究——以庆东陵、库伦辽墓和宣化辽墓为中心》，中央美术学院博士学位论文，2004年。

[2] 参见汪小洋主编《中国墓室绘画研究》，上海大学出版社，2010年，第223-224页。

北及内蒙古地区：长城以北的东北地区和内蒙古东部地区，即原辽黑龙江以南、大兴安岭以东、长城以北的统辖区，也包括北部的‘金源’地区；燕云地区：长城两侧及长城以南以燕云地区为中心的山西北部、北京、河北地区，即原属辽统治后归属金王朝版图的汉人聚居区和北宋统治下的河北南部地区；中原地区：即黄河中下游地区，包括河南、山东、山西南部、关中、甘肃南部，这一地区原为北宋统辖区的一部分，绍兴和议后，金与南宋划淮而治，即淮河以北的黄河中下游地区，南与南宋交界，西与西夏、吐蕃等相邻。”[1]赵永军《金代墓葬研究》将金代墓葬划分为六区：Ⅰ区：东北地区；Ⅱ区：华北长城沿线地区；Ⅲ区：晋中、冀中南地区；Ⅳ区：豫东、山东地区；Ⅴ区：晋南、豫西地区；Ⅵ区：陇东、陕西地区[2]。

在考古学划分的基础上，许小婷《金代墓室壁画研究》将金代墓室壁画分为三个地区：东北及内蒙古地区的金代壁画墓，燕云地区的金代壁画墓以及中原地区的金代壁画墓[3]。

《中国墓室绘画研究》也是分为三个地区：“目前为止，在金墓最为集中的三个区域已经发现了百余座金代墓葬，其中较为重要的壁画墓有数十座。我们将这三大区域按照原住居民进行分类，可以分为金源地区、辽故地和北宋故地等。金源地区是指东北三省以松花江、黑龙江流域为中心的广大地区，在辽代时这里是生女真、熟女真和契丹、奚人杂居的地方，是完颜部落的发源地。辽故地主要是指今内蒙古东部、燕云地区等契丹人旧地。北宋故地主要是指今山西、河北、山东、河南、陕西等原属北宋的汉人旧地。在这一地区中，尤以晋南地区的金墓发现为多，这一地区从金至元代的墓葬绝大部分为彩绘砖雕墓，其中半数带有壁画。”[4]

从形制形成看，金代墓室壁画有北宋、辽代和金代传统的三个来源。许小婷认为：“从金代壁画墓的形制和装饰来考察，内蒙古和豫西北地区金代壁画墓基本上都是平面为方形或圆形的砖筑单室墓，偶尔有八角形的；壁画与砖雕相互孤立，大部分是以壁画为主，砖雕为辅。这些地区曾为辽之腹地，故而壁画墓在形制和绘画题材及风格方面多袭辽风。而中原地区的金代壁画墓几乎都是

[1] 卢青峰：《金代墓葬探究》，郑州大学硕士学位论文，2007年。
[2] 参见赵永军《金代墓葬研究》，吉林大学博士学位论文，2010年。
[3] 参见许小婷《金代墓室壁画研究》，上海大学硕士学位论文，2011年。
[4] 汪小洋主编：《中国墓室绘画研究》，上海大学出版社，2010年，第235页。

仿木结构的单室墓，平面形状以六角形或八角形的最多，其次是方形、长方形和圆形；同时仿木建筑结构形制使得金墓的壁画与砖雕结合得十分紧密，这也正是北宋时期所常见的。该地区为北宋故地，壁画墓在形制和绘画题材及风格方面多袭汉人风格。”[1]（图 10-23、图 10-24）

图 10-23　备食图 山东济南历城区港沟镇大官庄村金墓 公元 1201 年

图 10-24　论道图 山西闻喜县上院村金墓 金代

[1]　许小婷：《金代墓室壁画研究》，上海大学硕士学位论文，2011 年。

4. 西夏墓室壁画的分布体系

西夏壁画墓出土极少，尚没有离开出土地点的划分。银川是帝陵所在地，显陵墓道、甬道壁面上有武士壁画[1]。武威是木板画发掘集中地，其中武威西郊林场出土彩色木板画29块[2]。此外，黑水城出土的佛塔中有唐卡作品，为墓主人带入的葬画。

二、我们理解的宋辽金西夏两个时期与两个分布体系

宋辽金西夏时期有三个时代特征：一是赵宋被分割成了北宋和南宋两个时期；二是与赵宋并列、对峙的皆为少数民族王朝；三是赵宋王朝是主流文化。这三个时代特征下，墓室壁画的分布体系就必须考虑北宋和南宋两个时期，以及汉民族的两宋与少数民族的辽金西夏之间的两个分布体系的结构和相互关系。

（一）两宋和辽金两个分布体系

1. 北宋和南宋两个时期的考量指标

北宋和南宋之分是清晰的，靖康之难后，1127年宋高宗赵构建南宋，自此再无力恢复中原，宋代的墓室壁画分布体系当以这个时间点分为北宋和南宋两个时期。契丹（契丹立国53年后改称辽）907年建国，1125年被金取代，宋太祖赵匡胤是960年黄袍加身做皇帝的，因此辽代可以与北宋长时间重叠。金1115年建国，1234年被宋、元灭国，基本上被南宋的时间段所覆盖。西夏1038年建国至1227年灭国，时间跨北宋和南宋两个时期，但西夏的壁画墓发掘极少，新的考古成果出来之前无法参与分布体系的划分。

从时间发展层面看，因为北宋与辽代的基本重叠和南宋与金代的基本重叠，这一时期墓室壁画的发展可以分为北宋和辽代以及南宋和金代两个时期。在这样时间段的划分下，横向上看，北宋与辽代分布体系并列，南宋与金代分布体系并列；纵向上看，两宋与辽金并列发展。

---

[1] 钟侃、李志清、李范文：《西夏八号陵发掘简报》，《文物》1978年第8期。

[2] 宁笃学、钟长发：《甘肃武威西郊林场西夏墓清理简报》，《考古与文物》1980年第3期。

2. 这一时期分布体系的基本关系

两宋有着中原墓葬文化的沿革体系，同期的辽金王朝也有着各自墓葬文化的沿革体系，对峙的王朝有着各自独立的行政区划，因此这两个沿革体系有着各自独立的分布体系。另外，虽然赵宋王朝在军事上始终处于孱弱状态，但在文化和经济上却是一个不输前朝的强大王朝，不仅发扬光大了汉唐以来的传统文化，同时在经济上维持着长时间的繁荣，这些都对同时期的少数民族王朝产生了强大的吸引力，形成了中原文化的巨大影响。在这一时期的文化交流上，是两宋影响辽金的结构关系。因此，这一时期存在着两宋和辽金两个分布体系，各自发展，其中两宋有着巨大影响力，是主流文化的分布体系。

（二）两宋分布体系

北宋壁画墓发掘成果丰富而南宋壁画墓发掘成果明显不足，但两宋之间有沿革关系，这是一个分布体系的两个阶段。

1. 北宋的分布体系

在北宋墓室壁画分布体系中，中央政权的影响力被作为主要指标。北宋时期中央政权对外无力，但对内的统治却是行之有效。与之前各代王朝不同，赵氏王朝依靠的是重文轻武的文官制度，获得了可以比肩前朝军事强大时的施政效果，甚至出现了更好的局面。在这样的中央集权形态下，我们划分出中心地区壁画墓和非中心地区壁画墓两个二级分布体系。

中心地区：指北宋政治中心覆盖的地区，这里是传统文化沿革的地区，包括北宋时期的京东路、京西路、开封府等地，著名的禹县白沙1号宋壁画墓和新密平陌宋代壁画墓等都在这一地区发现。形制上，宋代流行的上下分层图像配置和长卷式连环画图像配置就在这一地区形成，打破了唐代分栏式的配置方式。题材上，流行的孝行图（图10-25）、乐舞图、墓主人图（开芳宴图）等，都体现出赵氏王朝的礼制政策和主流社会的审美要求。同时，这里也是两宋壁画墓最集中的地区，“目前发现属于这一区的宋代砖雕壁画墓有近60座，是分布最为密集的地区”[1]。

---

［1］ 韩小囡：《宋代墓葬装饰研究》，山东大学博士学位论文，2006年。

图 10-25 “五郡兄弟认娘”图 河南巩义市涉村宋墓 北宋

非中心地区：指中原政权接近北方少数民族政权的行政区，是中原和北部的缓冲地带，有北宋时期的河北路、河东路、陕西路等地。因为中原文化的巨大影响，这里的形制和题材都基本同于中心地区，只是有一些局部的增减改变。比如，“西北地区的宋代墓葬，墓内装饰多以彩绘砖雕的形式出现，壁画内容相对较少”[1]。

因为北宋文化的主流地位，中心地区和非中心地区更多的是一致性。比如，孝行图在中心地区是流行题材，同时在非中心地区也是流行题材，可以反映出主流孝道文化的影响。截至 2006 年，全国发现孝行图的壁画墓有 21 座，其中河南发现 11 座，这是北宋的中心地区，同时山西发现 8 座，这是北宋的非中心地区，也是一个比较集中的发现地，两地遗存数量上差别并不大。

2. 南宋的分布体系

南宋失去中原地区后壁画墓不多，目前只在四川和福建地区有少量发现。四川地区有几座，彭山县南宋虞公著夫妇合葬墓，墓室中有画像石发现，内容

[1] 贺西林、李清泉：《中国墓室壁画史》，高等教育出版社，2009 年，第 313 页。

有武士图、四神图、蓬莱仙境图、出行图、备宴图、奔马图、狮子戏绣球图等[1]；广元杜世光夫妇合葬墓，墓室中有武士图、椅轿图、庖厨图、夜梦图、花卉图、侍奉图、牵马图、焚香图、抬轿图、宴饮图、念佛图、四神图等[2]。福建地区有几座，尤溪县公山宋墓，壁画分布于左室内的左、右、后三壁及墓顶，多残损[3]；三明市岩前村宋墓，左室有壁画，亦多损坏，约有朱雀、青龙、白虎、人物（图 10-26）、雄鸡、卧犬、卧床等[4]。

图 10-26　人物图 福建三明市岩前镇岩前村南宋墓 南宋

南宋壁画墓发现不多，但从已有材料看，多为中原地区原有的内容，补充了一些地域文化方面的内容。总体看，继承可见，发展不足，地域特色予以补偿。

3. 两宋分布体系的沿革方向及意义

在两宋分布体系中，平民化是沿革方向。北宋平民化已成趋势，南宋的继承也是明确的，武士图、备宴图、出行图、花卉图、四神图等是北宋墓室壁画中常见的平民化题材，也是南宋四川和福建地区壁画墓中的常见题材。此外，

［1］ 参见四川省文物管理委员会、彭山县文化馆《南宋虞公著夫妇合葬墓》，《考古学报》1985 年第 3 期。
［2］ 参见四川省博物馆、广元县文管所《四川广元石刻宋墓清理简报》，《文物》1982 年第 6 期。
［3］ 参见福建省博物馆、尤溪县文管会、尤溪县博物馆《福建尤溪城关宋代壁画墓》，《文物》1988 年第 4 期。
［4］ 参见福建省博物馆、三明市文管会《福建三明市岩前村宋代壁画墓》，《考古》1995 年第 10 期。

南宋的墓葬制度为平民化提供了条件，如茔园制度："南宋的茔园制度，若依光宗朝为界，后期已趋于高度成熟、定型，且不分士庶贵贱，所差别者，主要在于墓仪碑碣之有无。"[1]

北宋的壁画墓集中于河南，这是中央政权直接覆盖的地方，但已知墓主人的身份并不显赫。南宋壁画墓分布于四川和福建，四川是南宋的抗金重镇，福建是东南边陲，都远离南宋中央，已发现壁画墓的墓主人生前社会地位同样不高。两宋壁画墓如此分布，也说明了平民化趋势的存在，当属于同一个分布体系。

唐宋两代，墓室壁画的走向是从帝王化向平民化发展，相比较于两汉、南北朝的神秘化特征，唐宋都是世俗化特征，而平民化较之帝王化，其世俗化更加深入。北宋壁画墓遗存丰富，确定了两宋平民化的面貌。南宋壁画墓遗存不足，但在墓葬制度更加平民化的背景下沿革北宋特征，也提供了自己的贡献，使宋代墓室壁画的平民化走向显得更加完整。

（三）辽金分布体系

辽金都有着本民族悠久的丧葬传统，重生信仰上与中原有别。另外，辽金与中原政权军事对抗的过程中也进行着频繁而全面的文化交流，向中原文化学习是辽金墓室壁画发展的共同方向，发展形态上形成了一个前后交替的分布体系。

1. 辽代分布体系

其一，契丹贵族和汉族贵族确定的两个分布体系。在地理分布上，辽代北部与南部形成两个分布体系，前者为契丹贵族聚集地，后者为汉族贵族聚集地，体现出少数民族政权之下的文化分布特征。在这样的分布形态中，民族区别是存在的，但是民族交融也是突出的，如契丹墓葬有向东的习俗，辽后期则出现了向南、东南或西南的趋势，其中可能有西方净土观念的影响，也可能有汉人墓葬向南的影响。

其二，辽代墓室壁画在丧葬观念上的独特性。首先，佛教图像。这方面的出土材料很多，如备茶图、诵经图（图 10-27）等。这些图像的出现说明辽代社

[1] 浙江文物考古研究所：《浙江宋墓》，科学出版社，2009 年，第 156 页。

会对佛教传播的热情，但是，这些图像构成了辽代墓室壁画的基本图像或形成图像体系了吗？目前的出土成果尚不能完全证明，但可以说明其独特性。其次，面具和铜丝网络。这是契丹特有的墓葬现象，有30多座墓葬发现面具和铜丝网络，多为契丹贵族墓葬。或认为是契丹古老葬俗演化而来，或认为是与辽代萨满教相关，或认为是萧氏家族的皇室女子覆尸所用，或认为与汉墓“金缕玉衣”相似[1]。也有认为，这与佛教传播有关[2]。我们认为，古埃及墓葬中的木乃伊也有相似的葬俗，这方面是不是可以稍作联想？古埃及的木乃伊曾经影响到希腊和罗马，这些都是丝绸之路上有着强大文化辐射力的大帝国。

图 10-27　诵经图 内蒙古阿鲁科尔沁旗东沙布日台乡宝山村2号墓 辽代

2. 金代分布体系

其一，金代政治版图确定的三个分布区。从考古发掘成果看，金代壁画墓分布于金源地区、辽故地和北宋故地三个区域，说明金代壁画墓的分布与金代政治版图的相关性特别高。同时，金代壁画墓主要集中于北宋故地，而且这一地区的壁画墓几乎都是仿木结构的单室墓，与北宋时期的壁画墓形制一致，说明金代墓室壁画与北宋墓室壁画有着更加紧密的联系。

[1] 参见张国庆、朴忠国《辽代契丹习俗史》，辽宁民族出版社，1997年，第160–161页。
[2] 参见李清泉《宣化辽墓：墓葬艺术与辽代社会》，文物出版社，2008年，第271–273页。

其二，金代丧葬观念对分布体系的影响。金代的主要族别是女真人、契丹人和汉人，其丧葬观念也依此有别，金代壁画墓的遗存分布区域是金源地区、辽故地和北宋故地，可见在分布体系中，政治版图与丧葬观念有所重叠。但是，金代壁画墓集中于北宋故地，这就决定丧葬观念上突出了北宋影响，墓主人图、孝行图、妇人启门图、出行图、杂剧图、散乐图等，都是北宋墓室壁画的流行题材。比如，邓菲认为孝行图等与中原传统文化中的升仙观念有联系："孝子、仙人甚至是半开的石门可能都具有了与传统升仙题材相关的内涵，表现了死者跨越死亡、前往神仙乐土的美好愿望。"[1]（图 10-28）

图 10-28　升仙图 山西长治东郊南垂村金墓 公元 1153 年

3. 辽金分布体系的意义

其一，金代墓葬观念更加中原化。这一时期，辽金墓室壁画的发展都处于一个向中原学习的状态，但达到的程度还是有所不同。辽代，契丹贵族聚集地和汉族贵族聚集地两分天下，分布体系上直接中原化的比例可占其一半。金代，分布体系上三分天下中的辽故地和北宋故地占其大半，金源地区比例小而遗存也少，本民族的丧葬观念因此保留得更少。在宋辽金时期的丧葬活动中，辽金

[1]　邓菲：《关于宋金墓葬中孝行图的思考》，《中原文物》2009 年第 4 期。

建立起了向中原文化学习的中原化体系，不过在中原化的方向上金代走得更远。李德喜、郭德维认为："辽金壁画虽然同受宋代壁画影响，但辽代壁画民族特色较强，而金代壁画民族特色不明显。这似可从一个侧面反映了金文化受汉文化影响的程度较深。"[1]

其二，辽金墓室壁画的中原化路径有别。辽代多贵族墓，是一种上移的走向；金代多平民墓，是一种下移的倾向。这样的区别，带来了辽金墓室壁画的不同特征。首先，辽代墓室壁画有唐风。唐代是帝王化的走向，辽代因为多贵族墓而有唐代风貌，如体现皇权的"四季捺钵"图像，反映上层贵族生活的狩猎图等。李清泉认为："我们也不妨将作为辽代文化主体的汉文化在辽代的变动，名之为'唐辽转型'；将宣化等地辽代汉人墓葬中的这类'平民化'文化倾向，看作'唐辽转型'的一种反映。"[2] 其次，金代中原化更加彻底。金代高等级壁画墓较少，同时壁画墓遗存主要分布于北宋故地，因此本民族的丧葬观念缺少依托，向中原文化学习的外部条件更加坚实。在平民化的发展上，金代增加了许多新的内容，杂剧图、散乐图成为流行题材，平民化色彩显得更加突出。

其三，墓室壁画辽金可比北朝。在墓室壁画发展上，辽金与南北朝时期北朝相似，都为少数民族王朝下的墓葬艺术。北朝墓室壁画是上移的走向，与下移的南朝墓室壁画共同构成了汉之后墓室壁画发展的重要内容，其中北朝的上移对唐代的帝王化有直接影响。在辽金墓室壁画中，时间上，辽金前后相继，构成了一个中原化的完整发展结构；内容上，辽上移而金下移，中原化过程中兼顾唐代的帝王化和宋代的平民化，也构成了一个比较完整的发展结构。此外，两宋分布体系在南宋因为赵宋王朝偏于一隅而勉力维持，但辽金分布体系在金代得到继续繁荣，数量上远超南宋，内容上也将杂剧图、散乐图等发展得更好。这一时期，金代墓室壁画的贡献超过南宋。

第四节　宋辽金墓室壁画的发展阶段

宋辽西夏金时期，经济繁荣，文化繁荣，唯有战争不断，宋辽澶渊之盟后，

[1] 李德喜、郭德维：《中国墓葬建筑文化》，湖北教育出版社，2004 年，第 222 页。
[2] 李清泉：《宣化辽墓：墓葬艺术与辽代社会》，文物出版社，2008 年，第 337 页。

北宋主要与西夏争战对峙，所以尚能维持中原基本统一，南宋主要与金对峙，仅能维持南方的半壁江山。局面虽然混乱，但多由中原赵氏王朝和边疆辽金西夏等少数民族政权对抗，这两条主线是清楚的。宋辽金西夏的墓室壁画也基本是依这两条主线发展，形成了两宋体系和辽金西夏体系。

一、已有研究成果梳理

1. 宋代墓室壁画

其一，整体层面的研究。

韩小囡将两宋墓室壁画的发展分为南北两区，她认为：北方地区墓葬装饰可分为前后两期。前期，北宋太祖建隆元年至神宗元丰八年（960—1085），其中又可分为三个阶段：初始阶段，北宋太祖建隆元年至太宗至道三年（960—997）；萌芽阶段，真宗咸平元年至仁宗嘉祐八年（998—1063）；发展阶段，英宗治平元年至神宗元丰八年（1064—1085）。后期，哲宗元祐元年至钦宗靖康二年（1086—1127），是北方宋墓装饰的成熟期和鼎盛期。南方以川、渝、贵地区为主将墓葬装饰划分为三期：第一期，北宋初至神宗元丰八年（960—1085）；第二期，哲宗元祐元年至南宋孝宗乾道九年（1086—1173）；第三期，孝宗淳熙元年至南宋末（1174—1279），其中又分为前后两段：前段，孝宗淳熙元年至宁宗嘉定十七年（1174—1224）为鼎盛阶段；后段，理宗宝庆元年至南宋末（1225—1279）为衰落阶段[1]。

其二，地域层面的研究。

北宋时期，河南是壁画墓的集中地。杨远认为河南北宋壁画墓可以分为前后两个时期：前期，北宋太祖至神宗年间。主要是继承和发展，圆形壁画墓和方形壁画墓基本属于这一时期的产物，其中又可分为两个阶段：①初始阶段，太祖至真宗年间。从墓葬形制到壁画题材内容上都带有过去壁画墓的传统特征，特别是对唐末五代壁画墓的借鉴和挪用。②发展阶段，仁宗至神宗年间。形制上无大的变化，但局部如墓室内仿木构件稍趋于复杂；内容上仍沿袭传统，但有所增加；绘制技法方面渐趋工致细腻。后期，宋哲宗至钦宗时期。完全成熟期，无论建筑技巧还是题材内容方面，均表现出了一种成熟稳定的丧葬理念。

[1] 参见韩小囡《宋代墓葬装饰研究》，山东大学博士学位论文，2006年。

其中可分为两阶段：①兴盛阶段，哲宗至徽宗时。壁画墓形成了一种不同以往的风格，代表着北宋独特的丧葬习俗和图式理念。②转型阶段，钦宗时期。北宋壁画墓在前一阶段走向极致，至这一阶段开始出现了转型的迹象，主要表现在墓室构造和壁画题材内容上。形制上，出现仿木建构、甚而不用仿木构件，有的墓室下部壁面多砌为须弥座形；壁画题材上，日常生活图、孝行图、升仙图之外出现了较多花鸟画、山水画，布局上也不如上一阶段严谨有序。北宋灭亡，这种转型也就夭折了[1]。

杨琮认为福建地区的两宋墓室壁画有三个发展阶段：第一期北宋中期至后期。属于这一期的壁画墓有尤溪团结乡麻洋宋墓、梅仙镇坪寨一号宋墓及南平来舟宋墓，两座为A型墓，一座为B型墓。第二期北宋晚期至末年。此期壁画墓发现的较多，有尤溪县的潘山宋墓、公山宋墓、坪寨二号宋墓、一中校园宋墓和埔头村宋墓等。B、C、D型墓均有，以B、C型常见。第三期南宋时期。属于此期的壁画墓有尤溪拥口村宋墓和三明岩前村宋墓。前者受破坏严重，后者为D型Ⅱ式墓[2]。

其三，特殊题材层面的研究。

薛豫晓将开芳宴图（图10-29）的发展分为三个时期：第一期，北宋中至北宋末金初，为发展时期。主要特征是：画面多采用砖雕和壁画结合的形式，家具用砖雕再彩绘，人物、餐具、帷幔等用壁画形式，也有单纯壁画的形式。开芳宴的完整画面几乎都是夫妻宴饮和乐舞，两组画面基本都是按相邻位置布置。第二期，金中期至金末元初，为成熟期。形式已经相当固定，主要特征是：开芳宴有时是夫妻宴饮和乐舞场面都出现，有时候仅出现夫妻宴饮场面。基本都是雕砖与壁画结合的形式，有的甚至仅用雕砖形式。没有单纯的壁画形式。第三期，元中至晚期，为极度衰落期。主要特点是：开芳宴图像只出现夫妻宴饮场面，甚至将夫妻宴饮场面简化为夫妻对坐的形象。画面组合以及装饰都非常的简单，有单纯的壁画，也有壁画和雕砖并用，但雕砖制作都很粗糙[3]。

---

[1] 参见杨远《河南北宋壁画墓的分期研究》，《考古与文物》2007年第3期。
[2] 参见杨琮《福建宋元壁画墓初步研究》，《考古》1996年第1期。
[3] 参见薛豫晓《宋辽金元墓葬中“开芳宴”图像研究》，四川大学硕士学位论文，2007年。

图 10-29 开芳宴图 河南登封黑山沟村北宋李守贵墓 公元 1097 年

2. 辽代墓室壁画

张鹏将辽代墓室壁画分为三个时期：早期辽墓壁画（916—984），多沿袭唐代绘画粉本；中期辽墓壁画（985—1056），以庆东陵为代表的辽墓壁画，反映了辽代帝王学唐比宋、称帝中原的政治理想，其四季捺钵的主题成为契丹统治者的身份标志；晚期辽墓壁画（1057—1125），确立并完善了随从捺钵图的主题内容与构图样式，这是辽代契丹贵族身份地位的标志，也是其民族风貌的完整表现[1]。

王秋华从典型墓葬和族属判断角度对 13 座契丹贵族壁画墓进行梳理，认为有两个阶段：第一阶段，辽初至兴宗尽年（辽初—1055）。装饰布局上，都

[1] 参见张鹏《辽墓壁画研究——以庆东陵、库伦辽墓和宣化辽墓壁画为中心》，中央美术学院博士学位论文，2004 年。

比较简单，甚至全无装饰。装饰内容上，第一阶段墓壁施有装饰的4座墓，不论哪个部位，其装饰内容多限于侍从、守卫的肖像及动物形象，未见大规模的场面或有情节的画面。墓葬形制上，第一阶段的6座墓，除1座为方形外，其余5座均为圆形。第二期，辽道宗初年至辽亡（1055—1125）。装饰布局上，墓壁装饰部位明显增多，布局趋于复杂，如在天井、墓门过洞、墓室，进行复杂的装饰，尤其是利用墓道两壁进行大面积装饰。装饰内容上，有很大发展：①大多数墓葬在墓道两壁绘出行图和归来图，而且墓主人的形象出现在画面中。②墓道未施装饰的墓葬，在墓室壁面布满装饰，有的不仅把出行、归来图布置在墓室内，而且出现了宴饮作乐的场面。③备饮、备食图占有一定位置。在墓门过洞两壁、耳室壁面往往布置为迎送主人而准备饮食的场面。④体现契丹族的古老习尚，如绘狩猎的内容。⑤出现反映儒家、佛教思想的内容，如雕刻孝悌义妇故事、绘迦陵频伽。⑥出现与室内生活有关系的画面，如绘桌椅、锦帛等。⑦墓门上部多有砖雕施彩仿木结构建筑。⑧装饰种类增加，出现画像石墓。墓葬形制上，7座墓有6座为多角形，其中八角形5座，六角形1座。多角形墓葬的流行似与信奉佛教，广建佛塔有其密切关系[1]。

杨星宇通过对墓葬壁画布局、壁画内容、绘画技巧进行对比、分析，基本上以长城为界将辽代墓室壁画分为南北两个地区。北区分为早、中、晚三期五段：早期从辽建国至穆宗时期（906—969），其中第一段为906—947年，第二段为947—969年；中期从景宗至兴宗时期（969—1055），其中第三段为969—1011年，第四段为1012—1055年；晚期即五段，从道宗至天祚两朝（1101—1125）。南区以辽兴宗重熙年（1032）为界，划分为前、后两个时期[2]。

辽墓考古研究成果丰富，可做参考。徐苹芳将辽墓分为三期：早期，穆宗应历八年至圣宗太平十一年（958—1031）；中期，兴宗重熙时期（1032—1055）；晚期，道宗清宁元年至辽亡（1055—1125）[3]。

3. 金代墓室壁画

许小婷认为：从考古发掘成果来看，有明确纪年的25座金代壁画墓集中在

[1] 参见王秋华《辽代契丹族墓葬壁面装饰分期》，《北方文物》1994年第1期。
[2] 参见杨星宇《辽墓壁画的分期研究》，内蒙古大学硕士学位论文，2009年。
[3] 参见徐苹芳《辽代墓葬》，《中国大百科全书・考古学》，中国大百科全书出版社，1986年。

金熙宗皇统、金闵宗正隆、金世宗大定、金章宗明昌年间出现，其余金代纪年壁画墓在金太宗天会、金闵宗承安、金章宗承安、金章宗泰年间也有出现。因此将金代壁画墓发展分为三个时期：形成期：金设立政权至海陵王正隆六年（金初—1160）；发展期：金世宗大定元年至金章宗承安五年（1161—1200）；衰弱期：金章宗泰和元年至金灭国（1201—1234）[1]。

金墓墓葬考古方面的研究成果丰富，可作参考。赵永军将金墓发展、演进划分为三期：第一期：金代早期（1115—1152），即太祖、太宗、熙宗、海陵王迁都燕京（中都）之前（天德年间）。其中，以北宋的最终灭亡为界点，前后又划分为早晚两段。早段：1115—1127 年（13）；晚段：1128—1152 年（25）。第二期：金代中期（1153—1189），即海陵王迁都于中都后（贞元、正隆年间）和世宗朝。第三期：金代晚期（1190—1234），即章宗、卫绍王、宣宗、哀宗阶段。其中，以宣宗迁都南京开封府（汴京），蒙古入侵金朝，攻占中都为时限标尺，前后又划分为两段。早段：1190—1214 年（25）；晚段：1215—1234 年（20）[2]。

二、我们理解的两宋三个阶段和辽金各两个阶段

两宋与辽金是两个分布体系，因此在发展阶段上有不同的节奏。从考古学的成果看，辽金有各自独立的丧葬传统，应当还可以划分出一些特殊的发展分期。不过总体看，两宋文化居于这一时期的主流文化地位，问鼎中原、学习中原是辽金的共同要求和共同发展方向。因此从文化发展层面看，两宋与辽金是两条并列发展的主线。在两宋体系中，北宋壁画墓遗存丰富而南宋偏少，北宋墓室壁画发展分为前后两个阶段，南宋则只作一个阶段。辽金体系中，都有一个向中原学习而繁荣的过程，因此都有形成和发展两个阶段。

1. 两宋三个发展阶段

其一，北宋两个发展阶段的界定与一般意义。

关于北宋发展阶段有许多划分的观点，各家都有北宋中期这个时间点，这样的共识是有依据的，可以作为北宋划分的时间点，即：北宋第一阶段，北宋

[1] 参见许小婷《金代墓室壁画研究》，上海大学硕士学位论文，2011 年。

[2] 参见赵永军《金代墓葬研究》，吉林大学博士学位论文，2010 年。

太祖建隆元年至神宗元丰八年（960—1085），这是两宋发展的初始期，正在由学习唐五代向本朝面貌发展；北宋第二阶段，哲宗元祐元年至钦宗靖康二年（1086—1127），这是两宋发展的繁荣期，形成了本朝完整的时代特色。我们认为，北宋其他时间点考古学方面关注得多，而墓室壁画方面的变化并不是很大，因此北宋只作两个阶段。

首先，数量的指标。目前考古发掘的北宋壁画墓有70余座，第一阶段不足10座，其余全部出现在第二阶段，说明墓室壁画发展进入了兴盛时期，宋人已经在这个墓葬类型上投入了自己的热情。

其次，题材的指标。第一阶段主要是继承唐五代，第二阶段则流行本朝特征题材，如墓主人图、妇人启门图、开芳宴图和杂剧散乐图等。即使是宋之前已经流行的孝行图，也在北宋第二阶段有了更大的发展，画面完整，特别是注意细节，增加了浓郁的生活气息。

再次，形制的指标。北宋壁画墓的基本类型是方形墓、圆形墓和多边形墓，其中方形墓、圆形墓多在北宋早期，多边形墓则北宋中期后流行。从壁画表现看，多边形墓可以提供更好的壁面条件，是两宋墓室壁画进入繁荣的一个重要指标。此外，仿木构是宋代壁画墓的特色，同时也是宋墓的特色，目前已有宋代仿木构墓葬材料200多座，而北宋仿木构的分期也是以北宋中期为界。赵明星认为北宋仿木构可分为两期：一期，北宋早中期。自宋朝建国至神宗时期，绝对年代为960—1085年。二期，北宋晚期。自哲宗时期至北宋灭亡，绝对年代从1086—1126年[1]。

最后，典型墓葬指标。河南地区是北宋壁画墓分布最密集的区域，数量多，规格高，可以体现北宋墓室壁画的发展特征。这一地区的阶段划分是以宋哲宗为界划分为前后两个时期。杨远认为："宋壁画墓从前期发展至后期，不仅在数量上达于空前，其形制由前期的方形演变为后期的六边形、八边形及多室墓，仿木建构日趋复杂多变，壁画布局合理，如按墓室下、中、上方位分别布置日常生活图、孝行图、升仙图。这种布局不仅是对汉、唐壁画墓布局方式的继承发展和完善，也使壁画内容丰富而不紊乱，被普遍应用。另外壁画的题材完备、内容丰富、技法高超，建筑彩画装饰也丰富多彩。"[2]

[1] 参见赵明星《宋代仿木构墓葬形制及对辽金墓葬的影响》，《边疆考古研究》（第4辑），科学出版社，2006年。
[2] 杨远：《河南北宋壁画墓的分期研究》，《考古与文物》2007年第3期。

其二，南宋发展阶段的界定与一般意义。

南宋是两宋体系的第三个阶段。从考古学研究看，南宋墓葬自己的面貌非常突出，如北方典型宋墓为“类屋式墓”，南方为“类撑式墓”[1]。从两宋墓室壁画的发展看，南宋虽然时间不短，但体量不大，分布地不广，主要在四川和福建，与北宋中后期相比已是盛况难再。在两宋体系的三个阶段中，南宋墓室壁画的意义有两条：一是维系中原文化的继续发展，使两宋体系成为一个完整的结构；二是从地域文化上补充中原文化，使两宋体系更加丰富多彩。

2. 辽金发展的两朝四个阶段

辽金两朝是个自然划分点，又各自划分为前后两个发展阶段。

其一，向中原文化学习的走向。

辽金两朝都是少数民族政权，带着本民族的丧葬传统来到中原文化大家庭。辽金传统墓葬中没有壁画墓的形制，是学习中原墓葬后才开始修建壁画墓。因此，早期的学习和后来的繁荣形成辽金墓室壁画发展的两个阶段。这样的发展给本民族丧葬传统带来了许多改变，如辽代主要实行土葬政策，这就改变了契丹族的丧葬传统。所以，辽金发展的研究主要是讨论与中原文化的关系，发展阶段也以这方面的相关事件为时间节点。

其二，辽代前后两个阶段。

首先，两个阶段的时间点。我们分前后两个时期，将兴宗和道宗之交作为划分时间点。目前辽代的划分有许多观点，但各家都将辽兴宗和道宗之交作为一个时间点。兴宗好儒术，在位期间数次用兵周边，皆败，内外矛盾加剧，辽代呈现衰退之势。辽道宗好汉文化，在位四十六年，已无力挽回颓势，但与北宋矛盾缓和。此外，在契丹贵族汉化的同时，汉族贵族也有一个契丹化的倾向，甚至是完全契丹化，这个现象在辽道宗之后更加明显[2]。

其次，前后两个阶段的特征。前期，学习发展阶段，辽初至辽兴宗时期（907—1054）。主要是向中原文化学习，契丹贵族壁画墓这一时期较多，规格也较高。壁画内容上，契丹贵族墓中，壁画中多表现游牧生活场景和居住地的草原风光；汉人贵族墓中，壁画墓中多表现中原题材，如宴饮图、茶道图、散

[1] 参见董新林《赣闽地区宋墓形制类型与分期初探》，《21世纪中国考古学与世界考古学》，中国社会科学出版社，2002年，第516–528页。

[2] 参见冯恩学《辽墓反映的契丹人汉化与汉人契丹化》，《吉林大学社会科学学报》2011年第3期。

乐图等，还有竹、梅、假山等中原特有装饰性题材。壁画风格上，唐五代影响比较大，细节、写实性没有被关注。后期，融合繁荣阶段，道宗时期至天祚时期（1055—1125）。这一时期辽代的汉化已经比较彻底，并且从单向学习汉文化而走向了互相融合，形成了辽代墓室壁画的繁荣，主要有两方面的表现：一方面，北宋壁画墓的影响已经完全取代唐五代影响，许多北宋的题材在辽代流行，形制也向中原靠拢；另一方面，契丹贵族墓和汉族贵族墓的区别在减小，在向中原学习的同时，反向的契丹化也在进行，民族文化融合达到了新的高度（图10-30）。

图 10-30　童嬉图 河北宣化下八里 7 号张文藻墓 公元 1093 年

其三，金代前后两个阶段。

首先，两个阶段的时间点。我们分前后两个时期，将海陵王迁都燕京作为时间节点。目前多家划分观点中，这是一个共同关注的交叉点。

其次，前后两个阶段的特征。前期，学习发展阶段，为金代早期（1115—1152）。这一阶段，金代逐渐强大，并完成占领中原的军事行动，文化上主要是学习北宋和辽代的先进文化，壁画特色不明显。后期，融合繁荣阶段，为金代发展中后期（1153—1234）。因为迁都燕京，有了向中原和辽代更好学习的便利条件，金源地、辽故地和北宋故地的基本题材表现出一致性，宴饮图、出行图、孝行图成为流行题材，几乎与中原一样，但金代的杂剧图、散乐图体现出山西等地的地域文化特征（图 10-31）。

图 10-31　放牧图 河北井陉柿庄金墓 M6 金代

3. 两宋辽金墓室壁画发展体现的宗教意义

这一时期墓室壁画有两个发展体系，以两宋体系为主线。就宗教意义而言，辽金西夏带来一些本民族原有宗教内容，在向中原文化学习的过程中很快融合，特别是在壁画墓这种中原文化的墓葬形制中，融合的速度更快。所以，讨论这一时期墓室壁画发展中的宗教意义，还是以两宋体系为主。

两宋体系发展中表现出来的最大特征是平民化，平民化实际上也是两宋的社会风尚，对艺术发展有着特别的促进作用，风俗画、花鸟画以及传奇、杂剧等两宋取得了很高成就。墓室壁画也得益于平民化的社会风尚，作为墓葬活动的产物，又有着一些特殊的宗教意义。

首先，儒学神圣化的产物。两宋体系的特征是平民化，这样的平民化来自于儒学神圣化的促进。两宋士大夫阶层逐渐壮大，但在中、下阶层获得社会地位的同时，他们的思想却受到了限制，儒学不再只是世俗学问，而是有了更加强烈的宗教化内容。北宋朝野曾经长时间讨论“祖宗之法”的变与不变，这本来是一个关于执政理念的争论，但是冠以“祖宗之法”后就有了规定的方向，各家引经据典的儒学由此而有了神圣化的内容。因为儒学的神圣化，皇权的基础在扩大而天子与士大夫的距离却越来越大，士大夫阶层也由此而越来越平民化。这样的变化影响到社会生活的各个方面，反映生死内容的墓室壁画是两宋平民化的一个现象和载体，也自然成为儒学神圣化的产物。

其次，等级制度转型的影响。儒学神圣化还从制度上改变了君臣关系，这就是等级制度的转型。唐代通过加强皇帝的权威打击了豪族势力，北宋则是通过加强皇帝的权力来消除豪族基础，其中最大的做法就是从制度上让士大夫阶层下移。这样的转型，也为墓室壁画的平民化提供了制度基础。丧葬活动与祭祀活动是紧密联系的，墓祭一直是丧葬活动的一个重要环节。宋代在祭祀制度上出现转型，允许家庙存在，消除了祭祀活动中的贵族特权。宋以前，民间家庙是不被允许的，只有中、上贵族阶层才可以有家庙。张载首先从理论上提出家庙的合理性：“凡人家正厅，似所谓庙也，犹天子之受正朔之殿。人不可长居，以为祭祀吉凶冠婚之事于此行之。”（《经学理窟》）程颐进一步提出：“士大夫必建家庙，庙必向东，其位取地洁不喧处。”（《二程外书》）自北宋始，民间家庙得到普遍发展。家庙普及使得祭祀方面的官方色彩大大减少，等级观念被压缩，这样的平民化走向当然也影响到墓葬活动，甚至有学者认为两宋以后壁画墓的衰退与祭祀方式的转变相关，因为家庙祭祀取代了墓祭，加快了墓葬活动重心由地下转向地面。就两宋墓葬活动而言，家庙祭祀带来了平民化的冲击，墓室壁画反映的等级观念越来越少（图 10-32）。

最后，北朝、金代墓室壁画的特殊贡献。墓室壁画是重生信仰的艺术，其成就和发展要重点考量来自于宗教发展方面的促进。一般而言，宗教方面的促进更多地来自于本民族传统，但在少数民族向中原文化学习的过程中，这样的关系有了改变，中原文化中宗教内容产生的影响越来越大，北朝和金代墓室壁画的发展就说明了这一点。南北朝时期，北朝壁画墓的遗存数量超过同时期的南朝，风格也不同，表现出上移的趋势，直接影响到之后的唐代墓室壁画发展。金代也出现了这样的格局，金代壁画墓遗存远超南宋，内容更加丰富，并且提供了杂剧图、散乐图等特色鲜明的壁画类型。就墓室壁画发展而言，北朝和金

图 10-32　东壁仿木构中心龛 甘肃张家川南川宋墓 宋代

代的成就超过同时期的南方，该现象应当得到重视。在向中原文化学习的过程中，宗教文化的融合不可忽视，宗教艺术在融合过程中的贡献更不可忽视，这应当是北朝、金代墓室壁画的特殊贡献。

第十一章

元代墓室壁画

元代是我国第一个少数民族政权入主中原的朝代，这样的时代给中原文化培养下的文人以巨大的心理打击，元代的政治制度也从政治制度上对中原文化造成了许多冲击。在心理与制度的双重打击下，元代艺术发展在主流社会中与前代不可同日而言，但在非主流社会中却因为大量落魄文人的加入而得到了长足发展。相对于地面艺术，元代墓室壁画呈现繁荣的局面，数量很大，也有精美的图像，特别是借助元代政治版图有了突出的多元化发展，在艺术特征上形成通俗化面貌。

第一节　元代墓室壁画的遗存梳理

元代建立初期对中原文化进行了打击，之后有所缓和，中原文化开始发挥出巨大的包容力量。有元一代，壁画墓的数量还是不少的。

1. 遗存数量

元代壁画墓及砖雕墓总数 59 座，目前可统计的壁画总面积约 40 平方米。

2. 遗存分布

山西地区：24 座。山东地区：13 座。内蒙古地区：6 座。北京地区：3 座。陕西地区：3 座。河北地区：3 座。重庆地区：2 座。福建地区：2 座。河南地区：1 座。辽宁地区：1 座。江苏地区：1 座。

第二节　元代墓室壁画的题材体系

元代一统江山，是中国历史上的特殊时期。少数民族王朝入主中原，元之前已有与南朝对峙的北朝鲜卑族多个王朝和与宋代先后对峙的辽金西夏政权，但这些政权都没有一统江山，只有元代做到了。在这一个特殊时期，墓室壁画也有了自己的时代特征，与唐代的帝王化、两宋的平民化比较，元代表现出来的是通俗化。元代墓室壁画的通俗化，来自于多元化价值支持，也可作多元化理解。

一、已有研究成果的梳理

元代壁画墓的数量并不少，墓室壁画的题材与之前基本一样，都是墓主人生前生活，不同的是墓主人地位更低，壁画多为民间画师所作，因此表现出了明显的通俗性特征。

（一）整体层面的题材认识

李德喜、郭德维认为：元代墓室壁画分为汉族墓室壁画和蒙古族墓室壁画两大类。在汉族墓室壁画中，孝行故事（图11-1）仍很盛行，家居生活更加普遍，如宴饮图，膳房，牛、羊、猪、鸡群，出游、放牧和狩猎等都有表现。山水画和山水屏风画这时更加普遍使用。砖雕乐舞俑和散乐图基本上继承了金代风格。墓顶多绘祥云仙鹤、牡丹、莲

图11-1　孝行组图 河北涿州市华阳路元代壁画墓 公元1331年

花、三角饰带等纹饰，有的在顶下与壁间绘有4神。仿木构建的墓室均绘有彩画。蒙古族墓室壁画中，人物形象和服装仍具蒙古贵族特征，但整个画面布局和内容与汉族世俗地主已毫无区别[1]。

董新林认为：第一，在燕山南北区以隐逸图居多，年代多属蒙古国时期或元代早期。隐逸图和山水画大量集中在此区，一方面可能与现实生活中开始流行山水画有关，另一方面也与道教的兴盛以及墓主人的身份和情趣有关。中原和关中区以墓主人夫妇“开芳宴”和夫妇端坐图为多，都居正位（正对墓门的位置）。这表明在中原和关中区壁画题材突出现实化，直接表现墓主人形象，也反映出与宋金时期较强的文化传承。第二，出现时代特征鲜明的题材和表现形式。如屏风画形式（特指有边框的情况）的孝悌故事图、隐逸图（图11-2）、水墨山水画等，这在宋金时期基本不见，是元代墓葬壁画的突出特点。孝悌故事图是儒（理）学思想世俗化的产物，而“隐逸图”和“水墨山水画”等题材多与道教有关。宋金墓葬壁画常见的题材“孝悌故事图”，在蒙元时期有的也用水墨山水画的形式表现出来，具有鲜明的时代特征。第三，壁画人物的冠服，如钹笠冠、四方瓦楞帽、顾姑冠、民族服装——“比肩”等，都是蒙元时期墓葬壁画中的特有表现形式。另外，男子剃“婆焦”的习俗，也常见于蒙元壁画人物中。这些冠服和头式都是墓葬断代的标尺。第四，同一墓内成组出现备茶图和备酒图。这种情况始见于辽代壁画墓中，一直沿用到元代。蒙元时期的备酒图有鲜明的时代特征，即玉壶春瓶和盘成为常见的固定组合，还有大碗内置勺子的情况。第五，有些题材的表现形式更为情节化和民族化。如赤峰三眼井M2的出行图和归来图、蒲城洞耳村元墓的出行图和归来图等，都像连环画一样，表现出鲜明的动态情节，并带有浓厚的蒙古民族风格（图11-3）。第六，以墓室为一个单元，表现墓主人的现实生活情况。南北有别。北方墓室壁画多反映墓主人出现游猎和宴乐的场景；南方墓室壁画则具体表现了墓主人家居生活的情况。北方壁画的出行归来图都是绘鞍马图，女主人也骑马；福建壁画墓则用鞍马和轿舆表现出行和归来，似乎反映出生活习俗的差异[2]。

[1] 参见李德喜、郭德维《中国墓葬建筑文化》，湖北教育出版社，2004年，第279页。
[2] 参见董新林《蒙元壁画墓的时代特征初探——兼论登封王上等壁画墓的年代》，《美术研究》2013年第4期。

图 11-2　隐逸图 山西大同齿轮厂 1 号元墓 公元 1298 年

图 11-3　墓主人对坐图 陕西蒲城县洞耳村元墓 公元 1269 年

张晓东认为：蒙古人壁画墓壁画（和线刻画）主要布置在墓室各壁、顶部和甬道。壁画布局形式比较固定，对称布局。正壁：基本绘并坐图，蒙古时期和元代早期墓主人位置为男右女左，晚期为男左女右，或男主人居中，女主人居左右；蒙古时期和元代早期以屏风为背景，且用圈背交椅不用桌，晚期不但普遍以建筑为并坐图背景，而且出现用桌和设置牌位现象。侧壁：蒙古时期以表现游猎、宴饮和备宴等生活题材为主，人物着装保留明显蒙古族传统；元代早期仍有表现备宴题材，同时出现隐逸图类插屏画；元代晚期以表现定居和出行题材（图 11-4）为特征，备宴图仍大量使用，但日趋简化，反映定居生活和儒家思想的乐舞、孝行图更多出现，还出现男子启门图，牧猎题材明显减少。墓顶：穹隆顶正中绘或雕莲花等图案，并以此为中心环状布局。甬道和墓门两侧：蒙古时期为放牧、停舆等，元代早期出现礼乐仪仗，元代晚期则绘牵马、门吏或出行、归来图（图 11-5）等。总之，壁画和线刻题材大致沿袭前两期反映牧猎内容到后期表现定居生活脉络发展，更深层次则反映了由传统意识形态向全面接受儒家思想的转变[1]。

图 11-4　行别献酒图 陕西蒲城县洞耳村元墓 公元 1269 年

[1]　参见张晓东《蒙元时期蒙古人壁画墓的分期》，《华夏考古》2011 年第 2 期。

图 11-5　归来图 陕西蒲城县洞耳村元墓 公元 1269 年

王博将蒙元时期墓葬壁画的题材分为 9 类：①墓主人画。根据墓主人在壁画中的形象又分为 A、B 两种。A 壁画中墓主人作受祭拜状，又分为墓主人并立图和墓主人并坐图；B 壁画中墓主人出现在某一生活场景中。②山水画类。分为大幅山水画和小幅山水画。③日常生活类。分为侍奉图、门卫图、轿舆车马图、乐舞杂剧图、放牧图。④孝义故事画类。⑤宗教生活画类。⑥仓库建筑画类。⑦陈设画类。⑧装饰画类。分为花卉图、竹石图、祥瑞装饰图。⑨诗词画类[1]。

（二）地域层面的题材认识

郭智勇将山西元代墓室壁画的题材归为 9 类：①墓主人并坐图。一般布局于正对墓门的墓室壁。②日常生活类。主要有人物车马出行图、厅堂陈设图、仓库建筑图、侍奉图、杂剧乐舞图。人物车马出行图布局于甬道两侧、墓室周壁，一般对称布置，出行图朝向墓外，回归图朝向墓内。③孝行故事图。题材为中国古代著名的“二十四孝”故事，主要有“蔡顺分椹”“孟宗哭竹”“伯俞泣杖”“王祥卧冰”“埋儿葬父”“曾参问母”“鲍山背母”“元觉劝父”“舍子救侄”“董永典妻”“黄香扇枕”等。布局于墓室周壁。④宗教题材类。有“道童图”“谕

[1]　参见王博《蒙元时期墓葬壁画题材与布局浅析》，吉林大学硕士学位论文，2006 年。

道图”“八仙图”等道教题材的图画，出家人、飞天等佛教题材的图画，门神、灵兽、升天等原始宗教题材的图画。布局于墓室周壁。⑤宇宙星辰图。布局于墓室四壁与券顶之间、券顶、斗拱上下等处，有太阳、月亮、星斗、流云等。⑥装饰画类。主要有花草山水图和吉祥图。花草山水图有莲荷图、牡丹图、盆花、野草、竹子等植物，还有湖石、桥、溪、林等山水风景。布局在墓室周壁、券顶、壁画之上。⑦山水画类。如大同冯道真墓，北壁通壁墨绘一幅山水画。右上题“疏林晚照”四字。山西大同齿轮厂托儿所元墓，北壁绘两幅图画。左侧为山居图，西壁北端绘行舟图，东壁北端绘行旅图。⑧题榜类。包括题记与榜题。题记有诗词、墨书文字、榜题、买地券等。布局在墓门上方及两侧、墓室壁、拱眼壁等处，有的还题写于屏风、牌位或匾额上。⑨动物图。主要有家畜、飞禽、乌龟等。布局于墓门两侧、墓室周壁、四壁与券顶间、拱券处[1]。

袁传申从其所收集山东地区元代墓葬壁画材料出发，归纳7类：①建筑装饰（图11-6）。②门吏及侍从图。③启门图。④墓主人夫妇的形象和活动图（宴饮图或开芳宴）。⑤孝行故事图。⑥与宗教有关的图。⑦其他画面[2]。

图11-6　楼阁式仿木建筑图 山东济南历下区司里街元墓 元代

西安东郊元代壁画墓的考古报告认为：从M1壁画写实的风格看，与当时重写意的“文人画”属不同风格。但从所绘湖石修竹、博古插

[1] 参见郭智勇《山西地区元代壁画墓葬的考古学研究》，《史志学刊》2015年第3期。

[2] 参见袁传申《山东地区元代壁画墓研究》，东北师范大学硕士学位论文，2009年。

花等来看，有写意成分，可见此墓壁画也受到“文人画”的许多影响。元代壁画墓集中发现于内蒙古、辽宁、山西、河北、山东等地，此墓在西安地区尚属首次发现。从壁画的人物形象、衣着及用具等方面看，表现的应是汉族地主的生活，所绘人物也均为汉族人[1]。

（三）特殊题材层面的认识

穆宝凤以墓主人是否出现为分类依据将墓主人图分为两种类型：①在墓室壁画中绘有墓主人形象的壁画墓。元代墓室壁画中出现墓主人的形象在内蒙古、辽宁以及陕西、河南地区是非常流行的，根据资料梳理我们发现，在山西地区壁画墓中出现墓主人形象的壁画布局与上述地区也是十分相似的。这种模式可以归纳为：在墓室的正壁绘有墓主人形象，在墓室的两侧壁绘有反映墓主人日常生活的图景（图 11-7、图 11-8）。②在墓室壁画中墓主人形象没有明确出现的壁画墓。此类型的山西元代壁画墓中孝子图像、山水人物图像为主要的壁画题材，墓室内没有出现明确的墓主人形象的图像，而是在墓室的正壁、侧壁绘制“孝子”图像和侍者图[2]。有墓主人出现的墓主人图表现上更加直观些，同时元代的墓主人图增加了一些场景和细节的描写，生活气息更加浓烈，也显得亲切。

图 11-7　夫妇端坐图
山西兴县红峪村武氏夫妇墓 公元 1309 年

[1] 西安市文物保护考古所：《西安东郊元代壁画墓》，《文物》2004 年第 1 期。
[2] 参见穆宝凤《神秘性与世俗性的交融——元代山西地区墓室壁画的特征及墓室图像意义分析》，《贵州大学学报》（艺术版）2013 年第 1 期。

图 11-8　女墓主人图 河南尉氏县后大村元墓 元代

二、我们理解的元代通俗化题材体系

元代艺术是在中原大地被蒙古军队横扫的形势下发展的，文人阶层落入民间，使得通俗化成为元代艺术发展的大趋势，同时也因为文人几乎整体地加入民间艺人群体，元代的通俗化又增加了文人化的色彩。元代墓室壁画就是在这样的语境中发展，形成了通俗化的题材体系。

（一）元帝国文化决定的通俗化题材体系

元帝国虽然地域辽阔，又有着全国范围的多民族文化相互交融，但与之前各代相比，其题材体系的结构却显得单一，这是元帝国文化造成的。元帝国军事上横扫四方，但在文化上并没有做好相应的准备，这样的准备客观上也无法做好，于是出现了人分四等和取消科举等高压的文化政策。在这样的环境下，文人不仅边缘化，而且陷入无力自保的境地。对比于之前的唐宋，最富活力的士大夫阶层基本消失，文人跌入了社会底层。在如此处境下，民间成为大多数文人寻找的创作空间，通俗化成为必然趋势。在这样的大环境下，墓室壁画也只有选择通俗化，但是这种通俗化又因为有着文人的加入而有了文人化的色彩。

元代的高压政策还造成了墓室壁画题材体系单一的现象。虽然各地都有地域特色的贡献，同时入主中原的蒙古族和其他少数民族也带来了一些新内容，但基本上是在前期的基础上作一些局部补充，不足以支撑起一个独立的题材体系。元代的墓室壁画题材有前后发展的多个阶段，但就结构而言是单一的。

（二）通俗化题材的特征

元代墓室壁画题材多样，内容丰富，文人色彩的通俗化特征非常突出。

其一，有大量文人加入的民间艺人创作队伍。宋代始，民间艺人就成为墓室壁画的主要创作者，但就整个艺术创作环境而言，宫廷艺人、士大夫艺术家等与民间艺人并列，形成多种创作群体共生的创作生态。元代这种创作生态不复存在，社会地位较高的文人加入民间艺人群体。钟嗣成《录鬼簿自序》记："余因暇日，缅怀故人，门第卑微，职位不振，高才博艺，俱有可录。岁月弥久，湮没无闻。遂传其本末，吊以乐章。复以前乎此者，叙其姓名，述其所作，冀乎初学之下士，刻意词章。使冰寒乎水，青胜于蓝，则有幸矣。""门第卑微，职位不振，高才博艺"，这些就是元帝国给文人打上的阶层烙印，也是文人进入民间艺人群体的指标（图 11-9）。

图 11-9　牡丹湖石图 山西兴县红峪村武氏夫妇墓 公元 1309 年

其二，加入文人情趣的壁画题材。文人的加入，带来了艺术水准的提高，也带来了文人审美情趣的题材。如河南登封王上墓中的《论道图》，以往研究关注道教思想的表现，其实这是文人情趣所致。此外，隐逸图、山水画等大量出现，都是文人情趣的作品。王国维认为："盖元剧之作者，其人均非有名位学问也；其作剧也，非有藏之名山，传之其人之意也。彼以意兴之所至为之，以自娱娱人。"[1]非有藏之名山，传之其人之意也，这已经远离传统文人的价值标准了，但在壁画墓里可能获得了一定的补偿（图11-10）。

图 11-10　山水人物图 山东济南千佛山北麓齐鲁宾馆元墓 元代

其三，借民间力量传播的体系特征。这主要是指墓室壁画的流行题材。世俗化阶段的流行题材，各代基本都是一样，但元之前并不借助于民间。唐代借助于帝国制度的力量，京畿地区壁画墓占全国 80% 以上，流行题材有地利条件。宋代借助于"与士大夫共治天下"的政策，士大夫阶层的平民化，流行题材有人和条件。元代没有这些条件，完全借助于民间力量，这就要求题材尽可能通俗化，并且在一个题材体系框架中发展，增加审美经验的积淀厚度。这方面还

[1] 王国维：《宋元戏曲史》，上海古籍出版社，1998 年，第 98 页。

有一个突出的特点，即元代新题材不多，原有的墓主人图、宴饮图、备茶图、备酒图和出行图继续流行。此外，隐逸图和山水图（图 11-11）融和了文人情趣而产生出一点新意。

图 11-11　山水图 山东济南埠东村壁画墓 元代

（三）元代题材体系的宗教意义

其一，在墓室壁画题材中，其他宗教信仰仍然没有形成体系性的图像结构。许多研究成果都在描述元代壁画墓中道教、佛教等宗教图，但这些宗教图像都没有形成独立结构，其题材是依附于重生信仰体系而表现出来的。墓葬建设者仍然认为墓室中有为墓主人重生准备的另一个世界的存在，所以墓室壁画可以存在于墓室之中。道教有宫观等独立的仪式场所，佛教有寺庙等独立的仪式场所，壁画墓是重生信仰的仪式场所，在这个前提下，元代墓室壁画继续在重生信仰指导下发展（图 11-12）。

图 11-12 儿童启门图 山西长治市郝家村元墓 元代

其二，在墓室壁画题材中，通俗化是墓室壁画世俗化发展的一个新内容。墓室壁画中的重生信仰，汉代和南北朝是通过神秘化结构来表现的，唐、宋、元代是通过世俗化结构来表现，但各代不尽相同。在唐、宋、元代世俗化发展中，唐代是通过帝王化来结构世俗化，宋代是通过平民化来结构世俗化，元代是通过通俗化来结构世俗化。在唐、宋、元代三个时期中，元代的通俗化离开神秘化的距离最远，这是重生信仰的最新表现，是一个新的发展。元代通过通俗化使得墓室壁画得到了新的发展，维持了人们在墓葬活动中表现重生信仰的热情。但是，重生信仰的存在和表现都是需要得到神秘化内容的支持。世俗化社会，皇权的神圣性可以在世俗化与神秘化之间提供一种平衡，从而提供新结构后的神秘化内容。唐代皇权的权威、宋代皇权的权利，都在营造高高在上的神圣性，提供了这样的平衡，但元代没有，或者没有提供完整的平衡。元帝国是第一个由少数民族一统江山的王朝，皇权建立于强大的武力基础之上，这个基础不能给元王朝带来神圣性，或者神圣性并不充分。就墓室壁画而言，唐宋已经建立起了世俗化的趋势，元代仍然能够凭着惯性发展，通过通俗化形成了墓室壁画的又一次繁荣，但是离神秘化越来越远，最终墓室壁画在元之后的明清进入了衰落阶段（图 11-13）。

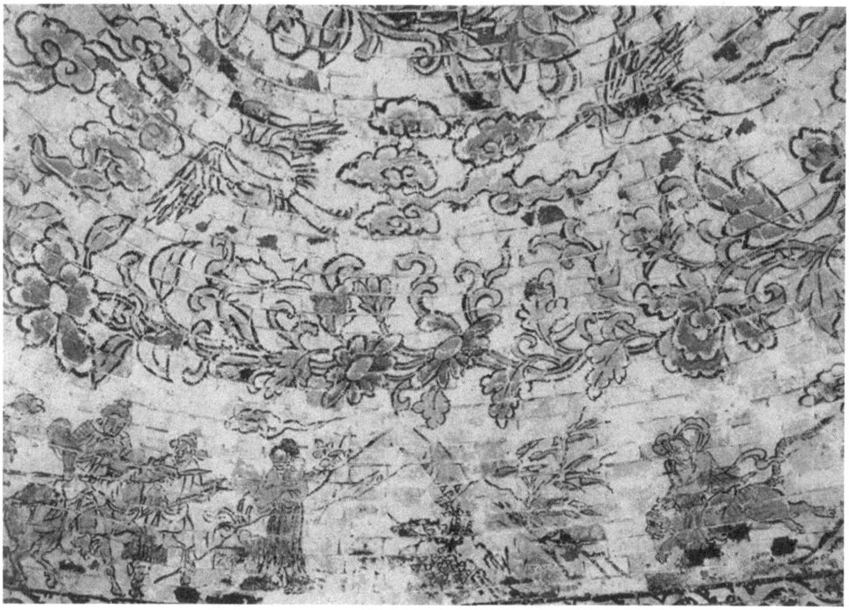

图 11-13　穹隆顶壁画 山东济南文化东路济南柴油机厂元墓 元代

第三节　元代墓室壁画的分布体系

元代帝国地域辽阔，但在墓室壁画的分布体系上并不复杂。从考古发掘的成果看，元代的壁画墓遗存主要在原金代的统治地区，也显得比较集中。

一、已有研究成果的梳理

1. 整体层面的研究成果

董新林认为："我们根据文献记载，结合墓葬形制结构和葬俗等特点，将元代壁画墓大体分为三区。第一区，燕山南北区。即长城以北的东北地区、内蒙古东部、河北北部、京津、山西北部和内蒙古中部的部分地区。第二区，中原和关中区。实际上还包括北方部分地区，即河南大部、山西中南部、河北中南部、山东、安徽和江苏北部地区，以及内蒙古西部、陕西、甘肃、宁夏、青海北部等地区。第三区，南方区。即淮河以南的地区。目前壁画墓仅见于福建地区。”[1]

《中国墓室绘画研究》持基本相同的观点，分三个地区：①东北地区、内蒙古中东部及京津地区。这里曾是辽国故地，是壁画墓的传统流行地区。蒙古提倡薄葬简丧、不封不树的丧葬习俗，因此该地区在蒙元时期的壁画墓不多。该地区发现的壁画墓大多是蒙古贵族接受汉化影响的结果，具有浓烈的本民族特色，同时又清晰地呈现出汉、蒙民族文化交融的痕迹。该地区壁画墓多为方形或长方形单室砖室墓，没有发现圆形砖室墓。②山西、山东、河南的大部分以及河北中南部、陕西部分地区。这里曾是金代汉人的主要聚集地，元代壁画墓绝大部分出现在这一区域内，体现了异族统治下汉族葬俗传统的传承和演变，最重要的艺术特色是砖雕与壁画相结合的墓室装饰的流行。该地区壁画墓以方形或长方形砖室墓为多，山东、河南发现了圆形和八角形的砖室墓，大多为单室墓，也有多室墓。该地区壁画墓集中分布在山西和山东地区，均达数十座之多，河南、河北以及陕西相对较少。③长江以南的南方地区。这里曾是南宋、大理的主要统治区域，南方地区壁画墓数量不及北方，只在福建尤溪和将乐地区以及重庆发现了为数不多的壁画墓[2]。

李德喜、郭德维认为：元代主要有砖石壁画墓和砖雕壁画墓两种形制。北方元代砖石壁画墓主要发现于内蒙古、北京、辽宁、河南、山东等地，墓室一般为单室砖墓，由墓道、墓门组成。元代仿木构砖雕壁画墓主要发现于山西地区，一般由墓道、墓门、墓室组成[3]。

2. 地域层面的研究成果

《中国墓室绘画研究》在这方面有比较具体的认识：①长城以北地区的壁画

[1] 董新林：《蒙元壁画墓的时代特征初探——兼论登封王上等壁画墓的年代》，《美术研究》2013 年第 4 期。
[2] 汪小洋主编：《中国墓室绘画研究》，上海大学出版社，2010 年，第 253–260 页。
[3] 李德喜、郭德维：《中国墓葬建筑文化》，湖北教育出版社，2004 年，第 270 页。

墓。流行于宋金的仿木结构建筑并不多见，鲜有砖雕木构，其壁画图案中也少见木构建筑的图案，这是此地区与中原地区特别是山东地区的最显著区别。此外，长城以北地区的壁画墓中墓葬形制较为统一。②山东地区元代壁画墓。上承宋金墓葬的形制，但也有自己的新特点，这一时期的山东砖雕壁画墓是以门楼、仿木结构建筑、壁画、砖雕为整体装饰形式，同时，在一座墓中常常包括三种壁画类型，即建筑砖雕彩绘、图案装饰以及社会生活题材。③北京地区元代壁画墓。一个明显模式和特征，即在墓室后壁绘有山水画或屏风画，无论是山水画还是屏风画，都是围绕棺床排列开来的，这些山水图画是模仿墓主人起居之床的装饰，即所谓的床档画。在北京门头沟斋堂壁画墓的墓室后部下方，围绕着棺床画出的床档的边框，也表明了山水、屏风画作为床档画的用处和功能[1]。

二、我们理解的三个分布体系

元代墓室壁画的三个分布地区实际上就是辽故地、金故地及周边地区和南宋故地三个主要地区在元代的继续发展，加入的是蒙古丧葬传统和元帝国文化的影响。整体看，这样的分布体系有如下三个特征。

其一，中原传统文化影响的分布体系。

蒙古入主中原，不封不树的丧葬传统被中原文化的厚葬文化所改造，因此中原文化的影响是元代墓室壁画分布体系形成的重要原因。中原文化强调丧事的五服和守丧仪式，这种程序很快成为元朝的法令："国家初得天下，服制未行。大德八年，饬中外官吏丧其亲三年。至治以来，《通制条格》成书，乃著五服之令。"（《经世大典序录·宪典总序》）这方面还有一个突出的例子是中原传统文化中的等级制度被完全接受。元代对墓地有等级上的规定，《元典章·葬礼》对官员的规定是："一品九十步，二品八十步，三品七十步，四品六十步，五品五十步，六品四十步，七品以下二十步，庶人九步。"其中还有许多具体的要求，如对庶人："庶人墓田，四面距心各九步，四围相距其十八步。"有了墓地的概念，才能有经营的过程，这是壁画墓存在的物质基础之一。

其二，辽金汉化积淀影响的分布体系。

[1] 汪小洋主编：《中国墓室绘画研究》，上海大学出版社，2010年，第253-286页；冯恩学：《北京斋堂壁画墓的时代》，《北方文物》1997年第4期。

三个分布体系代表着三个中原文化存在的状态，辽金是向中原文化学习的状态，南宋是中原文化坚守的状态，辽金又有着时间上的先后和程度上的不同，辽在前而金在后，辽有限而金更彻底。从元代墓室壁画的分布体系看，沿革的是辽金学习中原文化的走向。辽金是在与中原政权对峙下完成学习中原文化的，有着南北共同努力的成分，元帝国则完全是由少数民族统治主导，墓室壁画能够再现繁荣面貌，辽金汉化积淀的影响是重要原因，有元一代壁画墓遗存集中于辽金故地就充分说明了这一点。

其三，蒙古丧葬传统影响的分布体系。

中原文化和辽金汉化积淀都是在元帝国政治框架下发挥影响的，蒙古的丧葬传统还是多少影响到墓室壁画的发展。“元代一般贵族墓，北方沿袭宋、金时旧制，均为砖石仿木构砖雕壁画，石室墓等。南方沿袭南宋旧制，多单室砖墓，夫妇合葬则是‘同坟而异穴’的双室并列墓，特别注意了尸体的保护措施，盛行厚葬，有些墓主要以金银器随葬。”[1]另外，北方的发展有着前朝惯性的推动，元帝国政权并没有提出新的内容，但是在一些细节上，蒙古传统的丧葬习惯还是影响到壁画墓的存在形态。比如，元代纪年的壁画墓很少，这就与不封不树的传统有关。再如，元代砖石壁画墓的墓顶正中留一小孔，孔上用大石板覆盖，保留了蒙古墓室建设上的独特形制。

第四节　元代墓室壁画的发展阶段

元代墓室壁画的发展有一个突出的贡献，这就是为我国墓室壁画发展提供了最后一个繁荣时期。元之后，墓室壁画呈衰落之势，无可挽回。元代墓室壁画发展的内容没有元之前丰富，但显得非常有意义。

一、已有研究成果的梳理

元代是第一次少数民族王朝主导中原文化，相关研究是很有意义的。此外，元代还是墓室壁画最后一个繁荣期，元代的发展又增加了一个思考墓室壁画衰

[1] 李德喜、郭德维：《中国墓葬建筑文化》，湖北教育出版社，2004年，第269–270页。

落的内容。不过，比较于之前各代，元代墓室壁画发展的研究成果非常少。

1. 元代墓室壁画发展的三个阶段

张晓东认为："可以暂把蒙元时期的蒙古人壁画墓分为三期：第一期为蒙古汗国时期（或称蒙古时期），时间自金贞祐元年南迁，即成吉思汗八年（1213）至元世祖至元八年（1271）；第二期为元代早期，自忽必烈改国号为元的1271年到武宗至大四年（1312）；第三期为元代晚期，自1312年至元亡的1368年。"[1]

2. 南方地区元代壁画墓的前后两期

《中国墓室绘画研究》认为：南方地区的元代壁画墓主要为元代早期墓葬，且有仿木建筑构造，元代晚期壁画墓则发现不多。主要的发现地区为福建将乐县光明乡及福建尤溪县，这些地方在宋代就是南方地区壁画墓的流行区域，有着一定的传承脉络[2]。

3. 对墓室壁画衰落的思考

柯律格（Craig Clunas）认为：实际上，墓室壁画在元明之际的消失，仅仅是古代壁画传统终结进程的一个开端而已。在明代，历史悠久的地上寺院壁画与地上厅堂壁画创作，也出现了日渐式微的迹象。自此，壁画媒介就永远失去了其在中国视觉艺术创作中的宠儿地位[3]。

二、我们理解的元代三个阶段

关于元代墓室壁画发展的整体面貌，《中国墓室绘画研究》认为："虽然蒙古统治阶级以及大贵族多数仍然坚守着蒙古固有的丧葬习俗，但是在广大的中原地区以及蒙汉混居地区，汉族的丧葬制度也在逐渐被蒙古人接受并采纳，这在许多壁画墓里有着充分的体现。在辽宁地区、内蒙古中东部以及陕西、河南、山西等地区发现的壁画墓里，有许多墓主人为蒙古人，并且多是蒙古中、下层贵族，在这些墓室壁画中我们可以了解到这些身着传统蒙古族服饰的蒙古人的

[1] 张晓东：《蒙元时期蒙古人壁画墓的分期》，《华夏考古》2011年第2期。
[2] 汪小洋主编：《中国墓室绘画研究》，上海大学出版社，2010年，第253-286页。
[3] 转引自王玉冬《蒙元时期墓室的"装饰化"趋势与中国古代壁画的衰落》，《美术学报》2012年第4期。

日常生活场景，如宴饮图和驯兽图等，具有强烈的民族风格，但同时我们也会发现有许多题材是中国古代墓葬壁画所用的传统题材，如‘二十四孝故事图’‘得道升仙图’等，这些带有强烈汉化风格的壁画题材出现在蒙古人的墓葬里，说明在这些地区的蒙古人已经逐渐改变本民族原有的‘不树不封’的薄葬传统，开始在墓葬过程中注重汉族的丧葬礼仪并开始学习和借鉴汉族的建筑墓葬形式。”[1]（图 11-14）。

图 11-14　八仙图（曹国舅、汉钟离）山西屯留县康庄村 1 号元墓 公元 1306 年

我们赞成三个阶段的观点，这方面可以参考历史学领域的研究成果。李治安《元代汉人受蒙古文化影响考述》认为：从整体趋势看，以语言、名字变易为重点的元代汉人受蒙古文化影响本身就是一个历史过程。这个过程不约而同地经历了前四汗、世祖和成宗朝、武宗至顺帝朝三个阶段。与色目人汉化和蒙古人汉化明显不同的是，上述三个阶段的蒙古文化影响，并没有循着由弱到强的一般法则发展，而表现为时空范围扩大与弱强转换大致成反比的情况。前四汗阶段，蒙古征服与占领的对象是契丹、女真、西夏盘踞统治近三百年的燕云十六州和其他北方地区，掳掠北上人口数量甚夥，又兼当地汉人长期受到北方民族文化熏染且不断融入他族成分，对蒙古文化抗拒力较弱，认同性较强。所以，此阶段汉人的蒙古化势头相对较强。世祖和成宗朝阶段，蒙古征服并直接

[1] 汪小洋主编：《中国墓室绘画研究》，上海大学出版社，2010 年，第 252-253 页。

统治了全中国，野蛮杀掠明显减少，还较为积极地吸收汉法。新征服的江南地区，汉族人口稠密，以前基本没有受到契丹、女真贵族的侵扰，汉文化传承久远，积累深厚，对蒙古文化抗拒力较强，认同性较差。武宗至顺帝朝，由于仁宗科举恢复和蒙古统治的衰落，汉人主流文化儒学（以理学为代表）的地位有所上升，蒙古文化却相对处于颓势。部分汉族下层官吏和士人虽然继续学习蒙古新字和改用蒙古名字，但总体上蒙古文化的影响在继续减弱[1]。

以往我们更多的是从汉化角度来思考元代的民族交融，不过元代的中原文化大交流是少数民族政权主导的，元帝国的主导性应当关注。从汉人受蒙古文化影响出发的三个阶段观点，完全可以作为我们为元代墓室壁画发展划分阶段的依据。这个划分方法，与其他学者的三个阶段划分基本一致，考虑到元帝国文化的主导性，同时依照大事件为准的原则，我们认为元代墓室壁画发展为前四汗、世祖和成宗朝、武宗至顺帝朝三个阶段。

前四汗阶段，元帝国兴起并与南宋联手灭金，这一时期尚没有接触到中原文化的核心地区，墓室壁画更多地表现出中原之外丧葬传统主导的特征。

世祖和成宗朝阶段，元帝国灭南宋，中原文化与蒙古等少数民族文化全面交流，墓室壁画更多地表现出辽金汉化积淀的影响和中原文化包容性的影响，这两个影响体现了中原文化主导出现的必然性。

武宗至顺帝朝，这一阶段蒙古文化已处于颓势，墓室壁画完全呈现出中原文化土导性的特征。

---

[1] 参见李治安《元代汉人受蒙古文化影响考述》，《历史研究》2009 年第 1 期。

第十二章

专题讨论

繁荣期的墓室壁画时间跨度大，同时有着与之前大不相同的时代背景，不仅中央政权长期与少数民族对峙，而且元代最后征服天下，少数民族政权在中原建立了大一统帝国。不过，即使在纷乱的政权更迭中，中原文化的发展仍然是主流，并且这一时期的墓室壁画仍然为我国墓室壁画发展作出了巨大贡献。从这一点出发，我们专题讨论唐代皇权加强的影响及宋代形成的平民化特征。

第一节　唐代皇权加强与世俗化走向

李唐赵宋是我国封建社会的大王朝，都对我国传统文化的发展作出了巨大贡献，但两个王朝的文化差异也是比较明显的。一般而言，唐代军事强大，王朝面貌与汉王朝相近，所谓“汉唐”；宋代经济繁荣，王朝面貌可开启明清，这是一个新的文化走向。在认识唐宋两代王朝贡献时，学术界有“唐宋变革”的观点，不过存在着不同的解释，其实墓室壁画的发展面貌是可以为这一观点提供论证材料的，同时我们也可以在论证中对墓室壁画发展的面貌有一个更加深刻的认识。质言之，从墓室壁画发展的维度看，唐代表现出世俗化的走向，而宋代表现出平民化的特征。唐代墓室壁画中的世俗化走向，主要表现在号墓为陵形制的出现和京畿地区高度集中的两个特征上。这两个特征表明，唐代皇权加强后，神灵图像的空间受到生活化图像的压制，世俗化成为唐代墓室壁画的时代面貌。

一、唐代的皇权加强现象

世俗化是各代都有的文化现象，但唐代的世俗化是在皇权加强背景下产生的现象，有着突出的时代特征。

“唐宋变革”也称“唐宋转型”，是海外学者首先提出来的观点。日本学者最早提出，1910年内藤湖南《概括的唐宋时代观》认为：“唐和宋在文化性质上有显著差异：唐代是中世纪的结束，而宋代则是近世的开始，其间包含了唐宋至五代（唐宋间五代）一段过渡期。”他把这些差异具体概括为八个方面：“贵族政治的衰落和君主独裁政治的兴起；君主地位的变迁；君主权利的确立；平民地位的变化；官吏录用制度的变化；朋党性质的变化；经济的变化；文化性质上的变化。”日本另一位学者宫崎市定从经济发展角度认识“唐宋变革”，首次提出“宋代文艺复兴”的观点，他认为唐宋间的这些变化都是高度发达的交换经济和中央集权制度相结合的产物。这两位日本学者在历史分期上有争议，即何为中古、何为近古。在西方学术界，美国学者认为唐宋间的变化不是一个渐进的过程，而是一个质的变化，因此明确称之为“唐宋变革”。中国学者有两种观点：一种是从历史分期问题上来讨论中古与近古的时间概念，如陈寅恪、钱穆、侯外庐、朱瑞熙等；另一种是从唐宋社会变革的具体内容上来讨论，如傅乐成、胡如雷、漆侠、王曾瑜、张邦炜等[1]。

我们认为，唐宋变革是一个客观存在的历史现象，在划归中古还是近古的问题上其实并没有多少意义，中古和近古的划归是出自于西方史学的概念，其论证内容不一定适合中国的历史发展。与西方历史不同，中国的中央集权连绵不断地发展了两千多年，皇权结构沿革有序，同时也在是不断调整、适应和完善，这样的发展过程才应当是我们认识唐宋变革的逻辑起点。

唐代皇权结构的特征是什么？我们认为是对魏晋南北朝的否定而带来的皇权加强。张践认为：“隋唐以后，中国进入了宗法家族社会的全盛时期。其根本原因是世家大族的没落和中央集权政治的加强。鉴于魏晋南北朝君弱臣强、政变频繁、国家衰弱的教训，隋唐两朝都把打击门阀士族当成了巩固政权的重要措施。”[2] 这样的中央集权加强，形成了唐代的皇权加强。

[1] 凌继尧主编：《中国艺术批评史》，上海人民出版社，2011年，第143-145页。
[2] 张践：《中国宗教与中国文化》（卷四），中国社会科学出版社，2005年，第29页。

皇权加强的影响是巨大的，不仅反映在科举选士等政治制度上，而且也反映在君臣关系的结构上，这是一个非常重要的标志。余敦康认为："比如，君臣之间的伦理关系，韩愈强调绝对性而否定相对性。他说：'臣罪当诛兮，天王圣明'。这就是说，臣应绝对服从君，即使暴虐如殷纣，也要颂他圣明，贤明如西伯，囚禁羑里也是罪有应得。黄宗羲则相反，强调相对性而否定绝对性。他说：'夫治天下犹曳大木然，前者唱邪，后者唱许。君与臣，共曳木之人也。……君臣之名，从天下而有之者也。吾无天下之责，则吾在君为路人。出而仕于君也，不以天下为事，则君之仆妾也；以天下为事，则君之师友也。'(《明夷待访录·原臣》)韩愈所表述的是一种绝对专制主义的思想，黄宗羲所表述的则是一种具有启蒙意义的民主思想，二者的思想倾向是根本对立的。但是他们都是儒家，都以儒家的理论为依据。"[1] 韩愈这样的文坛领袖如此强调君权至上，如果再与明末清初思想家黄宗羲作比较，可知唐代的皇权加强已经到了空前的高度。中国封建社会是中央集权的制度，皇权加强必然带来社会整体面貌的变化，因此"唐宋变革"是必然的社会趋势。

二、号墓为陵的世俗化导向

在墓室壁画领域，强大的皇权带来的影响是世俗化色彩越来越浓烈。在已有的考古成果中，最突出的现象是号墓为陵形制的出现。

陵在我国封建社会特指皇帝的墓葬建筑，在战国时候形成这样的形制。《史记·赵世家》记："赵肃侯十五年经营寿陵。"《史记·秦始皇本纪》记："秦惠文王葬公陵，悼武王葬永陵，孝文王葬寿陵。"后代沿革这一形制，但唐代出现了号墓为陵的现象，中宗复位后为了巩固政权，对一些皇室成员实施了号墓为陵的做法。《旧唐书·懿德太子重润》记："圣历初，中宗为皇太子，封为邵王。大足元年，为人所构，与其妹永泰郡主、婿魏王武延基等窃议张易之兄弟何得恣入宫中，则天令杖杀，时年十九。重润风神俊朗，早以孝友知名，既死非其罪，大为当时所悼惜。中宗即位，追赠皇太子，谥曰懿德，陪葬乾陵。仍为聘国子监丞裴粹亡女为冥婚，与之合葬。又赠永泰郡主为公主，令备礼改葬，仍号其墓为陵焉。"

[1] 余敦康：《中国宗教与中国文化》(卷二)，中国社会科学出版社，2005年，第276页。

宿白在《西安地区的唐墓形制》中指出，号墓为陵并不就是陵，等级比帝陵低一些（图 12-1、图 12-2）[1]。从考古成果看，这些号墓为陵的太子墓、公主墓都为厚葬之墓，并且也都有大面积的壁画出现。懿德太子李重润墓（图 12-3）最具代表性，陵墓全长 100.8 米，随葬品达千件以上，墓壁绘满仪卫队伍等题材的大场面图像，完全不亚于帝陵的气度。目前发现的唐代帝陵壁画墓只有唐僖宗靖陵一座，因此号墓为陵的壁画墓可以被认为是唐代最高规格的壁画墓。

图 12-1　备马图（天井东壁）唐昭陵韦贵妃墓 公元 666 年

图 12-2　牛车图（墓道西壁）唐昭陵阿史那忠墓 公元 675 年

唐代帝陵对唐代其他墓葬活动有着明确的指导意义，帝陵讲究等级、讲究规范，这些都在唐代墓葬建设中得到反映。唐代帝陵中的墓室壁画虽然仅在唐僖宗靖陵中有少量存留，但是在号墓为陵中普遍存在，说明南北朝上移的壁画墓在唐代仍然受到上层贵族的欢迎，这个态度影响到社会墓葬风气，唐代的墓葬考古活

[1]　宿白：《西安地区的唐墓形制》，《文物》1995 年第 12 期。

动中就有许多重大的壁画墓考古成果[1]。

图 12-3　执扇宫女图（第三过洞）唐懿德太子墓 公元 706 年

墓室壁画是描述墓主人到另一个世界去的生活图像，这是一个宗教行为，号墓为陵的出现使得这一宗教行为充满了世俗化的气息，我们在墓室壁画的图像中已经基本看不到突出的神灵图像，所有重要位置都是关于墓主人的此岸生活写照和相关的图像，神灵只是一种象征符号，真正的主导者是墓主人，他们将此岸所拥有的地位、财富和种种享受直接带入生死转化的墓葬建筑中，皇权之威、皇权之盛在墓室壁画中得到了最充分的表现。神灵图像的弱化和墓主人图像的强化，这就是唐代皇权加强带来的影响，这一影响在号墓为陵中表现得最为突出，这是一个皇权加强下的世俗化走向。

三、京畿地区的世俗化图像

唐代墓室壁画还有一个特殊的现象，即壁画墓遗存的分布特别集中，目前壁画墓遗存的 80% 都分布于京畿地区。李星明认为："应该特别注意的是，大约 80% 的唐代壁画墓出自关中唐代京畿地区，其中的壁画比较准确地反映了唐代长安绘画主流风格的基本面貌，这对重建在唐代具有主导地位的长安京畿绘

[1]　汪小洋主编：《中国墓室绘画研究》，上海大学出版社，2010 年，第 8-9 页。

画主流风格具有重大意义。”[1] 墓室壁画描述的是彼岸生活图像，这是宗教内容；长安主流绘画描述的是此岸生活图像，这是世俗内容。宗教内容与世俗内容之间应当存在着一个比较明确的分界线，但是在目前的考古成果中，京畿地区的墓室壁画几乎看不见这样的分界线。京畿地区壁画墓的墓主人多为达官显贵，他们的壁画墓规格高，图像精美，引领世俗化风格，这是唐代墓室壁画世俗化走向的准确反映。

认识京畿地区墓室壁画的世俗化图像，可以从一些新题材、新表现的图像中得到认识。这些新面貌的图像，表现出了唐代壁画墓墓主人对新生事物的好奇，同时也是对世俗生活的强烈眷念。我们从生活图像的新内容和宗教图像的新表现两个方面来概括梳理：

第一，生活图像的新内容。

唐是汉以后的又一个中央集权大帝国，幅员辽阔，国势强盛，必然给墓室壁画的图像带来许多新的生活内容。比如，章怀太子墓中发现的《客使图》被各方面所关注，表现的是大唐帝国对藩国的宗主关系，唐朝皇帝接见藩国使者，皇帝的关怀和使者的恭敬，都表现出唐王朝的国势强盛。再如，唐代出行图的场面更是远超之前的汉代壁画墓，规模大，结构复杂，声势浩大，主要有骑马出行、车马出行、仪卫出行、仪仗出行、狩猎出行等类型，这些内容的多样性和丰富性也是之前所没有的。

首先，仪式化减弱。汉代开始，墓室壁画中许多画面都在强调仪式化的气氛，但唐代有了改变，生活化的气息大大增加，这一点在京畿地区墓室壁画表现得特别突出。

楼阁图像。汉代有门阙的图像，都为仪式化状态，实用性很少考虑。唐代不一样，楼阁图像增加，并且很少考虑仪式化要求，更多表现的是实用性内容，完全生活化了。昭陵韦贵妃墓，在墓道的北壁绘有门楼图（图 12-4）。这座门楼是双层全木结构，一层五间，正面两窗三门，两侧有廊房。这座门楼虽然位于一座高大的桥拱之上，渲染了脱离人间的感觉，但这座门楼的实用性还是扑面而来。

[1] 李星明：《唐代墓室壁画研究》，陕西人民出版社，2005 年，第 11 页。

图 12-4　门楼图（墓道北壁）唐昭陵韦贵妃墓 公元 666 年

胡乐图像。唐人喜胡乐，但是这些胡乐并不是仪式化的演出，而是融入生活常态之中。李白《少年行》（之二）就有这样的描写："五陵年少金市东，银鞍白马度春风。落花踏尽游何处，笑入胡姬酒肆中。"墓室壁画中也是这样的描写，昭陵燕妃墓的后室东壁绘有一支女子乐队，共四人，三人为器乐演奏者（图 12-5），分别是箜篌、箫、琵琶，一人为歌者。这四人服装艳丽，演出状态随意，仪式强调的要素并没有参与其中。

图 12-5　奏乐图（后室东壁）
唐昭陵燕妃墓 公元 671 年

其次，山水寓意变化。山水风景图像。山水是生活化图像的主要题材，中国最早的山水画出现时间目前还没有定论，不过唐代已经有了很高的水准，这一现象表现出唐人对生活品质的追求。唐节愍太子墓的墓道中发现一幅山石风景图（图 12-6），松、石、山坡都有表现，但不是刻意构图，而是表现出一种随意性。魏晋时期，我国山水艺术在诗歌里得到兴盛，但其中总是有诗人刻意回避现实的寓意，常常显得不太自然。节愍太子墓中的这幅山石风景图，没有人物出现，但人物享受大自然的心情跃然纸上。

图 12-6 山石风景图（墓道）唐节愍太子墓 公元 710 年

第二，宗教图像的新表现。

宗教图像是墓室壁画的主要内容，汉代已有非常好的积淀，魏晋南北朝沿革，唐代在这方面又有了新的发展，朝更加生活化方向发展，特别是在表现形式上，许多重要的物象都有了新的表现。

朱雀图。朱雀是四神之一，有着神灵的威严和确定的格式，唐代的朱雀有所变化。南里王村韦氏家族墓的朱雀图（图 12-7），位于墓室南壁，最突出的特点就是色彩浓艳，边上的云气纹也是装饰性非常强。整体看，神灵图的感觉不足，而更像一幅风俗画。

天象图。天象图在汉画中就已经出现，但并不是普遍存在，许多图像也只是象征性描写。这一现象与汉代制度相关，因为汉人重天象观察，特别是谶纬盛行的时候，天象与政治动荡都产生联系，所以天象图是一个与现实生活有些距离的图像。唐代不同，天象图普遍存在，特别是在京畿地区的高规格壁画墓中，懿德太子墓、章怀太子墓、永泰公主墓、李凤墓、薛寞墓、苏思勖墓等，都在墓室顶部绘有天象图。这个现象的出现，本身就说明墓室壁画图像有了与现实生活靠近的走向。同时，唐代的天象图往往有比较复杂的描写，层次增加，这也是现实生活影响所致。在懿德太子墓中，后室顶部的天象图（图 12-8）色彩丰富，内容也很丰富，顶部绘有星辰、银河，东西两侧分别绘有日、月、金乌、蟾蜍等。

图 12-7　朱雀图（墓室南壁）
南里王村韦氏家族墓 唐代

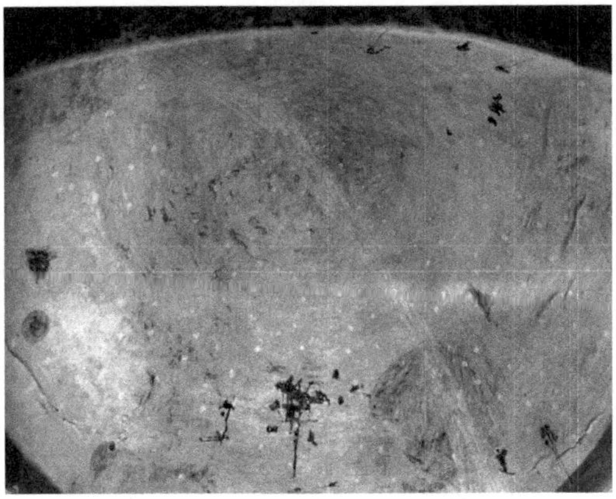

图 12-8　天象图（后室顶部）
唐懿德太子墓 公元 706 年

仙鹤图。墓室壁画中，仙鹤是升仙的符号，也因此常常是以非具象来表现，但是唐代的仙鹤有了变化：一是数量增加，许多高规格壁画墓中都有出现，如永泰公主墓、长乐公主墓和节愍太子墓等；二是写实性成分增加，由抽象而改为具象。节愍太子墓前甬道券顶的仙鹤图（图 12-9），仙鹤是一种飞翔的状态，展翅、曲颈，非常写实，是一种完全生活化的描写。

图 12-9　仙鹤图（前甬道券顶）唐节愍太子墓 公元 710 年

第二节　北宋墓室壁画的墓主人图与平民化

北宋墓室壁画的平民化特征已有许多研究成果，但从墓主人图出发的研究成果尚不多。墓主人图在汉代墓室壁画中频繁出现，特别是汉画像石中成为主要的图像题材。之后的南北朝墓室壁画中，墓主人图仍然是普遍出现的图像题材。进入唐代，墓主人图在墓室壁画中几乎难见了，直到晚唐才再次出现。唐代墓室壁画的特征是帝王化，墓主人图的消失也意味着帝王化与墓主人图之间可能存在着排斥性的关系。因此，当我们探讨北宋墓室壁画的平民化特征时，墓主人图不失为一个有意义的维度。

一、北宋墓主人图的遗存梳理

北宋墓室壁画中墓主人图普遍存在，我们从中心地区壁画墓、非中心地区壁画墓，以及特殊题材壁画墓三个方面来梳理墓主人图。

第一，中心地区墓主人图的梳理。

中心地区指北宋政治中心覆盖的地区，也是以传统文化为主的地区，包括北宋时期的京东路、京西路、开封府等地，主要的发现地点有今河南省的登封、开封、郑州、洛阳和禹州，山东省的济南和烟台以及湖北省的随县等地。

这一地区最著名的壁画墓是禹县白沙一号宋墓，其中就有墓主人图。该墓是仿木结构的砖室墓，由墓道、墓门、甬道和前后墓室组成，各个部分都有壁画图像，墓主人图出现在前室。前室东壁绘有帐幔和女乐伎，西壁有砖砌桌椅，左右绘夫妇对坐图（图 12-10），男女主人后有屏风和持物男女侍者，身后绘草书中堂。桌下绘有瓶，椅子下和垫子前绘金银铤与饼等物[1]。这是一个墓主人夫妇图，学术界一般将其归于开芳宴。

图 12-10　夫妇对坐图 河南白沙一号宋墓 公元 1099 年

新密平陌宋代壁画墓比较完整，也有墓主人图出现。该墓为仿木结构的砖

[1] 宿白：《白沙宋墓》，文物出版社，2002 年，第 13 页。

室墓，由墓道、墓门、甬道和八边形墓室组成，墓顶、拱眼壁和所有的建筑构件上都有彩绘图案。墓室下部壁画，主要是反映墓主日常生活场景的图像。西南壁绘有梳妆图，西壁绘家居图，围绕桌子坐着四个人，男左女右，西北壁绘书写图。东北壁与西南壁内容对应，东壁绘备宴图，画中四位女子正筹备酒饭。东南壁与西北壁内容对应，女主人正在欣赏案前侍女手中展开的书轴。墓室顶部绘有孝行图和反映超度升仙内容的壁画[1]。这是一个墓主人独自出现的图像，内容为日常生活。

第二，非中心地区墓主人图的梳理。

非中心地区处于中原与北方少数民族之间的交界处，是中原和北部的主要缓冲地带，有北宋时期的河北路、河东路、陕西路等地，主要发现地点有今河南省的安阳、河北省的井陉和曲阳、山西省的潞城和平定、陕西省的洛川以及甘肃省的陇西等。

这一地区河南安阳小南海壁画墓比较典型。该墓由墓顶、封门墙、墓门、甬道、墓室组成，墓室平面呈方形。南壁左侧是杂剧图，该图共有七人，前排四人为杂剧演员，演员身后为帐幔、书法屏风，屏风后有三个侍女，南壁另绘有备马图。东壁为一整幅家庭生活场面，中为老夫妇对坐，右为二侍女上茶，左为二男仆恭候。背景为悬帐卷起，露出一幅山水画屏。北壁右侧上部是直棂窗，绘有妇人启门图等。西壁左侧为庖厨图，右侧为乘轿出游图[2]。

第三，特殊题材壁画墓。

这一类型主要指一些专门性的题材图像，如开芳宴、杂剧图和孝子图等。开芳宴和杂剧图都有墓主人像出现，这是一个结构更大的组合图，墓主人图只是其中的一部分，与墓主人独立构成图像中心似乎存在着一些区别。孝子图就主题而言是围绕墓主人而展开的，这类图像普遍存在，而且墓主人的意愿非常集中，并且有强烈的艺术表现，不过归入墓主人图有些勉强，但可以作为对读材料。

与墓主人职业相关的图像在这一时期也已经出现，这是宋代墓室壁画平民化趋势的一个表现。北宋晚期的陕西韩城盘乐村宋代壁画墓 M218，其中墓主人图描写了墓主人生前的工作状态（图 12-11），也有称是墓主人行医图，这些都跟墓主人的日常生活相关。

［1］ 郑州市文物考古研究所、新密市博物馆：《河南新密市平陌宋代壁画墓》，《文物》1998 年第 12 期。
［2］ 李明德、郭艺川：《安阳小南海宋代壁画墓》，《中原文物》1993 年第 2 期。

图 12-11　墓主经历及生前工作图 陕西韩城盘乐村宋代壁画墓 M218 北宋晚期

二、北宋墓主人图的表层认识

从一般性的遗存材料看，北宋墓室壁画中的墓主人图具有以下意义。

第一，墓主人图是北宋墓室壁画的基本题材。

相对于之前帝王化特征的唐代墓室壁画，平民化特征的北宋墓室壁画在题材表现上有了更加丰富的多样性。在梳理北宋的相关遗存材料后可以发现，墓主人图在北宋墓室壁画中已经成为基本题材，平民化的多样性特征往往是通过墓主人图而得到体现。

在目前北宋墓室壁画题材研究成果中，墓主人图都被列入为最重要的题材。《中国墓葬建筑文化》认为，宋代壁画内容多为墓主人像，享受生活，男侍女从，孝悌故事等[1]。杨远、张家强对宋代墓室壁画题材有比较细致的分析，他们认为：宋墓壁画的题材概括起来有四大类：一是墓主日常生活画面；二是宣扬儒家伦理思想的孝行故事图；三是寄寓美好祝愿的宇宙天象和引渡升仙场景；四是模仿人间居室装饰的花卉、几何纹等装饰性图案。其中，第一类题材在宋墓壁画中最为常见，且贯穿于宋墓壁画的始终，但主要兴盛于前期后段和后期前段，主要内容有门吏图，纳贡、交租图，墓主人像（图 12-12），庖厨图，备宴

[1] 李德喜、郭德维：《中国墓葬建筑文化》，湖北教育出版社，2004 年，第 218 页。

图，杂剧散乐图，梳洗图，妇人启门图，侍寝图，婴戏图，出游图（包括乘轿出游图、骑马出游图和备马图等）。他们同时这样认为：“墓主人像，画面多以墓主夫妇端坐帐中宴饮为主，即常说的夫妇开芳宴。”[1]

图 12-12　夫妇对坐图 河南荥阳槐西村宋墓 北宋

开芳宴是组合图像，如果被界定为墓主人图，那墓主人图在壁画墓中的存在将更加普遍。首先，组合带来更多内容。薛豫晓认为：“依据文献的记载，我们知道作为‘开芳宴’，最基本要满足两个构成要素：夫妇对坐宴饮和乐舞场面。大多数时候，人们可能只注意到前者，而忽略了后者。如果仅是夫妻对坐宴饮，那么完全可以只叫作‘宴饮图’。‘开芳’强调的是‘芳’字，也可以解释为‘华’字，意思是说这个宴会既有味觉的享受，也有视觉的享受，还有听觉的享受。它不一定很盛大、华丽，但是却很富有情趣，很生动，甚至可以用精致来形容。它的主题就是要表现墓主人夫妇悠闲自在，其乐融融享受精致的宴席，并且欣赏着美妙的乐舞。因此，乐舞场面是必备的（图 12-13）。没有了这一场面，‘开芳宴’生活趣味的成分就减少了大半。”[2] 其次，增加了与杂剧等表演图像的联系。廖奔认为：“如杂剧和大曲舞旋砖雕通常装饰在与墓主人神主位置对应的墓壁上，使之成为墓主人的观看对象，而整个墓室结构的组合，又成为人世间厅堂演出

[1]　杨远、张家强：《河南北宋壁画墓的题材及艺术特色》，《中原文物》2007 年第 1 期。
[2]　薛豫晓：《宋辽金元墓葬中“开芳宴”图像研究》，四川大学硕士学位论文，2007 年。

场面的象征性环境，构成了一个完整的家庭演出的立体空间。”[1]

图 12-13　伎乐图 河南白沙一号宋墓 公元 1099 年

从墓室壁画的遗存画面看，墓主人图其实就是一个关于墓主人家居生活的常态组合，它的特别意义是墓主人像的出现，使得这个组合与其他墓主人家居生活图像产生区别。当墓主人像出现后，这个壁画墓的所有图像将都是以墓主人为中心而安排，即使是等级制度、宗教信仰上的要求也是要考虑到墓主人的中心地位。所以，墓主人图往往在中低等级的壁画墓中流行，而在高等级的壁画墓中则少见，原因就在于前者受到的约束少而可以完全以墓主人的意愿为中心，后者则受到主流体制方面的约束而墓主人不能随意夸大自己的要求。

第二，辽金墓室壁画中墓主人图的互证意义。

墓主人图在同一时期的辽金壁画墓中有发现，可以为我们认识墓主人图提供相关材料。

辽代墓室壁画。辽代的契丹贵族壁画墓中目前没有发现墓主人图的遗存图像，只是在地位较低的汉族壁画墓中发现少量遗存图像。内蒙古敖汉旗羊山一号墓，墓主人为刘匡善，墓葬年代约为太平六年（1026）或七年（1027）。墓顶壁画已毁，北壁绘牡丹图，西壁绘契丹人奏乐图，西南壁绘茶道图，东壁绘墓

[1] 廖奔：《宋金元仿木结构砖雕墓及其乐舞装饰》，《文物》2000 年第 5 期。

主人宴饮图，东南壁绘备饮图[1]。在敖汉旗下湾子辽墓群中，下湾子一号墓壁画内容丰富，北壁绘启门图，东西两壁绘屏风图，东壁绘主人宴饮图（图 12-14），西壁绘备饮图，西南、东南和南壁皆绘有门神，甬道东西两壁分别绘有双鸡图和双犬图[2]。

图 12-14　宴饮图 内蒙古敖汉旗下湾子一号墓 辽代晚期

金代墓室壁画。金代墓主人图数量多一些，但也多是在等级比较低的壁画墓中存在。山西屯留宋村金代壁画墓，墓室北壁左侧绘有夫妻对坐图，身后站立二侍女，桌后有男、女侍童各一人，值得注意的是男童髡发，这是契丹族的习俗。北壁右侧同样是夫妻对坐图（图 12-15），同左边类似。东、西壁门窗之间有生活劳作图，东壁门左侧有庖厨图、右侧有挑水图；西壁左侧绘推磨图、右侧绘舂米图。东西北壁绘有“二十四孝”人物故事图，每壁 8 幅，三壁刚好是 24 幅[3]。

［1］ 邵国田：《敖汉旗羊山 1—3 号辽墓清理简报》，《内蒙古文物考古》1999 年第 1 期。
［2］ 项春松：《辽宁昭乌达地区发现的辽墓绘画资料》，《文物》1979 年第 6 期。
［3］ 山西省考古研究所、长治市博物馆：《山西屯留宋村金代壁画墓》，《文物》2008 年第 8 期。

图 12-15 夫妇对坐图 山西屯留宋村金代壁画墓 金代

在辽金壁画墓中，高等级壁画墓中虽然也有墓主人内容的图像，但是没有墓主人像出现，所以不能作为墓主人图看待，目前考古成果中的墓主人图都是存在于低等级壁画墓中。对比同时期北宋壁画墓，辽金墓室壁画中的墓主人图表现出来的也是平民化的色彩，可以作为我们认识北宋墓主人图的一个互证材料。

第三，北宋墓主人图是墓室壁画发展的一个回溯现象。

墓主人图像在墓室中出现的时间很早，目前的考古成果可以追溯到战国时期的陈家大山战国楚墓和长沙子弹库战国楚墓中的两幅帛画，其中有侧面人像，学术界有观点认为是墓主人肖像[1]。墓室壁画中出现墓主人像是在西汉洛阳卜千秋壁画墓中，画面内容是男女墓主人驭龙和凤鸟拜见西王母，为侧面像。墓主人像大量出现是在东汉，其中又以汉画像石为多，并且多为正面像。东汉时期，墓主人正面像流行的时间与西王母正面像流行的时间基本一致，说明西王母偶

[1] 中央美术学院美术史系中国美术教研室编：《中国美术简史》（新修订本），中国青年出版社，2010 年，第 29 页。

像化的时候墓主人像也有了对应，可以在重生信仰中构成一个完整的内容。因此，我们这样界定墓主人图：墓主人图是重生信仰指导下的一个组合图像，以墓主人为中心，表现他们的重生体验。南北朝时期，墓主人图继续流行，但帝陵中并没有墓主人图出现，墓主人图表现出明显的分流特征。唐代，因为壁画墓的上移，墓主人图几乎消失，一直到晚唐时期随着壁画墓下移趋势的出现而再次出现。北宋，墓主人图流行，从墓室壁画的发展看，这样的发展表现出的是一种回溯现象。

我们认为，墓主人图的出现和流行，其前提是墓主人能够成为图像中心，可以成为把握重生方向和主要内容的主导力量。汉代墓主人图能够在汉画像石中比汉墓壁画中更加流行，是因为前者是非主流的墓葬，受到的约束少，墓主人更具有主导力量，而后者要受到传统信仰的约束和等级制度的规定。南北朝时期也一样，帝陵壁画墓中墓主人图少见而一般墓葬中墓主人图常见，说明墓主人的主导力量存在着不同的表现。唐代，号墓为陵的壁画墓中墓主人图显然不会成为中心图像。至晚唐，下移后的壁画墓和边疆地区壁画墓中墓主人图则有出现的条件。北宋，墓室壁画走向平民化的发展方向，墓主人图的出现与汉画像石中的墓主人图非常相似，是一种意义明确的回溯。

郑岩《墓主形象及其意义》专文讨论壁画墓中的墓主人像，他这样描述墓主人形象："东汉时期壁画墓和画像石墓流行，描绘墓主形象的图像随之大量出现，或见于地下的墓室，或见于地上的祠堂。这些发现大致可以分为两大类，一类是相对独立的墓主像，墓主或侧面，或正面，或半侧面，多形体高大，刻画在祠堂的正壁或墓室显要的位置，有的处在楼阁之类的建筑画像中，有的还在接受来访客人的叩拜，或者享用坐榻前的盛宴，但形象仍十分突出。另一类则出现于车马行列的主车中，或为乐舞百戏表演的观众，墓主个人的形象并不突出。这两类画像的含义和形式有所交叉，并无十分严格的界限，但前者逐渐独立发展，最终成为一种偶像式的'肖像'，而后者侧重在叙事。"[1] 郑岩文中的墓主人形象并不只是指墓主人像，而且还包括了与之结合的其他内容，是一个组合图像，与我们描述的"墓主人图"基本一致。

[1] 郑岩：《逝者的面具——汉唐墓葬艺术研究》，北京大学出版社，2013年，第171页。

第四，北宋墓主人图的平民化认识。

北宋时期墓主人图的再次流行，有着与之前相似的社会要求，也有着北宋特有的时代要求，从两者的重叠上看，平民化是墓主人图在北宋再次流行的主要原因。宋代社会的平民化走向是学术界的共识，刘浦江认为："正如余英时先生所指出的那样，唐代中后期兴起的新禅宗、宋代出现的新儒学（理学）和两宋之际兴起的新道教鼎立而三，'都代表着中国平民文化的新发展，并取代了唐代贵族文化的位置'。"[1]平民化的内容多数来自于社会发展的层面，但可以解读出艺术的平民化走向的合理性。另外，宋代墓主人图也可以为宋代平民化的理论认识提供以图证史的真实材料，并展开互动性的理论讨论。具体梳理，我们有以下三方面的讨论。

其一，各阶层趋同的丧葬观念。

宋代的社会阶层出现了趋同的现象，这样的趋同来自于社会结构的改变，北宋的文官制度和科举考试都为打破阶层壁垒提供了条件，在这样的背景下丧葬观念也有趋同的走向，形成了平民化的新形态。"实际上，除了皇陵还严格遵循礼制外，在品官和庶民中间，宋代的礼制已发生了大的变化。一方面，品官注重自己的政治等级，多用墓志彰显身份，甚至逾制来追求高等级配置，一般平民也渴望晋升到高的等级；另一方面，由于世俗化观念的增强，各等级在追求世俗化丧葬习俗的表现上又逐渐趋同。如安丙官至资政殿大学士、赵雄官至右丞相，他们都在诏葬所约束的范围内，但这两人的墓葬不仅用了石室及石棺台，还在室内设置大量仿木结构雕刻，均是与官方礼制不相符的，安丙家族墓的墓前还有大规模的祭祀建筑，这更是逾制的表现。同时，安丙墓和赵雄墓内又大量出现四神、仪仗、仆侍、瑞兽、花卉等世俗化的装饰题材，与中低等级甚至平民墓的装饰接近一致。由此体现出政治观念上注重等级而世俗表现上漠视等级的矛盾。"[2]

郑州是宋金壁画墓的一个集中地，有十余座壁画墓被发掘。其中，大型壁画墓不多，壁画保存也比较差。中小型壁画墓发现比较多，墓室内除墓门和后壁外（后壁一般饰假门），其余各壁及顶部均绘满壁画，多为墓主人日常生

[1] 刘浦江：《宋代宗教的世俗化与平民化》，《中国史研究》2003 年第 2 期。
[2] 赵忠波：《从葬制葬俗变革看社会变迁》，四川大学硕士学位论文，2007 年。

活的家居图、摆宴图、宴饮图、梳妆图、侍奉起居图等，墓顶及栱间壁一般绘二十四孝、奇花异草、超度升仙等内容。张松林认为："上述壁画内容，在不同的墓中，画面布局雷同，尤其是家居图、二十四孝图等，大同小异，似有定式。"[1]从艺术表现上看是有定式存在的可能，而从社会背景看，这就是各阶层趋同而形成的一个现象。

"妇人启门图"是北宋墓室壁画中常见图像，其实这也是可以说明各阶层趋同的材料。邓椿《画继·杂说》："画院界作最工，专以新意相尚。尝见一轴，甚可爱玩。画一殿廊，金碧□晃耀，朱门半开，一宫女露半身于户外，以箕贮果皮作弃掷状。如鸭脚、荔枝、胡桃、榧、栗、榛、芡之属，一一可辨，各不相因。笔墨精微，有如此者！"在皇家画院里，"一宫女露半身于户外"为众人所关注题材，而在各地的壁画墓中也成为流行题材，而且这些壁画墓的等级并不高，互相之间有趋同的走向。

其二，"孝道"流行表现出的功利性。

汉以后，孝道成为普遍强调的社会观念，但北宋孝道有了新的内容，这就是对子孙的要求得到特别强调，孝行、孝感和孝报成为丧葬观念的突出内容。比如，道佛将孝道纳入传播教义的范围。《文昌孝经》首先强调孝道的启示意义："振嗣恩素重，救劫孝登先。"然后描述孝道与神鬼奖惩的联系："孝子之门，鬼神佑之，福禄畀之。惟孝格天，惟孝配地，惟孝感人，三才化成，惟神敬孝，惟天爱孝，惟地成孝。"道教同时宣传，孝道与修炼成仙有联系，《云笈七签·卷八十六》记："夫至忠至孝之人，既终皆受书为地下主者，一百四十年乃得受下仙之教，授以大道，从此渐进，得补仙官，又一百四十年，听一试进也。至孝者，能感激于鬼神，使百鸟山兽驯其坟埏也。"再如，风水被广泛引入墓葬活动，表现出许多特别的功利性环节。司马光《葬论》记："今之葬书，乃相山川冈亩之形势，考岁月日时之支干，以为子孙贵贱、贫富、寿夭、贤愚皆系焉，非此地、非此时不可葬也。"

邓菲《关于宋金墓葬中孝行图的思考》对宋金孝行题材提出这样的问题："有关该时期的墓葬中孝行图，我们还面临着许多亟待解决的问题：孝子图像为何会在宋金墓葬中再度流行起来？与其一同出现的还包括妇人启门等东汉时期葬

[1] 郑州市文物考古研究所编：《郑州宋金壁画墓》，科学出版社，2005年，第3页。

具、画像石上的题材。与汉代的图像相比，是否被赋予了新的内涵？促成上述变化或回归的原因又是什么？这些问题都值得我们进一步的思考和探讨。”[1]其实，孝行图的流行就是全民崇孝的结果，是墓室壁画平民化的一种表现。

其三，地域文化的特别支持。

在艺术发展史中，地域文化是丰富多彩的源泉，但在特定时期、特定题材上，地域文化降低差异性也是对艺术发展的一种特别支持和必须的条件。对宋代的墓室壁画，有学者从墓葬装饰的角度认为宋代地域文化是加强的：“随着社会阶层等级差异的弱化，地域性差异则逐渐增强，这一点在墓葬形制分类中进行了相应的归纳，在墓葬装饰分类中也有所体现。”[2]但就北宋墓主人图而言，地域文化在平民化上表现出一致性，提供了一种特别的支持。

开芳宴是墓主人图的主要形式，目前已经发掘有开芳宴图像的宋代壁画墓主要有河南登封黑山沟宋代壁画墓、河南新安县宋村北宋雕砖壁画墓、河南济源市东石露头村宋代壁画墓以及河南安阳小南海宋代壁画墓等，这些壁画墓大多集中在河南地区，因此有学者揣测可能是因为河南地区靠近宋代统治中心受到正统伦理观的影响[3]。但同时我们也可以看到，南方也有类似的墓主人图：“北方地区较多见的是墓主夫妇对坐像，而南方地区多是在后壁龛内装饰单个墓主坐像，这与南方地区夫妇‘同坟而异葬’的埋葬习俗有关，夫妇葬于相邻的两个墓室中，墓主像自然也要分别雕刻、分室陈列。”[4]墓主人图表现的是墓主人家庭的日常生活，是平民化的题材，北方与南方都出现这样题材的图像，说明在题材层面上地域文化的差异并不大，平民化特征是宋代社会发展的大趋势。题材的表现形式有些不同，但题材的选择则是大趋势下的一致。

概而论之，北宋墓主人图的平民化是来自于北宋社会结构的变化，以文官制度而更加突出皇权的皇权结构形成后，新兴士大夫阶层随之形成，平民化开始成为北宋社会发展的大趋势，这个趋势反映在墓室壁画中是必然的，由此而有了墓主人图的回溯现象。吴丽娱认为：“皇帝礼、官员礼乃至在他们影响下的

[1] 邓菲：《关于宋金墓葬中孝行图的思考》，《中原文物》2009年第4期。
[2] 韩小囡：《宋代墓葬装饰研究》，山东大学博士学位论文，2006年。
[3] 蒲慕州：《墓葬与生死——中国古代宗教之省思》，台北联经出版事业公司，1993年，第13页。
[4] 韩小囡：《宋代墓葬装饰研究》，山东大学博士学位论文，2006年。

庶民礼，虽然变化的内容方面并不完全一样，但总体看来，都是逐渐打破了旧的门阀藩篱，而创建了新的标志和秩序。这个以皇权为中心而以官僚体制为基础，以士民百姓情趣好尚为习染和追求而不断世俗化的‘新’社会，决定了唐宋之际礼法的大方向。”[1] 墓葬活动归属于礼制范畴，唐宋之际的礼制大方向规定了墓室壁画的主要特征，这为我们认识墓主人图提供了理论依据。同时，墓室壁画中的墓主人图等图像组合也为这个大方向提供以图证史的真实文本。

[1] 吴丽娱：《终极之典——中古丧葬制度研究》，中华书局，2012年，第899页。

第三编　中国墓室壁画的衰退期

——明清

第十三章

概　论[1]

中国墓室壁画发展的第三阶段为衰退期，对应的朝代是明清时期。这一时期墓室壁画的总体面貌是：从考古成果看，明清壁画墓呈现衰败景象，数量极少，规模很小，艺术品位不高。明代只有十余座壁画墓遗存，清代则只有区区几座，这样的状况与汉唐壁画墓不能相比，就是与宋元壁画墓亦不可同日而语。所以，研究明清壁画墓，我们首先遇到的问题是：明清墓室壁画为什么会衰退得如此迅速？明清亦为盛世大朝，明代复古风气盛行，清代虽为少数民族政权，但对中原文化还是尊重的态度，墓室壁画的外部条件并没有比之前发生太大的变化，至少没有恶化。在衰败原因之外，可以预见在明清墓室壁画的图像体系、图像特征方面等其他研究方面也将遇到许多困难。但是，作为一个重生信仰支持的墓葬形式，壁画墓在衰退之中如何沿革以及其中出现的一些特殊现象，明清壁画墓具有一定的研究意义。

第一节　图像体系的讨论

这一时期的墓室壁画，因为研究对象数量不多，没有什么复杂的内容，所以图像体系的划分比较简单。

我们首先梳理明清壁画墓的遗存面貌。

明清壁画墓数量少，具体遗存是多少？目前各家说法不一。贺西林、李清

[1] 本章参见汪小洋《中国墓室壁画衰退期研究》，《民族艺术》2014年第5期。

泉《中国墓室壁画史》认为："明清两代是中国墓室壁画完全衰落的时期，这一时期的壁画墓遗存数量极少，仅在章丘女郎山、石家庄陈村、河南登封卢店、荥阳二十里铺、北京门头沟等地有较为重要的发现。"[1] 该书中论及的壁画墓明代 4 座，清代 2 座。杨爱国的说法要乐观得多，他认为"有装饰的明代墓葬已发现有几十座"[2]。我们梳理明清壁画墓遗存，2010 年之前，明代壁画墓有 17 座，其中有正式考古报告发表的是 13 座；清代壁画墓有 3 座，其中 1 座有考古报告发表，其余消息皆来自于网络[3]。之后，明清壁画墓还有发现，估计在 5 座左右。明清壁画墓规模小，影响小，所以考古报告和相关报道出来得比较晚。不过，正是因为数量不多，所以即使没有正式的考古报告，只要有发现，都是十分珍贵的。

明代壁画墓规模都不大，级别也不高，与壁画墓的衰退趋势相符合。河南荥阳明代原武温穆王壁画墓是明代壁画墓中级别最高的，1953 年发现。此墓很有特点，墓室的四壁和顶部绘有一套完整的佛教内容壁画，主题可能是以佛法超度亡灵[4]。墓室壁画是反映重生信仰的艺术作品，这么多的佛教题材出现在墓室之中实为少见。在明清佛教题材中常见地狱构图，有学者论及认为"在中国人观念中，潜意识地把地狱和官衙进行了等同"[5]，这一点在此墓倒是没有出现。1955 年发掘的成都白马寺太监魏本墓、1980 年发现的北京香山太监刘忠墓，墓主人身份特殊，墓室中都有彩绘图像。明代的其他壁画墓，墓主人地位都不高，墓室壁画反映的也多为一般性的求仙活动和日常家居生活。浙江嘉善县陶家池发现的四座平列券顶砖室墓，其中 8 号墓的墓室东壁绘有人物图，描述墓主人寻仙、遇仙的情节，有山水画背景[6]。山西榆次猫儿岭发现明代砖墓，墓葬为单室砖墓，由墓道、墓门、墓室三部分组成。墓室平面呈正方形，四面围仿木结构建造，南壁正中为墓门，其余三壁中间靠下均砌小门。墓室四壁均有壁画，以体现墓主人日常生活题材为主，墓门两侧绘有两名男侍，东西壁绘有出行图，北壁绘有备宴图[7]。这是一个典型的小型壁画墓。

[1] 贺西林、李清泉：《中国墓室壁画史》，高等教育出版社，2009 年，第 394 页。
[2] 杨爱国：《明代墓室建筑装饰探析》，《贵州大学学报》（艺术版）2013 年第 1 期，第 54 页。
[3] 汪小洋主编：《中国墓室绘画研究》，上海大学出版社，2010 年，第 347-348 页。
[4] 郑州市博物馆：《荥阳二十里铺明代原武温穆王壁画墓》，《中原文物》1984 年第 4 期。
[5] 郭燕冰：《"十王"图像流变述略——明清时期民间宗教绘画》，《中国美术研究》（第 1 辑），东南大学出版社，2003 年。
[6] 宿白主编：《中国美术全集·绘画编 12·墓室壁画》，文物出版社，1989 年。
[7] 张德光：《山西榆次猫儿岭发现明代砖墓》，《考古》1955 年第 5 期。

清代的壁画墓，遗存更少。《中国墓室壁画史》和《中国墓室绘画研究》提供的遗存是北京门头沟区清代壁画墓，后者还提供了网站上发布的三座壁画墓。此外，2013 年济南发现了清代壁画墓。《中国文物报》报道：2013 年济南高新区埠东村建设工地发现的光绪三十三年（1907）壁画墓是迄今所知有明确纪年的壁画墓中年代最晚的一座。该墓虽然被盗一空，壁画因遭水浸受到一定程度的破坏，但它的结构完整地保存着，壁画亦大部保存[1]。这个壁画墓的壁画并无特色，但出现 9 副对联，为之前各代少见。此外，北京门头沟清代壁画墓也比较有特色，墓室内，东、西、北壁皆绘有白描壁画，同时还有“福禄双全”的图像，表现出民间艺术的影响。徐光冀主编《中国出土壁画全集》提供了一些材料，其中山西省长治市西郊南寨村清墓的富贵图（图 13-1）保存比较好。

图 13-1　富贵图 山西省长治市西郊南寨村清墓 清代

西陵的崇陵地宫发掘时发现了一些石雕图像。考古报告记：“宝床是放置棺椁用的。光绪的棺椁置于宝床中间的金井上面。隆裕皇后的棺椁置于光绪皇帝的东面。死者头向朝北。每个棺椁周围都有十六块绘有五彩水云龙纹的龙山石，

[1] 房道国、刘秀玲：《济南发现清代壁画墓》，《中国文物报》2014 年 4 月 25 日。

夹住棺椁的边角。”[1]这些云龙纹，是不是也应当被看作是墓室壁画的一种形式？目前学术界没有关注。我们认为，这些云龙纹是用来装饰墓室的，可以是墓室壁画的一种形式。如果这一观点被认可，那将是一件很有意义的事情：首先，墓室壁画的时间延迟。崇陵是我国最后一座封建皇帝的陵墓，始建于 1909 年，建成于 1915 年，这很可能是我国最后一座有墓室壁画的墓葬建筑了。其次，墓室壁画出现在帝陵。南北朝时期墓室壁画进入帝陵，清代在崇陵仍然出现墓室壁画，说明墓室壁画在中国主流社会受到的欢迎，这也是墓室壁画在中国能够在数千年流行的一个条件。最后，使用石质材料。中国墓室壁画多使用泥料，西方墓室壁画多使用石质，崇陵出现石质壁画，提供了一个有意义的比较方向（图 13-2）。

图 13-2　光绪帝棺椁和夹棺椁的龙山石 崇陵 公元 1915 年

明清壁画墓的遗存无法与前代相比，图像体系的划分也就相对简单。明清壁画墓在地域分布上比较分散，杨爱国认为：“明代墓室建筑装饰的发现是近 60

[1] 保定地区文物管理所、易县清西陵文物管理处：《清西陵崇陵地宫清理简报》，《文物春秋》1990 年第 2 期。

年的事。中华人民共和国建立后，有装饰的明代墓葬在浙江、江苏、山东、河北、河南、山西、陕西、重庆、四川、贵州、青海、甘肃、北京等地都有一定数量发现。”[1] 数量不多但分布如此之广，从地域上归纳特征就很难了。汉代壁画墓也有很广的地域分布，但当时是有一条以王侯封地为依据的分布线索，明清显然没有这个特征。明清壁画墓的地域分布，只能是看作对前代墓葬形制的一种自然沿革。

明清仍然是一个强调等级制度的时期，在墓葬形制上有充分体现。“明代的王陵与一般贵族墓葬在形制上有很大的差异。王陵基本是仿帝陵而建，地面上的墓葬建筑仿照自己的王府宫殿建筑，即考古研究上的‘类屋式墓’，南方地区有些变化，万历年间后期出现了‘类椁式墓’。一般贵族墓葬没有王陵的规模，多为双室和单室，地面建筑更是不能与王陵相比。”[2] 所以我们认为，明清壁画墓的划分，应当仍然以等级制度为指标，即中、上贵族阶层壁画墓的图像体系和一般贵族、平民阶层壁画墓的图像体系。

其一，中、上贵族阶层壁画墓的图像体系。

这个类型以河南荥阳明代原武温穆王壁画墓为代表。该墓内出土了“明册封周藩原武温穆王圹志铭”和“明册封周藩原武温穆王原配张太妃合葬圹志铭”两块墓志铭材料，其文字记述了原武温穆王的生平事迹。原武温穆王名朱朝伦，别号凤山，为明太祖第五子周定王的七世孙。这座壁画墓中图像丰富，构图和色彩等艺术水准都远超同时期的壁画墓。壁画墓的墓室前部有一个高大的仿庑殿式门楼，门高 2.18 米，宽 1.3 米，表现出王侯墓葬的气势。

其二，一般贵族、平民阶层壁画墓的图像体系。

明代一般贵族、平民阶层壁画墓数量稍多，是此期壁画墓的主体，所以其图像体系要比中、上贵族阶层壁画墓的图像体系相对丰富。一个非常明显的指标是墓主人属于一般贵族和平民阶层，同时又来自于不同社会背景。明代太监势力强大，成都白马寺太监魏本墓、北京香山太监刘忠墓的墓主人都是最高统治者身边的人，不过考虑到明清严格的等级制度，我们还是将他们归于了一般贵族和平民阶层壁画墓。河南获嘉县明代壁画墓、济源市东街明代壁画墓、将

[1] 杨爱国：《明代墓室建筑装饰探析》，《贵州大学学报》（艺术版）2013 年第 1 期，第 54 页。
[2] 汪小洋主编：《中国墓室绘画研究》，上海大学出版社，2010 年，第 16 页。

图 13-3　南壁 济源市东街明代壁画墓 公元 1612 年

图 13-4　楼阁式题材壁画 将乐县明代壁画墓后壁 公元 1541 年

乐县明代壁画墓，这些都是规模较大的壁画墓，壁画中也有侍男、侍女环绕的富庶家居生活。但是，这些壁画墓中存在着许多孝子图像，还有模拟的门楼图像，这些都是中、下阶层壁画墓中常常出现的图像，所以这些壁画墓体现出来的应当还是平民气息。另外一些小型壁画墓，规模小，构图简单，呈现出平民的面貌。

壁画墓的造价要高于一般墓葬建设的，墓主人除了具有一定的社会地位之外，还要有一定的经济基础，所以壁画墓的墓主人分属各个阶层，这一现象给我们探讨带来许多有益的信息（图 13-3、图 13-4）。

第二节　图像特征的讨论

明清壁画墓的图像体系简单，其图像特征也不复杂。与之前壁画墓相比，这一阶段的壁画墓整体上是一种承袭的面貌。由此，我们以这样的思路讨论明清壁画墓的两类图像特征，即沿革的图像特征和特色的图像特征。

其一，沿革的图像系统。

明清壁画墓虽然数量不多，规模不大，但类型上还是有一个比较完整的面貌，有王侯墓，有官员墓，有平民墓，壁画墓的形制、壁画题材也承袭了前代的主要特征，所以明清壁画墓的图像特征有着一些以沿革为主的表现痕迹。如壁画题材，墓主人图，侍男、侍女图，求仙图，备宴图，出行图，出游图，归游图，屏风画，花鸟图等，都是承袭之前的墓室壁画，体现出一种沿革的风格。此外，山水题材的壁画水平也显然不及之前，甚至远远不及。但是，在壁画墓衰退趋势下能够有这些内容在墓室壁画中出现，并且承袭了之前的一些艺术表现，这个现象还是有明确意义的。我们可以从这些壁画墓中仍然存在的墓葬题材中，梳理出最基本的重生信仰因素，如墓主人图、家居生活图和花鸟植物图等，以此为线索而加深理解墓室壁画的基本结构。对比之前的墓室壁画发展，沿革的图像特征是明清壁画墓的一个重要特征。

其二，特色的图像体系。

因为不同的墓主人、不同的地域和不同的时代这些基本要素的存在，这一时期的壁画墓仍然有一些特色内容存在，形成一些具有一定特色的图像表现。不过，因为数量不多，也没有形成辐射影响，所以这一时期的特色图像缺少连贯性，冲击力并不大。具体梳理，有这样几个特色内容。

（1）佛教图像。最有特色的壁画墓当属河南荥阳明代原武温穆王壁画墓，该墓所有空间都有描绘佛教题材的图像存在，而且有佛祖造像出现，这在过去的壁画墓中很少看见。考古报道记："墓室北壁正中绘释迦牟尼说法图，壁龛上释迦牟尼结手而立于莲花座上，左右两侧立四只护法灵禽。东壁释迦牟尼坐在莲花台上，头顶一道光带盘旋升上天空，光带中有五人，下排左边第一人着帝王衣冠，应为墓室男主人，第二人着王妃衣冠，似墓室女主人，其余应是墓主人亡亲。西壁与东壁类似，释迦牟尼合掌而坐，中间绘有各种乐器。墓顶绘日月星辰，仙鹤八只。"[1]这座壁画墓的宗教信仰信息非常丰富，墓主人居于佛祖之下构图，这是一种信仰关系的结构。同时，墓室顶部日月、仙鹤等图像的存在，又是另一种信仰关系的结构。两种结构共同构图，特色鲜明。

（2）民俗图像。以往墓主人的世俗世界多以出行、家居等生活题材来表现，北京门头沟清代壁画墓中以民俗的吉祥图像表现，还是很有特点。"墓室的西壁绘有松树，其下绘有一对梅花鹿，与空中的飞翔的蝙蝠共同构成'福禄双全'，

[1] 郑州市博物馆：《荥阳二十里铺明代原武温穆王壁画墓》，《中原文物》1984年第4期。

这样的取物谐音来表示祝福的画面在明清时期的民间年画中经常出现，由此也可以看出民间艺术的相互影响与融合。”[1] 这样的民俗图像更加接地气，也说明了墓主人所处的阶层（图 13-5、图 13-6）。

图 13-5　东壁人物图 北京门头沟清代壁画墓 清代

图 13-6　东壁人物图 北京门头沟清代壁画墓 清代

（3）直接叙事的图像。墓室壁画有一个特点，就是符号化图像很多，许多叙事性图像也是依靠象征体系而说故事的，但明清壁画墓中有一些直接叙事的

[1] 刘义全：《北京市门头沟区发现清代墓葬壁画》，《文物》1990 年第 1 期。

图像，显得很有特色。明代浙江嘉善县陶家池 8 号墓的墓室中，东壁绘有人物图，为一官员打扮的人（应为墓主人）遇到两位仙人，旁有水墨绘制的竹石图。西壁绘有两位老者目观瀑布，后壁绘有日月及云彩。墓室壁画升仙意味浓厚[1]。这幅图像有人物，有情节，这样直白地叙事显得很特别，也非常生动、有趣（图 13-7、图 13-8）。

图 13-7　女侍（摹本）河南省登封市芦店镇明墓 明代

图 13-8　男侍（摹本）河南省登封市芦店镇明墓 明代

[1]　宿白主编：《中国美术全集・绘画编 12・墓室壁画》，文物出版社，1989 年。

（4）明器图像。明器图像不是壁画，但在墓室壁画大大减少的趋势下，这样的绘画作品出现在墓室中，弥足珍贵。明代山东邹城朱檀墓中没有壁画，但出现了大批绘画作品。墓中发现有4件卷轴画，有一卷全部腐朽不可辨认，有一卷绢本设色金碧山水受损严重，另外，两卷保存尚好，一为宋人《葵花蛱蝶》卷（图13-9），二为元初钱选《白莲图》卷，经揭裱后基本呈现了本来的面目。《葵花蛱蝶》卷，绢本，工笔花鸟画，采用没骨法绘有蜀葵与飞蝶。画背上有宋高宗赵构的金粉题跋："白露才过催八月，紫房红叶共凄凉。黄花冷淡无人看，独自倾心向夕阳。"该跋后面还有元人冯子振、赵岩的题跋[1]。朱檀为明太祖朱元璋第十子，受封为亲王，是天潢贵胄，但平民阶层墓葬中也有明器绘画现象。淮安县明代王镇夫妇合葬墓墓中，发现了元明时期的25幅书画作品。在这25幅书画中，22幅有名款，为19位画家所作，包括马轼、李在、谢环、何澄、戴浩、夏芷、陈録等人，他们都是明代前期享有盛名的画家，他们中有的人作品传世很少，这次的发现可使我们更全面地了解他们的画风，弥补画史记载的不足[2]。明器图像的出现，为我们认识本期墓室壁画存在的外围条件提供了很好的线索。

图13-9　宋人《葵花蛱蝶》卷 山东邹城朱檀墓 明代

（5）一些特别的艺术表现。明清壁画墓中有一些艺术表现比较特别，构成了一定的艺术价值。如线描图像，在以彩绘为主的壁画墓里是比较少见的，获嘉县明代壁画墓就以线描为主（图13-10）。"获嘉明代壁画用墨笔白描绘制而成，不着颜色，不加修饰，也没有背景，只用墨线勾勒人物和云、鹤的形象。"[3]又如对联。壁画墓中对联出现，最早是在东汉时期。陕西绥德呜咽泉画像石

[1]　山东省博物馆：《发掘明朱檀墓纪实》，《文物》1972年第5期。

[2]　江苏省淮安县博物馆：《淮安县明代王镇夫妇合葬墓清理简报》，《文物》1987年第3期。

[3]　李慧萍：《获嘉明代线描壁画墓》，《中原文物》2009年第5期。

图 13-10　仙鹤图 获嘉明代线描壁画墓 明代

墓中，墓室左右门柱上分别刻有“惟居上宽和贵齐殷勤同恩爱述神道熹苗裔”和“览樊姬观列女崇礼让遵大雅贵□□富支子”两排文字（图 13-11），可作对联看待。之后壁画墓中也有对联出现，但数量不多。济南高新区埠东村清代壁画墓中，对联大量出现。“埠东村壁画墓共刻或题写 9 副对联，分别刻在门楼立柱，题写在前室门侧等处，或是门联，或是中堂联，其数量之多，在迄今所见古代墓葬中是首屈一指。”[1]这个现象还是颇具特点的。此外，将乐县明代壁画墓中门楼绘画：“后壁绘有面阔三间的门楼图案，中间门额上墨写楷书‘安乐堂’三字。”[2]这是一种很生活化的表现手法，与壁画墓中的仿木结构门楼很相似。

图 13-11　墓室南壁门框
陕西绥德呜咽泉画像石墓 汉代

[1]　杨爱国、房道国：《济南高新区埠东村清代壁画墓初探》，《中国美术研究》（第 11 辑），东南大学出版社，2014 年。

[2]　将乐县博物馆：《将乐县明代壁画墓清理简报》，《福建文博》2011 年第 3 期。

第三节　墓室壁画衰退讨论

明清墓室壁画是一个衰退的趋势，那么为什么会有这个现象出现？学术界有从人们对死者“地下世界”的重视程度降低来解释。我们曾经提出这样三个予以关注的因素：其一，图像象征意义的下降趋势。其二，艺术水准的下降趋势。其三，明代礼制也有一定影响。我们认为：“墓室壁画的衰退并不代表重生信仰的衰退，墓葬活动始终是我国传统文化中的一个与道佛活动平行的信仰行为。”[1] 在完整梳理明清壁画墓的遗存和特点后，我们仍然强调重生信仰对壁画墓的指导，同时我们也注意到这个时期的一些特别现象。这里集中讨论两个现象：一是墓主人阶层上移的影响，二是宗教仪式程式化的影响。

第一，墓主人阶层上移的影响。

这是一个着眼于壁画墓整体发展层面的问题。墓主人阶层上移自东汉后期就已经开始，对汉以后的墓室壁画发展总体上看是一种促进。但在明清阶段，墓主人阶层上移表现出来了负面影响，这是一个没有被学术界关注的问题。在中国墓葬发展中，壁画墓是一种特殊的墓葬形式，需要经济条件，更需要社会地位，墓主人的阶层属性决定壁画墓的价值指向。汉代，墓主人阶层主要为中、上贵族阶层和一般贵族、平民阶层，对应的壁画墓也就有了汉壁画墓和汉画像石墓两个体系。南北朝时期，墓主人阶层上移，突出的指标是壁画墓也在帝陵中出现，这一趋势在唐代继续，号墓为陵中的壁画墓就是一个突出表现。壁画墓阶层上移，墓主人可以投入更大的财力，吸引更好的艺术家、工匠参加墓葬建设，这些都对壁画墓发展有着巨大的促进作用。可在壁画墓繁荣之下也出现了一个现象：一般贵族和平民壁画墓开始了萎缩趋势。这一萎缩并不是指这类壁画墓的消失，而是一般贵族和平民壁画墓不再具有主导地位，来自于社会中下层的热情受到压制。当中、上贵族阶层对壁画墓不再热衷时，日趋平淡的一般贵族和平民壁画墓也已经无力挽回颓势。

汉代不同，汉画像石与汉墓壁画双峰并峙。但是，两者的特点并不相同。

[1] 汪小洋：《中国墓室壁画的重生信仰讨论》，《民族艺术》2014年第1期。

一方面，汉代中、上贵族阶层在墓葬类型上有很多选择，壁画墓之外还有黄肠题凑、金缕玉衣等多种形制，中、上层贵族阶层的重生热情并不仅仅集中于壁画墓。另一方面，汉画像石是非常普遍的一般贵族和平民的墓葬形制，这个阶层的墓主人生前热衷参与壁画墓的建设，使东汉时期出现了画像石的兴盛与繁荣。汉代的壁画墓繁荣，有很大一部分是来自于画像石的贡献，即来自于一般贵族和平民阶层的贡献。汉以后，这方面的贡献没有了，当中、上贵族阶层对壁画墓失去热情后，壁画墓只能靠着惯性发展，再无重启势头的可能。

其实，明清时期中、上贵族阶层对墓葬建设仍然投入很大热情。河北阜城明代廖纪墓发掘时发现，在石棺之前砌一坑随葬明器，将六十多仪仗侍从俑排列其中（图13-12、图13-13）[1]。廖纪为礼部尚书，他的墓葬在中、上贵族阶层墓葬中应当具有代表性。在这一阶层的墓葬中，明器等表达重生信仰的形式很多，可墓室壁画罕见，中、上贵族阶层确实已经转移了他们对壁画墓的热情。因为汉以后中、上贵族阶层在壁画墓发展中所处的主导地位，所以这一阶层的热情

图 13-12　陶俑出土情况 河北阜城明代廖纪墓 公元 1534 年

[1] 天津市文化局考古发掘队：《河北阜城明代廖纪墓清理简报》，《考古》1965 年第 2 期。

衰减的形态可以提供一个壁画墓衰退的原因。

图 13-13　暖轿（左侧视，吏部）河北阜城明代廖纪墓 公元 1534 年

第二，宗族仪式程式化的影响。

这是一个着眼于明清发展层面的问题。在明清时期，我国的宗族组织发展进入了鼎盛时期，一个特别的现象就是许多宗族仪式都程式化了，这一现象对墓室壁画的发展也产生影响。在程式化的宗族仪式中，许多墓葬行为也随之程式化，而且有了民俗化发展的趋向，这对已呈衰退之势的壁画墓无疑是不利的因素。程式化的宗族仪式会影响到壁画墓原有的仪式内容，墓葬行为中首先考虑或服从于宗族仪式成为一种常态行为。

其一，宗族墓群的影响。

宗族墓群自古就存在，历史上许多著名的壁画墓就是出现在宗族墓群中，比如，东汉著名的武梁祠画像石就出现于武氏宗族墓群中。但在明清时期，宗族墓群中就难寻壁画墓了。宗族墓群中，首先比照的是祖先墓葬的形制，所谓“世墓”在墓葬仪式上就取得了优于其他形制的地位。李东阳曾经这样记述：

“景泰丙子，秩再满，乃致仕归。天顺癸未十一月十二日，无疾而终。寿七十有七。少傅公既贵，累赠公及祖考皆如其官。考及公皆葬洛阳东侯里，为世墓云。”[1] 这段文字提供了两条信息。一条是我们在讨论唐宋元壁画墓时就说到的门荫制度的改变，“唐代开始，门荫制度出现了一种可以由本人的官位、功勋而决定的赠官路径。与以往自上而下的世袭制度不同，这是一种自下而上的封赠制度”[2]。另一条就是“世墓”的强调。即为世墓，就有原来的形制，约定俗成，所以李东阳就不再描述。世墓的形制可以沿革，这是很大的影响力，还可以影响到墓群外宗族居住地的形制。“初石守信世孙石荣禄葬父母于绩溪七都旺山后为庐墓，举家从原居住地迁到旺山定居。因为祖墓是坐北朝南倚山而建，所以村舍阳宅也就在旺山脚下背南面北就势构筑延展开来。”[3]

其二，宗族丧俗的影响。

宗族仪式程式化还体现在宗族丧俗的影响上。明清时期的丧俗与之前相比其实并没有很大的变化，许多内容是沿袭下来的，但是这些内容与宗族丧俗联系后，就表现出强烈的程式化要求，墓主人的个人要求自然也要让位于宗族规制，这样的环境显然限制了个性化墓葬发展的空间。比如，族谱就对棺木有着详细的要求。徽州《茗洲吴氏家典》这样记载：“命匠择杉木为棺，其制头大足小，仅取容身，勿令高大及为虚檐高足，内外施布漆，以灰铺底，厚寸许，加七里板。其底四隅各钉大铁环，动则以大索贯而举之。”其他对沐浴、袭含、小殓、灵座、魂帛、铭旌等都有要求，这些要求结合在一起由族人操作，对丧葬活动产生了许多规制，最后形成了完整的宗族丧俗，使得程式化贯穿于整个丧葬的各个环节，包括墓葬活动。因此，宗族丧俗带来的程式化是影响到壁画墓的发展。

其三，宗族祭祀的影响。

墓葬是为墓主人到另一个世界准备的，同时也是为墓主人后代祭祀准备的，这两个功能是墓葬活动存在的前提，也是壁画墓存在的前提。两个前提，产生

[1] 李东阳：《文后稿》卷之十八《明故陕西三原县儒学教谕致仕赠光禄大夫柱国太子太保礼部尚书兼武英殿大学士刘公神道碑铭》，《李东阳集》（第三册），岳麓书社，1985 年。
[2] 汪小洋：《中国墓室壁画繁荣期讨论》，《民族艺术》2014 年第 4 期。
[3] 何峰：《村落构建艺术的奇葩——石家村》，合肥工业大学出版社，2005 年，第 13 页。

不同的形态。壁画墓中的墓室壁画主要是为墓主人服务的，它的审美是封闭性的，就世俗社会而言，它的审美是一次性的，墓葬活动结束，壁画墓的审美就结束。因此对墓主人后代和世人而言，墓祭倒反而成为壁画墓存在的一个常态，价值指向更加明确。这个价值在明清受到宗族祭祀的影响，因为祭祀祖先有了更经常化的方式，这就是宗族祭祀提供的祠堂祭祀。祠堂祭祀原先主要为中、上贵族阶层所特有，明清有了变化。秦海滢认为："明初家庙礼仪主要是仿照朱熹祠堂之制针对公侯以下的品官而言，直到嘉靖十五年，夏言上疏改革祭祀礼制之后才使得民间建立家庙的范围得以扩大。"她在对个案进行田野调查后指出："从宗族制度在该地的发展来看，明万历以后，淄川毕氏、高氏、王氏等大族纷纷建立祠堂，康熙、雍正时候祠堂建设达到高潮，以致一些中小家族也纷纷建立祠堂。这说明祭祀祖先已不再是高官显贵的特权，已经由等级性向普遍性发展。关于这一点，淄川地区宗族情况与华南宗族具有相似之处。此外，由于该地各宗族的政治、经济条件以及信仰不同，使得祭祀作为一种血缘性的认同标志与仪式象征，呈现出多样性。"[1] 钟嘉妍也认为："从明朝嘉靖时期开始，传统的祭祖活动步入庶民化。"她提供了广东南海《九江朱氏家谱》的材料："明大礼议成，世宗思以尊亲之义推广天下，采夏言议，令天下大姓皆得连宗建庙，祭其始祖，于是宗祠遍天下，我族各祠亦多建于嘉靖年间。"[2] 宗族祭祀在明清开始的普及化，也带来了程式化的趋势。王日根、仲兆宏认为："绝大多数族谱主要论述了祠堂修建的意义祠堂的规模制式，以及对主事人的歌功颂德。"[3] 祠堂的宗族祭祀与墓祭有重合的地方，程式化后的祠堂祭祀成为日常的祭祀活动，而墓祭则成为一些固定时间段的祭祀活动。这种现象的出现，其影响也应当为我们所考虑。

当然，我们在讨论宗族祭祀的同时，也还是要强调这一时期墓葬活动所具有的独立性，宗族最直接的维系结构是血缘关系，这个关系结构中重生信仰是一个明确的信仰支撑。我们还可以从族谱中对佛道的反对说明这一点。卞利认为："丧事用浮屠，为死者超度亡灵，这是明清以来徽州丧葬仪礼中最为广泛存

[1] 秦海滢：《明清时期淄川宗族祭祀形式初探》，《求是学刊》2011 年第 3 期。
[2] 钟嘉妍：《社会形态与宗族文化——略论中国宋代以来的宗族变化与发展》，《黑河学刊》2011 年第 11 期。
[3] 王日根、仲兆宏：《明清以来苏闽宗族祠堂比较研究》，《安徽史学》2013 年第 3 期。

在的一种违礼行为。”他提供的中华民国绩溪《鱼川耿氏宗谱》记载：“今世丧家用僧道作斋，或作水陆会，写经造像，云为死者减罪恶，必升天堂，受种种快乐，不为则入地狱。”该谱之纂修者痛斥这种行为，并引用温公引唐李舟与妹书云：“天堂无则已，有则君子登；地狱无则已，有则小人入。人世人亲，死而祷浮屠，是不以其亲为君子，而为积恶有罪之小人也，何待其亲之薄哉！”[1]对佛道介入墓葬活动的攻击，就是对墓葬活动独立性的维护。

[1] 卞利：《明清以来徽州丧葬礼俗初探》，《社会科学》2012年第9期。

第十四章

明清墓室壁画体系

明清是我国历史上最后两个中央集权的统一王朝，从艺术发展史看，这一时期一些非主流社会的艺术门类得到了迅速发展，如小说和戏曲达到了最高峰，主流社会的艺术门类在这一时期繁荣的面貌不改，但达到的艺术高度显然不如之前。在这个背景下，墓室壁画走向衰落，数量少，而且艺术表现水准更是降到两千年发展史的最低点。具体看，明清时期的墓室壁画数量少，遗存也只在少量几个地区出现，在已有的遗存中，只有四川的分布有一些规模。因此，明清墓室壁画是一片萧条，体系只能做局部的讨论。

第一节　明清墓室壁画的遗存与特征

明清两代壁画墓数量骤减，一般墓室壁画的研究不做这方面的统计。不过，随着考古条件的越来越好，明清壁画墓的考古发现有了一些让人欣慰的成果，特别是明代，在各类信息汇总后，壁画墓遗存数量可以达到40座，并且有四川地区20多座的分布数量，说明墓室壁画在这一时期还保留着一定的影响。

一、明代壁画墓遗存

1. 遗存数量

明代壁画墓总数是40座，壁画总面积尚没有直接数据。

2. 分布状况

四川地区：22座。河南地区：6座。江西地区：3座。甘肃地区：2座。山西地区：1座。陕西地区：1座。浙江地区：1座。山东地区：1座。河北地区：1座。重庆地区：1座。福建地区：1座。

二、清代壁画墓遗存

1. 遗存数量

清代壁画墓总数是4座，壁画总面积不详。

2. 分布状况

陕西地区：2座。山东地区：1座。北京地区：1座。

第二节　明清墓室壁画的体系讨论

明清壁画墓遗存数量太少，同时也没有全国性的普遍分布，这样的遗存现状，没有相关的材料能够支持独立的题材体系、分布体系和发展阶段。在这样的背景下，我们将明清两代结合起来讨论，以期有一个比较合理和全面的认识。

一、已有研究成果梳理

明清时期的墓室壁画研究没有专著出版，全面性的研究论文也非常少，主要是各地的考古报告中涉及。在通史性的著作中，深入性的论述也不多。

罗世平、廖旸认为明清壁画墓具有民间化特征："它将中国古代壁画墓的发现和研究线索引向了民间形态，'艺术在民间'则做了墓室壁画的谢幕词。"[1]

贺西林、李清泉认为："明清两代是中国墓室壁画完全衰落的时期，这一时期的壁画墓遗存数量极少，仅在章丘女郎山、石家庄陈庄、河南登封卢店、荥

[1] 罗世平、廖旸：《古代壁画墓》，文物出版社，2005年，第241页。

阳二十里铺、北京门头沟等地有较为重要的发现。”因此在他们编著的《中国墓室壁画史》中没有专门的文字讨论[1]。

《中国墓室绘画研究》中有一些原则性的全面论述：其一，总体认识的观点。明清两代的丧俗葬制较之前代有了较大的转变，使得以壁画装饰墓室的做法逐渐退出了时代潮流，被当时的人们所弃用。目前已有的考古发掘资料表明，明代的墓葬多为前代南方地区流行的不带墓葬壁饰的砖室墓，壁画墓的数量急剧减少，有壁画装饰的墓葬也只是徒留形式，壁画简陋，艺术价值大不如前。从丧葬思想来看，明清两代的厚葬之风突出表现在随葬品的增加以及丧葬礼仪的烦冗复杂上，而对于墓室壁画的绘制，则随着墓葬形制和社会习俗的转变，急剧衰落下来，明清成为我国墓葬壁画的终结时代。其二，明代墓室壁画的认识。明代壁画墓的区域分布没有明显的特征，比之元代的壁画墓，明代南北地区的壁画墓发现数量差别不大，较为平衡。其三，明代葬画的梳理。明清随葬品的增加也体现在随葬书画的增加。1982 年清理发掘的淮安县明代王镇夫妇合葬墓，随葬品中发现了 24 幅元明时期的卷轴书画，包括《人马图》《江城送别图》《霜林白虎图》《溪山游赏图》《秋塘图》《太白骑鲸图》《萱花图》《烟浦渔舟图》《秋江唤渡图》（图 14-1）、《米氏云山图》《秋树双雀图》《枯木竹石图》《墨竹图》《竹窗》《墨菊图》《溪山远眺图》《秋江鸿雁图》《墨梅图》《书室清影图》《云山墨戏图》《水阁归舟图》《云山小景图》《松屋读书图》（图 14-2）和《钟馗图》等[2]。1970 年发掘的明朱檀墓也发现 4 件卷轴画，由于墓室长年积水，画卷被发现时已经面目全非。其中，有一卷全部腐朽不可辨认，有一卷绢本设色金碧山水受损严重，另外两卷保存尚好，一为宋人《葵花蛱蝶》卷，一为元初钱选《白莲图》卷，经揭裱后基本呈现了本来的面目[3]。其四，清代墓室壁画的认识。清代的壁画墓目前有考古发掘报告的不多；另外，有各大网站及国家文物管理部门的简报消息，尚待进一步的考证和研究。其五，结论性观点。明清壁画因为其考古资料发掘较少，目前已发掘的壁画墓在地区分布以及壁画布局和内容上也不具有典型性，较多的是徒留形式，已无实际的审美内容。同时，明清壁画墓的墓葬形

[1] 贺西林、李清泉：《中国墓室壁画史》，高等教育出版社，2009 年，第 394 页。
[2] 江苏省淮安县博物馆：《淮安县明代王镇夫妇合葬墓清理简报》，《文物》1987 年第 3 期。
[3] 山东省博物馆：《发掘明朱檀墓纪实》，《文物》1972 年第 5 期。

制也因地而异，因数量少，所以尚没有规律可以总结与归纳，难以作出比较系统的分期分类与特点总结[1]。

图 14-1　戴浩《秋江唤渡图》淮安县明代王镇夫妇合葬墓 明代

图 14-2　无款《松屋读书图》淮安县明代王镇夫妇合葬墓 明代

二、明清墓室壁画的宗教意义讨论

明清墓室壁画的考古材料不多，限制了相关研究的深入，这也是墓室壁画末期的必然现象。从现有材料看，重生信仰支持的壁画墓仍然是一个独立的墓葬结构，但其中的宗教意义已有所变化，产生了一些新的宗教体验关系。

其一，壁画墓遗存分布与重生信仰表现的关系。

明代目前有 39 座壁画墓发掘的考古成果，其中 25 座在四川和重庆，就地域而言，这个数字不算小。历史上，墓室壁画是表现重生信仰的一个重要方式，

[1]　汪小洋主编：《中国墓室绘画研究》，上海大学出版社，2010 年，第 287-295 页。

这个方式在明清走向绝唱，但在某个地方还有这么大数字的壁画墓遗存出现，说明墓室壁画在全国范围走向衰落，但在某地仍然可以一定数量存在。不过，如果墓室壁画表现为地域文化的特征的话，壁画墓的宗教意义可能要受到影响。李慧萍《获嘉明代线描壁画墓》认为嘉善县陶家池明代壁画墓的意义是“目前明代墓葬出土的线描人物壁画比较少见，获嘉明墓壁画的作者是一位名不见经传的民间画家，但从中我们可以看到明代人物画在民间的普及和所达到的艺术水平，也可以看到古代艺术家对妇女端庄典雅、温柔恭顺气质、性格的审美标准是一致的。获嘉明代壁画一改以往面面俱到、力求全面表现墓主人生前的生活和墓主人本人的形象，以简约明快的画面为我们研究明代绘画提供了新的资料”[1]。这段论述的理论指向，考虑更多的是地域文化层面上的世俗化和民间化的意义，重生信仰的内容显然被稀释或边缘化了，宗教体验转化为了地域文化表现（图 14-3 ～图 14-5）。

图 14-3　侍女图 山西省壶关县集店村明墓 公元 1530 年

［1］ 李慧萍：《获嘉明代线描壁画墓》，《中原文物》2009 年第 5 期。

图 14-4　持注壶图
重庆市永川区凌阁堂村明墓 明代

图 14-5　添油图
山东省章丘市绣惠镇女郎山 6 号墓 明代

其二，程式化的世俗化与墓室壁画发展的关系。

墓室壁画在唐宋元进入世俗化阶段，当世俗化的内容程式化后，墓室壁画将会出现什么样的面貌呢？明清时期墓室壁画进入程式化阶段，所有的内容都基本沿袭前代，表现手法上也鲜见新的内容出现，元代已经以通俗化将世俗化推向了可能偏离重生信仰的方向，明清的程式化在这个方向上走得更远，而且使其成为固定的形态。在这个形态下，墓室壁画发展有了新的面貌。一方面，程式化的世俗化使得墓室壁画可以有完整的结构，但缺少新意。在济源市东街明代壁画墓中，西壁（图 14-6）为墓主人以游园作书房欲摆案书画场面，妻妾侍女环伺左右，南壁、北壁是众侍女以主人为中心环伺于周围的奏乐场面，形成一个完整的歌乐图。东壁下部继承了唐宋时期的墓葬壁画内容，表现出行场面。经历生前的荣华富贵，在墓顶壁画所表现的祥云朵朵、仙鹤齐飞中羽化升仙，达到东壁上部所表现的受神仙点化而达到极乐、抵临仙境[1]。济源市东街明代壁画墓表现的这幅墓主人家居生活图，与之前墓室壁画相比较没有新意，是一个完全程式化的结构。另一方面，程式化后的世俗化使得墓室壁画的图像与传世作品更加接近，模糊或取消了两者之间的区别。淮安县明代王镇夫妇合葬墓，在随葬品中竟然发现了 24 幅珍贵的元明卷轴书画。这些传世作品是已经

[1]　济源市文物工作队、河南古代壁画馆：《济源市东街明代壁画墓发掘简报》，《中原文物》2013 年第 1 期。

参与世俗社会的流通并获得价值的书画，与描绘墓主人将要去的彼岸图像当然有所区别。明代墓葬中出现大量随葬绘画作品就是葬画代替了壁画，与墓室壁画程式化的世俗化走向有着直接的关联。这两方面结合起来看，明清墓室壁画形成的程式化特征，对重生信仰再一次进行了稀释。

图 14-6　西壁 济源市东街明代壁画墓 1613 年

其三，佛道信仰与墓室壁画的关系。

与前代一样，目前壁画墓中仍然有佛道信仰的图像出现，其中，道教图像又多于佛教图像，如济源市东街明代壁画墓中表现的仙鹤齐飞和羽化升仙（图 14-7），河南获嘉明代壁画墓中的仙鹤图像等。仙鹤是普遍存在的道教图像，此外情节性的道教图像也有出现。河北临城李席吾壁画墓的墓室西壁上绘有壁画一幅，内容有情节："壁画高 2.3 米，宽 1.7 米。其背景为波涛汹涌的大海，远处祥云萦绕，峰峦隐现，一轮红日正冉冉从东方升起。一老者与两个侍童脚踏祥云站立在浩瀚无边的大海之上。老者清癯白净，双手持箫，悠然自得地作吹箫状。身后右边的侍童双手捧一灵芝，灵芝上有一硕大寿桃；左边的侍童双手持一卷轴，卷轴斜置于右胸前。"[1]山东省章丘市绣惠镇女郎山 6 号墓，发现了仙鹤图（图 14-8）、鹿图（图 14-9）等动物图像，也是生动活泼，民间趣味跃然纸上。

[1] 临城县文物保管所：《临城李席吾墓清理简报》，《文物春秋》2012 年第 4 期。

图 14-7　墓顶 济源市东街明代壁画墓 1613 年

图 14-8　仙鹤图 山东省章丘市绣惠镇女郎山 6 号墓 明代

图 14-9 鹿图 山东省章丘市绣惠镇女郎山 6 号墓 明代

佛教图像没有道教图像多，但是明代出现了僧人壁画墓，这是一个壁画墓兴盛时期也罕见的现象。江西省星子县塔园发现三座明代壁画墓，考古报告记："从地理位置看，墓葬位于江西星子庐山秀峰附近，据文献记载，墓葬西北方向约五百米处原有一秀峰寺。从墓葬结构看，石砌圆室穹隆顶的砌建方式，墓室正中设置须弥座棺台的葬式，以牡丹、荷莲、菊花、竹叶和宝相花等为题材充满浓郁佛教色彩的壁画，反映墓主人身份当属僧人无疑。从整体布局看，它为塔院式结构。从随葬品看，所出青花瓷碗、盘纹样均为折枝莲、水草荷莲等，且含有 1 炉 2 瓶三事祭祀组合，规格也较高。因此墓主人应为具有一定身份的高僧，其中尤以 M2 墓主人身份最高。"[1]胡胜认为三座墓葬均为僧人墓，其中又以 M2 墓主人身份最高："首先我们考证了'都纲大然'高僧确有此人，其次我们从《秀夆寺志》所载，基本确定了'都纲大然'高僧墓葬（大然禅宿塔）的大致位置，再次向我们证明了此人曾在明代天顺初年做了'请复旧额'一事。最后，我们不妨作一推论：从天顺初至成化、弘治时期，时间跨度约为 30 ～ 45 年，以平均值计算 37 年左右，假设'都纲大然'高僧在天顺初年为 40 岁左右，那么据此推测他在 80 岁左右圆寂，这与人

[1] 江西省文物考古研究所、江西省星子县博物馆：《江西省星子县塔园明代壁画墓发掘简报》，《南方文物》2015 年第 3 期。

的自然寿命也是相当吻合的，当然这不是偶然的巧合。从发掘资料看，此处僧人墓地不仅有塔院式布局，而且还有赑屃驮碑的遗迹，如按《大明会典》关于碑、龟趺、螭首等的使用制度记载，我们有理由相信该处墓地应是皇帝批准'敕建'的。"[1] 僧人壁画墓的出现，说明墓室壁画的生命力仍然在延续，甚至高僧也可以接受这样的墓葬形制。这种现象也再次证明，重生信仰是一种独立于佛道的信仰结构，壁画墓就是重生信仰支持下存在的墓葬结构，这个结构与地面的宗教体验场所一样，可以包容和表现佛道内容（图 14-10）。

图 14-10 花卉图 山东省章丘市绣惠镇女郎山 60 号墓 明代

[1] 胡胜：《江西省星子县塔园明代壁画墓（M2）墓主身份探析》，《南方文物》2015 年第 3 期。

第十五章

专题讨论

第一节　汉赋与汉画的比较与意义[1]

汉赋与汉画是汉代艺术的主要样式，代表着汉代艺术发展的最高成就，对当代研究者而言，两者之间的比较始终是一个诱人的课题，随着交叉学科氛围的日趋热烈，这样的诱惑就更大了。汉赋与汉画的比较研究，目前一般有三个方向：一是艺术表现上的比较，如物象的对读考释，进行“写物图貌，蔚似雕画”的特征描述。二是创作背景上的关联，如汉代的艺术精神嬗变、文学观念的进步等。三是文化史上的联系，这是近期研究的一个趋势，如汉赋、汉画对汉代制度、地域文化的一些具体反映等。这些研究，基本是遵循“文史互证”的传统，逻辑起点是“五经皆史”，通过挖掘资料来源来扩大研究空间。从已有的研究成果看，这样的研究存在着两个方面的问题：其一，许多学者都是围绕着资料关系下功夫，而文本的本体关系则有所忽视，外围的论述偏多而直接的讨论减少；其二，汉赋学者对汉画更具热情，汉画学者则相对被动，双方的热情不对称，这就影响到一些重要成果没有在对方领域产生影响，失去了应有的学术促进。我们认为，汉赋和汉画都是体量很大的艺术现象，现有文本的数量足以支持本体关系的研究。同时，已有研究成果应当及时互动，为本体关系研究提供新的张力与空间。

[1] 本节参见汪小洋《汉赋与汉画的本体关系比较和意义》，《文艺理论研究》2016 年第 2 期。

一、文本体系的梳理

汉赋和汉画作为研究对象，其文本体系是一个需要首先进行梳理的课题。从汉代艺术形态看，汉赋与汉画并不是单一的文本，而是由几个独立文本集合而成的文本体系。汉赋是一个由散体大赋、抒情小赋等独立文本集合组成的文本体系，汉画是一个由汉画像石、汉墓壁画等独立文本集合组成的文本体系。如果对汉赋与汉画进行比较，那么就存在这样的问题：是两个文本体系之间的比较？还是各独立文本之间的比较？抑或是一个文本体系与另一个独立文本之间的比较？质言之，汉赋与汉画在进行比较之前，比较对象之间的逻辑关系应当是清楚的，否则就容易出现混淆对象、指向模糊的问题。

汉赋与汉画文本的分类不是难题，学术界早已形成共识。汉赋体系有骚体赋、体物大赋、抒情赋、说理赋和咏物赋以及俗赋等门类，同时又可将其归纳为体物大赋和抒情小赋两大类。汉大赋即指体物大赋，一般认为汉大赋是汉赋的代表，汉赋可以特指汉大赋，王国维“凡一代有一代之文学”中的“汉之赋”即指汉大赋[1]。当然，抒情小赋也有自己的特点和价值。《汉书·王褒传》记：“辞赋大者与古诗同义，小者辩丽可喜。”今人治赋，包含抒情小赋。汉画体系有帛画、漆画、壁画、画像石、画像砖等门类，也有将汉镜图像、瓦当图像归入汉画的说法。汉画中汉画像石的发掘成果最多，也最受重视，与汉赋可以特指汉大赋一样，汉画也可以特指汉画像石。不过，今人对汉画的研究都是以汉画像石和汉墓壁画为主，两汉绘画研究多以这两个文本为对象。

如此，如果对汉赋与汉画进行比较，就应当有选择对象的交代。目前已有的研究成果往往没有这方面的说明，这是一个可能被忽视的问题。我们认为，汉画体系的结构被忽视是主要原因。汉赋体系结构中，体物大赋与抒情小赋相对，这是大家都很熟悉的一对文本范畴。同时，因为汉赋始终为主流社会接受，各代皆有系统研究，相关的概念明确。汉画体系的结构就不一样了，汉画像石与汉墓壁画成就最高，但以往的情况是汉画的研究成果基本集中于汉画像石。因为遗存发掘、保存等特殊原因，汉墓壁画的关注者少，历代文献中的记载更是少之又少，这使得许多学者对汉画像石熟悉而对汉墓壁画陌生。由此，学者们熟悉汉赋的文本体系，但对汉画的文本体系就可能认识有限，甚至出现盲点，

[1] 王国维：《宋元戏曲考》，东方出版社，1996年，第1页。

不知道汉画像石与汉墓壁画之间存在的区别。

从考古成果看，汉画像石与汉墓壁画有着很大的区别，它们不仅是不同图像样式的选择，同时也是不同阶层的墓葬形制选择。汉墓壁画存在于中、上阶层的墓葬形制中，是主流社会的艺术；汉画像石存在于中、下阶层的墓葬形制中，是非主流社会的艺术。这是一个非常重要的区别，我们可以依据考古成果作相关论证。

关于汉墓壁画。从墓葬遗存分布看，在全国各地都有分布，但这些分布点在地理位置上并不具有连贯性，除了洛阳周围一带，其他地区都是一种跳跃性的分布状态。这样的分布说明，汉壁画墓是少数人选择的墓葬形式。从墓主人的身份看，最早的汉壁画墓是西汉前期广州象岗山南越王墓和河南永城芒山柿园梁王墓，汉壁画墓的起点就是王侯级大墓。洛阳是目前汉壁画墓遗存最多的地区，墓主人身份都比较高。《洛阳古墓博物馆》资料显示，西汉洛阳烧沟 61 号壁画墓的男性墓主人可能是两千石级别的将军，西汉卜千秋壁画墓的墓主人卜千秋也是郡一级的官员，洛阳偃师杏村壁画墓的墓主人是可以享受九乘安车的官员[1]。此外，出土葬玉也说明了这一点。两汉时期高等级墓葬才有葬玉，目前汉壁画墓中有葬玉发现，但画像石墓中则极少出现。因此，汉墓壁画是中、上阶层选择的墓葬图像。

关于汉画像石。从墓葬遗存分布看，汉画像石墓普遍存在，是一种多数人选择的墓葬形式。从有纪年材料的汉画像石墓看，墓主人地位都不高。杨爱国对有纪年的汉代画像石做了专门统计，结论是："通过以上分析可知，汉画像石墓墓主人身份最高的是诸侯王，但已经发掘的汉代诸侯王墓中仅东汉陈倾王刘崇一例而已。刘崇墓规模很大，但墓中的汉画像石并不多，仅用在墓门部位，墓室内出土的另一块残画像石，无法确定其在墓中的位置。由此可见，汉画像石不是汉代诸侯王墓室装饰的主体，永城柿园壁画崖墓中将其作为厕所的踏脚石可能也是一个证明。"[2] 因此，汉画像石是中、下阶层选择的墓葬图像。

在汉画体系中，汉墓壁画与汉画像石来自于不同阶层，它们的区别不仅仅是图像样式上的相异，同时也存在着创作要求、创作过程上的相异。如果要进行汉画与汉赋的比较，那汉画体系中的汉墓壁画与汉画像石之间的区别就应当

---

[1] 洛阳古墓博物馆编：《洛阳古墓博物馆》，朝华出版社，1987 年，第 3 页。
[2] 杨爱国：《幽明两界：纪年汉代画像石研究》，陕西人民美术出版社，2006 年，第 177 页。

被认真考虑。具体看，就是要明确对应关系。

在汉画体系与汉赋体系中，汉墓壁画与汉大赋有着明确的对应关系。汉壁画墓属于中、上阶层的墓葬，墓葬中的壁画图像是为主流社会而创作，这一点与汉大赋相似。汉代的大赋创作，是一项为帝王而赋的“献赋”活动。东汉班固在《两都赋序》中就指出：“故言语侍从之臣，若司马相如、虞丘寿王、东方朔、枚皋、王褒、刘向之属，朝夕论思，日月献纳；而公卿大臣御史大夫倪宽、太常孔臧、太中大夫董仲舒、宗正刘德、太子太傅萧望之等，时时间作。”这是一个被后人反复引用的材料，是一个共识。可见，“献赋”过程是形成汉大赋艺术特征的语境，与汉墓壁画相似。在“献”的层面上，汉大赋的文字与汉墓壁画的图像有着诸多共同点，可以进行相关比较，这是同类型之间的比较。

在汉画体系与汉赋体系中，汉画像石与汉赋的对应关系则需要更多的推敲。在汉赋与汉画比较的研究材料中，文学史的学者喜用汉画像石图像，其实从文本结构看，汉画像石与汉赋的相关性不如汉墓壁画。从创作对象看，汉赋体系中与汉画像石对应的是抒情小赋与俗赋。俗赋来自于民间，与汉画像石的相关性最高，遗憾的是汉代的俗赋非常少，甚至很长时间难寻踪迹，20世纪末《神乌赋》的出土才改变了这一状况。1993年江苏省东海县伊湾6号墓出土此赋竹简，考古报告介绍：“此墓出宽简二十支，十八支书写此赋正文，一支上部文字漫漶不清，下部有双行小字，所记疑为此赋作者或传写者的官职（乃少吏）和姓。”[1]《神乌赋》是目前第一篇完整的汉代俗赋，此外还有《韩朋赋》，是残简，难求全貌。汉画像石是汉代普遍存在的图像艺术样式，汉代俗赋则是数量极少的语言艺术样式，不对等的状态下比较不易深入。但是，汉画像石比抒情小赋有基础，它们都有着非主流社会的面貌。

汉画像石与汉大赋比较显得勉强，但目前恰恰是汉大赋与汉画像石比较的研究成果最多。如此，这样的比较就是在相关性不高的层面上展开，缺少对等性，或针对性不强，所得的结论更多是普遍规律的讨论。我们认为，这样的比较有意义，但需要有一个逻辑关系上的交代。没有这样的交代，比较就可能是不完整的，一些重要的信息就要失去。比如，汉大赋在西汉中期就已经进入兴盛，而汉画像石是在东汉中期才全面兴盛，两者在时间上的跨度非常大。如果

[1] 连云港市博物馆、东海县博物馆、中国社会科学院简帛研究中心、中国文物研究所联合撰写：《尹湾汉墓简牍初探》，《文物》1996年10期。

拿东汉中后期的汉画像石材料来比较西汉中后期的司马相如、扬雄的汉大赋作品，那只能是汉代艺术发展整体面貌上的一般性梳理工作了。反之，如果以东汉抒情小赋来比较汉画像石，我们就可以得到完整而深入的判断。比如，它们在细腻描写生活画面上有一致的地方，但出发点不尽相同。张衡在《赋辛·志中·归田赋》中写道："谅天道之微昧，追渔夫以同嬉。超埃尘以遐逝，与世事乎长辞。"这样远离尘世的文字，是出世心情，而同期的汉画像石则是充满了车马出行图、筵宴图、乐舞图等对世俗富裕生活的炫耀和留恋的画面，这是入世心态，汉画像石与抒情小赋是南辕北辙的意趣走向。

明确汉赋体系与汉画体系的文本体系结构后，汉赋与汉画的比较就可以大致形成三个比较类型：文本体系之间的整体比较，相关性高的单一文本比较，相关性不高的文本之间的比较。这三类比较都有意义，但所进行的路径与指向应当是有所区别的。相关性高的单一文本比较可以直奔主题，而整体比较和相关性不高文本之间的比较则需要有一个逻辑关系上的交代。因此，在汉赋与汉画进行比较时要考虑到汉赋体系与汉画体系的组成结构，特别是在频繁使用汉画像石材料时，在汉画体系上首先要进行一些文本体系层面上的梳理工作，有清晰的逻辑关系认识（图 15-1）。

图 15-1　西王母、东王公像 河南南阳熊营汉墓 汉代

二、汉赋与汉画的表层比较

在汉赋文本体系与汉画文本体系中，相关性较高的对应结构是汉大赋与汉墓壁画，以及汉抒情小赋、俗赋与汉画像石。如果对汉赋与汉画进行比较，这样的对应结构应当首先得到关注，并成为其他比较的基础。

第一，汉大赋与汉墓壁画的表层比较。

汉大赋是汉赋的标志性文体，目前的存本并不多，“散体大赋，有40篇左右，约占总数的2/9”[1]。在帝王喜爱与文人努力之下，汉大赋实际数量远超目前传世的数量。班固《两都赋序》记：“故孝成之世，论而录之。盖奏御者千有余篇……”汉墓壁画是汉画的代表文体之一，正式发掘的壁画墓有60余座，壁画面积逾千平方米，随着考古工作的进行，将有越来越多的壁画墓被发现。同时，司马相如的《子虚赋》《上林赋》作于汉武帝时期，标志着汉大赋启兴盛之势，而最早的汉壁画墓象岗山南越王墓和永城芒山柿园壁画墓亦在武帝前后，两者在早期发展上当属同步。东汉后期，两者皆有衰败之势。就作品体量和创作时间而言，汉大赋与汉墓壁画的比较是可行的。

汉大赋与汉墓壁画是汉代主流社会艺术的代表，皆为帝王服务。它们围绕帝王而产生，汉大赋的创作圈都在帝王身边，汉壁画墓的遗存也主要分布于各王侯封地。艺术家尽其所能迎合统治阶层所需，这是它们的共同特征，所谓“铺采离文，体物写志”（《文心雕龙·诠赋》）。汉武帝曾惊叹赋家的描写：“上读《子虚赋》而善之曰：‘朕独不得与此人同时哉！’”（《史记·司马相如列传》）相如的解释是：“且夫齐楚之事又乌足道乎？君未睹夫巨丽也，独不闻天子之上林乎？”（《子虚上林赋》）追求“巨丽”，这就是赋家为帝王服务的写作态度。赋家的创作得到帝王的鼓励，汉墓壁画则还增加了等级制度的直接保证。汉代崇厚葬，但有严格的等级制度，级别越高墓葬规模越大，不能违背。《史记·高祖功臣侯年表》记：“武原侯卫不害葬过律夺国。”因为墓葬活动“过律”而被“夺国”，制度可谓严苛。这样的制度，对墓室壁画发展是有利的。后代的质疑文字中，对汉大赋很多，对汉墓壁画则很少。唐代刘知几认为：“且汉代词赋，虽云虚矫，自馀它文，大抵犹实。”（《史通·载文》）此言当为不虚，汉墓壁画也如此，它们以表现帝王奢华生活为主旨，“虚矫”只是一种艺术手法，是汉帝国文化使其然。

[1] 叶幼明：《辞赋通论》，湖南教育出版社，1991年，第84页。

不过，帝王的支持必然也带来相应的限制，汉大赋与汉墓壁画也因此有了明显的不足。其一，手法的单一性。手法单一是后人诟病汉大赋之处，甚至将其与汉大赋的铺张特征相联系："必类推而言，极丽靡之辞，宏侈巨衍，竞于使人不能加也。"（《汉书・扬雄传》）今人姜书阁认为："这种大赋的铺叙方法实在是非常散缓板滞，很像分类账簿，杂列品目，千篇一律，殊少变化，更缺乏艺术性，令人不欲卒读。"[1] 汉墓壁画中也有"必类推而言"的叙事特征，画面中的出行图、筵宴图、庖厨图、升仙图等，都是反反复复出现，而且壁画墓描写的画面都是在一个层面展开，比较单调。汉画像石这方面就显得生动，一些题材虽反复出现，但画面为多层结构，三层、四层乃至五层都有。其二，创作热情的被动性。赋家作大赋有热情，这是毋庸置疑的。扬雄说自己的创作状态是："成帝时，赵昭仪方大幸，每上甘泉，诏令作赋。为之卒暴，思虑精苦，赋成遂困倦小卧，梦其五脏出在地，以手收而内之。及觉，病喘悸，大少气，病一岁。"（桓谭《新论・祛蔽》）作赋而"病一岁"，没有巨大的热情是支持不下来的。不过因为是"诏使作赋"，这样的热情就有了被动的成分。赋家的创作成为"献赋"的过程，创作热情不免迎合帝王兴趣爱好，这一过程中赋家是"言语侍从之臣"。汉墓壁画中也存在着很大的被动成分，画工为墓主人服务，有热情，但也是被动的，甚至连署名的机会都没有。同时，墓室壁画还有一个被动的因素，这就是增加了祖先神圣化的内容，表达"恶以诫世，善以示后"（王延寿《鲁灵光殿赋》）。这是一种特殊的被动指向，与常态的生活热情存在距离。

从创作的目的看，汉大赋与汉墓壁画都是为帝王服务的，以往汉大赋的"劝百讽一"受到后人指责，其实这就是主流社会艺术的一个特征，汉墓壁画中也可以看到大量服从于墓主人需要的图像，显示墓主人的地位、财富与享乐活动。"劝百讽一"是汉大赋与汉墓壁画的共同特征。

第二，汉抒情小赋、俗赋与汉画像石的比较。

汉抒情小赋、俗赋与汉画像石都是非主流社会艺术，学术界在这方面耕耘最深。与质疑汉大赋、汉墓壁画的态度不同，汉抒情小赋、俗赋、汉画像石得到的多为肯定评价。俗赋因为传世极少，所以相关的成果主要是在汉抒情小赋和汉画像石中取得。

汉抒情小赋的数量在散体大赋之上，在今存 180 余篇汉赋作品中，散体大

[1] 姜书阁：《汉赋通义》，齐鲁书社，1989 年，第 320 页。

赋之外的骚体赋、四言赋、六言赋、杂言赋都有抒情的成分。汉画像石的数量也在汉墓壁画之上，“据不完全统计，全国已清理、发掘汉画像石墓100余座”[1]。汉画像石与汉墓壁画不同，可以移动，因此还有更多散存的画像石作品，数量可观。信立祥记：“近二十年来，我先后参观了四川省博物馆、山东省博物馆、南阳汉画馆、徐州汉画馆、连云港市博物馆、陕西省考古所以及山东邹县、滕县、嘉祥、济宁、益都、蓬莱、福山、青岛和安徽亳县等地文物部门收藏的三千块以上的零散画像石。”[2]从作品体量看，汉抒情小赋与汉画像石有着很好的比较条件。

汉抒情小赋与汉画像石受到今人的肯定，多因喜其生动，这是非主流社会艺术的共同特征。不在主流社会，受到的限制就少，从时人评论可见一斑。我们可以看到汉人评论中有许多对大赋的要求，如扬雄“诗人之赋丽以则，词人之赋丽以淫”（《法言·吾子》）、班固“兴废继绝，润色鸿业”（《两都赋序》）等，但对抒情小赋就很少要求。汉画像石也是这种情况。

汉抒情小赋与汉画像石的生动性，突出地表现在多样性和情节性上，这也是散体大赋与汉墓壁画不足的地方。其一，多样性。多样性首先来自于创作主体的多元化，汉抒情小赋作者各个阶层、各种状态都有，因此题材多样，甚至体裁亦多样。汉画像石的作者是各地画工，他们在汉代画像石题记和碑刻中有“良匠”“石工”“工”“石师”“师”“画师”“刻者”等不同称呼[3]。汉画像石还有一个多样性的原因，这就是各地画工的图像形制不完全一样。如汉画像石中最常见的西王母图像，各地的形制就有自己的地域特色。四川西王母有龙虎座形制，其他地区不见。豫中南地区的西王母形制为戴胜，手中执物，坐于山峦或台座之上，其中又有四分之三侧身和侧身两型。苏鲁豫皖地区西王母形制基本为正面，又可分有、无基座两型[4]。创作主体的多元化，是非主流社会艺术的特征，也是非主流社会艺术发展的一个必然趋势。其二，情节性。汉赋的特征是叙事性强，但大赋是以概念、类型的层层叠加而叙事，所谓“事类者，盖文章之外，据事以类义，援古以证今者也”（《文心雕龙·事类》）。汉大赋缺少情节，汉墓壁画也是这样。汉抒情小赋则是另一番面貌，借景抒情，记事抒情。西汉

[1] 王建中：《汉代画像石通论》，紫禁城出版社，2001年，第6页。
[2] 信立祥：《汉代画像石综合研究》，文物出版社，2000年，第10页。
[3] 邢义田：《汉碑、汉画和石工的关系》，《故宫文物月刊》1996年第14卷第4期。
[4] 从德新：《西王母图像的类型学研究》，《西王母文化研究集成·论文卷》，广西师范大学出版社，2008年，第1200-1214页。

贾谊的《鹏鸟赋》，以鹏鸟止于己室的故事描写了自己远离朝廷的孤独，恐惧不安于其中。东汉张衡的《赋辛・志中・归田赋》，以田园生活的种种快乐发现为线索展开抒情，自得其乐于其中。汉画像石的情节性来自于西王母提供的重生体系，这个体系有重生的过程，有仙人的帮助，还有彼岸世界的真实体验。此外，汉画像石中还有大量的历史故事，这是汉墓壁画中所缺少的，也是一种民间讲故事的模式，与后来民间戏文中的历史故事很相近。

从创作的目的看，汉抒情小赋与汉画像石对个体的关注度更高，这一点决定了艺术表现上的生动性。汉大赋与汉墓壁画都是为帝王服务，个人的生动要让位于帝国的庄严。班固就明确提出："以兴继绝，润色鸿业。"（《两都赋序》）汉抒情小赋与汉画像石却没有这样的要求，更多着眼的是个人空间，由此而带来了生动的艺术表现。

第三，赋家自我否定的意义。

汉赋与汉画的比较中有一个很大的不平衡性指标，这就是作者的确定性。汉画作者多不可考，画工的信息主要来自于墓记、题记，目前的考古成果非常少，基本上是零星出现，虽然以后的考古成果存在着提供更多画工信息的可能，但数量也不会太多。汉赋作者大多可考，而且一般都有很好的文献材料。"知人论世"是我国传统文论自觉遵循的原则，但汉赋可论而汉画不好论。这种不平衡性所具有的理论意义，我们可以围绕汉代赋家自我否定的现象来认识。

两汉赋风大兴，但却出现了赋家自我否定的现象，而且各个阶段都有名家出来否定自己，具有代表性的有早期的枚皋、中期的扬雄和后期的蔡邕。枚皋是西汉武帝时的辞赋名家，汉大赋肇始者枚乘的儿子，与司马相如同时代，这一时期正是汉赋兴盛之时。班固《汉书・艺文志》记枚皋有120多篇赋，就班固的记载看，他是汉代赋作品最多的一个赋家了。但是枚皋否定自己："又言为赋乃俳，见视如倡；自悔类倡也。"（《汉书・枚乘传》）扬雄是西汉末的辞赋大家，他与之后的班固、张衡的创作使汉赋再次进入兴盛期，可与司马相如比肩。王充认为："以敏于赋颂，为弘丽之文为贤乎？则夫司马长卿、扬子云是也。"（《论衡・定贤篇》）但是扬雄否定自己，而且态度非常坚决："又颇似俳优淳于髡、优孟之徒，非法度所存，贤人君子诗赋之正也，于是缀不复为。"（《汉书・扬雄传》）蔡邕是东汉后期的辞赋名家，为时人所重，但他对汉赋创作也持自我否定的态度。他说："夫书画辞赋，才之小者，匡国理政，未有其能。"（《上封陈事

政要七事》）

各家自我否定的内容，从文献看重点不一。枚皋的自我否定主要与个人境遇相关。《汉书·枚皋传》记："皋不通经术，诙笑类俳倡，为赋颂好嫚戏，以故得媟黩贵幸，比东方朔、郭舍人等，而不得比严助等得尊官。"皋赋辞中自言为赋不如相如。扬雄的自我否定增加了"讽谏"的要求。扬雄《法言·吾子》记："或问：吾子少而好赋？曰：然。童子雕虫篆刻。俄而曰：壮夫不为也。或曰：赋可以讽乎？曰：讽乎！讽则已，不已，吾恐不免于劝也。诗人之赋丽以则，辞人之赋丽以淫。"蔡邕的自我否定，一方面延续着扬雄强调的"讽谏"要求，另一方面也是针砭时弊："陛下即位之初，先涉经术，听政馀日，观省篇章，聊以游意，当代博奕，非以教化取士之本。而诸生竞利，作者鼎沸。其高者颇引经训风喻之言，下则连偶俗语，有类俳优，或窃成文，虚冒名氏。"（《上封事陈政要七事》）

各代对汉大赋有着不同的看法，不过汉代赋家对自己热爱的创作予以否定，还是颇使人意外的。但是，当我们引入汉画的参照体系后，赋家自我否定的积极意义还是很明确的。汉画的画工没有否定自己的创作，这是因为他们身份低微，没有这样的机会。汉赋的名家否定自己的创作，这是因为他们是"言语侍从之臣"，有这样的机会。这样的机会对文学而言是一种促进，不仅表明赋家有了一定的社会地位，还表明赋家在创作时有了一种选择的可能。他们可以选择继续讽谏，也可以选择放弃这样的创作，选择表明赋家的主体意识开始形成（图 15-2）。

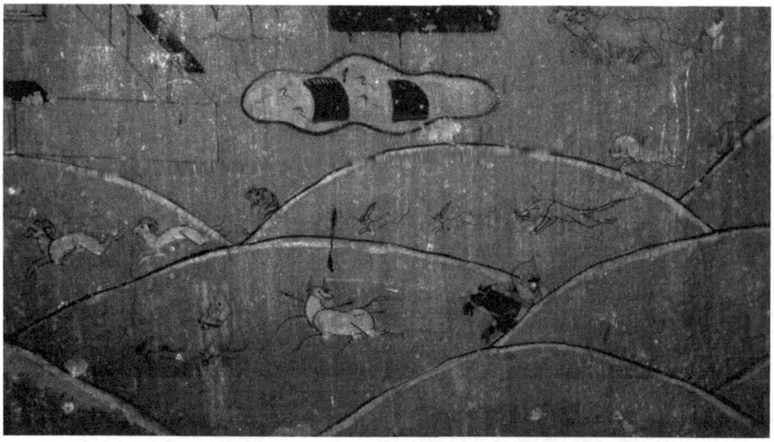

图 15-2　狩猎图（墓室南壁）定边郝滩壁画墓 东汉

在汉大赋的评价体系中，赋家的自我否定显然是对汉赋评价提出了一种疑问，但对文学发展而言，自我否定标志着赋家主体意识的存在，这是一种艺术趋向自觉的表现，由此而形成了一些可操作的评价指标。比如，汉赋研究的时间就大大早于汉画研究。“真正意义上的汉画像石著述，始于南宋洪适的《隶释》及其续篇《隶续》。”[1]反观汉赋，西汉就有了赋家的自我否定观点。汉以后，各代文学发展中也有自我否定的现象，但不像汉代这么集中和这么多名家进入。刘勰评价汉赋是“六艺附庸，蔚成大国”（《文心雕龙・诠赋》），从赋家自我否定的现象看是很有道理的。

三、审美走向的讨论

在汉赋文本体系与汉画文本体系中，汉大赋与汉画像石的相关性不高，如果没有相关的说明，它们之间的文本比较显得牵强。但是，如果汉大赋作为汉赋的代表文本，汉画像石作为汉画的代表文本，在艺术门类的层面上予以对照，它们之间的比较就可以得到到合理的逻辑关系，并通过这些关系更好地认识汉赋与汉画的艺术特征与价值。审美走向就是这样的一种关系，汉大赋与汉画像石以它们的代表性来突出汉赋与汉画的艺术特征，从而使两者的比较得到深入的展开，甚至解决一些棘手的问题。

第一，开放与封闭的审美形态。

就审美文本而言，汉大赋与汉画像石有着非常大的区别。汉大赋是传世作品，以古籍文献的形式存在，通过一般性的阅读就可以得到，其文本是传播的状态；汉画像石是考古发掘作品，以墓葬遗存的形式存在，必须通过科学的考古工作才能得到，其文本是非传播的状态。因此，汉大赋是一种开放的审美形态，汉画像石是一种封闭的审美形态，这是两种截然不同的审美形态。在汉大赋的审美活动中，赋家的创作得到帝王的认可和鼓励，或“朝夕论思，日夜献纳”，或“时时间作”，汉大赋的文字被广泛流传，如果这些文字没有产生讽谏等效果，赋家还会因此发出自我否定的声音。在汉画像石的审美活动中，画工的创作也得到墓主人的认可，但汉画像石的图像完成之后即被立刻封闭，墓主人与画工都希望这样的封闭状态被永远保持，为此还增加了许多特殊的封闭手

[1] 信立祥：《汉代画像石综合研究》，文物出版社，2000年，第5页。

段。按照墓葬的形制要求，墓室内的审美活动在封闭后就已经完成。开放与封闭的两种审美形态，给汉赋和汉画带来了不同的审美特征，其中最突出的就是二次审美的要求。

二次审美要求的提出，来自于文本形态上的问题。在汉大赋的审美活动中，文本遇到的问题主要是不同的传世版本，这并不会改变文本的存在形态，但在汉画像石的审美活动中，文本遇到的问题是封闭性的打开而带来的形态改变。汉画像石的审美对象是与原始文本存在巨大差异的发掘文本，这必然导致二次审美现象的出现。发掘文本可能留在原址，也可能离开原址，不论哪种情况，最初的封闭性都已经被打开。更重要的是，墓室被打开后，发掘文本的种种审美活动都是在违背墓主人最初愿望的状态下进行的。如此，汉画像石的二次审美指向与首次审美指向产生区别。就今人而言，汉大赋的审美是首次审美活动的延续，汉画像石的审美则是一个新的审美活动的开始。

二次审美要求的出现，使得汉大赋与汉画像石的审美活动产生了不同的审美要求。首先，文本原貌的完整性。汉大赋的文本完整性主要体现在版本鉴定上，基本依赖于传世文献的有序性，各种文本被保留并受到特别呵护。汉画像石的文本完整性则是在另一个方向上进行，文本获得之时就是文本原貌被破坏之时，原有的封闭性将不复存在。所有发掘文本都是通过考古手段获得，考古过程对原始文本产生了不可逆的破坏，完整性不再考虑封闭性的存在，而只能是在开放性的层面上考虑如何减少破坏。其次，审美主体的缺失性。汉大赋的审美活动中也存在着“辞赋大者与古诗同义，小者辩丽可喜”（《汉书·王褒传》）的差别，但后人常态的审美活动基本上都是在知人论世的基础上开始的。汉画像石是另一种面貌，因为所有的发掘文本都是违背了墓主人及其相关者的愿望而获得，因此汉画像石文本的获得也就意味着原先主导画像石审美的墓主人已经离开，后人无论如何努力也无法与原始文本的初衷达成一致。如此，后人的审美只能是忽略或舍弃墓主人一部分意愿之后的一种新的平衡结构，审美主体存在缺失。

审美主体缺失的审美将是不完整的审美，因此汉画像石的审美活动有一项前提性的基础性工作，这就是找回审美主体。审美主体的认识，汉大赋的研究也在做，赋家的自我否定就是一项这种性质的工作，但这类研究的指向是辨识，辨识审美主体的价值判断。汉画像石审美主体的认识，也有辨识的内容，但首先进行的是寻找工作，通过科学的考古发掘还原墓葬原貌，尽可能地找回墓主人及墓葬建造者最初的愿望。汉画像石审美主体的寻找工作，涉及考古、宗教信仰以及相关的艺术领域，如果汉大赋与汉画像石进行比较，这些内容都应当被覆盖。

第二，虚实转换的审美经验。

汉大赋与汉画像石的共同特征是“铺采离文，体物写志”，但它们的叙事结构并不一样。汉大赋为帝王描写身边世界的物象，是在此岸“体物写志”；汉画像石为墓主人描写另一个世界的物象，是在彼岸“体物写志”。身边的物象是可以触摸和看到的，当为实景；另一个世界的物象是无法触摸和看到的，当为虚景。不过文本中的虚实却发生了转化，汉大赋是虚构的面貌，汉画像石是写实的面貌，在审美经验上出现了一个虚实转化的现象。

汉大赋中的描写，对象为此岸，但文本中的描写常常是超越现实的虚构世界。扬雄《甘泉赋》写楼阁之高，皆是天上之景色，几无人间气息：“列宿乃施于上荣兮，日月才经于柍桭。雷郁律而岩突兮，电倏忽于墙藩。鬼魅不能自还兮，半长途而下颠，历倒景而绝飞梁兮，浮蔑蠓而撇天。”即使是人间物象，也多不是来自于现实生活，后人要在古籍中百般寻找才能读懂，以致于刘勰如此感叹：“故陈思称扬马之作，趣幽旨深，谈者非师传不能析其辞，非博学不能综其理，岂直才悬，抑亦字隐。”（《文心雕龙·练字》）汉画像石文本中的描写，对象是墓主人在另一个世界的生活，展现的却是此岸世俗世界，大多数物象都是现实生活中人们所熟悉的场景，复杂的画面中还有榜题提示，给人以真实的感受。内蒙古和林格尔墓有前、中、后三主室和三耳室，全长约 20 米，墓壁、墓顶及甬道两侧有壁画 50 多幅，其中榜题就有 250 多项，直接交代图像内容。

汉大赋描写的是虚构世界，汉画像石描写的是写实世界，审美经验的虚实转化表现出不同的艺术面貌。汉大赋形成了在此岸构筑虚构世界的艺术特色，赋家需要通过极度夸张、频繁象征等手法来满足汉帝国主流文化的要求，如赋家笔下尽情描写的珍禽异兽在现实中不容易看到，只能在典籍里寻找；汉画像石则形成了在彼岸构筑真实世界的艺术特色，画工需要用具体事物来向信仰者说明重生世界存在的可能性和真实性，如画面中最常见的车马出行图，其人物、车马等，皆可比照现实。

从审美经验虚实转化的角度出发，我们还可以对汉大赋与汉画像石作者队伍的依附性有更深入的了解。汉赋之盛在大赋，其作者从“梁园宾客”的枚乘到“武宣之世”的司马相如、王褒，到西汉末的扬雄、刘歆，再到东汉的班固、张衡、蔡邕等，都有着“言语侍从之臣”的身份，这种依附性使赋家形成了一个独特的创作群体而承担起为汉王朝“润色鸿业”的功能。汉画像石的作者也是一个有依附性的创作群体，他们所作都是为墓主人的重生愿望而服务。依附性产生了极端功利的迎合心理，在创作题材上都特别关心物质世界的描述，汉大赋极尽铺采离文之文字，汉画像石亦多宴饮、车马出行之图像。赋家的依附性，使得汉大赋将物质要求放大到时空大结构上去表现，以大为美；画工的依附性，使得汉画像石讲究物质世界的集中表现，将墓主人的财富物象密集构图，重复表现。依附性带来了汉代艺术的特别审美体验，赋家笔下的汉大赋力图使身边的世界脱离世俗常态，从而迎合帝王超越现实的欲望；画工笔下的汉画像石则力图使另一个世界回到世俗常态，从而满足墓主人事死如生的愿望。赋家和画工虚实有异，但都来源于对大汉帝国的依附。

第三，世俗与宗教的终极审美。

在汉大赋与汉画像石的文本中，有一个审美内容被特别重视，这就是宇宙的构建。汉大赋的宇宙构建被提到了“赋家之心”的高度：“词赋者，合纂组以成文，列锦绣而为质，一经一纬，一宫一商，此赋之迹也。赋家之心，包括宇宙，总览人物，斯乃得之于内，不可得而传。”（《西京杂记·卷二》）汉画像石的宇宙构建也得到考古学家的认同：“不同题材内容的画像，按照当时的宇宙方位观念，有规律地配置在墓室内。”[1]宇宙构建是汉大赋与汉画像石的终极审美，这方面有着明确的比较意义，因为这两个宇宙存在着不同方向，一个是世俗的方向，另一个是宗教的方向。世俗方向的宇宙，赋家表现的是对汉帝国赫赫声威的感受；宗教方向的宇宙，画工表现的是墓主人获得重生的宗教体验。

沿着帝国声威，汉大赋构筑的宇宙对应的是一个平息内乱、横扫边域、经济繁荣的强大帝国。司马相如的理解是：“盖世必有非常之人，然后有非常之事；有非常之事，然后有非常之功。非常者，固常之所异也。”（《史记·司马相如列传》）在这样的认识下，司马相如跳出常规思维，以大为美，极尽铺成。这样的“赋家之心”非司马相如一人所特有，而是成为两汉赋家的创作传统。刘勰记：“夫夸张声貌，则汉初已极，自兹厥后，循环相因，虽轩翥出辙，而终入笼

[1] 信立祥：《汉代画像石综合研究》，文物出版社，2000年，第288页。

内。枚乘《七发》云：'通望兮东海，虹洞兮苍天。'相如《上林》云：'视之无端，察之无涯，日出东沼，入乎西陂。'马融《广成》云：'天地虹洞，固无端涯，大明出东，入乎西陂。'扬雄《羽猎》云：'出入日月，天与地沓。'张衡《西京》云：'日月于是乎出入，象扶桑于濛汜。'此并广寓极状，而五家如一。诸如此类，莫不相循，参伍因革，通变之数也。"（《文心雕龙·通变》）在这样的创作状态下，"讽谏"终将流于泛泛而谈，建立于帝国声威之上的宇宙只能是"劝百讽一"的方向。

沿着重生体验，汉画像石构筑的宇宙对应着墓主人将去的另一个世界，这个彼岸世界建立于墓葬建筑之中。墓主人在这个空间中将获得与此岸相同的生活状态，因此庖厨图、筵宴图、祭祀图以及历史人物图等图像普遍出现。重生也是一个过程，于是出行图、双龙穿璧图、门阙神灵图、天门榜题图等图像也普遍出现。这些重生活动都是在神灵帮助下完成，因此西王母图像成为最重要的图像，象征着重生得到的指导和最终完成。汉画像石的所有图像都是围绕重生而安排，在墓主人和墓葬活动参与者的认识中，墓葬建筑只是换个空间而已。而且，因为有重生过程的宗教体验，汉画像石墓的图像往往被规定为三个部分，墓道部分的图像被规定为行走主题，墓门部分的图像被规定为跨越主题，墓室部分的图像被规定为日常生活（图 15-3）和西王母的主题。如此，证明重生的真实性成为所有图像围绕的要点，"事死如生"成为这个宇宙构筑的方向。

图 15-3　车马出行局部（前室）陕西靖边汉墓 东汉

“劝百讽一”构筑的是一个现实的宇宙，“事死如生”则是构筑一个非现实的宇宙。对汉大赋的赋家而言，现实的宇宙依托于帝国声威即可以完成。对汉画像石的画工而言，非现实的宇宙依托于现实生活的联想之外，还需要借助神灵的帮助，神灵将使另一个世界更真实、可靠。涂尔干认为：“整个世界被划分为两大领域，一个领域包括所有神圣的事物，另一个领域包括所有凡俗的事物，宗教思想的显著特征便是这种划分。”[1]汉画像石的宗教思想就是尝试这样的划分，认为神灵可以带来一个真实的彼岸世界，一个与此岸世界相同的彼岸世界。因此，汉画像石是宗教行为产生的艺术作品，汉画像石的终极审美要加入宗教体验。

质言之，汉赋文本体系以汉大赋为代表，终极审美是在此岸得到超越现实的生活体验，这是一个“劝百讽一”的虚构世界；汉画文本体系以汉画像石为代表，终极审美是在彼岸得到重回现实的宗教体验，这是一个“事死如生”的写实世界。

四、语图关系的解读

文学与图像的关系是近年来学术界普遍关注的课题，已经有了许多重要成果。不过有一个非常明显的问题，就是西方文本的使用过多。中国传统文化中有着非常丰富的语图关系文本，而且这些文本与西方文本存在着很大的差异，我们需要并完全可以得到一个本土化的理论描述。汉赋与汉画在汉代的兴盛，为我们提供了这样的机会。

第一，汉赋表现出语言艺术的强势性。

汉赋与汉画都在汉代都取得了空前繁荣，但是汉赋的兴起之势早于汉画。刘勰《文心雕龙·诠赋》记：“汉初词人，顺流而作，陆贾扣其端，贾谊振其绪，枚马播其风，王扬骋其势，皋朔已下，品物毕图。繁积于宣时，校阅于成世，进御之赋，千有余首，讨其源流，信兴楚而盛汉矣。”西汉初，因陆贾、贾谊的努力使得骚体赋首先拾起兴盛之势，之后在枚乘、司马相如、王褒、扬雄等人的努力下汉大赋全面兴盛。汉画发展较晚，从目前的考古成果来看，汉墓壁画在汉武帝时出现，形成规模是在王莽时期和东汉初年，汉画像石的兴盛则是到了东汉以后。

[1] [法]涂尔干：《宗教生活的基本形式》，渠东，汲喆译，上海人民出版社，2006年，第33页。

赋家的群体声势，也是画工所不能相比的。班固《两都赋序》记："故言语侍从之臣，若司马相如、虞丘寿王、东方朔、枚皋、王褒、刘向之属，朝夕论思，日月献纳。而公卿大臣、御史大倪宽、太常孔臧、大中大夫董仲舒、宗正刘德、太子太傅萧望之等，时时间作。"这样的群臣聚会条件，画工没有任何机会得到。

东汉中期以后，汉赋和汉画都有了风气转变的迹象。汉赋出现了抒情小赋，"谅天道之微昧，追渔父以同嬉。超埃尘以遐逝，与世事乎长辞"（张衡《赋辛·志中·归田赋》），赋家在帝国政治之外有了更多的个人情怀，汉大赋中的那种依附性大大减少。汉画也有变化，神灵开始减少，升仙图也不多了，生活气息越来越浓。但是，汉画的变化并没有涉及创作主体，画工们的身份依然如故。如果赋家在摆脱统治阶层的依附性上有助于文学自觉，那么语言艺术在艺术自觉的进程中就表现出了领先于图像艺术的姿态。

汉赋领先汉画，与语言艺术之前的准备有关。对汉赋而言，经过先秦各文体的发展，语言艺术已经有了丰富的词汇和复杂的语法，特别是楚辞取得的巨大成就直接为汉赋继承，促进了兴盛局面的到来，这一点为各代治赋者所认同和强调。刘勰认为："赋也者，受命者与诗人，拓宇于楚辞。"（《文心雕龙·诠赋》）刘熙载认为："楚辞尚神理，汉赋尚事实。然汉赋之最上者，机括必从楚辞得来。"（《艺概·赋概》）对汉画而言，图像艺术没有这样的渊源可梳理。图像艺术在汉之前主要承担祭祀、丧葬等功能，这些都有着严格的制度要求，限制了艺术表现的丰富性。另外，在墓葬形制上，汉之前流行竖穴墓，强调棺椁的隔绝和封闭，墓室几无绘画存在空间，西汉中期开始流行横穴墓，绘画空间开始出现。在这样背景下，汉画对之前的继承就有限了。

当然，语言艺术的强势主要还是来自于赋家地位高于画工的客观环境。蔡邕自我否定的理由竟然是辞赋与书画同类："夫书画辞赋，才之小者；匡国理政，未有其能。"（《上封事陈政要七事》）这样的认识，文人画出现后也没有完全改变。

第二，汉画表现出图像艺术的平衡力。

汉画艺术成就不输汉赋，特别是汉画像石空前繁荣，几成绝响。鲁迅个人收藏汉画像石拓片就有200余幅，他认为这是非常有意义的工作："我已确切相信：将来的光明，必将证明我们不但是文艺上的遗产保护者，而且也是开拓者和建设者。”[1] 汉画与汉赋双峰并峙，说明图像艺术可以在强势的语言艺术面前取得某种平衡，就汉代而言，这样的平衡力来自于重生信仰和民间路径的支持。

首先，重生信仰的支持。汉一代全民热衷长生，汉武帝听信方士，一下子就有了上万献方者出现的盛况。《史记·孝武本纪》记："齐人之上疏言神怪奇方者以万数，然无验者。”长生有两个方向，一是以长寿为指标的长生不死，二是以重生为指标的死后获得新生命。重生显然比长寿具有更高的宗教品质，宗教体验也来得更加强烈。即有重生之信仰，厚葬成为两汉风气。王符如此抨击："生不极养，死乃崇丧，或至刻金镂玉，檽梓楩柟，良田造茔，黄壤致藏，多埋珍宝，偶人车马，起造大冢，广种松柏，庐舍祠堂，崇侈上僭。”（《潜夫论·浮奢篇》）汉画表现墓主人将要去的彼岸世界，重生信仰使其构建了庞大的象征体系来说明生命转化的过程和可能，图像成为信仰符号，大大增强了图像艺术的叙事能力。如汉画像石中普遍存在的西王母图像，构图并不复杂，但它作为至上神出现后，就象征着人们能够完成生死转化而得到对长生世界的所有期待。在炽热的重生体验中，汉画得到支持，也因此与汉赋取得了某种平衡。

其次，民间路径的支持。汉画像石是中、下阶层的墓葬形式，其繁荣与民间路径的支持相关。王充《论衡·薄葬》中提到一个“谓死如生”的故事："是以世俗内持狐疑之仪，外闻杜伯之类，又见病且终者，墓中死人来与相见，故遂言是，谓死如生。闵死独葬，魂孤无副，丘墓闭藏，谷物乏匮，故作偶人以侍尸柩，多藏食物以歆精魂。”这是一个对“谓死如生”而“信以为真”的宗教体验，没有制度支持却借助民间路径而广泛传播。汉代的厚葬，统治者是持反对态度的。西汉文帝时曾经下诏："当今之世，咸嘉生而恶死，厚葬以破业，重服以伤生，吾甚不取。”（《汉书·文帝纪》）但是民间厚葬之风难抑，东汉初年光武帝又不得不再次下诏："世以厚葬为德，义薄终为鄙，至于富者奢僭，贫者单财，法令不能禁，礼义不能止。”（《后汉书·光武帝纪》）正是借助民间路径，画像石墓才获得了巨大的发展空间。反观汉赋，为汉帝国政治服务而受到限制，终汉一代都没有停止过“讽劝”之争，不可避免地影响到赋家的创作热情。在民间路径的支持下，汉画得到了平衡力。

第三，艺术发展史层面的认识。

汉赋与汉画的本体关系在艺术发展史层面具有什么样的意义？索绪尔认为：

[1] 鲁迅：《引玉集·后记》，《鲁迅全集》，人民文学出版社，1981年，第4卷，第608页。

“一个社会上所接受的任何表达手段，原则上都是以集体习惯，或者同样可以说，以约定俗成为基础的。”[1] 汉赋和汉画本体关系表现出的强弱倾向以及平衡关系，可以为中国传统文化中语言艺术和图像艺术的各自社会约定性做出合理的解释。

首先，语图的平衡结构。

“赋，古诗之流”（《两都赋序》），汉赋的地位在儒学独尊语境中是至高无上的，汉画只能借助于外部的力量来取得某种平衡。在汉代的文献中，几乎所有关于语图关系的理论指向都是从语言艺术那里发出的。王充在抨击厚葬之风时就这样说：“图仙人之形，体生毛，臂变为翼，行于云则年增矣，千岁不死，此虚图也。世有虚语，亦有虚图。”（《论衡·无形篇》）虚语与虚图是并列的现象，但王充排了先后顺序。这样的结构汉以后基本沿革，论画必从论文承启，历代画论中一些名篇连体例都是模仿论文的。欧阳修曾这样评画：“古画画意不画形，梅诗咏物无隐情。忘形得意知者寡，不若见诗如见画。”[2] 这样的评论，还是从论文出发的态度。

从画家层面看，平衡结构对宗教美术发展影响最大。墓室壁画的画工几乎都没有留下姓名，但历代沿革有序，直到明清才衰败。我国佛道造像的画工也基本没有姓名留下，但留下了敦煌莫高窟等著名大窟以及山川城镇无处不有的造像遗存。历代留名的画家，他们也多有宗教题材的创作经历。唐代朱景玄《唐朝名画录》中记载的124名画家，大多涉及功德、佛像、鬼神、地狱、神佛、天王、真仙、菩萨、高僧、僧佛等宗教题材，其中包括吴道子、周昉、阎立本、阎立德、尉迟乙僧、韩幹等名家。特别是在地位比较低的画家中，“工画佛道”“工画佛道鬼神”“工画佛道人物”这样的记录，成为传记的程式化语言，说明图像艺术家必须掌握宗教创作技法的生存状况[3]。

在这样的传统下，图像艺术的外来平衡力就自然成为学术关注点，近年兴起的宗教美术、美术考古和艺术人类学等交叉学科实际上都是来自于对图像艺术平衡力的寻找和认识。就墓室壁画和宗教造像的研究而言，如果没有宗教、

[1] [瑞士]索绪尔：《普通语言学教程》，高明凯译，商务印书馆，1980年，第103页。

[2] 欧阳修：《盘车图》，《欧阳修诗文集校笺》，上海古籍出版社，2009年，第170页。

[3] 如北宋郭若虚《图画见闻录》中记载的五代画家都是这样的模式：王道求，工画佛道、鬼神、人物、畜兽。宋卓，工画佛道，志学吴笔，不事傅彩。富枚，工画佛道，有《弥勒内院图》《白衣观音图》《文殊》《地狱》《慈恩法师》等像传于世。

考古成果的帮助，甚至连直接的文本都不能得到。因此，图像艺术是弱势文本体系，语图关系中应当关注外力作用下建立的平衡结构。

其次，语图的雅俗关系。

雅俗之别自古就有讨论，但跨文体的讨论不多。刘勰这样认为："是以绘事图色，文辞尽情，色糅而犬马殊形，情交而雅俗异势，熔范所拟，各有司匠，虽无严郛，难得逾越。"[1] 如果不作互文看，刘勰谈的是"文辞"雅俗而没有论及"绘事"雅俗。从汉赋与汉画的发展看，汉代的语图关系不仅是一个雅俗关系，还是一个跨文体的雅俗关系。

汉代雅俗之别，文人的态度可见一斑。汉代的文献中有文人画家的记载，西汉有毛延寿、陈敞、刘白、龚宽、阳望、樊育等，东汉有张衡、蔡邕、刘褒、赵岐、刘旦等，但他们或地位不高，或不以绘画扬名。蔡邕提出"夫书画辞赋，才之小者"的观点，否定辞赋未必是真，否定书画倒是可信。在这样的态度下，文人难有热情，缺少整体参与，同时也生存不易，毛延寿等还得在宫廷寻找落脚点。汉画虽有画像石、壁画、帛画、漆画等丰富品种和很高的艺术水平，但这些都是画工们的创作。在等级制度严密的汉代，创作主体上雅俗已分。

在创作题材、主题上，雅俗之分也是明确的。汉大赋的创作多是从传统文化的积淀中寻找题材，而汉画像石是传统题材比例不大。同样是"苞括宇宙"，赋家王延寿《鲁灵光殿赋》描述的是："图画天地，品类群生。杂物奇怪，山神海灵。写载其状，托之丹青。千变万化，事各缪形。随色象类，曲得其情。上纪开辟，遂古之初。五龙比翼，人皇九头。伏羲鳞身，女娲蛇躯。鸿荒朴略，厥状睢盱。焕炳可观，黄帝唐虞。轩冕以庸，衣裳有殊。下及三后，淫妃乱主。忠臣孝子，烈士贞女。贤愚成败，靡不载叙。恶以诫世，善以示后。"[2] 汉画像石则是另外一个面貌，山东嘉祥县宋山汉画像石墓出土的题记这样记载："琢砺磨治，规矩施张，褰帷反月，各有文章。雕文刻画，交龙委蛇，猛虎延视，玄猿登高，狮熊嗥戏，众禽群聚，万兽云布。台阁参差，大兴舆驾。上有云气与仙人，下有孝友贤仁。尊者俨然，从者肃侍。煌煌濡濡，其色若备。"[3] 赋家笔下是传统神灵结构的天界，汉画像石画工们描述的则是在天界之外再构建一个

[1] [南朝梁]刘勰，周振甫注：《文心雕龙注释》，人民文学出版社，1981年，第339页。
[2] 费振刚、胡双宝、宗明华辑校：《全汉赋》，北京大学出版社，1993年，第528页。
[3] 济宁地区文物组、嘉祥县文管所：《山东嘉祥宋山1980年出土的汉画像石》，《文物》1982年第5期。

仙界，传统大神伏羲、女娲反倒成为西王母身边的辅助神灵，其他天界神灵不少也被仙人所取代。题材不同带来了主题有别，汉大赋的天界要“恶以诫世，善以示后”，而汉画像石的仙界则只问长生，快乐生活，所谓“上有云气与仙人，下有孝友贤人”。

汉赋与汉画的雅俗关系，对汉以后的雅俗关系发展有指导意义。在雅俗异势的情况下，雅语言更多的是存在于主流社会的文本之中，从而吸引了文人的广泛参与，这不仅影响到题材的不同，也影响到主题的取向；通俗图像更多的是存在于非主流社会的文本之中，参与者多为下层文人和画工，这一特征决定了题材与主题与传统文化有所不同，从而带来了清新的气息。在艺术发展史上，民间艺术带来的清新气息一直被普遍重视，但多为同一门类的比较，汉赋与汉画的雅俗关系带来的是语言艺术与图像艺术的比较，这是一个跨门类比较的理论指向。我国历史上文人画的出现，其实也是一种语言艺术向图像艺术学习的现象。苏轼提出“诗画本一律，天工出清新”（《书鄢陵王主簿所画折枝二首其一》），就是希望语言艺术能够向图像艺术学习，获得新的创作手法和创作空间。这样的雅俗转化走向，是艺术发展的进步，其意义远大于语言艺术内部的雅俗转化，汉以后，元明清的雅俗关系已经受到学术界的特别关注（图 15-4）。

图 15-4　夫妇对坐图 山西兴县红峪村武氏夫妇墓墓室西壁 公元 1309 年

第二节　中国与埃及墓室壁画的比较与意义

中国与埃及是世界两大文明古国，在两国文明发展史中，墓室壁画有着特殊意义。中国的墓室壁画曾经是墓葬活动的重要内容，埃及的墓室壁画则是金字塔等墓葬建筑的组成部分，也曾经是埃及墓葬活动的重要内容，承载着对彼岸的期待和艺术表现的要求。中国的墓室壁画几乎绵延整个封建社会，埃及的墓室壁画也跨越了史前时代、法老时代和古希腊罗马时代。面对如此辉煌的人类文明成就，在当代宗教美术的语境中展开对应比较，应当是一个颇具意义的学术课题。但是，埃及的墓室壁画因为金字塔文明而被世界学术界普遍了解，而同样辉煌的中国墓室壁画却远未有这样的关注度。因此，中国和埃及在墓室壁画上的系统比较也具有明确的现实意义。

图 15-5　克奴姆霍特普陵墓（第三）第十二王朝
约公元前 1880 年

一、艺术发展层面的梳理

墓室壁画在中国和埃及都有很长的历史，但在发展时间上并不一致。从墓室壁画的出现时间看，根据目前的考古成果，埃及的墓室壁画（图 15-5）出现于埃及史前时代的后期："墓中的壁画装饰，最早出现于涅伽达Ⅱ时期的希拉康坡里斯的'画墓'中，但其成为传统，则确立于第三王朝的私人墓中。"[1] 涅伽

[1]　刘文鹏：《埃及考古学》，生活•读书•新知三联书店，2008 年，第 82 页。

达Ⅱ时期又称格尔塞时期，时间为公元前3500年至公元前3200年，第三王朝时间为公元前2686年至公元前2613年。中国的墓室壁画出现于西汉前期："西汉前期绘有壁画的墓葬目前发现两座，均为诸侯王级的大墓，即广州象岗山的南越王墓（图15-6）和河南永城芒山柿园的梁王墓，但可称为壁画墓的则仅梁王墓一座……从文献记载梁国的变迁、兴废以及墓葬的规模、形制、出土器物等方面综合判断，此墓的年代应为西汉武帝建元五年（前136）或稍后，墓主可能是梁共王刘买。"[1]从墓室壁画的衰落时间看，后埃及时代（前1085—前332）墓室壁画开始衰落，之后的古希腊罗马时代，墓室壁画虽存在但已不再流行，而且呈现出外来艺术的风格。中国墓室壁画至元代后急剧衰落，但清代仍然有墓室壁画的考古发现。

图15-6　中室石门 南越王墓 西汉前期

梳理了中国和埃及的墓室壁画概貌后，我们可以有这样一些初步的比较：其一，都有着完整的发展过程。中国墓室壁画兴盛于汉魏晋南北朝，繁荣于隋唐五代宋辽金西夏元，衰落于明清；埃及墓室壁画起始于史前时代的涅伽达Ⅱ时期，繁荣于法老时代，至后埃及时代开始衰落。从历史沿革看，中国和埃及的墓室壁画都有着由盛至衰的发展过程，使墓室壁画发展呈现出完整的面貌，为两个艺术现象的比较提供了良好的基础。其二，存在着不同步的发展过程。埃及墓室壁画的开始时间远远早于中国，中国墓室壁画的结束时间则远远晚于埃及，同时两者只是在埃及的古希腊罗马时代和中国的汉魏晋南北朝时期有过时间上的重叠，这个时期埃及的墓室壁画走向衰落，而中国墓室壁画则走向兴盛。因此，中

[1] 贺西林：《古墓丹青——汉代墓室壁画的发现与研究》，陕西人民美术出版社，2001年，第15页。

国和埃及墓室壁画发展并不同步，相关的比较就时间指向而言应当是发展的整体而不是重叠的部分。其三，巨大的遗存体量。埃及墓室壁画从前王朝的涅伽达Ⅱ时期到罗马统治时代的拜占庭王朝，逾4000年，遗存之丰富可以想象。中国墓室壁画从西汉中叶开始至清代，前后2000年，几乎贯穿于中国的整个封建社会，目前就有近千份的考古报告，逾万平方米的壁画面积，亦是遗存颇丰。巨大的遗存体量，为完整而不同步的发展过程提供了深入研究的坚实基础。

经过时间层面的一般性梳理后，我们自然会想到中国与埃及在墓室壁画上可能存在的联系。在完整而不同步的发展现象面前，我们会提出这样三个问题。

第一，中国在西汉之前有无墓室壁画。同样作为文明古国，何以中国墓室壁画的出现时间晚于埃及两千多年？从目前的考古报告看，中国壁画的出现时间可以大大提前。中国最早的壁画是甘肃秦安大地湾晚期F411房屋的大型壁画，距今5000多年。此外，辽宁牛河梁红山文化中的壁画残片，河南安阳殷墟的红色几何图案和黑色圆点，距今也有5000年左右。但是，这些壁画遗存与墓室壁画有所区别。墓室壁画的出现有一个前提条件，就是墓葬建筑中有壁画存在的空间。秦汉之前墓葬建筑的形制为竖穴墓，是深埋密封的形制，没有壁画存在的空间，或没有这方面的考虑。秦汉后，横穴墓流行，这才有了壁画存在的空间。战国时期，中国已经有了非常好的墓室绘画作品，如湖南长沙子弹库1号楚墓出土的缯书和帛画，以及湖南长沙陈家大山楚墓出土的帛画等。但是，这些考古成果是墓室绘画而不是墓室壁画，因为当时墓室中尚没有设置壁画存在的空间。因此，即使中国墓室壁画的时间提前，也不会离秦汉很远，而墓室壁画的流行，应当在西汉横穴墓流行之后。

第二，中国和埃及的墓室壁画之间有无联系。古埃及文明曾经是当时世界上最为先进的人类文明之一，之后古希腊和罗马的入侵使得尼罗河文明有了更大范围交流的条件，那么埃及墓室壁画影响到远方的中国吗？如果有外来文化影响，那么就可能有海路和陆路两条传播路线，不过目前的考古报告和文献并没有这样的材料。另外，在中国和埃及之间有西亚的两河流域文明和南亚的恒河文明，如果墓室壁画存在着传播，那么这两大文明应当发挥作用，目前的考古成果尚没有这方面的系统材料，相关的讨论也只是一些推测。如斯芬克斯像，刘文鹏认为与佛教的传播有关："显然，埃及的斯芬克斯像的造型，通过西亚传到了印度，并随着印度佛教的传播一起传入中国。开元寺的斯芬克斯浮雕像显示了一千多年前的中埃文化的交流和艺术创作上的融合，并且丰富了我国古老文化的遗产。”[1]此外，零星的材料也可能有，笔者曾经在南印度的龙树山遗址看到与汉画像石极为相似的车马出行图浮雕，但时间为公元 3 世纪左右，进一步的材料目前没有发现。因此，中国和埃及的墓室壁画之间存在着时间上的先后，但目前尚没有互相影响的证据。

第三，中国与埃及墓室壁画艺术表现上存在的区别。目前找不到中国与埃及在墓室壁画传播上的联系，那么两者之间有哪些区别呢？因为体量巨大，中国与埃及墓室壁画之间存在区别是一个可以明确的问题。我们从艺术表现的层面梳理，主要有两个区别。其一，艺术表现的体裁上，中国多彩绘壁画，埃及多浮雕壁画，而且中国主流社会多选择彩绘壁画，埃及主流社会则多选择浮雕壁画。中国的墓室壁画在汉代因为汉画像石的流行与繁荣，浮雕壁画的汉画像石与彩绘壁画的汉墓壁画有了双峰并峙的局面。汉以后，墓室壁画的主流体裁是彩绘壁画，浮雕壁画只是一些局部的现象。反观埃及，埃及墓室壁画中浮雕壁画始终是流行的体裁，而且占据着主导地位。古王国时期著名的提伊墓，是浮雕彩绘。中王国时期因为财力问题而彩绘壁画流行，但之后的新王国时期浮雕壁画又成为最高统治者墓葬使用的体裁。“新王国墓室壁画主要分为彩绘壁画和浮雕壁画两大类，彩绘壁画主要集中在底比斯的贵族墓中，浮雕壁画主要集中在‘王陵之谷’的国王墓里。”[2]后埃及时代，壁画开始衰退，当时陵墓和庙宇的装饰绝大多数采用浮雕的形式，与彩绘壁画距离更远了。其二，艺术表现的风格上，中国注重叙事，埃及注重仪式。中国墓室壁画表现出非常明显的叙事风格，祭祀图这样的仪式图像比较少，出行图、宴饮图、庖厨图等常用题材都是叙事化的图像。西王母图具有仪式性，汉代流行，但汉以后式微。即使是升仙图，也表现出叙事性的情节。如启门图，墓主人告别时刻并无神灵出现，反而是女仆恋恋不舍，表现出浓郁的生活气息，是一种分离的情节。在构图表现上，中国墓室壁画也很少运用几何构图结构，普遍是非几何构图结构，接近生活而淡化仪式，洋溢着日常生活的生动性。反观埃及，埃及墓室壁画表现出仪式性风格，帝王、祭祀、离别、升天等题材都是仪式化表现，人物形象普遍采用“正面律”的方法，几何构图结构普遍运用，拉开了画面描写与现实生活的距离。此外，埃及墓室壁画多浮雕壁画，满足了仪式性要求，或为仪式性提供

[1] 刘文鹏：《埃及考古学》，生活•读书•新知三联书店，2008 年，第 104 页。
[2] 祝重寿：《东方壁画史纲》，文物出版社，2005 年，第 120 页。

了物质支持。刘文鹏认为："从埃及艺术创作的指导思想来看，其主题主要是描绘神与王，而归根到底是王。不论神与王都被赋予神圣化、理想化的性质与特色。埃及的雕塑、绘画作品，除了具有各自不同形象的面孔之外，常常被描绘为宁静、安详、庄重、肃穆甚至神圣不可侵犯的形象。埃及的建筑艺术，从保存下来的陵墓与寺庙来看，显得宏伟、瑰丽、庄重、神秘莫测。"[1]

质言之，在时间层面上比较，中国和埃及两地的墓室壁画存在着先后发展的关系，但并无先后互相影响的关系。在艺术表现上，中国墓室壁画多彩绘壁画，追求叙事性（图 15-7）；埃及墓室壁画多浮雕壁画，追求仪式性（图 15-8），表现出不同艺术特征。

图 15-7　孔子见老子（前室西壁）陕西靖边汉墓 东汉

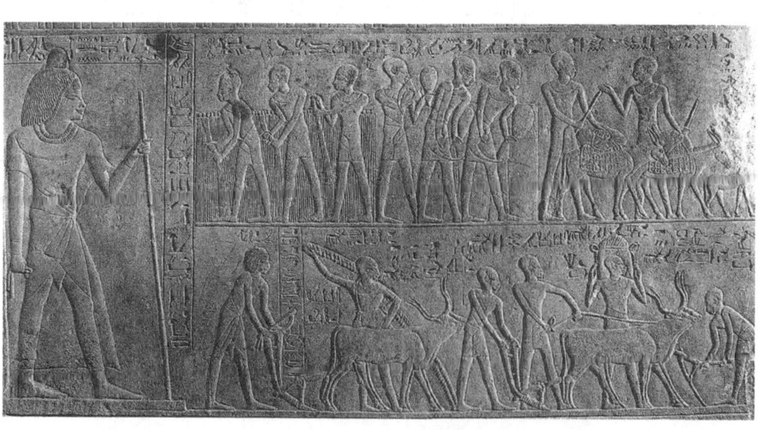

图 15-8　墓主前的农牧和家畜浮雕 Merj-merj 之墓 第十八王朝 约公元前 1380 年

[1]　刘文鹏：《埃及考古学》，生活•读书•新知三联书店，2008 年，第 139 页。

二、宗教发展层面的比较

世界各文明古国在对待死亡的认识上有没有一个通约性的信仰体系？生死是人类共同面对的信仰问题，因此通约体系在生死信仰形成之初是可能存在的，但之后就因为生产方式、政治制度、文化沿革，乃至外族入侵、自然环境等要素的变化不一而出现了不同的内容，通约体系显然难以继续存在。在此基础上，我们不再讨论中国和埃及在生死信仰形成之初的通约内容，而是直接比较墓室壁画出现之后的不同内容。墓室壁画是人类的生死信仰发展到一定高度时方才出现的宗教行为和艺术行为，这个高度的一个重要指标就是神灵在生死转化时刻的作用，墓室壁画需要的是这个神灵及其形成的神灵体系可以使另一个世界具有可靠而真实的意义。在中国和埃及的墓室壁画中，这样的神灵体系有着什么样的特征？

在中国墓室壁画的发展中，就神灵体系的表现而言有三个阶段。第一个阶段为两汉时期，神灵图像体系直接叙事，帮助人们获得重生体验。因为阶层不同，主流社会壁画墓中为伏羲、女娲等传统神灵图像，非主流社会画像石墓中为西王母等新兴神灵图像。第二个阶段为魏晋南北朝时期，神灵图像以象征符号叙事，在象征意义指导下人们可以获得重生体验。这一阶段神灵图像不再强调具象，人们已经普遍接受了符号结构的重生叙事。第三个阶段为唐宋及以后时期，神灵图像的符号结构也不再重要，墓室建筑的特定意义使其本身成为一个符号结构，承担起重生叙事的责任。这一阶段，墓室建筑是生死转化的场所，同时也成为神灵依附的空间，墓室建筑就代表着神灵的存在，墓主人进入墓室建筑就可以得到神灵的帮助，继而保证重生叙事进行。神灵由直接图像表现，转而由象征符号表现，再转而由墓室建筑表现，中国墓室壁画的神灵图像经历的阶段，是一个由具象到抽象的发展过程，但神灵对重生信仰体验的指导意义始终明确存在。

在埃及墓室壁画的发展中，神灵也是生死之间不可或缺的要素，但因为法老所具有的神性而使得图像表现与中国墓室壁画有很大区别。“埃及人最崇拜太阳神，他们认为太阳神是最高的国家神，法老是神的化身，享有神的一切权利。”[1] 因此法老在墓葬活动中仍然表现出对彼岸的统治力，可以像西王母、伏

[1] 祝重寿：《东方壁画史纲》，文物出版社，2005 年，第 113 页。

羲、女娲等神灵那样承担起重生的指导。在这样的宗教体验指导下，神灵图像有了两个发展阶段。第一个阶段，古王国时期和中王国时期。这一时期，法老的陵墓与祭庙是合为一体的墓葬建筑，金字塔和岩窟墓流行，法老图像体系就是神灵图像体系，代表着人们对另一个世界的认识，法老图像的出现就是重生叙事的进行，神灵图像是一种具象的表现形式。第二个阶段，新王国时期。这一时期，法老的陵墓与祭庙开始分开，陵墓的独立使其本身获得了一些生死转化上的象征意义，这是一种抽象意义的转变。新王国时期国王的陵墓建在首都底比斯以西的山谷中，史称“王陵之谷”，又称“帝王谷”“国王谷”等。王陵之谷带来了新的象征意义内容：“在新王国时期，底比斯西边这个山高坡陡的地方不仅被看作是太阳神完成了白天巡游天际的任务以后休憩的地方，同时也被想象成主司爱情和音乐、婚姻和生育的哈托女神出没的场所。”[1] 如此，特定地点的墓葬群具有了重生的象征意义：“在‘国王谷’的法老坟墓中，主要的参照系则是乘坐太阳舟的法老的命运。那里有对彼岸世界的另一种表现，冥界各区之间的过渡由一些大门或者标志夜间时辰的一些神祇来进行划分。对冥界的表现以船在穿越冥界的一条地下尼罗河上的航行为主线，河岸上有众多生物。彼岸世界的景观被设想为乘船者眼前展现的景观，这就是以一种全面的方式进行的，至于对整个行程则是进行部分的表现，因为仅限于河岸与那里发生的事情。”[2] 由一般性的法老墓葬转为特定地点的法老墓葬，王陵之谷获得了象征着神灵存在的符号意义。因此，埃及墓室壁画的神灵表现产生了两个阶段，神灵图像体系经历了一个由具体法老墓葬承担的象征体系转向由王陵之谷的整体法老墓葬承担的象征体系的过程，这是一个由具象到抽象的发展过程。

进行了宗教层面神灵图像的一般性梳理后，我们可以发现中国墓室壁画和埃及墓室壁画的发展在大方向上都有一个从具象到抽象的过程，并且中国墓室壁画在墓葬建筑中的重生叙事与埃及王陵之谷中的重生叙事具有殊途同归的意义。在这种认识的基础上，我们在中国墓室壁画与埃及墓室壁画的宗教体系比较上提出如下三个问题。

第一，墓主人在重生叙事结构中承担着被帮助和给予帮助两种不同角色。

[1] 金寿福：《论新王国时期埃及人的生死观》，《世界历史》2007年第3期。

[2] [埃及]马克·埃蒂安：《金字塔、石棺与〈死者之书〉：模式化的彼岸世界》，《文明的记忆符号——文字与墓葬》，中华书局，2013年，第148页。

在中国墓室壁画中，墓主人是需要借助神灵的帮助才可以获得重生，墓主人承担的角色是被神灵领向彼岸去重生的被帮助者。在埃及墓室壁画中，墓主人是法老本人或受到法老庇佑的人，不过法老在到达彼岸重生的过程中不是被帮助者。法老是神，因此可以自己得到重生或帮助别人得到重生，墓主人承担的角色不是被帮助者而是主导者和给予帮助者。古埃及金字塔文这样描写第五王朝的国王在拉神的太阳船上渡过他的来世，但这一过程中是国王在起主导作用："我是纯洁的，我坐在了'九神'的船首，我控制着小船，我占有我的位置。我划船把拉送到远方。"[1]

在埃及的生死信仰发展中，奥西里斯（图 15-9）使死而复活的信仰扩大到国王之外的其他阶层。中王国时代，奥西里斯崇拜普遍化，人们将自己的重生与这位大神联系。"每一个埃及人在死后都希望能够与奥西里斯结为一体，并因此能够赦免罪行，像奥西里斯一样来世复活，获得永生。"[2] 奥西里斯是埃及九大神明的"九神"（Great Ennead）之一，他生前是一位开明的国王，被弟弟赛特谋害，死后不能复活，但可以使他人获得复活，因此成为地界主宰和死亡判官。他还关心自然界的万物生长，是降雨和植物之神，被称为"丰饶之神"。这些神职工作，其范围都与生命的延续相关。奥西里斯的复活神力与法老信仰的下移有关，金字塔文的传播说明这一点："古王国时代的金字塔文为国王所专用，而中王国时代的棺文并不局限于王族使用，还出现于不同地方的官员及其家族的墓葬中，甚至可能出现于所有的埃及人的墓葬中。"[3] 中王国时期的另一个政治背景也是我们必须考虑的，即加强中央政权的需要。"特别是针对第一中间期以来的分裂势力，艺术创作强调国王的权势，增加了神授王冠以及

图 15-9　奥西里斯石像

[1] 刘文鹏：《埃及考古学》，生活•读书•新知三联书店，2008 年，第 137 页。
[2] 刘文鹏：《埃及考古学》，生活•读书•新知三联书店，2008 年，第 169 页。
[3] 刘文鹏：《埃及考古学》，生活•读书•新知三联书店，2008 年，第 196 页。

神与国王亲密一体的层面。"[1]国王借助神灵来加强自己的地位，在受到外来挑战时这个行为是国王权势有被削弱危险的反映，神权的垄断可能要国王做出某种让步，但不改变国王与神亲密一体的性质，相反是一种更广泛的强调。因此，奥西里斯崇拜是法老信仰发展中的一个阶段现象，将法老的生死信仰予以扩大，但没有改变法老主宰人们复活的宗教体验结构，法老仍然可以主导重生。

在被帮助者的墓室中，墓主人图像之外一定会有帮助者图像的存在，如此墓室壁画中就有了神灵和得到神灵帮助者的两大图像内容。在没有被帮助者的墓室中，墓室壁画中没有帮助者的图像存在，或这些图像并不具有独立的体系意义，墓主人的图像体系中已经包含了重生需要的主要内容。从帮助墓主人重生的层面看，中国墓室壁画表现的是墓主人需要得到帮助的重生叙事，埃及墓室壁画表现的是墓主人不需要得到帮助的重生叙事，因此中国墓室壁画和埃及墓室壁画是墓主人角色不同的两个图像体系，前者是墓主人和神灵共同结构重生的图像体系，后者是墓主人和神灵合二为一来结构重生的图像体系。概言之，我们可以建立这样的逻辑起点：就墓主人而言，中国墓室壁画是表现被帮助者（图 15-10），埃及墓室壁画是表现给予帮助者（图 15-11）。

图 15-10　主人神位图 山西沁源县东王勇村元墓 元代

第二，墓主人在葬玉和木乃伊上表现出的连续性和非连续性的两个完整性

[1]　刘文鹏：《埃及考古学》，生活•读书•新知三联书店，2008 年，第 228 页。

图 15-11　赛内杰姆（Sennedjem）陵墓（TT 1）第十九王朝 约公元前 1250 年

指向。

墓主人重生的一个指标是将此岸的一切拥有在彼岸能够继续地完整拥有，如何做到这一点？中国的葬玉和埃及的木乃伊可以说明这一点，它们表现出两个不同的完整性指向。在中国墓葬活动中，参与者是要尽一切可能完整保留墓主人的身体，葬玉就提供了这样的帮助。比如，饭含是普遍运用的葬玉品种，古人认为饭含可以保证尸体不腐。《汉书·杨胡朱梅云传》记："口含玉石，欲化不得，郁为枯腊，千载之后，棺椁朽腐，乃得归土，就其真宅。"又如，玉衣是最高级别的葬玉品种，有着明确的等级制度规定。李如森认为："据《后汉书·礼仪志下》记载，皇帝死后使用金缕玉衣，诸侯王、列侯始封、贵人、公主使用银缕玉衣，大贵人、长公主使用铜缕玉衣。"玉衣的目的是："以玉衣作为殓服，其目的以为玉能寒尸，企图保存尸骨不朽。《后汉书·刘盆子传》说：赤眉发掘（西汉）诸陵，'凡有玉匣殓者率皆如生'，显然这是无稽之谈。"[1] 在埃及墓葬活动中，参与者并没有完整保留墓主人的身体，而是以木乃伊的形式保留。木乃

[1]　李如森：《汉代丧葬礼俗》，沈阳出版社，2003 年，第 25、27 页。

伊的制作技术是要取出尸体内脏，这样的方法下尸体本身必然遭到某种破坏，完整性明显是有了另外一个方向的指向。埃及人有这样的信仰：“他们认为人和宇宙万物都是永恒的，‘灵魂不死’，人死后，只要尸体保存好，灵魂就能回归，人就能死而复活，因此埃及人特别重视保存好尸体，防腐技术非常发达。”[1] 在埃及历史中，木乃伊的制作技术一直在发展。从古王国时代的第四王朝开始，掌握了从尸体的体腔内摘取内脏和涂上香料药物的防腐技术。新王国时又有发展：“新王国时代木乃伊的制作技术达到了顶峰，取出内脏和尸体干燥的过程成为标准的规范。”[2] 对木乃伊的重视，使得墓室绘画不仅仅存在于墓壁上，甚至木乃伊本身也成为是绘画的载体。“除了在墓室墙壁上作画外，在被称为‘木乃伊之家’的棺椁内外也画满了东西，那是为死者在冥界的种种需要而绘制的。”[3] 这样的绘画方法，对尸体的物质完整性肯定也会产生破坏。

葬玉与木乃伊比较，中国与埃及在墓主人逝去后身体的完整性上表现出完全不同的走向。中国古人的墓葬活动是唯恐尸体在入葬时受到破坏而影响重生，葬玉的广泛使用就是尽可能没有任何破坏而完成重生叙事；埃及的墓葬活动则是要求入葬后的尸体永久不腐而得到重生，木乃伊就是加了一些破坏手段后达到尸体不腐，期待完成重生叙事。玉衣（图 15-12）的完整性是前后不间断的连续性完整，木乃伊（图 15-13）的完整性则是前后中断后的非连续性完整，木乃伊显然是加入了有别于葬玉的宗教体验。从宗教品质看，中国的葬玉是不完整的宗教体验，重生的逻辑起点并没有清晰划分此岸与彼岸；埃及的木乃伊则是完整的宗教体验，重生的逻辑起点清晰划分了此岸与彼岸。

在墓室壁画的表现上，两种完整性也得到了反映。在中国墓室壁画中，画面表现的是墓主人生前的一些常态生活细节，生前死后是一种自然的过渡。在埃及墓室壁画中，画面表现的是墓主人生前的一些特定生活场景，生前死后有一种刻意的过渡。中国墓室壁画中也有一些刻意的过渡内容，这对于重生叙事的真实性是需要的，但这些过渡内容基本是在墓室建筑的形制上就给予考虑了，如墓道部分的车马出行图、仪仗图等，墓门部分的双龙穿璧图、门阙神灵图和天门榜题等以及墓室顶部的天象图、云气图等，这些图像象征着两个世界的区别。在两种完整性指导下，中国墓室壁画表现出浓郁的叙事性气息，埃及墓室

[1] 祝重寿：《东方壁画史纲》，文物出版社，2005 年，第 113 页。
[2] 刘文鹏：《埃及考古学》，生活•读书•新知三联书店，2008 年，第 453 页。
[3] 高火：《埃及艺术》，河北教育出版社，2003 年，第 79–83 页。

壁画表现出浓郁的仪式性气息。

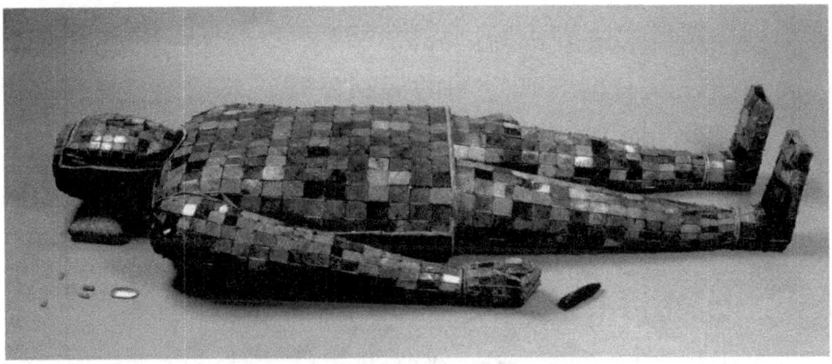

图 15-12　青玉金缕玉衣 僖山一号汉墓出土 西汉晚期

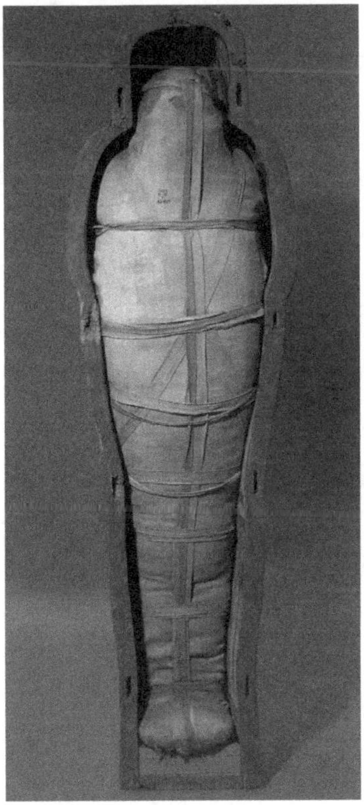

图 15-13　木乃伊棺材 底比斯西部 高 183 厘米 第二十一王朝 约公元前 1000 年

第三，铭文图像表明墓主人可能有进入与走出墓室两个不同的重生方向。

墓主人获得重生后走向哪里？就图像本身而言，中国和埃及的墓室壁画都是指向墓室。但是，埃及的铭文图像可能提供了一个不同的方向。

法国学者马克·埃蒂安考察了萨卡拉高原的乌纳斯王金字塔墓（前2290），其中的金字塔文表明墓主人有一个从里向外走的方向："我们逐个墙面地来检索金字塔各墓室全部象形文字的走向，看到铭文的起点在石棺附近的墙面。随后，这些铭文远离石棺，从石棺向墓室间的通道发展，然后通往中间门厅，最后通到墓道走廊。文字的走向是通向外面的，指引人走向走廊，穿过花岗岩封口，通往金字塔之外。所以，文字不是为了给一个从外面进入建筑之中的人看到，而是针对一个从里面出去的人。"[1] 墓主人重生后的走向问题，这是一个过去学术界还没有认真考虑的现象。

中国壁画墓中也有铭文类文字，汉代为起点。"从目前的考古材料看，汉代的墓葬文字有两种类型，一种类型是交代墓主人要求的墓葬文字，即葬仪文书；另一种类型是配合图像的墓葬文字，即墓葬绘画的榜题类文字。"[2] 这两类文字并没有图像的表现方式，内容上也没有明确表明墓主人重生后的走向。法国学者索安曾经将汉代的葬仪文书分为地券、镇墓文、衣物券，以及符、咒、印等小而庞杂的文书等四类[3]。这四类文字实际上是两大内容：一是墓主人对此岸世界所拥有的说明，包括地券和衣物券；二是墓主人对彼岸世界期待的说明，包括墓镇文和咒，以及部分符和印。从字面上看，这两类墓室文字没有明确说明墓主人在墓室重生之后是进入还是走出。

对比中国和埃及的壁画墓中的铭文，我们试图找出一些线索，可能会发现一个不同的彼岸方向。埃及壁画墓中的铭文图像明确指向墓室出口，那么埃及壁画墓的墓主人复活后可能要走向墓室之外。中国壁画墓中的铭文没有指出方向，那么中国的墓主人重生后可能停留墓室中，可能走出墓室外，也可能就没有思考过这个问题。目前这个问题，我们也只能先停留在这样的推断上，即铭文图像表明，中国和埃及壁画墓的墓主人之间可能存在着进入与走出墓室两个不同的重生方向。

质言之，在走向彼岸的重生路上，中国的神灵是墓主人请来的，埃及的神灵是法老自己可以承担，由此而出现两个叙事结构。中国墓主人需要得到别人

[1] [埃及]马克·埃蒂安：《金字塔、石棺与〈死者之书〉：模式化的彼岸世界》，《文明的记忆符号——文字与墓葬》，中华书局，2013年，第143页。

[2] 汪小洋：《汉墓壁画的宗教信仰与图像表现》，上海古籍出版社，2012年，第63页。

[3] [法]索安：《从墓葬的葬仪文书看汉代宗教的轨迹》，《法国汉学》（宗教史专号）（第七辑），中华书局，2002年，第64页。

帮助，埃及墓主人不需要别人帮助，因此中国墓室壁画是一个墓主人被帮助的重生叙事，埃及墓室壁画是一个墓主人可以自己主导的重生叙事。因此，中国墓室壁画中存在着被帮助的墓主人图像体系和给予帮助的神灵图像体系两者相互结合的重生图像体系，而埃及墓室壁画中只存在着一个由法老主导的重生图像体系。另外，中国的葬玉和埃及的木乃伊表现出了墓主人在重生叙事中存在着连续性和非连续性两个不同的完整性指向。此外，铭文图像表明中国和埃及的墓主人可能有进入与走出墓室两个不同的重生方向。以上这些内容，也可以说明中国墓室壁画叙事性强和埃及墓室壁画仪式性强的艺术特征。

三、汉画繁荣层面的特别意义

在中国墓室壁画与埃及墓室壁画的比较中，汉画具有特别意义。从时间上看，汉代与古希腊罗马时代有重叠的关系。当然，这不是最重要的，最重要的是汉代为中国墓室壁画的开始阶段，一出现即兴盛，这一独特时期形成的许多特征对整个中国墓室壁画的发展都有影响。对汉画特征的讨论，应当是中国与埃及墓室壁画比较中一个有意义的内容。

第一，汉代跨阶层结构促进了墓室壁画的迅速繁荣。

中国墓室壁画在汉代出现，首先是因为横穴墓的出现提供了形制上的条件，但能够迅速进入兴盛阶段，这与汉代的跨阶层结构有关。汉代墓室壁画是贵族阶层的汉墓壁画与平民阶层的汉画像石共同发展，这个跨阶层结构使得刚刚出现的墓室壁画迅速迎来了兴盛。反观埃及墓室壁画，基本上是在贵族阶层发展[1]。

从等级制度的层面看，墓室壁画是一个需要一定的权力与财力支持的墓葬活动，因此可以说等级制度带来了墓室壁画的繁荣。但是，中国和埃及有所不同，埃及墓室壁画表现出权力和财力的一致，是上层贵族阶层繁荣的局面，而中国墓室壁画中权力和财力可以分开，有时会出现上层的贵族阶层与下层的平民阶层共同繁荣的局面，是一个跨阶层的结构。就汉代而言，有钱就可以修壁画墓，而且是在主流社会为主的彩绘壁画体系之外再造一个非主流社会为主的浮雕壁画体系，这两个体系就是目前学术界已经划分的汉墓壁画和汉画像石。

[1] 按：埃及学中涉及的平民阶层与我们所论汉王朝的平民阶层有所区别，古埃及的平民属于主流社会，而汉王朝的平民则属于非主流社会。

就中国墓室壁画而言，跨阶层结构使得墓室壁画的发展有了更多的发展空间。具体比较，我们有如下讨论。

埃及墓室壁画是上层贵族阶层的墓葬艺术，完全服从于金字塔的阶层结构。郭子林认为："金字塔本身的形式、规模、陪葬品和绘画等内容都表明国王真正统一了埃及，国王的人格神化，享有了至高无上的权威，掌握了行政、立法、军事、外交、财政、宗教等各种权威，还有一批官僚为其管理国家服务；国王依靠税收掌握了大量财富，具有了专制君主的特点。埃及的王权转变为专制王权。可以说，埃及王室墓葬的演变在一定程度上很直观地反映了埃及王权的形成及其由早期王权向专制王权的演变过程，更体现了早期王权和专制王权的特点。"[1]

古埃及考古学在帝王墓葬之外还有一类"私人墓葬"，但"私人"并非是没有社会地位的平民，而是地方贵族和高等级官员。在古埃及，即使有主流社会之外的平民壁画墓存在，也是极少数。同时，埃及壁画墓的发展中，最高统治者常常采取排斥其他阶层的态度。刘文鹏认为："中王国时代石窟墓的流行有其特有的社会背景，而且表现出了地方贵族豪强的分裂势力及其地方上的特权。但是，塞索斯特里斯三世实行的行政改革，打击了地方权贵分裂势力和独立性以后，包括一些豪华的大石窟墓的建筑也就突然停止了。"[2]

中国墓室壁画有等级制度的规定，但贵族阶层和平民阶层两种类型的壁画墓在汉代可以并行发展。在汉画遗存中，主流社会的汉墓壁画是为王侯绘制的，墓主人依靠传统神灵体系而获得重生体验；非主流社会的汉画像石墓是为平民阶层绘制的，墓主人依靠新兴的西王母神仙体系获得重生体验。汉代的两类壁画墓建立了一个非常好的开端，给汉以后墓室壁画留下了跨阶层的发展结构，各阶层都能够为墓室壁画的发展做出贡献。南北朝时期墓室壁画南北各异，北朝上移而南朝下移，南朝帝陵中出现了竹林七贤这样平民化的题材。之后，唐代墓室壁画表现出现帝王化的趋势，宋代墓室壁画表现出平民化的面貌，辽金元墓室壁画则出现各阶层共同繁荣发展的局面。明清墓室壁画不再流行，但平民化的特征使得壁画仍然可以在一些小墓中存在，延长了墓室壁画的发展时间。

质言之，墓室壁画的产生、繁荣来自于等级制度的存在，但中国和埃及的发展体系不一样。中国墓室壁画在贵族阶层和平民阶层中都有存在，埃及墓室

[1] 郭子林：《古埃及王室墓葬与王权的形成、发展》，《世界历史》2010年第2期。

[2] 刘文鹏：《埃及考古学》，生活·读书·新知三联书店，2008年，第188页。

壁画则基本存在于贵族阶层。中国跨阶层结构对墓室壁画发展是非常有利的条件，促进了汉代墓室壁画的迅速兴盛并影响到之后的繁荣发展，而埃及贵族阶层结构则在墓室壁画中将法老艺术发展到极致（图 15-14、图 15-15）。

图 15-14　庖厨图河南密县打虎亭画像石墓 东汉晚期

图 15-15　奈菲尔塔利的陵墓（QV66）第十九王朝 约公元前 1250 年

第二，汉代在墓室壁画的起步阶段已将叙事结构基本定型。

墓室壁画的叙事结构是描写墓主人走向另一个世界的过程，中国和埃及都是如此，不同的是从形制发展上看，前者在墓室壁画发生之初的汉代就基本定型，后者则经历了阶梯金字塔到古典金字塔的发展过程之后叙事结构才基本定型。

在中国墓室壁画中，叙事结构是由墓主人离开的这个世界、两个世界的分界和墓主人到达的另一个世界三个空间组成，形制上的对应是墓道、墓门和墓室。崖墓等一些特殊的类型，在重生步骤上也都符合这样的形制。汉以后，墓道、墓门和墓室的规模或有增减，但基本形制不再改变。这样稳定的形制沿革表明，汉代在墓室壁画的发生之初就已在叙事结构上基本定型。

埃及墓室壁画在形制上有过金字塔墓和岩窟墓的变化，其中金字塔还有阶梯金字塔和古典金字塔两个阶段，这是象征意义指向发生变化的两个阶段。埃及墓室壁画的叙事结构形成于阶梯金字塔："阶梯金字塔的产生，不仅仅是单纯的设计和建筑上的改进和发展，也是埃及人丧葬意识上的一次演变。在埃及人看来，人的死亡只不过是由现实世界转向来世世界，仍然继续生存着。对于国王而言，他是太阳神之子，他的所谓'死亡'只不过是升天，与太阳神结为一体。所以，阶梯金字塔可以使去世的国王踏着金字塔的阶梯顺利升天。"之后，阶梯金字塔转为古典金字塔，也被称为标准金字塔、红色金字塔。"建筑真正金字塔则是随着对太阳神拉的崇拜加强，把国王的升天想象成为借助太阳的光芒，一步登天。金字塔成为太阳万丈光芒辐射的象征性的伟大建筑物。"[1] 金字塔的两个阶段在古王国时代，阶梯金字塔（图 15-16）为第三王朝的左塞王（前 2667—前 2648）时期开始建造，古典金字塔（图 15-17）为第四王朝的斯尼弗鲁王（前 2613—前 2589）时期开始建造。石窟墓在古王国时代晚期出现，中王国时代流行，与古典金字塔的最大区别是墓室减少，其他基本沿革。

金字塔的两个阶段在形制上表现出不同的面貌，更重要的是表现出两个象征意义的走向，阶梯金字塔有着登阶梯而逐步升天的象征，古典金字塔则有着一步登天的象征。前者升天有个拾级而上的形态，金字塔并不代表着彼岸的到达；后者则舍弃了登天的形态，金字塔本身成为太阳神的居所。金字塔墓室壁画的图像中，法老到另一个世界去依靠的是自己的力量，并没有形成帮助者的图像体系。从这个意义看，埃及墓室壁画的叙事结构在古典金字塔时期才基本定型。

[1] 刘文鹏：《埃及考古学》，生活·读书·新知三联书店，2008 年，第 88、93 页。

图 15-16　乔塞尔王的阶梯金字塔 第三王朝 公元前 2677—前 2599 年

图 15-17　基奥普斯（Cheops）金字塔（胡夫金字塔）第四王朝 约公元前 2560 年

质言之，中国墓室壁画的叙事结构在汉代基本定型，埃及墓室壁画的叙事结构经过阶梯金字塔时期的发展，到古典金字塔时期才基本定型。中国墓室壁画在发展时间上远远晚于埃及墓室壁画，但发展迅速，很快就进入到兴盛时期，这与叙事结构在汉代迅速定型有很高的相关性。

第三，汉代墓室壁画的儒教属性对中国宗教发展的贡献。

中国墓室壁画描绘的是墓主人去另一个世界的过程和期待，这显然是一个宗教行为。那么，是什么宗教信仰在支持墓室壁画呢？道教追求长寿，否定了死亡；佛教宣传轮回，回避了死亡。另外，在各代壁画墓的遗存中有道教和佛教图像出现，但这些图像并没有形成独立的图像体系。因此，道教和佛教并没有给墓室壁画提供宗教信仰上的全面支持。我们认为，墓室壁画描写墓主人在墓室中完成生死转化的过程，这是一个重生的过程，因此是重生信仰支持墓室壁画的发展，重生信仰属于儒教的范畴。

中国有没有儒教的存在？学术界有争议，其实在生死问题上，儒家学说存在矛盾，这种矛盾为儒家接受宗教体验提供了可能。蒲慕州认为："一般而言，既然孔子强调尊崇祖先，儒家就不能完全反对世间有鬼神的观念，也就必须承认死者多少总应有某种知觉。所谓'祭如在，祭神如神在'，或'敬鬼神而远之'，都必须以死者变成的鬼神有知觉为前提。但原则上他们不愿对这类的问题多发挥"[1]。在汉代壁画墓中，祭祀图不多，但宴饮图特别多，其中的乐舞、庖厨等内容，这与儒学的《乡饮酒礼》有关，此外与尊重长者相关的出行图也是普遍存在。汉以后，孝子图更是成为一个专门题材而被普遍描述，如宋辽金元时期流行的二十四孝图、开芳宴图、孝行图、蒿里老人图等，都属于孝子图的范畴。这些儒学的内容都是在另一个世界的图像体系中存在，是重生信仰的体现，显然也表现出了儒学对宗教体验的影响，至少不是排斥的态度。

质言之，墓主人期待在壁画墓中得到神灵的帮助而完成生死转化，墓室壁画描述的就是重生的过程。中国的墓室壁画兴盛于汉代，重生信仰由此而得到了普遍的反映，汉以后的发展更对儒教的形成有所贡献，因此汉画对中国宗教发展做出了贡献。埃及墓室壁画中表现的法老信仰也是埃及宗教发展中的重要内容，但外族入侵后就基本中断。中国的重生信仰，至今仍然有着广泛的影响。仅此一点，墓室壁画对中国宗教发展的贡献就应当受到重视。

[1] 蒲慕州：《墓葬与生死——中国古代宗教之省思》，中华书局，2008年，第227页。

附录一　中国墓室壁画墓遗存年表

墓名	时间	分布	形制		壁画位置	面积	资料来源
			图像形制	墓葬形制		壁画面积	
汉代							
长沙马王堆一号汉墓	西汉前期	湖南长沙	漆棺画	单室	不详	不详	湖南省博物馆、中国科学院考古研究所：《长沙马王堆一号汉墓发掘简报》，文物出版社，1972年
河南永城芒山柿园壁画墓	西汉前期	河南永城	墓室壁画	多室	墓室顶部及两侧	不详	河南省文物研究所、永城县文物管理委员会：《河南永城芒山西汉梁国王陵的调查》，《华夏考古》1992年第3期
广州象岗山南越王墓	西汉前期	广东广州	墓室壁画	双室	墓门、前室四壁及顶盖石上	不详	广州象岗汉墓发掘队：《西汉南越王墓发掘初步报告》，《考古》1984年第3期
唐河县湖阳镇汉画像石墓	西汉前期	河南唐河	画像石	多室	门楣、门柱、门扉及墓壁	不详	南阳地区文物工作队、唐河县文化馆：《唐河县湖阳镇汉画像石墓清理简报》，《中原文物》1985年第3期
南阳赵寨砖瓦厂汉画像石墓	西汉前期	河南南阳	画像石	多室	墓门门扉和门柱	不详	闪修山、刘玉生：《南阳县赵寨砖瓦厂汉画像石墓》，《中原文物》1982年第1期

续表

墓名	时间	分布	形制		壁画位置	面积	资料来源
			图像形制	墓葬形制		壁画面积	
滕州山头村汉代画像石墓(M1)	西汉早期	山东滕州	石椁墓	单室	石椁四壁	不详	滕州市汉画像石馆：《山东滕州市山头村汉代画像石墓》，《考古》2012年第4期
徐州韩山西汉一号墓	西汉早期	江苏徐州	画像石	单室	东、西两门扉	不详	王瑞峰：《徐州韩山汉墓出土的西汉早期画像石》，《中国汉画学会第十三届年会论文集》，中州古籍出版社，2011年
滕州市染山西汉画像石墓	西汉中期	山东滕州	画像石	单室	5个石椁内壁	不详	张耘等：《山东滕州市染山西汉画像石墓》，《考古》2012年第1期
徐州墓山石棺墓	西汉中晚期	江苏徐州	石棺画像石	石棺	石椁内壁	不详	孟强、耿建军：《江苏徐州市清理五座汉画像石墓》，《考古》1996年第3期
洛阳西汉卜千秋壁画墓	西汉中期	河南洛阳	墓室壁画	多室	墓门上额、后壁和墓顶脊砖	不详	黄明兰：《洛阳西汉卜千秋壁画墓发掘简报》，《文物》1977年第6期
洛阳八里台壁画墓	西汉后期	河南洛阳	墓室壁画	不详	不详	不详	苏健：《美国波士顿美术馆藏洛阳汉墓壁画考略》，《中原文物》1984年第2期
洛阳烧沟61号壁画墓	西汉后期	河南洛阳	墓室壁画	单室	墓顶、门额、隔墙和后壁	不详	李京华：《洛阳西汉壁画墓发掘报告》，《考古学报》1964年第2期
洛阳浅井头西汉壁画墓(CM1231)	西汉后期	河南洛阳	墓室壁画	单室	墓顶	不详	吕劲松：《洛阳浅井头西汉壁画墓发掘简报》，《文物》1993年第5期
西安某西汉壁画墓	西汉后期	陕西西安	墓室壁画	单室	墓壁及券顶	待统计	冯国：《西安发现迄今规模最大西汉壁画墓》，《中国文化报》2009年2月26日

续表

墓名	时间	分布	形制		壁画位置	面积	资料来源
			图像形制	墓葬形制		壁画面积	
河南夏邑吴庄石椁墓群(M1、M2、M16、M26、M28、M38)	西汉后期	河南夏邑	石椁	单室	石椁内壁	不详	刘兆云：《河南夏邑吴庄石椁墓》，《中原文物》1990年第1期
徐州檀山石椁墓	西汉晚期	江苏徐州	石椁画像石	石椁	石椁内壁	不详	孟强、耿建军：《江苏徐州市清理五座汉画像石墓》，《考古》1996年第3期
南阳辛店熊营汉画像石墓	西汉晚期	河南南阳	画像石	单室	墓室四壁	不详	郝玉建、蒋宏杰：《河南南阳市辛店熊营汉画像石墓》，《考古》2008年第2期
南阳万家园汉画像石墓（M244）	西汉晚期	河南南阳	画像石	双室	门楣、门柱及门扉	不详	南阳市文物考古研究所：《河南省南阳市万家园汉画像石墓》，《中原文物》2010年第5期
南阳永泰小区汉画像石墓（M194）	西汉晚期	河南南阳	画像石	双室	门楣、门槛及门柱	不详	南阳市文物考古研究所：《河南南阳市永泰小区汉画像石墓》，《华夏考古》2010年第3期
南阳刘洼村汉画像石墓	西汉晚期	河南南阳	画像石	多室	门楣、立柱及过梁	不详	徐俊英、张方：《南阳市刘洼村汉画像石墓》，《中原文物》1991年第3期
滕州市山头村汉代画像石墓（M2）	西汉晚期	山东滕州	石椁墓	单室	石椁四壁	不详	滕州市汉画像石馆：《山东滕州市山头村汉代画像石墓》，《考古》2012年第4期
西安理工大学西汉壁画墓（M1）	西汉晚期	陕西西安	墓室壁画	单室	墓壁及券顶	约26平方米	西安市文物保护考古所：《西安理工大学西汉壁画墓发掘简报》，《文物》2006年第5期

续表

墓名	时间	分布	形制		壁画位置	面积	资料来源
			图像形制	墓葬形制		壁画面积	
洛阳偃师后杜楼村西汉画像石椁墓群（M1、M2、M24、M27、M34）	西汉晚期	河南洛阳	石椁	单室	石椁内壁	不详	杨会霞、徐婵菲：《洛阳偃师后杜楼村西汉画像石椁墓》，《中国国家博物馆馆刊》2013年第2期
平阴新屯汉画像石墓（M1）	西汉晚期	山东平阴	画像石	多室	前室西扉南面、主室隔墙及西主室棺床	不详	刘伯勤、刘善沂：《山东平阴新屯汉画像石墓》，《考古》1988年11期
平阴新屯汉画像石墓（M2）	西汉晚期	山东平阴	画像石	双室	西椁室四壁	不详	刘伯勤、刘善沂：《山东平阴新屯汉画像石墓》，《考古》1988年11期
唐河县石灰窑村画像石墓	西汉晚期	河南唐河	画像石	双室	东室墓门	不详	赵成甫、张逢酉、平春照：《河南唐河县石灰窑村画像石墓》，《文物》1982年第5期
淅川夏湾汉画像石墓（M2）	西汉晚期	河南淅川	画像砖	不详	不详	不详	南阳地区文物研究所、淅川县博物馆：《河南淅川汉画像砖墓发掘报告》，《华夏考古》1994年第4期
淅川高庄汉画像石墓（M1）	西汉晚期	河南淅川	画像砖	双室	不详	不详	南阳地区文物研究所、淅川县博物馆：《河南淅川汉画像砖墓发掘报告》，《华夏考古》1994年第4期
内蒙古托克托壁画墓	西汉末期	内蒙古托克托	墓室壁画	多室	墓室壁面	不详	罗福颐：《内蒙古自治区托克托县新发现的汉墓壁画》，《文物参考资料》1956年第9期
新野樊集汉画像砖墓群（共37座）	西汉晚期至新莽时期	河南新野	画像砖	单室、双室	墓门	不详	赵成甫：《新野樊集汉画像砖墓》，《考古学报》1990年第4期

续表

墓名	时间	分布	形制		壁画位置	面积	资料来源
			图像形制	墓葬形制		壁画面积	
唐河县湖阳镇罐山10号汉墓	西汉晚期至东汉初期	河南唐河	画像石	单室	门楣	不详	河南省文物考古研究所、南阳市文物考古研究所：《河南唐河县湖阳镇罐山10号汉墓发掘简报》，《华夏考古》2013年第2期
邹城卧虎山汉墓画像石墓（M1）	西汉晚期或东汉早期	山东邹城	画像石	单室	石椁内壁	不详	胡新立：《山东邹城市卧虎山汉画像石墓》，《考古》1999年第6期
邹城卧虎山汉墓画像石墓（M2）	西汉晚期或东汉早期	山东邹城	画像石	单室	石椁内壁	不详	胡新立：《山东邹城市卧虎山汉画像石墓》，《考古》1999年第6期
洛阳偃师辛村新莽壁画墓（M1）	新莽时期	河南偃师	墓室壁画	多室	墓室周壁	不详	洛阳市第二文物工作队：《洛阳偃师县新莽壁画墓清理简报》，《文物》1992年第12期
唐河县电厂汉画像石墓	新莽时期	河南唐河	画像石	多室	墓门、墓室内壁	不详	吕品、周到：《唐河县电厂汉画像石墓》，《中原文物》1982年第1期
南阳中建七局机械厂汉画像石墓	新莽时期	河南南阳	画像石	多室	门楣、门柱、过梁、立柱及阶石	不详	南阳市文物研究所：《南阳中建七局机械厂汉画像石墓》，《中原文物》1997年第4期
南阳英庄汉画像石墓	新莽时期	河南南阳	画像石	双室	墓门	不详	赵成甫：《河南南阳县英庄汉画像石墓》，《文物》1984年第3期
南阳安居新村汉画像石墓（M2）	新莽时期	河南南阳	画像石	多室	门楣、门柱、过梁、梁柱、门槛	不详	蒋宏杰、田明、李宏庆：《河南南阳市安居新村汉画像石墓》，《考古》2005年第8期
淅川夏湾汉画像石墓（M1）	新莽时期	河南淅川	画像砖	多室	不详	不详	南阳地区文物研究所、淅川县博物馆：《河南淅川汉画像砖墓发掘报告》，《华夏考古》1994年第4期

续表

墓名	时间	分布	形制		壁画位置	面积	资料来源
			图像形制	墓葬形制		壁画面积	
陕西千阳县汉壁画墓	新莽时期	陕西千阳	墓室壁画	单室	墓室东、西壁	不详	宝鸡市博物馆、千阳县文化馆：《陕西千阳县汉墓发掘简报》，《考古》1975年第3期
河南方城城关镇汉画像石墓	新莽时期或东汉初期	河南方城	画像石	多室	墓门	不详	高桂云：《河南方城县城关镇汉画像石墓》，《文物》1984年第3期
南阳蒲山二号汉画像石墓	新莽时期或东汉初期	河南南阳	画像石	双室	墓门	不详	南阳市文物研究所：《河南南阳蒲山二号汉画像石墓》，《中原文物》1997年第4期
滕州高庄汉画像石墓（TZ97M1）	新莽时期或东汉初期	山东滕州	画像石	单室	椁室四壁	不详	王元平、石晶、孙柱才：《山东滕州高庄发现汉画像石墓》，《考古》2006年第10期
山西平陆枣园村壁画汉墓	新莽时期或东汉初期	山西平陆	墓室壁画	单室	墓室四壁	约29平方米	杨陌公、解希恭：《山西平陆枣园村壁画汉墓》，《考古》1959年第9期
唐河针织厂二号汉画像石墓	新莽时期或东汉初期	河南唐河	画像石	多室	墓门	不详	南阳地区文物工作队、唐河县文化馆：《唐河县针织厂二号汉画像石墓》，《中原文物》1985年第3期
陕西绥德汉画像石墓	东汉永和八年（86）	陕西绥德	画像石	双室	墓门及过洞外侧	约4平方米	吴兰：《陕西绥德汉画像石墓》，《文物》1983年第5期
新都七星墩东汉纪年砖画像砖墓	东汉永元元年（89）	四川新都	画像砖	墓壁	墓室北壁	不详	张德全：《新都县发现汉代纪年砖画像砖墓》，《四川文物》1988年第4期
彭城相缪宇墓	东汉元嘉元年（151）	江苏彭城	画像石	双室	前室四壁及后室	不详	尤振尧、陈永清、周晓陆：《东汉彭城相缪宇墓》，《文物》1984年第8期

续表

墓名	时间	分布	形制		壁画位置	面积	资料来源
			图像形制	墓葬形制		壁画面积	
离石马茂庄建宁四年汉画像石墓	东汉建宁四年（171）	山西离石	画像石	双室	墓门、前室	约5平方米	王双斌：《山西离石马茂庄建宁四年汉画像石墓》，《文物》2009年第11期
宿县褚兰汉画像石墓（褚兰二号墓）	东汉建宁四年（171）	安徽宿县	画像石	双室	石祠内壁、前室及耳室壁面	不详	王步毅：《安徽宿县褚兰汉画像石墓》，《考古学报》1993年第4期
徐州茅村东汉墓群	东汉熹平四年（175）	江苏徐州	画像石	多室	前、中、后室	不详	王献唐：《徐州市区的茅村汉墓群》，《文物参考资料》1953年第1期
河北望都二号壁画墓	东汉光和五年（182）	河北望都	墓室壁画	多室	墓室壁面	不详	河北省文化局文物工作队编：《望都二号汉墓》，文物出版社，1959年
洛阳北郊东汉壁画墓（C1M689）	东汉初期	河南洛阳	墓室壁画	多室	甬道及中室	不详	赵振华、邢建东：《河南洛阳北郊东汉壁画墓》，《考古》1991年第8期
陕西神木大保当第23号墓	东汉早期	陕西神木	画像石	双室	墓门	不详	陕西省考古研究所、榆林地区文物管理委员会：《陕西神木大保当第11号、第23号汉画像石墓发掘简报》，《文物》1997年第9期
陕西神木大保当第11号墓	东汉早期	陕西神木	画像石	双室	墓门	不详	陕西省考古研究所、榆林地区文物管理委员会：《陕西神木大保当第11号、第23号汉画像石墓发掘简报》，《文物》1997年第9期
金县营城子东汉壁画墓	东汉早期	辽宁金县	墓室壁画	多室	墓室壁面	不详	刘立丽：《营城子东汉壁画墓补议》，《东北史地》2009年第4期
山东东平东汉壁画墓（1、12、13号墓）	东汉早期	山东东平	墓室壁画	多室	墓门、前堂壁面等处	不详	山东省文物局：《山东东平发现罕见汉代精美壁画墓》，《中国文物报》2008年1月25日，第2版

续表

墓名	时间	分布	形制		壁画位置	面积	资料来源
			图像形制	墓葬形制		壁画面积	
河南南阳县蒲山汉画像石墓（M1）	东汉早期	河南南阳	画像石	多室	墓门、前室顶及主室	不详	梁玉坡：《河南南阳县蒲山汉墓的发掘》，《华夏考古》1991年第4期
河南郏县黑庙画像石墓（M79）	东汉早期	河南郏县	画像石	多室	墓门、甬道及后室	不详	河南省文物局南水北调办公室等：《河南郏县黑庙M79发掘简报》，《华夏考古》2013年第1期
永城保安山汉画像石墓（M1）	东汉早期	河南永城	画像石	多室	前室及两后室	不详	永城市文物局、永城市博物馆：《河南永城保安山汉画像石墓》，《文物》2008年第7期
永城固上村汉画像石一号墓	东汉早期	河南永城	画像石	双室	墓门	不详	王与刚、周到：《河南永城固上村汉画像石墓》，《中原文物》1980年第1期
永城固上村汉画像石二号墓	东汉早期	河南永城	画像石	双室	墓门	不详	王与刚、周到：《河南永城固上村汉画像石墓》，《中原文物》1980年第1期
永城太丘一号汉画像石墓	东汉早期	河南永城	画像石	双室	前室、两中室	不详	李俊山：《永城太丘一号汉画像石墓》，《中原文物》1990年第1期
唐河针织厂汉画像石墓	东汉早期	河南唐河	画像石	多室	墓门及各室	不详	周到、李京华：《唐河针织厂汉画像石墓的发掘》，《文物》1973年第6期
南阳王寨汉画像石墓	东汉早期	河南南阳	画像石	双室	墓门及各室	不详	仁华、长山：《南阳县王寨汉画像石墓》，《中原文物》1982年第1期
泰安大汶口火车站汉画像石墓	东汉早期	山东泰安	画像石	双室	墓门及各室后壁	不详	程继林：《泰安县大汶口发现一座汉画像石墓》，《文物》1982年第6期
徐州曹山画像石墓	东汉早期	江苏徐州	画像石	双室	前室南北两壁及后室的南、北、西三壁	不详	孟强、耿建军：《江苏徐州市清理五座汉画像石墓》，《考古》1996年第3期

续表

墓名	时间	分布	形制		壁画位置	面积	资料来源
			图像形制	墓葬形制		壁画面积	
陕西神木柳巷村汉画像石墓	东汉早期	陕西神木	画像石	双室	墓门及后室	不详	吴兰、帮福、康兰英：《陕西神木柳巷村汉画像石墓》，《中原文物》1986年第1期
江西赣州汉代画像砖墓	东汉早期	江西赣州	画像砖	单室	墓室内壁	不详	薛翘、张嗣介：《江西赣州汉代画像砖墓》，《文物》1982年第6期
南阳高新区标准厂房汉画像石墓（M10）	东汉早中期	河南南阳	画像石	双室	门槛石	不详	李长周、柳荫：《南阳高新区标准厂房汉画像石墓》，《南都学坛》2015年第4期
邓州长冢店汉画像石墓	东汉中期	河南南阳	画像石	双室	墓室门楣、门扉、立柱及过梁	不详	长山、仁华：《邓县长冢店汉画像石墓》，《中原文物》1982年第1期
泰安旧县村汉画像石墓	东汉中期	山东泰安	画像石	双室	门楣、门框、中柱及过梁等处	不详	程继林：《山东泰安县旧县村汉画像石墓》，《考古》1988年第4期
微山县汉画像石墓（M6）	东汉中期	山东滕州	画像石	双室	封门石、南壁、北壁及楣石	不详	杨建东：《山东微山县汉画像石墓的清理》，《考古》1998年第3期
永城太丘二号汉画像石墓	东汉中期	河南永城	画像石	多室	前室、中室门楣及过梁	不详	米景周：《永城太丘二号汉画像石墓》，《中原文物》1990年第1期
方城东关汉画像石墓	东汉中期	河南方城	画像石	双室	墓门	不详	魏仁华、刘玉生：《河南方城东关汉画像石墓》，《文物》1980年第3期
徐州韩山东汉墓（85XHM1）	东汉中期	江苏徐州	画像石	单室	墓门、门扉及门额	不详	钱国光、李银德：《徐州市韩山东汉墓发掘简报》，《文物》1990年第9期

续表

墓名	时间	分布	形制		壁画位置	面积	资料来源
			图像形制	墓葬形制		壁画面积	
陕西米脂官庄二号画像石墓	东汉中期	陕西米脂	画像石	双室	墓门、前室四壁，后室南、北壁	不详	姬翔月：《陕西米脂官庄二号画像石墓发掘简报》，《中国汉画学会第十三届年会论文集》，中州古籍出版社，2011年
山东梁山东汉馍馍台一号墓	东汉恒帝时期	山东梁山	画像石	双室	前室、后室及侧后室	不详	周元生：《山东梁山东汉纪年墓》，《考古》1988年第11期
徐州韩山东汉墓（85XHM2）	东汉中期偏晚	江苏徐州	画像石	单室	墓门门额、门扉	不详	钱国光、李银德：《徐州市韩山东汉墓发掘简报》，《文物》1990年第9期
邳州车夫山汉画像石2号墓	东汉中晚期	江苏邳州	画像石	双室	墓门及各室壁面	不详	郝利荣：《邳州车夫山汉画像石墓初步研究》，《东南文化》2006年第2期
徐州贾汪汉画像石墓	东汉中晚期	江苏徐州	画像石	单室	门柱、门楣及墓壁	不详	郝利荣、杨孝军：《江苏徐州贾汪汉画像石墓》，《文物》2008年第2期
徐州大山画像石墓	东汉中晚期	江苏徐州	画像石	双室	前室	不详	孟强、耿建军：《江苏徐州市清理五座汉画像石墓》，《考古》1996年第3期
徐州张山画像石墓	东汉中晚期	江苏徐州	画像石	双室	前室南、北两壁，北壁	不详	孟强、耿建军：《江苏徐州市清理五座汉画像石墓》，《考古》1996年第3期
萧县孙圩子乡破阁村墓（M61）	东汉中晚期	安徽萧县	画像石	多室	中室门柱、门楣	不详	周水利：《安徽萧县新出土的汉代画像石》，《文物》2010年第6期
睢宁墓山汉画像石墓（M1）	东汉中晚期	江苏睢宁	画像石	双室	前、后室，南、北壁及两室之间	不详	仝泽荣：《江苏睢宁墓山汉画像石墓》，《文物》1997年第9期
睢宁墓山汉画像石墓（M2）	东汉中晚期	江苏睢宁	画像石	双室	前、后室	不详	仝泽荣：《江苏睢宁墓山汉画像石墓》，《文物》1997年第9期

续表

墓名	时间	分布	形制		壁画位置	面积	资料来源
			图像形制	墓葬形制		壁画面积	
江西于都汉画像砖1号墓	东汉中晚期	江西于都	画像砖	单室	墓室内壁	不详	万幼楠：《江西于都发现汉画像砖墓》，《文物》1988年第3期
江西于都汉画像砖2号墓	东汉中晚期	江西于都	画像砖	单室	墓室内壁	不详	万幼楠：《江西于都发现汉画像砖墓》，《文物》1988年第3期
枣庄方庄汉画像石墓	东汉中晚期	山东枣庄	画像石	双室	南北两壁	不详	石敬东：《山东枣庄方庄汉画像石墓》，《考古与文物》1994年第4期
潍坊汉画像石墓	东汉晚期	山东潍坊	画像石	多室	墓门	不详	迟延璋、王天政：《山东潍坊市发现汉画像石墓》，《考古》1995年第11期
洛阳机车工厂东汉壁画墓(C5M483)	东汉晚期	河南洛阳	墓室壁画	多室	墓室内壁及甬道	待统计	谢虎军、高虎、尚巧云：《洛阳机车工厂东汉壁画墓》，《文物》1992年第3期
洛阳朱村东汉壁画墓（BM2）	东汉晚期	河南洛阳	墓室壁画	单室	墓壁	残约5.3平方米	史家珍：《洛阳市朱村东汉壁画墓发掘简报》，《文物》1992年第12期
荥阳苌村汉代壁画墓	东汉晚期	河南郑州	墓室壁画	多室	甬道两侧、前室四壁和墓顶	约300平方米	郑州市文物考古研究所、荥阳市文物保护管理所：《河南荥阳苌村汉代壁画墓调查》，《文物》1996年第3期
河南偃师杏园村东汉壁画墓（M17）	东汉晚期	河南偃师	墓室壁画	多室	横前堂南、西、北壁	约7.2平方米	徐殿魁：《河南偃师杏园村东汉壁画墓》，《考古》1985年第1期
密县后士郭一号汉墓	东汉晚期	河南密县	墓室壁画；画像石	多室	墓门、甬道两壁及中室四壁	待统计	赵世纲、欧正文：《密县后士郭汉画像石墓发掘报告》，《华夏考古》1987年第2期

续表

墓名	时间	分布	形制		壁画位置	面积	资料来源
			图像形制	墓葬形制		壁画面积	
密县后士郭二号汉墓	东汉晚期	河南密县	墓室壁画；画像石	多室	中室周壁	不详	赵世纲、欧正文：《密县后士郭汉画像石墓发掘报告》，《华夏考古》1987年第2期
密县后士郭三号汉墓	东汉晚期	河南密县	墓室壁画；画像石	多室	中室周壁	不详	安金槐：《河南密县后士郭三号汉墓调查记》，《华夏考古》1994年第3期
洛阳西工东汉壁画墓（C1M120）	东汉晚期	河南洛阳	墓室壁画	单室	墓壁、墓顶及甬道	不详	洛阳市文物工作队：《洛阳西工东汉壁画墓》，《中原文物》1982年第3期
河南洛阳市第3850号东汉墓	东汉晚期	河南洛阳	墓室壁画	单室	甬道及墓室四壁	不详	李德方：《河南洛阳市第3850号东汉墓》，《考古》1997年第8期
辽阳旧城东门里东汉壁画墓	东汉晚期	辽宁辽阳	墓室壁画	单室	墓室东、西两壁，横枋、立柱及墓顶石板	约4.3平方米	辽宁省博物馆、辽阳博物馆：《辽阳旧城东门里东汉壁画墓发掘报告》，《文物》1985年第6期
辽阳棒台子屯壁画墓	东汉晚期	辽宁辽阳	墓室壁画	多室	石椁壁面	不详	李文信：《辽阳发现的三座壁画古墓》，《文物参考资料》1955年第5期
辽阳三道壕窑业第四现场壁画墓	东汉晚期	辽宁辽阳	墓室壁画	多室	左、右小室各壁及右棺室右壁及前廊凿井	不详	李文信：《辽阳发现的三座壁画古墓》，《文物参考资料》1955年第5期
辽阳三道壕窑业第二现场令支令张君墓	东汉晚期	辽宁辽阳	墓室壁画	多室	右小室各壁及墓门左壁	不详	李文信：《辽阳发现的三座壁画古墓》，《文物参考资料》1955年第5期
辽阳南郊街东汉1号壁画墓	东汉晚期	辽宁辽阳	墓室壁画	多室	墓室内壁及正门的两侧门框	不详	辽宁省文物考古研究所：《辽宁辽阳南郊街东汉壁画墓》，《文物》2008年第10期

续表

墓名	时间	分布	形制		壁画位置	面积	资料来源
			图像形制	墓葬形制		壁画面积	
辽阳南郊街东汉2号壁画墓	东汉晚期	辽宁辽阳	墓室壁画	多室	墓室内壁	不详	辽宁省文物考古研究所：《辽宁辽阳南郊街东汉壁画墓》，《文物》2008年第10期
辽阳南郊街东汉3号壁画墓	东汉晚期	辽宁辽阳	墓室壁画	多室	仅存墓室东西壁上几个线条	不详	辽宁省文物考古研究所：《辽宁辽阳南郊街东汉壁画墓》，《文物》2008年第10期
济南青龙山汉画像石壁画墓（M1）	东汉晚期	山东济南	墓室壁画；画像石	多室	墓门过洞，前室及中室等处	约6.2平方米	刘善沂、孙亮：《山东济南青龙山汉画像石壁画墓》，《考古》1989年第11期
宿县褚兰一号画像石墓	东汉晚期	安徽宿县	画像石	多室	石祠内、墓壁等处	不详	王步毅：《安徽宿县褚兰汉画像石墓》，《考古学报》1993年第4期
安平逯家庄壁画墓	东汉晚期	河北安平	墓室壁画	多室墓	中室、前右室和中右室	不详	河北省文物研究所：《安平东汉壁画墓》，文物出版社，1990年
山西夏县王村东汉壁画墓（M5）	东汉晚期	山西夏县	墓室壁画	多室	墓室周壁	待统计	高彤流、刘永生：《山西夏县王村东汉壁画墓》，《文物》1994年第8期
甘肃武威雷台汉墓	东汉晚期	甘肃武威	墓室壁画	多室	墓门、甬道及各室	不详	甘肃省博物馆：《武威雷台汉墓》，《考古学报》1974年第2期
甘肃武威磨嘴子东汉壁画墓	东汉晚期	甘肃武威	墓室壁画	双室	前室后半部的墓壁与顶部	约16平方米	党寿山：《甘肃武威磨嘴子发现一座东汉壁画墓》，《考古》1995年第11期
甘肃酒泉下河清1号壁画墓	东汉晚期	甘肃酒泉	墓室壁画	多室	檐壁和前室四壁	不详	甘肃省文物管理委员会：《酒泉下河清第1号墓和第18号墓发掘简报》，《文物》1959年第10期
亳县董园村一号墓	东汉晚期	安徽亳州	墓室壁画	多室	仅中室残存	不详	安徽省亳县博物馆：《亳县曹操宗族墓葬》，《文物》1978年第8期

续表

墓名	时间	分布	形制		壁画位置	面积	资料来源
			图像形制	墓葬形制		壁画面积	
亳县董园村二号墓	东汉晚期	安徽亳州	墓室壁画	多室	墓室内壁	不详	安徽省亳县博物馆：《亳县曹操宗族墓葬》，《文物》1978年第8期
和林格尔东汉壁画墓	东汉晚期	内蒙古和林格尔	墓室壁画	多室	墓壁及各甬道和墓顶	待统计	内蒙古文物工作队、内蒙古博物馆：《和林格尔发现一座重要的东汉壁画墓》，《文物》1974年第1期
邓州梁寨汉画像石墓	东汉晚期	河南邓州	画像石	双室	南、北室门楣及墓门等	不详	梁玉坡、乔保同：《河南省邓州市梁寨汉画像石墓》，《中原文物》1996年第3期
新乡王门东汉画像石墓（M76）	东汉晚期	河南新乡	画像石	双室	墓门门扉和门楣	不详	新乡市文物考古研究所：《河南新乡市王门东汉画像石墓的发掘》，《华夏考古》2012年第3期
新野前高庙村汉画像石墓（M1）	东汉晚期	河南新野	画像石	多室	门楣	不详	南阳地区文物工作队、新野县文化馆：《新野县前高庙村汉画像石墓》，《中原文物》1985年第3期
浚县贾胡庄东汉画像石墓	东汉晚期	河南浚县	画像石	多室	墓室门扉、后室立柱及门楣	不详	霍宝臣、司玉庆、高同根：《浚县贾胡庄东汉画像石墓》，《中原文物》2000年第4期
济南市奥体中路画像石墓（M1）	东汉晚期	山东济南	画像石	双室	墓门、前室和后室之间的石门门柱和门楣	不详	济南市考古研究所：《济南市奥体中路画像石墓简报》，《东方考古》（第8集），科学出版社，2011年

续表

墓名	时间	分布	形制		壁画位置	面积	资料来源
			图像形制	墓葬形制		壁画面积	
济南市奥体中路画像石墓（M2）	东汉晚期	山东济南	画像石	多室	墓门门扉、门柱及中南门侧等处	不详	济南市考古研究所：《济南市奥体中路画像石墓简报》，《东方考古》（第8集），科学出版社，2011年
东阿县邓庙汉画像石墓（M1）	东汉晚期	山东东阿	画像石	多室	墓门及各室内壁	约13.4平方米	陈昆麟、孙淮生等：《山东东阿县邓庙汉画像石墓》，《考古》2007年第3期
泰安大汶口汉画像石墓	东汉晚期	山东泰安	画像石	双室	西前室等处	不详	程继林：《泰安大汶口汉画像石墓》，《文物》1989年第1期
东阿县邓庙汉画像石墓（M2）	东汉晚期	山东东阿	画像石	多室	墓门及各室内壁立面	约30平方米	陈昆麟、孙淮生等：《山东东阿县邓庙汉画像石墓》，《考古》2007年第3期
济阳垛石镇白杨店村汉画像石墓	东汉晚期	山东济阳	画像石	多室	墓室立柱	不详	巴建英、王勇：《山东济阳发现汉画像石墓》，《中国文物报》2014年8月29日，第8版
济阳太平镇扬兰口村汉画像石墓	东汉晚期	山东济阳	画像石	不详	前室墓门	不详	熊建平：《山东济阳发现汉画像石墓》，《中国文物报》2004年8月4日，第2版
莒县沈刘庄汉画像石墓	东汉晚期	山东莒县	画像石	双室	门楣、方立柱及前室四壁的过梁和方立柱	约6.5平方米	苏兆庆、张安礼：《山东莒县沈刘庄汉画像石墓》，《考古》1988年第9期
临沂吴白庄汉画像石墓	东汉晚期	山东临沂	画像石	多室	墓门、前室、中室横额及支柱	待统计	管恩洁、霍启明、尹世娟：《山东临沂吴白庄汉画像石墓》，《东南文化》1999年第6期
青州冢子庄汉画像石墓	东汉晚期	山东青州	画像石	多室	门额、门楣、门框及墓门	约5.7平方米	姜建成、庄明军：《山东青州市冢子庄汉画像石墓》，《考古》1993年第8期

续表

墓名	时间	分布	形制		壁画位置	面积	资料来源
			图像形制	墓葬形制		壁画面积	
淄博张庄东汉画像石墓	东汉晚期	山东淄博	画像石	多室	墓门、门框和门扉	约4平方米	淄博市博物馆：《山东淄博张庄东汉画像石墓》，《考古》1984年第8期
徐州茅村画像石墓	东汉晚期	江苏徐州	画像石	双室	前室和后室	约6.5平方米	尤振尧：《徐州茅村画像石墓》，《考古》1980年第4期
江苏铜山县班井村东汉墓（M1）	东汉晚期	江苏铜山	画像石	双室	门楣、门扉、墓门、前后室间隔梁及立柱	约5平方米	梁勇、孟强：《江苏铜山县班井村东汉墓》，《考古》1997年第5期
江苏铜山县班井四号墓	东汉晚期	江苏铜山	画像石	双室	后室门两侧、前室东壁	不详	徐州博物馆：《江苏铜山县班井四号墓发掘简报》，《中原文物》2009年第3期
成都昭觉寺汉画像砖墓	东汉晚期	四川成都	画像砖	双室	墓道及前、后室	不详	刘志远：《成都昭觉寺汉画像砖墓》，《考古》1984年第1期
江苏高淳固城东汉画像砖墓	东汉晚期	江苏南京	画像砖	双室	墓室内壁	不详	陈兆善：《江苏高淳固城东汉画像砖墓》，《考古》1989年第5期
江苏高淳县东汉画像砖墓	东汉晚期	江苏南京	画像砖	单室	墓室内壁	不详	刘和惠：《江苏省高淳县东汉画像砖墓》，《文物》1983年第4期
济南市北毕村汉画像石墓（M1）	东汉晚期	山东济南	画像石	多室	南、北门楣石，门柱的南北及侧面，门扉正面	不详	刘剑、李铭等：《济南市北毕村汉代画像石墓》，《考古》2012年第11期
济南市北毕村汉画像石墓（M2）	东汉晚期	山东济南	画像石	多室	门楣石南、北侧面，门柱南、北侧面及过道	不详	刘剑、李铭等：《济南市北毕村汉代画像石墓》，《考古》2012年第11期
浙江海宁东汉画像石墓	东汉晚期	浙江海宁	画像石	双室	墓门楣和前室四壁	约23平方米	潘六坤：《浙江海宁东汉画像石墓发掘简报》，《文物》1983年第5期
绥德呜咽泉村画像石墓	东汉晚期	陕西绥德	画像石	双室	墓门	约4.5平方米	吴兰：《绥德呜咽泉村画像石墓》，《文博》1992年第5期

续表

墓名	时间	分布	形制		壁画位置	面积	资料来源
			图像形制	墓葬形制		壁画面积	
山东长清大街村汉代画像石墓（M1）	东汉晚期	山东济南	画像石	多室	前、中室各室过梁及墓门门楣石	不详	党浩、李胜利、李勇：《山东长清大街村发现汉代画像石墓》，《中国文物报》2006年1月18日，第6版
山东长清大街村汉代画像石墓（M2）	东汉晚期	山东济南	画像石	多室	不详	不详	党浩、李胜利、李勇：《山东长清大街村发现汉代画像石墓》，《中国文物报》2006年1月18日，第6版
邹平汉代彩绘画像石墓（M7）	东汉晚期	山东邹平	彩绘画像石	双室	墓门、门楣等处	约1.5平方米	李日训、郑希敏、椁立民：《山东邹平发现汉代墓地》，《中国文物报》2007年9月14日，第2版
山东泗水南陈东汉画像石墓	东汉晚期	山东泗水	画像石	多室	各室门楣和过梁	约5.2平方米	赵宗秀：《山东泗水南陈东汉画像石墓》，《考古》1995年第5期
山东阳谷八里庙汉画像石一号墓	东汉晚期	山东阳谷	画像石	双室	墓门和前、后室过门	约3.5平方米	刘善沂、孙淮声：《山东阳谷县八里庙汉画像石墓》，《文物》1989年第8期
铜山伊庄洪山汉画像石墓	东汉晚期	江苏铜山	画像石	双室	前室和后室	约7.7平方米	徐州博物馆：《江苏铜山县伊庄洪山汉画像石墓》，《华夏考古》2007年第1期
赣榆金山下庄1号汉画像石墓	东汉晚期	江苏赣榆	画像石	双室	主室墓顶及后壁	约22平方米	王恺：《江苏赣榆金山汉画像石》，《考古》1985年第9期
泗阳打鼓墩樊氏画像石墓	东汉晚期	江苏泗阳	画像石	多室	中室前、后两壁及门柱、门额	不详	尹增淮：《江苏泗阳打鼓墩樊氏画像石墓》，《文物》1992年第9期
南阳十里铺二号画像石墓	东汉晚期偏后	河南南阳	画像石	多室	中室门和后室门	约2.8平方米	南阳市文物研究所：《河南省南阳市十里铺二号画像石墓》，《中原文物》1996年第3期

续表

墓名	时间	分布	形制		壁画位置	面积	资料来源
			图像形制	墓葬形制		壁画面积	
方城党庄汉画像石墓	东汉末期	河南方城	画像石	多室	墓门及墓室内壁	不详	南阳地区文物队：《方城党庄汉画像石墓——兼谈南阳汉画像石墓的衰亡问题》，《中原文物》1986年第2期
南阳十里铺画像石墓	东汉末期	河南南阳	画像石	多室	前中后三室的柱石和墓壁	不详	赵成甫：《河南南阳县十里铺画像石墓》，《文物》1986年第4期
连云港昌黎水库一号汉墓	东汉末期	江苏连云港	画像石	多室	横额、立柱等	不详	黎忠义：《昌梨水库汉墓群发掘简报》，《文物参考资料》1957年12期
辽阳三道壕1号壁画墓	东汉晚期至西晋	辽宁辽阳	墓室壁画	多室	左右两小室各壁及门柱的侧面壁	待统计	东北博物馆：《辽阳三道壕两座壁画墓的清理工作简报》，《文物参考资料》1955年第12期
辽阳三道壕2号壁画墓	东汉晚期至西晋	辽宁辽阳	墓室壁画	多室	仅存右小室右壁	不详	东北博物馆：《辽阳三道壕两座壁画墓的清理工作简报》，《文物参考资料》1955年第12期
辽宁辽阳南环街壁画墓	东汉晚期至西晋	辽宁辽阳	墓室壁画	多室	左右耳室	不详	辽宁省文物考古研究所：《辽宁辽阳南环街壁画墓》，《北方文物》1998年第3期
辽阳三道壕3号壁画墓	汉晋	辽宁辽阳	墓室壁画	双室	甬道及前后室	不详	邹宝库：《辽阳发现三座壁画墓》，《考古》1980年第1期
辽阳鹅房1号壁画墓	汉晋	辽宁辽阳	墓室壁画	双室	前后室	残约0.5平方米	邹宝库：《辽阳发现三座壁画墓》，《考古》1980年第1期
辽阳北园2号壁画墓	汉晋	辽宁辽阳	墓室壁画	多室	前室左右耳室和墓门	不详	邹宝库：《辽阳发现三座壁画墓》，《考古》1980年第1期

续表

墓名	时间	分布	形制		壁画位置	面积	资料来源
			图像形制	墓葬形制		壁画面积	
南阳市第二化工厂21号画像石墓	东汉末年至魏晋时期	河南南阳	画像石	单室	墓门立柱，墓室门扉、门楣、横梁及立柱	约4平方米	张卓远：《南阳市第二化工厂21号画像石墓发掘简报》，《中原文物》1993年第1期
辽阳棒台子二号壁画墓	汉魏之际	辽宁辽阳	墓室壁画	多室	墓内主要壁面	约15平方米	王增新：《辽阳市棒台子二号壁画墓》，《考古》1960年第1期
辽阳南雪梅村1号壁画墓	汉魏之际	辽宁辽阳	墓室壁画	多室	门柱和门楣	不详	王增新：《辽宁辽阳县南雪梅村壁画墓及石墓》，《考古》1960年第1期
邳县白山故子1号东汉画像石墓	东汉	江苏徐州	画像石	多室	前后室壁面	不详	尤振尧、陈永清、周甲胜：《江苏邳县白山故子两座东汉画像石墓》，《文物》1986年第5期
邳县白山故子2号东汉画像石墓	东汉	江苏徐州	画像石	双室	前后室壁面	不详	尤振尧、陈永清、周甲胜：《江苏邳县白山故子两座东汉画像石墓》，《文物》1986年第5期
陕西靖边杨桥畔东汉壁画墓（M1）	东汉	陕西靖边	墓室壁画	双室	前室及后室周壁	不详	陕西省考古研究院、榆林市文物研究所、靖边县文物管理办公室：《陕西靖边东汉壁画墓》，《文物》2009年第2期
陕西旬邑原底乡百子村东汉壁画墓	东汉	陕西旬邑	墓室壁画	双室	甬道、前室及后室周壁	不详	尹申平：《陕西旬邑发现东汉壁画墓》，《考古与文物》2002年第3期
陕西定边县郝滩东汉壁画墓（M1）	东汉	陕西榆林	墓室壁画	单室	墓室券顶及四壁	约25平方米	吕智荣、张鹏程：《陕西定边县郝滩发现东汉壁画墓》，《考古与文物》2004年第5期
江苏邳县白山故子1号画像石墓	东汉	江苏邳州	画像石	双室	前室、北耳室及后室	不详	尤振尧、陈永清、周甲胜：《江苏邳县白山故子两座东汉画像石墓》，《文物》1986年第5期

续表

墓名	时间	分布	形制		壁画位置	面积	资料来源
			图像形制	墓葬形制		壁画面积	
江苏邳县白山故子2号画像石墓	东汉	江苏邳州	画像石	双室	前室及后室	不详	尤振尧、陈永清、周甲胜：《江苏邳县白山故子两座东汉画像石墓》，《文物》1986年第5期
河北望都一号壁画墓	东汉	河北望都	墓室壁画	多室	墓室壁面	不详	北京历史博物馆、河北省文物管理委员会：《望都汉墓壁画》，中国古典艺术出版社，1955年
萧县圣泉乡圣村墓（M1）	东汉	安徽萧县	画像石	双室	门柱、门楣及门额等处	不详	周水利：《安徽萧县新出土的汉代画像石》，《文物》2010年第6期
河南密县打虎亭1号汉墓	东汉	河南密县	墓室壁画	多室	甬道及各墓室	不详	河南省文化局文物工作队：《河南密县打虎亭发现大型汉代壁画墓和画象石墓》，《文物》1960年第4期
河南密县打虎亭2号汉墓	东汉	河南密县	墓室壁画	多室	除主室西部外其他各室	待统计	河南省文化局文物工作队：《河南密县打虎亭发现大型汉代壁画墓和画象石墓》，《文物》1960年第4期
陕西米脂官庄东汉画像石墓	东汉	陕西米脂	画像石	双室	墓门及前室四壁	约13平方米	吴兰、学勇：《陕西米脂县官庄东汉画像石墓》，《考古》1987年第11期
淅川县下寺汉画像砖墓	东汉	河南淅川	画像砖	双室	墓室壁面	不详	李松：《淅川县下寺汉画像砖墓》，《中原文物》1982年第1期
南阳麒麟岗汉画像石墓	东汉	河南南阳	画像石	多室	不详	不详	黄雅峰、陈长山：《南阳麒麟岗汉画像石墓》，三秦出版社，2008年

续表

墓名	时间	分布	形制		壁画位置	面积	资料来源
			图像形制	墓葬形制		壁画面积	
山东东阿邓庙汉画像石墓	东汉	山东东阿	画像石	不详	不详	不详	刘玉新：《东阿县邓庙汉画像石墓发现发掘纪实》，《大汉雄风：中国汉画学会第十一届年会论文集》，高等教育出版社，2008年
邳州车夫山前埠汉画像石墓	东汉	江苏邳州	画像石	双室	不详	约16平方米	李军、孟强、耿建军：《江苏邳州车夫山前埠汉画像石墓的复原与研究》，《华夏考古》2003年第3期
新沂瓦窑汉画像石墓	汉代	江苏新沂	画像石	双室	墓门、墓室中柱及后室门额	不详	王恺、夏凯晨：《江苏新沂瓦窑汉画像石墓》，《考古》1985年第7期
河北襄阳骆台墓地	汉代	湖北襄阳	画像石	双室	墓门	不详	安富斌、杨一：《城区首现汉代画像石墓》，《襄阳日报》2015年5月13日，第5版
泸州一号石棺	汉代	四川泸州	石棺	不详	石棺壁面	约4.9平方米	高文、高成英：《四川出土的十一具汉代画像石棺图释》，《四川文物》1988年第3期
泸州二号石棺	汉代	四川泸州	石棺	不详	石棺壁面	约2.6平方米	高文、高成英：《四川出土的十一具汉代画像石棺图释》，《四川文物》1988年第3期
泸州四号石棺	汉代	四川泸州	石棺	不详	石棺壁面	约2.4平方米	高文、高成英：《四川出土的十一具汉代画像石棺图释》，《四川文物》1988年第3期
泸州五号石棺	汉代	四川泸州	石棺	不详	石棺壁面	约0.55平方米	高文、高成英：《四川出土的十一具汉代画像石棺图释》，《四川文物》1988年第3期

续表

墓名	时间	分布	形制		壁画位置	面积	资料来源
			图像形制	墓葬形制		壁画面积	
泸州九号石棺	汉代	四川泸州	石棺	不详	石棺壁面	约 3.8 平方米	高文、高成英：《四川出土的十一具汉代画像石棺图释》，《四川文物》1988 年第 3 期
南溪一号石棺	汉代	四川南溪	石棺	不详	石棺壁面	约 4.4 平方米	高文、高成英：《四川出土的十一具汉代画像石棺图释》，《四川文物》1988 年第 3 期
南溪二号石棺	汉代	四川南溪	石棺	不详	石棺壁面	约 1 平方米	高文、高成英：《四川出土的十一具汉代画像石棺图释》，《四川文物》1988 年第 3 期
富顺石棺	汉代	四川富顺	石棺	不详	石棺壁面	约 2.4 平方米	高文、高成英：《四川出土的十一具汉代画像石棺图释》，《四川文物》1988 年第 3 期
合江石棺	汉代	四川合江	石棺	不详	石棺壁面	约 2.4 平方米	高文、高成英：《四川出土的十一具汉代画像石棺图释》，《四川文物》1988 年第 3 期
高县石棺	汉代	四川高县	石棺	不详	石棺壁面	不详	高文、高成英：《四川出土的十一具汉代画像石棺图释》，《四川文物》1988 年第 3 期
彭山三号石棺	汉代	四川彭山	石棺	不详	石棺壁面	约 2.7 平方米	高文、高成英：《四川出土的十一具汉代画像石棺图释》，《四川文物》1988 年第 3 期
魏晋南北朝							
南阳市邢营画像石 1 号墓（加 1）	曹魏至西晋	河南南阳	画像石（汉画像石复建）	双室	前室、主室及东西主室	不详	南阳市文物工作队：《南阳市邢营画像石墓发掘报告》，《中原文物》1996 年第 1 期

续表

墓名	时间	分布	形制		壁画位置	面积	资料来源
			图像形制	墓葬形制		壁画面积	
滕州市造纸厂画像石墓（M1）	三国魏或西晋	山东滕州	画像石（汉画像石复建）	双室	墓室立柱、椁室盖板等处	约10平方米	潘卫东、王元平、陈庆峰：《山东滕州市三国时期的画像石墓》，《考古》2002年第10期
南阳市邢营画像石2号墓	曹魏早期	河南南阳	画像石（汉画像石复建）	单室	封门石板	不详	南阳市文物工作队：《南阳市邢营画像石墓发掘报告》，《中原文物》1996年第1期
南阳市独山西坡汉画像石墓	魏晋	河南南阳	画像石（汉画像石复建）	多室	后室隔梁的南、北横梁，中室西门柱，前室门柱	不详	南阳市博物馆：《南阳市独山西坡汉画像石墓》，《中原文物》1985年第3期
南阳市王庄汉画像石墓	魏晋	河南南阳	画像石（汉画像石复建）	双室	墓门、主室、盖顶	不详	南阳市博物馆：《南阳市王庄汉画像石墓》，《中原文物》1985年第3期
徐州佛山画像石墓	魏晋	江苏徐州	画像石（汉画像石复建	单室	甬道、墓室壁面	不详	耿建军、刘尊志、王学利：《江苏徐州佛山画像石墓》，《文物》2006年第1期
北京石景山区八角村魏晋墓	魏晋	北京	墓室壁画，石椁壁画	双室	前室石龛内后壁，东、西壁及顶部	不详	石景山区文物管理所：《北京市石景山区八角村魏晋墓》，《文物》2001年第4期
嘉峪关市牌坊梁壁画砖墓	魏晋	甘肃嘉峪关	彩绘壁画砖	双室	前、后墓室	不详	张朋川：《河西出土的汉晋绘画简述》，《文物》1978年第6期
嘉峪关新城1、2、3、4、5、6、7、12、13号壁画砖墓	魏晋	甘肃嘉峪关	彩绘壁画砖	双室	不详	不详	甘肃省文物队、甘肃省博物馆、嘉峪关文物管理所：《嘉峪关壁画墓发掘报告》，文物出版社，1985年

续表

墓名	时间	分布	形制		壁画位置	面积	资料来源
			图像形制	墓葬形制		壁画面积	
永昌县东四沟壁画砖墓	魏晋	甘肃金昌	彩绘壁画砖	不详	不详	不详	张朋川：《河西出土的汉晋绘画简述》，《文物》1978年第6期
酒泉下河清1号壁画砖墓	魏晋	甘肃酒泉	彩绘壁画砖	多室	檐壁、前室	不详	甘肃省文物管理委员会：《酒泉下河清第1号墓和第18号墓发掘简报》，《文物》1959年第10期
敦煌佛爷庙翟宗盈墓	魏晋	甘肃敦煌	彩绘壁画砖	不详	墓门照墙	不详	夏鼐：《敦煌考古漫记(一)》，《考古通讯》1955年第1期
敦煌佛爷庙湾37、118号墓	魏晋	甘肃敦煌	彩绘壁画砖	双室	墓室四壁	不详	郑岩：《魏晋南北朝壁画墓研究》，文物出版社，2002年
酒泉下河清五坝河壁画砖墓	魏晋	甘肃酒泉	彩绘壁画砖	不详	不详	不详	张朋川：《河西出土的汉晋绘画简述》，《文物》1978年第6期
酒泉石庙子滩壁画墓	魏晋	甘肃酒泉	彩绘壁画砖	双室	不详	不详	张朋川：《河西出土的汉晋绘画简述》，《文物》1978年第6期
酒泉崔家湾南湾2号墓	魏晋	甘肃酒泉	彩绘壁画砖	双室	墓门照墙	不详	张朋川：《河西出土的汉晋绘画简述》，《文物》1978年第6期
酒泉西沟村墓（M5、M7）	魏晋	甘肃酒泉	彩绘壁画砖	双室	墓门照墙、墓室	不详	马建华、赵吴成：《甘肃酒泉西沟村魏晋墓发掘报告》，《文物》1996年第7期
管家坡3号墓	魏晋	甘肃武威	墓室壁画	不详	不详	不详	郑岩：《魏晋南北朝壁画墓研究》，文物出版社，2002年
武威南滩赵家磨墓（M1）	魏晋	甘肃武威	墓室壁画	双室	墓顶及墓室四壁	不详	钟长发：《甘肃武威南滩魏晋墓》，《文物》1987年第9期
武运司家属楼魏晋墓	魏晋	甘肃武威	墓室壁画	不详	不详	不详	梁晓英、朱安：《浅析武威魏晋时期墓葬的特点》，《陇右文博》2005年第2期

续表

墓名	时间	分布	形制		壁画位置	面积	资料来源
			图像形制	墓葬形制		壁画面积	
西关河西装潢公司综合楼魏晋墓	魏晋	甘肃武威	墓室壁画	不详	不详	不详	梁晓英、朱安：《浅析武威魏晋时期墓葬的特点》，《陇右文博》2005年第2期
辛家河南滩桥采石场墓	魏晋	甘肃武威	墓室壁画	不详	不详	不详	梁晓英、朱安：《浅析武威魏晋时期墓葬的特点》，《陇右文博》2005年第2期
第一粮食仓库墓	魏晋	甘肃武威	墓室壁画	不详	不详	不详	梁晓英、朱安：《浅析武威魏晋时期墓葬的特点》，《陇右文博》2005年第2期
大邑董家村蜀汉墓	魏晋	四川大邑	画像砖	不详	不详	不详	大邑县文化局：《大邑县董场乡三国画像砖墓》，《四川考古报告集》，北京出版社，1998年
交警支队综合楼魏晋墓	魏晋十六国	甘肃武威	墓室壁画	不详	不详	不详	梁晓英、朱安：《浅析武威魏晋时期墓葬的特点》，《陇右文博》2005年第2期
武威师范魏晋墓	魏晋十六国	甘肃武威	墓室壁画	不详	不详	不详	梁晓英、朱安：《浅析武威魏晋时期墓葬的特点》，《陇右文博》2005年第2期
昌兴房地产公司综合楼魏晋墓	魏晋十六国	甘肃武威	墓室壁画	不详	不详	不详	梁晓英、朱安：《浅析武威魏晋时期墓葬的特点》，《陇右文博》2005年第2期
徐州大庙晋汉画像石墓	西晋	江苏徐州	画像石（汉画像石复建）	双室	前、后墓室	不详	孟强、李祥：《江苏徐州大庙晋汉画像石墓》，《文物》2003年第4期
酒泉崔家湾南湾1号墓	西晋或前凉	甘肃酒泉	彩绘壁画砖	多室	墓门照墙、前中室	不详	张朋川：《河西出土的汉晋绘画简述》，《文物》1978年第6期
镇江东晋画像砖墓	东晋隆安二年(398)	江苏镇江	画像砖	双室	前室与后室墓壁	不详	陆九皋、刘兴：《镇江东晋画像砖墓》，《文物》1973年第4期

续表

墓名	时间	分布	形制		壁画位置	面积	资料来源
			图像形制	墓葬形制		壁画面积	
朝阳袁台子东晋墓（M1）	东晋晚期	辽宁朝阳	石椁壁画	单室	石椁四壁	不详	李庆发：《朝阳袁台子东晋壁画墓》，《文物》1984年第6期
昭通后海子东晋霍承嗣墓	东晋	云南邵通	墓室壁画	单室	墓室四壁	不详	云南省文物工作队：《云南省昭通后海子东晋壁画墓清理简报》，《文物》1963年第12期
南阳市建材试验厂汉画像石墓	晋代	河南南阳	画像石（汉画像石复建）	双室	墓门、南北两侧耳室	不详	南阳市博物馆：《南阳市建材试验厂汉画像石墓》，《中原文物》1985年第3期
辽阳上王家村晋代壁画墓	晋代	辽宁辽阳	墓室壁画；石椁壁画	双室	棺室前柱石及左、右两小室的壁面	不详	李庆发：《辽阳上王家村晋代壁画墓清理简报》，《文物》1959年第7期
北票市西官营子北燕冯素弗墓（M1）	北燕	辽宁朝阳	石椁壁画墓；彩绘木画棺	单室	石椁盖及四壁	不详	黎瑶渤：《辽宁北票县西官营子北燕冯素弗墓》，《文物》1973年第3期
北票市西官营子北燕2号墓	北燕	辽宁朝阳	石椁壁画墓	单室	石椁盖及四壁	不详	黎瑶渤：《辽宁北票县西官营子北燕冯素弗墓》，《文物》1973年第3期
朝阳大平房村壁画墓	北燕	辽宁朝阳	墓室壁画	单室	主室与耳室壁面	不详	徐基、孙国平：《辽宁朝阳发现北燕、北魏墓》，《考古》1985年第10期
朝阳北庙村1号墓	北燕	辽宁朝阳	石椁壁画	单室	棺室四壁	不详	徐基、孙国平：《辽宁朝阳发现北燕、北魏墓》，《考古》1985年第10期
敦煌祁家湾墓（M369、M301、M310）	十六国	甘肃敦煌	墓室壁画	不详	不详	不详	郭永利：《河西魏晋十六国壁画墓》，民族出版社，2012年
酒泉丁家闸5号墓	十六国	甘肃酒泉	墓室壁画	多室	墓室四壁	不详	甘肃省文物考古研究所：《酒泉十六国墓壁画》，文物出版社，1989年

续表

墓名	时间	分布	形制		壁画位置	面积	资料来源
			图像形制	墓葬形制		壁画面积	
哈喇和卓94—98号墓(75TKM9498)	十六国	新疆吐鲁番	墓室壁画	单室	墓室后壁	不详	穆舜英：《吐鲁番哈喇和卓古墓群发掘简报》，《文物》1978年第6期
阿斯塔那十六国壁画墓群	十六国	新疆阿斯塔那	墓室壁画	不详	不详	不详	Stein,A.,Innermost Asia,vol.Ii,chapter xix,The Ancient Cemeteries of Astana,Oxford,1982
新疆阿斯塔那（06TAM605）	前凉	新疆阿斯塔那	墓室壁画	单室	墓室后壁	不详	新疆维吾尔自治区博物馆考古部、吐鲁番地区文物局阿斯塔那文物管理所：《新疆吐鲁番阿斯塔那古墓群西区考古发掘报告》，《考古与文物》2016年第5期
南京西善桥南朝墓	晋宋之际	江苏南京	画像砖	单室	墓室四壁	不详	罗宗真：《南京西善桥南朝墓及其砖刻壁画》，《文物》1960年Z1期
丹阳胡桥吴家村南朝墓	南齐时期	江苏镇江	彩绘壁画，画像砖	单室	甬道、墓室四壁	不详	尤振尧：《江苏丹阳县胡桥、建山两座南朝墓葬》，《文物》1980年第2期
丹阳建山金家村南朝墓	南齐时期	江苏镇江	彩绘壁画，画像砖	单室	甬道、墓室四壁	不详	尤振尧：《江苏丹阳县胡桥、建山两座南朝墓葬》，《文物》1980年第2期
丹阳胡桥仙塘湾南朝墓	南齐时期	江苏镇江	画像砖	单室	甬道、墓室四壁	不详	南京博物院：《江苏丹阳胡桥南朝大墓及砖刻壁画》，《文物》1974年第2期
武昌东湖三官殿墓	南梁普通元年（520）	湖北武昌	画像砖	双室	墓室四壁	不详	武汉市博物馆：《武昌东湖三官殿梁墓清理简报》，《江汉考古》1991年第2期
南安市皇冠山六朝墓（M12）	南梁天监十一年（512）	福建泉州	画像砖	单室	甬道和墓室四壁	不详	温松全：《福建南安市皇冠山六朝墓群的发掘》，《考古》2014年第5期

续表

墓名	时间	分布	形制		壁画位置	面积	资料来源
			图像形制	墓葬形制		壁画面积	
南京西善桥南朝墓	南陈宣帝太建八年（576）	江苏南京	彩绘壁画；画像砖	单室	甬道、墓室四壁	不详	姜林海：《南京西善桥南朝墓》，《文物》1993年第11期
南京栖霞狮子冲南朝1号大墓	南梁时期	江苏南京	画像砖	单室	甬道、墓室四壁	不详	南京市考古研究所：《南京栖霞狮子冲南朝大墓发掘简报》，《东南文化》2015年第4期
南京栖霞狮子冲南朝2号大墓	南梁时期	江苏南京	画像砖	单室	甬道、墓室四壁	不详	南京市考古研究所：《南京栖霞狮子冲南朝大墓发掘简报》，《东南文化》2015年第4期
邗江南朝一号画像砖墓	南梁时期	江苏扬州	画像砖	单室	甬道、墓室四壁	不详	吴炜：《江苏邗江发现两座南朝画像砖墓》，《考古》1984年第3期
邗江南朝二号画像砖墓	南梁时期	江苏扬州	画像砖	单室	甬道、墓室四壁	不详	吴炜：《江苏邗江发现两座南朝画像砖墓》，《考古》1984年第3期
常州南郊田舍村画像砖墓	南朝梁陈时期	江苏常州	画像砖	单室	甬道、墓室四壁	不详	杨玉敏、夏星南、徐伯元、林志方：《江苏常州南郊画像、花纹砖墓》，《考古》1994年第12期
南京市雨花台区铁心桥小村南朝1号墓	南朝中晚期	江苏南京	画像砖	单室	甬道、墓室四壁	不详	南京市博物馆：《南京市雨花台区铁心桥小村南朝墓发掘简报》，《东南文化》2015年第2期
南京雨花台石子岗南朝砖印壁画墓（M5）	南朝中晚期	江苏南京	画像砖	单室	墓室四壁	不详	南京市博物馆、南京市雨花台区文化局：《南京雨花台石子岗南朝砖印壁画墓（M5）发掘简报》，《文物》2014年第5期
襄阳贾家冲墓	南朝后期	湖北襄阳	画像砖	单室	甬道和墓室四壁	不详	襄樊市文物管理处：《襄阳贾家冲画像砖墓》，《江汉考古》1986年第1期

续表

墓名	时间	分布	形制		壁画位置	面积	资料来源
			图像形制	墓葬形制		壁画面积	
六合南朝画像砖墓	南朝晚期	江苏南京	画像砖	单室	甬道、墓室四壁	不详	王志高、蔡明义：《江苏六合南朝画像砖墓》，《文物》1998年第5期
南京市雨花台区南朝画像砖墓（M84）	南朝晚期	江苏南京	画像砖	单室	墓室四壁	不详	祁海宁、陈大海：《南京市雨花台区南朝画像砖墓》，《考古》2008年第6期
南京市江宁区胡村南朝墓	南朝晚期	江苏南京	画像砖	单室	墓室四壁	不详	李翔：《南京市江宁区胡村南朝墓》，《考古》2008年第6期
余杭闲林埠镇东北庙山南朝墓	南朝晚期	浙江杭州	画像砖	单室	墓室四壁	不详	唐俊杰：《浙江省余杭南朝画像砖墓清理简报》，《东南文化》1992年Z1期
常州南郊褚家塘墓	南朝晚期	江苏常州	画像砖	单室	甬道、墓室四壁	不详	杨玉敏、夏星南、徐伯元、林志方：《江苏常州南郊画像、花纹砖墓》，《考古》1994年第12期
南京铁心桥王家洼南朝墓	南朝晚期	江苏南京	画像砖	不详	不详	不详	姚迁、古兵编著：《六朝艺术》，文物出版社，1981年
江宁东善桥砖瓦一厂南朝墓	南朝末期	江苏南京	画像砖	单室	墓室四壁	不详	陈兆善：《江宁东善桥砖瓦一厂南朝墓发掘简报》，《东南文化》1987年第3期
南京西善桥油坊村南朝大墓	南朝末期	江苏南京	画像砖	单室	甬道、墓室四壁	不详	罗宗真：《南京西善桥油坊村南朝大墓的发掘》，《考古》1963年第6期
常州南郊戚家村画像砖墓	南朝末期	江苏常州	画像砖	单室	甬道、墓室四壁	不详	骆振华、陈晶：《常州南郊戚家村画像砖墓》，《文物》1979年第3期
南京西善桥贾家凹南朝画像砖墓	南朝	江苏南京	画像砖	单室	墓室四壁	不详	华国荣、周裕兴：《南京油坊桥发现一座南朝画像砖墓》，《考古》1990年第10期

续表

墓名	时间	分布	形制		壁画位置	面积	资料来源
			图像形制	墓葬形制		壁画面积	
南京江宁胜太路南朝墓	南朝	江苏南京	画像砖	单室	墓室四壁	不详	南京市博物馆、南京市江宁区博物馆：《南京江宁胜太路南朝墓》，《文物》2012年第3期
余杭小横山南朝画像砖墓群（M1、M2、M7、M8、M9等，约20座）	南朝	浙江杭州	画像砖	单室	甬道、墓室四壁	不详	杭州市文物考古研究所、余杭博物馆编著：《余杭小横山东晋南朝墓》，文物出版社，2013年
闽侯南屿南朝画像砖墓	南朝	福建闽侯	画像砖	单室	甬道和墓室四壁	不详	福建省博物馆：《福建闽侯南屿南朝墓》，《考古》1980年第1期
邓州学庄北朝墓	南朝	河南邓州	彩绘画像砖	单室	墓室、甬道	不详	陈大章：《河南邓县发现北朝七色彩绘画象砖墓》，《文物参考资料》1958年第6期
大同电厂北魏墓（M9）	北魏和平二年（461）	山西大同	墓室壁画	单室	墓门、甬道及墓室	约30平方米	张庆捷：《大同电厂北魏墓题记壁画初探》，《中国社会科学报》2009年11月5日，第5版
大同北魏宋绍祖墓（M5）	北魏太和元年（477）	山西大同	石椁彩绘壁画	单室	石椁内部的东、西、北三壁	不详	山西省考古研究所、大同市考古研究所：《大同市北魏宋绍祖墓发掘简报》，《文物》2001年第7期
德州北魏高道悦墓	北魏神龟二年（519）	山东德州	墓室壁画	双室	前后室	不详	秦公：《释北魏高道悦墓志》，《文物》1979年第9期
洛阳北魏元怿墓	北魏正光六年（525）	河南洛阳	墓室壁画	单室	甬道、墓室四壁	不详	徐婵菲：《洛阳北魏元怿墓壁画》，《文物》2002年第2期
寿光北魏贾思伯墓	北魏孝昌元年（525）	山东寿光	墓室壁画	单室	墓室四壁及顶部	不详	贾效孔、黄爱华：《山东寿光北魏贾思伯墓》，《文物》1992年第8期

续表

墓名	时间	分布	形制		壁画位置	面积	资料来源
			图像形制	墓葬形制		壁画面积	
洛阳北向阳村江阳王元乂墓	北魏孝昌二年（526）	河南洛阳	墓室壁画	单室	墓室四壁、顶部	不详	洛阳博物馆：《河南洛阳北魏元乂墓调查》，《文物》1974年第12期
洛阳北魏元暐墓	北魏孝昌三年（527）	河南洛阳	墓室壁画	多室	墓室壁面	不详	黄明兰：《西晋裴祇墓和北魏元暐两墓拾零》，《文物》1982年第1期
大同沙岭北魏壁画墓（M7）	北魏早期	山西大同	墓室壁画；彩绘漆画	单室	墓室四壁和甬道的顶部、侧部	约24平方米	大同市考古研究所：《山西大同沙岭北魏壁画墓发掘简报》，《文物》2006年第10期
大同智家堡北魏棺板画墓	北魏早期（平城时期）	山西大同	彩绘棺板画	单室	棺板侧面	不详	刘俊喜、高峰：《大同智家堡北魏墓棺板画》，《中国书画》2004年第12期
大同迎宾大道北魏墓（M16）	北魏早期（平城时期）	山西大同	墓室壁画	单室	甬道、墓室	不详	大同市考古研究所：《山西大同迎宾大道北魏墓群》，《文物》2006年第10期
大同文瀛路北魏壁画墓（M1）	北魏早期（迁洛前）	山西大同	墓室壁画	单室	墓室四壁、顶部及甬道东壁局部绘有壁画	不详	大同市考古研究所：《山西大同文瀛路北魏壁画墓发掘简报》，《文物》2011年第12期
大同云波里路北魏壁画墓（M1）	北魏早期（平城时期）	山西大同	墓室壁画	单室	墓室四壁和甬道两壁	约10平方米	大同市考古研究所：《山西大同云波里路北魏壁画墓发掘简报》，《文物》2011年第12期
大同南郊区田村北魏墓	北魏太和年间	山西大同	石质棺床（浅浮雕纹样）	单室	棺床四壁	不详	大同市考古研究所：《山西大同南郊区田村北魏墓发掘简报》，《文物》2010年第5期
固原雷祖庙墓	北魏太和年间	宁夏固原	彩绘漆画	不详	不详	不详	孙机：《固原北魏墓漆棺画研究》，《文物》1989年第9期

续表

墓名	时间	分布	形制		壁画位置	面积	资料来源
			图像形制	墓葬形制		壁画面积	
大同智家堡北魏石椁壁画墓	北魏太和年间	山西大同	石椁彩绘壁画	单室	石椁内四壁、顶部、三角形梁和脊榑	不详	王银田、刘俊喜：《大同智家堡北魏墓石椁壁画》，《文物》2001年第7期
靖边县统万城周边北朝仿木结构壁画墓群（八大梁M1、M2、M3；谷地梁M1、M2）	北魏晚期	陕西靖边	墓室壁画	单室	甬道、墓室	不详	陕西省考古研究院等：《陕西靖边县统万城周边北朝仿木结构壁画墓发掘简报》，《考古与文物》2013年第3期
偃师前杜楼石棺墓（M1）	北魏晚期	河南偃师	墓室壁画	单室	墓室内壁	不详	洛阳市第二文物工作队：《偃师前杜楼北魏石棺墓发掘简报》，《文物》2006年第12期
洛阳孟津北陈村王温墓	北魏末期	河南洛阳	墓室壁画	单室	墓室四壁	仅东壁存4.5平方米	洛阳文物工作队：《洛阳孟津北陈村北魏壁画墓》，《文物》1995年第8期
固原北魏漆棺画墓	北魏	宁夏固原	棺板漆画	单室	棺板四壁	不详	固原县文物工作站：《宁夏固原北魏墓清理简报》，《文物》1984年第6期
内蒙古准格尔旗羊市塔区北魏壁画墓	北魏	内蒙古准格尔旗	墓室壁画	不详	不详	不详	汪宇平：《内蒙古准格尔旗羊市塔区破坏北魏壁画古墓一座》，《文物参考资料》1957年第9期
内蒙古和林格尔榆树梁北魏壁画墓	北魏	内蒙古和林格尔	墓室壁画	双室	甬道、前室四壁	仅存20平方米	王大方：《内蒙古首次发现北魏大型砖室壁画墓》，《中国文物报》1993年11月28号，第1版
怀仁北魏丹扬王墓	北魏	山西怀仁	墓室壁画；画像砖	双室	墓道、墓室	不详	安孝文、李丽娟：《山西怀仁北魏丹扬王墓及花纹砖》，《文物》2010年第5期

续表

墓名	时间	分布	形制		壁画位置	面积	资料来源
			图像形制	墓葬形制		壁画面积	
磁县东魏元祜墓	东魏天平四年（537）	河北磁县	墓室壁画	单室	墓室四壁、顶部	不详	中国社会科学院考古研究所河北工作队：《河北磁县北朝墓群发现东魏皇族元祜墓》，《考古》2007年第11期
景县北魏高长命墓（M1）	北齐武定五年（548）	河北景县	墓室壁画	双室	墓门	不详	何直刚：《河北景县北魏高氏墓发掘简报》，《文物》1979年第3期
磁县东魏茹茹公主墓	东魏武定八年（550）	河北磁县	墓室壁画	单室	墓道、甬道及墓室四壁	不详	朱全升、汤池：《河北磁县东魏茹茹公主墓发掘简报》，《文物》1984年第4期
临朐北齐崔芬壁画墓	北齐天保元年（550）	山东临朐	墓室壁画	单室	甬道两壁、墓室四壁及墓顶	不详	山东省文物考古研究所、临朐县博物馆：《山东临朐北齐崔芬壁画墓》，《文物》2002年第4期
北齐库狄迴洛墓	北齐大宁二年（562）	山西晋中寿阳	墓室壁画	单室	墓室四壁、甬道两壁、门楣和板门	不详	王克林：《北齐库狄迴洛墓》，《考古学报》1979年第3期
磁县北齐尧峻墓	北齐天统三年（567）	河北磁县	墓室壁画	单室	甬道	不详	磁县文化馆：《河北磁县东陈村北齐尧峻墓》，《文物》1984年第4期
北齐娄叡墓	北齐武平元年（570）	山西太原	墓室壁画	单室	墓壁全部	约200平方米	山西省考古研究所、太原市文物管理委员会：《太原市北齐娄叡墓发掘简报》，《文物》1983年第10期
太原北齐徐显秀墓	北齐武平二年（571）	山西太原	墓室壁画	单室	墓道、过洞、天井、甬道及墓室四壁	约326平方米	常一民、裴静蓉、王普军：《太原北齐徐显秀墓发掘简报》，《文物》2003年第10期
益都北齐石室墓	北齐武平四年（573）	山东益都	线刻画像	单室	石板壁面	不详	夏名采：《益都北齐石室墓线刻画像》，《文物》1985年第10期

续表

墓名	时间	分布	形制		壁画位置	面积	资料来源
			图像形制	墓葬形制		壁画面积	
磁县北齐高润墓	北齐武平七年（576）	河北磁县	墓室壁画	不详	墓室四壁、墓道两壁	不详	汤池：《北齐高润墓壁画简介》，《考古》1979年第3期
忻州市九原岗北朝壁画墓	北齐早期	山西忻州	墓室壁画	单室	墓道、墓门、甬道及墓室	不详	山西省考古研究所、忻州市文物管理处：《山西忻州市九原岗北朝壁画墓》，《考古》2015年第7期
太原南郊北齐壁画墓	北齐后期	山西太原	墓室壁画	单室	墓室四壁	约15平方米	渠川福：《太原南郊北齐壁画墓》，《文物》1990年第12期
朔州水泉梁北齐壁画墓	北齐后期	山西朔州	墓室壁画	单室	甬道和墓室四壁	不详	山西省考古研究所等：《山西朔州水泉梁北齐壁画墓发掘简报》，《文物》2010年第12期
磁县湾漳大墓	北齐	河北磁县	墓室壁画	单室	墓道、甬道及墓室四壁	仅墓道壁画约320平方米	中国社会科学院考古研究所、河北省文物研究所邺城考古工作队：《河北磁县湾漳北朝墓》，《考古》1990年第7期
济南市马家庄北齐墓	北齐	山东济南	墓室壁画	单室	甬道门墙、墓室四壁及顶部	不详	济南市博物馆：《济南市马家庄北齐墓》，《文物》1985年第10期
济南市东八里洼北朝壁画墓	北齐	山东济南	墓室壁画	单室	墓室四壁	不详	邱玉鼎、佟佩华：《济南市东八里洼北朝壁画墓》，《文物》1989年第4期
太原王家峰村“北齐王墓”	北齐	山西太原	墓室壁画	单室	甬道、墓室四壁	不详	山西省考古研究所：《太原发现大型北齐壁画墓》，《中国文物报》2001年10月3日，第1版
固原北周宇文猛墓	北周保定五年（565）	宁夏固原	墓室壁画	单室	墓道、天井、过洞、甬道及墓室	不详	宁夏文物考古研究所固原工作站：《固原北周宇文猛墓发掘简报》，《宁夏考古文集》，人民出版社，1996年

续表

墓名	时间	分布	形制		壁画位置	面积	资料来源
			图像形制	墓葬形制		壁画面积	
固原北周李贤夫妇墓	北周天和四年（569）	宁夏固原	墓室壁画	单室	墓道、过洞、天井、甬道及墓室	不详	韩兆民：《宁夏固原北周李贤夫妇墓发掘简报》，《文物》1985年第11期
西安北周康业墓	北周天和六年（571）	陕西西安	墓室壁画，线刻画像	单室	甬道及墓室四壁，石板壁面	不详	西安市文物保护考古所：《西安北周康业墓发掘简报》，《文物》2008年第6期
固原北周田弘墓	北周建德四年（575）	宁夏固原	墓室壁画	单室	甬道及主室、侧室和后室内	不详	原州联合考古队：《北周田弘墓——原州联合考古队发掘调查简报2》，勉诚出版社，2000年
西安北郊北周安伽墓	北周大象元年（579）	陕西西安	墓室壁画，线刻画像	单室	甬道及墓室四壁，石板壁面	不详	陕西省考古研究所：《西安北郊北周安伽墓发掘简报》，《考古与文物》2000年第6期
西安北周凉州萨保史君墓	北周大象元年（579）	陕西西安	墓室壁画，线刻画像	单室	甬道及墓室四壁，石板壁面	不详	西安市文物保护考古所：《西安北周凉州萨保史君墓发掘简报》，《文物》2005年第3期
吉林辑安通沟十二号高句丽壁画墓	高句丽中晚期	吉林集安	墓室壁画	单室	甬道及墓室内壁	不详	王承礼、韩淑华：《吉林辑安通沟第十二号高句丽壁画墓》，《考古》1964年第2期
吉林集安五盔坟五号墓	高句丽晚期	吉林集安	墓室壁画	单室	墓室四壁、藻井，棺床及甬道	不详	吉林博物馆：《吉林辑安五盔坟四号和五号墓清理略记》，《考古》1964年第2期
吉林集安五盔坟四号墓	高句丽晚期	吉林集安	墓室壁画	单室	墓室四壁、藻井，棺床及甬道	不详	吉林博物馆：《吉林辑安五盔坟四号和五号墓清理略记》，《考古》1964年第2期

续表

墓名	时间	分布	形制		壁画位置	面积	资料来源
			图像形制	墓葬形制		壁画面积	
隋代							
陕西三原隋李和墓	开皇二年（582）	陕西三原	墓室壁画，石棺线刻画	单室	墓室和墓道	不详	王玉清：《陕西省三原县双盛村隋李和墓清理简报》，《文物》1966年第1期
徐州茅村隋开皇三年刘鉴墓	开皇三年（583）	江苏徐州	画像砖	单室	墓室壁面	不详	梁勇：《江苏徐州市茅村隋开皇三年刘鉴墓》，《考古》1998年第9期
山东嘉祥徐敏行夫妇墓	开皇四年（584）	山东嘉祥	墓室壁画	单室	墓室四壁及墓顶	不详	山东省博物馆：《山东嘉祥英山一号隋墓清理简报》，《文物》1981年第4期
西安隋刘侠墓	开皇六年（586）	陕西西安	墓室壁画	双室	前室东、西两壁	不详	陕西省考古研究院编著：《壁上丹青——陕西出土壁画集》（上），科学出版社，2009年
西安隋王昌墓	开皇九年（589）	陕西西安	墓室壁画	单室	甬道、天井及墓室四壁	不详	陕西省考古研究所：《西安洪庆北朝、隋家族迁葬墓地》，《文物》2005年第10期
山西太原隋代虞弘墓	开皇十二年（592）	山西太原	石椁浮雕	单室	石椁四壁	不详	山西省考古研究所等：《太原隋代虞弘墓清理简报》，《文物》2001年第1期
西安韩森寨隋吕武墓	开皇十二年（592）	陕西西安	墓室壁画	不详	甬道、墓室四壁	不详	中国科学院考古研究所：《西安郊区隋唐墓》，科学出版社，1966年
太原隋斛律徹墓	开皇十七年（597）	山西太原	墓室壁画	单室	墓室四壁	不详	朱华、畅红霞：《太原隋斛律徹墓清理简报》，《文物》1992年第10期
咸阳隋代萧绍墓	仁寿三年（603）	陕西咸阳	墓室壁画	单室	墓道和过洞	不详	谢高文：《咸阳隋代萧绍墓》，《文物》2006年第9期
西安南郊隋李裕墓	大业元年（605）	陕西西安	墓室壁画	单室	墓室壁面	不详	陕西省考古研究院：《西安南郊隋李裕墓发掘简报》，《文物》2009年第7期

续表

墓名	时间	分布	形制		壁画位置	面积	资料来源
			图像形制	墓葬形制		壁画面积	
西安隋李椿夫妇墓	大业四年（608）	陕西西安	墓室壁画	不详	墓室壁面	不详	桑绍华：《西安东郊隋唐李椿夫妇墓清理简报》，《考古与文物》1986年第3期
西安隋李静训墓	大业四年（608）	陕西西安	石棺彩绘壁画	不详	石棺内部	不详	中国社会科学院考古研究所编著：《唐长安城郊隋唐墓》，文物出版社，1980年
固原隋史射勿墓	大业六年（610）	宁夏固原	墓室壁画	单室	墓道、天井、过洞及墓室	不详	宁夏文物考古研究所、宁夏固原博物馆：《宁夏固原隋史射勿墓发掘简报》，《文物》1992年第10期
西安白鹿原隋刘世恭墓	大业十一年（615）	陕西西安	墓室壁画	单室	墓室四壁	不详	俞伟超：《西安白鹿原墓葬发掘报告》，《考古学报》1956年第3期
陕西潼关税村隋代壁画墓	隋代	陕西潼关	墓室壁画，石棺线刻画	单室	墓道至墓室通壁	约125平方米	陕西省考古研究院：《陕西潼关税村隋代壁画墓发掘简报》，《文物》2008年第5期
淅川县西岭隋画像砖幕	隋代	河南淅川	画像砖	单室	墓室	不详	柴中庆、李玉山：《河南省淅川县西岭隋画像砖墓》，《中原文物》1996年第3期
天水市隋代屏风石棺床墓	隋代	甘肃天水	石棺线刻画	单室	石棺板面	不详	张卉英：《天水市发现隋唐屏风石棺床墓》，《考古》1992年第1期
河南安阳市置度村八号隋墓	隋代晚期	河南安阳	墓室壁画	单室	甬道、墓室四壁	不详	安阳市文物考古研究所：《河南安阳市置度村八号隋墓发掘简报》，《考古》2010年第4期
唐代							
吐鲁番阿斯塔那86TAM386墓（张师儿夫妇）	高昌延和十八年（619）	新疆吐鲁番阿斯塔那	绢画	单室	绢画用木钉钉于墓室顶部或侧壁	不详	柳洪亮：《1986年新疆吐鲁番阿斯塔那古墓群发掘简报》，《考古》1992年第2期

续表

墓名	时间	分布	形制		壁画位置	面积	资料来源
			图像形制	墓葬形制		壁画面积	
唐贺若厥墓	唐武德四年（621）	陕西咸阳	墓室壁画	单室	过洞、甬道	不详	負安志：《陕西长安县南里王村与咸阳机场出土大量隋唐珍贵文物》，《考古与文物》1993年第6期
唐李寿墓（献陵陪葬墓）	唐贞观五年（631）	陕西三原	墓室壁画，石椁线刻画像	单室	墓道、过洞、天井、甬道及墓室	约200平方米	陕西省博物馆、文管会：《唐李寿墓发掘简报》，《文物》1974年第9期
唐昭陵杨温墓	唐贞观十四年（640）	陕西礼泉	墓室壁画	单室	墓室、甬道	不详	陈志谦：《昭陵唐墓壁画》，《陕西历史博物馆馆刊》（第一辑），三秦出版社，1994年
唐昭陵长乐公主墓	唐贞观十七年（643）	陕西礼泉	墓室壁画	单室	墓道、天井、甬道及墓室	约100平方米	昭陵博物馆：《唐昭陵长乐公主墓》，《文博》1988年第3期
唐李思摩墓（昭陵陪葬墓）	唐贞观二十一年（647）	陕西礼泉	墓室壁画	单室	甬道及墓室	不详	李星明：《唐代墓室壁画研究》，陕西人民美术出版社，2005年
唐窦诞墓	唐贞观二十二年（648）	陕西咸阳	墓室壁画	单室	甬道、墓室	不详	张在明主编：《中国文物地图集·陕西分册》（下），西安地图出版社，1998年
唐司马睿墓	唐贞观二十三年（649）	陕西西安	墓室壁画	单室	甬道两壁、墓室侧壁	不详	負安志、王学理：《唐司马睿墓清理简报》，《考古与文物》1985年第1期
唐昭陵段蕳璧墓（昭陵陪葬墓）	唐永徽二年（651）	陕西礼泉	墓室壁画	单室	过洞和天井东、西两壁	约为30平方米	陈志谦、张崇信：《唐昭陵段蕳璧墓清理简报》，《文博》1989年第6期
唐李泰墓	唐永徽四年（653）	湖北郧县	墓室壁画	单室	甬道及墓室	不详	权奎山：《试析南方发现的唐代壁画墓》，《南方文物》1992年第4期
唐冉仁才夫妇墓	唐永徽五年（654）	重庆万州	墓室壁画	单室	墓室	不详	高英民：《四川万县唐墓》，《考古学报》1980年第4期

续表

墓名	时间	分布	形制		壁画位置	面积	资料来源
			图像形制	墓葬形制		壁画面积	
唐昭容韦尼子墓（昭陵陪葬墓）	唐显庆元年（656）	陕西礼泉	墓室壁画	单室	墓道、天井、过洞及墓室	不详	孙东位：《昭陵发现陪葬宫人墓》，《文物》1987年第1期
唐亡官五品墓	唐显庆二年（657）	陕西礼泉	墓室壁画	单室	墓壁	不详	孙东位：《昭陵发现陪葬宫人墓》，《文物》1987年第1期
唐张士贵墓（昭陵陪葬墓）	唐显庆二年（657）	陕西礼泉	墓室壁画	单室	墓室	不详	王玉清：《陕西礼泉唐张士贵墓》，《考古》1978年第3期
唐果毅墓	唐显庆三年（658）	陕西长安	墓室壁画	单室	仅墓室北壁保存	不详	贺梓城：《唐墓壁画》，《文物》1959年第8期
固原唐史索岩墓	唐显庆三年（658）	宁夏固原	墓室壁画	单室	墓道、过洞、天井及墓室	不详	罗丰编著：《固原南郊隋唐墓地》，文物出版社，1996年
唐姚懿墓	唐龙朔二年（663）	河南陕县	墓室壁画	单室	甬道、墓室顶部和四壁	不详	翟继才、侯旭：《陕县唐代姚懿墓发掘报告》，《华夏考古》1987年第1期
唐新城长公主墓（昭陵陪葬墓）	唐龙朔三年（663）	陕西礼泉	墓室壁画	单室	墓道、过洞、天井、甬道及墓室四壁	约200平方米	陕西省考古研究所、陕西历史博物：《唐昭陵新城长公主墓发掘简报》，《考古与文物》1997年第3期
唐郑仁泰墓（昭陵陪葬墓）	唐麟德元年（664）	陕西礼泉	墓室壁画	单室	墓道、过洞、甬道及墓室	约100平方米	陕西省博物馆、礼泉县文教局唐墓发掘组：《唐郑仁泰墓发掘简报》，《文物》1972年第7期
唐李震墓（昭陵陪葬墓）	唐麟德二年（665）	陕西礼泉	墓室壁画	单室	墓道、过洞及墓室	不详	陈志谦：《昭陵唐墓壁画》，《陕西历史博物馆馆刊》（第一辑），三秦出版社，1994年
唐程知节墓（昭陵陪葬墓）	唐麟德二年（665）	陕西礼泉	墓室壁画	单室	墓道	约15平方米	张在明主编：《中国文物地图集·陕西分册》（下），西安地图出版社，1998年

续表

墓名	时间	分布	形制		壁画位置	面积	资料来源
			图像形制	墓葬形制		壁画面积	
唐昭陵韦贵妃墓（昭陵陪葬墓）	唐乾封元年（666）	陕西礼泉	墓室壁画	双室	墓道至墓室壁面	约100平方米	陈志谦：《昭陵唐墓壁画》，《陕西历史博物馆馆刊》（第一辑），三秦出版社，1994年
唐李爽墓	唐总章元年（668）	陕西西安	墓室壁画	单室	墓道、墓室	约40平方米	陕西省文物管理委员会：《西安羊头镇唐李爽墓的发掘》，《文物》1959年第3期
唐王善贵墓	唐总章元年（668）	陕西西安	墓室壁画	单室	墓道、墓室	不详	李星明：《唐代墓室壁画研究》，陕西人民美术出版社，2005年
甘肃合水唐魏哲墓	唐总章二年（669）	甘肃合水	墓室壁画	单室	墓室四壁及顶部	不详	甘肃省文物考古研究所、甘肃陇东古石刻艺术博物馆：《甘肃合水唐魏哲墓发掘简报》，《考古与文物》2012年第4期
唐昭陵李勣（徐懋功）墓	唐咸亨元年（670）	陕西礼泉	墓室壁画	单室	墓道、墓室	约14平方米	昭陵博物馆：《唐昭陵李勣（徐懋功）墓清理简报》，《考古与文物》2000年第3期
唐昭陵燕妃墓	唐咸亨二年（671）	陕西礼泉	墓室壁画	双室	前、后甬道，前后墓室	不详	陈志谦：《昭陵唐墓壁画》，《陕西历史博物馆馆刊》（第一辑），三秦出版社，1994年
唐房陵大长公主墓（献陵陪葬墓）	唐咸亨四年（673）	陕西富平	墓室壁画	双室	墓道、甬道、天井，前、后室	约100平方米	安峥地：《唐房陵大长公主墓清理简报》，《文博》1990年第1期
唐阿史那忠墓（昭陵陪葬墓）	唐上元二年（675）	陕西礼泉	墓室壁画	单室	墓道、过洞和天井	约150平方米	王玉清、荀若愚：《唐阿史那忠墓发掘简报》，《考古》1977年第2期

续表

墓名	时间	分布	形制		壁画位置	面积	资料来源
			图像形制	墓葬形制		壁画面积	
唐李凤墓（献陵陪葬墓）	唐上元二年（675）	陕西富平	墓室壁画	单室	墓道、天井、过洞、甬道及墓室	约90平方米	富平县文化馆、陕西省博物馆、陕西省文物管理委员会：《唐李凤墓发掘简报》，《考古》1977年第5期
唐罗观照墓	唐调露二年（680）	陕西西安	墓室壁画	双室	墓道、墓室	不详	吴春：《西安秦川机械厂唐墓清理简报》，《考古与文物》1994年第4期
唐临川长公主墓（昭陵陪葬墓）	唐永淳元年（682）	陕西礼泉	墓室壁画	单室	墓道	不详	陕西省文管会、昭陵文管所：《唐临川公主墓出土的墓志和诏书》，《文物》1977年第10期
唐安元寿夫妇墓（昭陵陪葬墓）	唐光宅元年（684）	陕西礼泉	墓室壁画	双室	过洞、甬道	约30平方米	陈志谦：《唐安元寿夫妇墓发掘简报》，《文物》1988年第12期
唐李徽墓	唐嗣圣元年（684）	湖北郧县	墓室壁画	单室	墓道、甬道及墓室	不详	全锦云：《湖北郧县唐李徽、阎婉墓发掘简报》，《文物》1987年第8期
唐薛元超墓（乾陵陪葬墓）	唐垂拱元年（685）	陕西咸阳	墓室壁画	单室	甬道东壁、墓室西壁	不详	乾陵博物馆：《唐薛元超墓的三幅壁画介绍》，《考古与文物》1983年第6期
唐元师奖墓	唐垂拱二年（686）	陕西宝鸡	墓室壁画	单室	甬道及墓室四壁	约75平方米	宝鸡市考古队：《岐山郑家村唐元师奖墓清理简报》，《考古与文物》1994年第3期
唐李晦墓	唐永昌元年（689）	陕西高陵	墓室壁画	多室	墓道、过洞、天井、甬道及墓室	不详	陕西省考古研究所编：《陕西新出土唐墓壁画》，重庆出版社1998年
唐淮南大长公主墓（献陵陪葬墓）	唐天授元年（690）	陕西富平	墓室壁画	双室	墓道、天井、过洞、甬道，前、后室	约60平方米	李星明：《唐代墓室壁画研究》，陕西人民美术出版社，2005年

续表

墓名	时间	分布	形制		壁画位置	面积	资料来源
			图像形制	墓葬形制		壁画面积	
唐金乡县主墓	唐天授元年（690）	陕西西安	墓室壁画	单室	墓道、过洞、天井、甬道和墓室	约40平方米	西安市文物管理委员会：《西安唐金乡县主墓清理简报》，《文物》1997年第1期
唐温思暕墓	唐万岁登封元年（696）	陕西西安	墓室壁画	双室	墓道及前、后室	不详	西安市文物保护考古所：《西安东郊唐温绰、温思暕墓发掘简报》，《文物》2002年第12期
唐赵澄墓	唐万岁登封元年（696）	山西太原	墓室壁画	不详	不详	不详	山西省文管会：《山西文物介绍》，山西人民出版社，1955年
唐契苾明墓（昭陵陪葬墓）	唐万岁通天元年（696）	陕西咸阳	墓室壁画	双室	墓道、甬道，前、后墓室	不详	解峰、马先登：《唐契苾明墓发掘记》，《文博》1998年第5期
固原唐梁元珍墓	唐圣历二年（699）	宁夏固原	墓室壁画	单室	天井、过洞、甬道及墓室	约32平方米	罗丰：《宁夏固原唐梁元珍墓》，《文物》1993年第6期
太原董茹莊唐墓	唐登封元年（696）	山西太原	墓室壁画	单室	墓室	不详	山西省考古研究所：《山西太原董茹莊唐墓壁画》，《文物参考资料》1954年第12期
唐李则政墓	唐圣历三年（700）	陕西西安	墓室壁画	单室	墓道、墓室	不详	张在明主编：《中国文物地图集·陕西分册》（下），西安地图出版社，1998年
阿斯塔那72TAM187、188、230号唐墓	唐长安二年至四年（702—704）	新疆吐鲁番阿斯塔那	木框联屏绢画	单室	墓室内	不详	李征：《新疆阿斯塔那三座唐墓出土珍贵绢画及文书等文物》，《文物》1975年10期
唐李思贞墓	唐神龙元年（705）	陕西西安	墓室壁画	双室	墓道、墓室	不详	武伯伦：《唐万年、长安县乡里考》，《考古学报》1963年第2期
唐严州刺史华文弘夫妇合葬墓	唐神龙元年（705）	陕西西安	墓室壁画	双室	墓道、墓室	不详	张全民：《唐严州刺史华文弘夫妇合葬墓》，《文博》2003年第6期

续表

墓名	时间	分布	形制		壁画位置	面积	资料来源
			图像形制	墓葬形制		壁画面积	
唐永泰公主墓（乾陵陪葬墓）	唐神龙二年（706）	陕西咸阳乾县	墓室壁画	双室	墓道，前、后墓室四壁与顶部	约120平方米	陕西省文物管理委员会：《唐永泰公主墓发掘简报》，《文物》1964年第1期
唐懿德太子墓（乾陵陪葬墓）	唐神龙二年（706）	陕西咸阳乾县	墓室壁画	双室	墓道、过洞、天井、甬道和前、后墓室	约120平方米	陕西省博物馆、乾陵文教局唐墓发掘组：《唐懿德太子墓发掘简报》，《文物》1972年第7期
唐章怀太子墓（乾陵陪葬墓）	唐神龙二年（706）	陕西咸阳乾县	墓室壁画，石椁线刻画像	双室	墓道、过洞、天井、甬道和前、后墓室	不详	陕西省博物馆、乾县文教局唐墓发掘组：《唐章怀太子墓发掘简报》，《文物》1972年第7期
唐安国相王孺人唐氏墓	唐神龙二年（706）	河南洛阳	墓室壁画	单室	墓道、过洞、天井、甬道及墓室	约100平方米	洛阳市第二文物工作队：《唐安国相王孺人唐氏、崔氏墓发掘简报》，《中原文物》2005年第6期
唐韦洞墓	唐景龙二年（708）	陕西西安	墓室壁画，石椁线刻画像	双室	墓道、甬道、天井及墓室	不详	陕西省文物管理委员会：《长安县南里王村唐韦洞墓发掘记》，《文物》1959年第8期
唐韦泂墓	唐景龙二年（708）	陕西西安	墓室壁画	不详	不详	不详	負安志：《陕西长安县南里王村与咸阳飞机场出土大量隋唐珍贵文物》，《考古与文物》1993年第6期
唐韦泚墓	唐景龙二年（708）	陕西西安	墓室壁画	不详	不详	不详	負安志：《陕西长安县南里王村与咸阳飞机场出土大量隋唐珍贵文物》，《考古与文物》1993年第6期
唐韦城县主墓	唐景龙二年（708）	陕西西安	墓室壁画	不详	不详	不详	負安志：《陕西长安县南里王村与咸阳飞机场出土大量隋唐珍贵文物》，《考古与文物》1993年第6期

续表

墓名	时间	分布	形制		壁画位置	面积	资料来源
			图像形制	墓葬形制		壁画面积	
唐节愍太子墓	唐景云元年（710）	陕西富平	墓室壁画	双室	墓道至墓室全部绘满壁画	约110平方米	陕西省考古研究所：《唐节愍太子墓发掘简报》，《考古与文物》2004年第4期
唐万泉县主薛氏墓	唐景云元年（710）	陕西咸阳	墓室壁画	双室	墓道、过洞、天井、甬道及墓室	不详	贺梓城：《唐墓壁画》，《文物》1959年第8期
唐薛儆墓	唐开元九年（721）	山西万荣	墓室壁画	单室	墓道、甬道和墓室四壁	约20平方米	张童心：《唐薛儆墓发掘简报》，《文物季刊》1997年第3期
唐契苾夫人墓（昭陵陪葬墓）	唐开元九年（721）	陕西礼泉	墓室壁画	单室	天井、过洞	不详	张在明主编：《中国文物地图集·陕西分册》（下），西安地图出版社，1998年
延庆县铝箔厂侯臣夫妇合葬墓	唐开元二十二年（722）	北京延庆	墓室壁画	单室	墓室	不详	王武钰：《延庆县铝箔厂唐代壁画墓》，《中国考古学年鉴》（1992年），文物出版社，1994年
唐阎婉墓	唐开元十二年（724）	湖北郧县	墓室壁画	单室	甬道，东、西两壁及墓室四壁	不详	全锦云：《湖北郧县唐李徽、阎婉墓发掘简报》，《文物》1987年第8期
唐李欣墓	唐开元十二年（724）	湖北郧县	墓室壁画	单室	甬道及墓室	不详	高仲达：《唐嗣濮王李欣墓发掘简报》，《江汉考古》1980年第2期
唐惠庄太子李撝墓（桥陵陪葬墓）	唐开元十二年（724）	陕西蒲城	墓室壁画	单室	墓道、过洞、天井、甬道和墓室	约65平方米	陕西省考古研究所编著：《唐惠庄太子李撝墓发掘报告》，科学出版社，2004年
唐长安南郊韦慎名墓	唐开元十五年（727）	陕西西安	墓室壁画	单室	甬道两壁、顶部及墓室四壁	约28平方米	陕西省考古研究所、西安市文物保护考古所：《唐长安南郊韦慎名墓清理简报》，《考古与文物》2003年第6期
唐薛莫墓	唐开元十六年（728）	陕西西安	墓室壁画	单室	墓道、墓室四壁及墓顶	不详	何修颐：《西安东郊唐墓清理记》，《考古通讯》1956年第6期

续表

墓名	时间	分布	形制		壁画位置	面积	资料来源
			图像形制	墓葬形制		壁画面积	
唐冯君衡墓	唐开元十七年（729）	陕西西安	墓室壁画	单室	墓室、天井及墓道	不详	贺梓城：《唐墓壁画》，《文物》1959年第8期
唐臧怀亮墓（献陵陪葬墓）	唐开元十八年（730）	陕西富平	墓室壁画	单室	墓道、甬道及墓室	不详	张在明主编：《中国文物地图集·陕西分册》（下），西安地图出版社，1998年
太原晋源镇唐温神智壁画墓	开元十八年（730）	山西太原	墓室壁画	单室	墓室四壁及穹隆顶	不详	太原市文物考古研究所：《山西太原晋源镇三座唐壁画墓》，《文物》2010年第7期
唐贞顺皇后敬陵	唐开元二十五年（737）	陕西西安	墓室壁画，石椁线刻画像	单室	甬道、墓室四壁	不详	程旭、师小群：《唐贞顺皇后敬陵石椁》，《文物》2012年第5期
唐韩休夫妇合葬墓	唐开元二十八年（740）	陕西西安	墓室壁画	单室	墓道、过洞、天井、甬道及墓室	不详	杨岐黄：《“唐韩休墓出土壁画学术研讨会”纪要》，《考古与文物》2014年第6期
唐睿宗贵妃豆卢氏墓	唐开元二十八年（740）	河南洛阳	墓室壁画	单室	墓道、过洞、甬道、墓室顶部及四壁	约20平方米	洛阳市文物工作队：《唐睿宗贵妃豆卢氏墓发掘简报》，《文物》1995年第8期
唐张九龄墓	唐开元二十九年（741）	广东韶关	墓室壁画	单室	甬道、墓室	不详	广东省文物管理委员会、华南师范学院历史系：《唐代张九龄墓发掘简报》，《文物》1961年第6期
唐韦君夫人墓	唐天宝元年（742）	陕西西安	墓室壁画	单室	墓道、过洞、天井、甬道及墓室	约70平方米	王育龙：《西安南郊韦君夫人等墓葬清理简报》，《考古与文物》1989年第5期
唐李宪夫妇合葬墓（惠陵）	唐天宝元年（742）	陕西蒲城	墓室壁画	单室	墓道、过洞、天井、甬道及墓室	约120平方米	陕西省考古研究所：《唐李宪墓发掘报告》，科学出版社，2005年
唐王芳媚墓（桥陵陪葬墓）	唐天宝四年（745）	陕西蒲城	墓室壁画	单室	墓室	不详	张在明主编：《中国文物地图集·陕西分册》（下），西安地图出版社，1998年

续表

墓名	时间	分布	形制		壁画位置	面积	资料来源
			图像形制	墓葬形制		壁画面积	
唐苏思勖墓	唐天宝四年（745）	陕西西安	墓室壁画	单室	墓室和甬道周壁	约35平方米	陕西考古所唐墓工作组：《西安东郊唐苏思勖墓》，《考古》1960年第1期
长安县南里王村唐墓	唐天宝四年（745）	陕西西安	墓室壁画	单室	甬道、墓室四壁、甬道及墓顶	约35平方米	赵力光、王九刚：《长安县南里王村唐壁画墓》，《文博》1989年第4期
西安韩森寨唐墓	唐天宝四年（745）	陕西西安	墓室壁画	单室	甬道、墓室四壁	不详	张正岭：《西安韩森寨唐墓清理记》，《考古通讯》1957年第5期
唐张去奢墓	唐天宝六年（747）	陕西咸阳	墓室壁画	单室	甬道、墓室	约20平方米	贺梓城：《唐墓壁画》，《文物》1959年第8期
唐张仲晖墓	唐天宝十二年（753）	陕西泾阳	墓室壁画	单室	墓道、壁龛及墓室	约8平方米	陕西省考古研究所、泾阳县文管会：《唐张仲晖墓发掘简报》，《考古与文物》1992年第1期
唐高元珪墓	唐天宝十五年（756）	陕西西安	墓室壁画	单室	墓道、天井、甬道及墓室四壁	不详	贺梓城：《唐墓壁画》，《文物》1959年第8期
唐清源县主墓	唐至德三年（758）	陕西西安	墓室壁画	单室	甬道、墓室	不详	陕西省文管会：《西安南郊庞留村的唐墓》，《文物参考资料》1958年第10期
燕京汽车厂何数夫妇墓	唐乾元二年（759）	北京宣武	墓室壁画	单室	墓室四壁	不详	王策、程利：《燕京汽车厂出土唐墓》，《北京文博》1999年1期
唐高力士墓（泰陵陪葬墓）	唐宝应元年（762）	陕西蒲城	墓室壁画，石板线刻画像	单室	墓道、过洞、天井、壁龛、甬道和墓室	约15平方米	陕西省考古研究所：《唐高力士墓发掘简报》，《考古与文物》2002年第6期
北京丰台唐史思明墓	唐宝应元年（762）	北京丰台	墓室壁画	单室	墓道	不详	袁进京、赵福生：《北京丰台唐史思明墓》，《文物》1991年第9期

续表

墓名	时间	分布	形制		壁画位置	面积	资料来源
			图像形制	墓葬形制		壁画面积	
西安郊区唐韩氏墓	唐永泰元年（765）	陕西西安	墓室壁画	单室	甬道、墓室	不详	中国科学院考古研究所：《西安郊区隋唐墓》，科学出版社1966年
唐安公主墓	唐兴元元年（784）	陕西西安	墓室壁画	单室	甬道、墓室	约40平方米	陈安利、马咏钟：《西安王家坟唐代唐安公主墓》，《文物》1991年第9期
唐郯国大长公主墓	唐贞元三年（787）	陕西咸阳	墓室壁画	单室	墓道、过洞、天井及墓室	不详	王仁波、何修龄、单暐：《陕西唐墓壁画之研究》(下)，《文博》1984年第2期
唐贞孝公主墓	唐贞元八年（792）	吉林和龙	墓室壁画	不详	不详	不详	宿白主编：《中国美术全集·绘画编12·墓室壁画》，文物出版社，1989年
瀛州司马兼侍御史王郅夫妇合葬墓	唐元和九年（814）	北京丰台	墓室壁画	单室	墓室	不详	马希桂：《北京市发现的几座唐墓》，《考古》1980年第6期
唐赵逸公夫妇合葬墓	唐文宗太和三年（829）	河南安阳	墓室壁画	单室	墓室四周、甬道及天井	约50平方米	安阳市文物考古研究所：《河南安阳市北关唐代壁画墓发掘简报》，《考古》2013年第1期
唐姚存古墓	唐大和九年（835）	陕西西安	墓室壁画	单室	墓道东、西壁，甬道、墓室	不详	王仁波、何修龄、单暐：《陕西唐墓壁画之研究》(下)，《文博》1984年第2期
唐梁元翰墓	唐会昌四年（844）	陕西西安	墓室壁画	单室	墓室西壁、南壁	不详	王仁波、何修龄、单暐：《陕西唐墓壁画之研究》(下)，《文博》1984年第2期
北京海淀区八里庄唐墓	唐开成三年（846）	北京海淀	墓室壁画	单室	墓室四壁	不详	杨桂梅：《北京市海淀区八里庄唐墓》，《文物》1995年第11期
唐高克从墓	唐大中元年（847）	陕西西安	墓室壁画	单室	甬道、墓室	不详	贺梓城：《唐墓壁画》，《文物》1959年第8期

续表

墓名	时间	分布	形制		壁画位置	面积	资料来源
			图像形制	墓葬形制		壁画面积	
北京唐纪公夫妇合葬墓	唐大中元年（847）	北京海淀	墓室壁画	单室	墓室	不详	北京市文物工作队：《海淀区太平路唐代墓葬》，《中国考古学年鉴》（1986年），文物出版社，1988年
唐杨玄略墓	唐咸通五年（864）	陕西西安	墓室壁画	单室	墓室内壁	不详	王仁波、何修龄、单暐：《陕西唐墓壁画之研究》（下），《文博》1984年第2期
唐懿宗德妃王氏墓（简陵陪葬墓）	唐咸通十二年（871）	陕西西安	墓室壁画	单室	墓室	不详	张在明主编：《中国文物地图集·陕西分册（下）》，西安地图出版社，1998年
唐毛孟安墓	唐咸通十三年（872）	陕西西安	墓室壁画	单室	墓室	不详	申秦雁、杨效俊：《山西唐墓壁画研究综述》，《唐墓壁画研究文集》，三秦出版社，2001年
北京唐茹弘庆墓	唐乾符五年（878）	北京海淀	墓室壁画	单室	墓室	不详	马希桂：《北京市发现的几座唐墓》，《考古》1980年第6期
唐僖宗李儇墓（唐靖陵）	唐文德元年（888）	陕西乾县	墓室壁画	单室	墓道两壁、甬道	约40平方米	张在明主编：《中国文物地图集·陕西分册（下）》，西安地图出版社，1998年
西城区丰盛胡同唐代壁画墓	唐龙纪元年（889）	北京西城	墓室壁画	单室	墓室四壁	不详	韩鸿业：《西城区丰盛胡同唐代壁画墓发掘简报》，北京文博网，2008年
临安晚唐钱宽墓	唐光化三年（900）	浙江杭州	墓室壁画	双室	墓室、墓顶	不详	陈元甫、伊世同：《浙江临安晚唐钱宽墓出土天文图及"官"字款白瓷》，《文物》1979年第12期
唐李谨行墓	唐永徽年间	陕西咸阳	墓室壁画	单室	墓室侧壁	不详	张在明主编：《中国文物地图集·陕西分册（下）》，西安地图出版社，1998年

续表

墓名	时间	分布	形制		壁画位置	面积	资料来源
			图像形制	墓葬形制		壁画面积	
唐咸阳唐苏君墓	唐代前期	陕西咸阳	墓室壁画	双室	墓道、甬道及前、后两室	约70平方米	陕西省社会科学院考古研究所：《陕西咸阳唐苏君墓发掘》，《考古》1963年第9期
太原金胜村4号墓	初唐晚期	山西太原	墓室壁画	单室	墓室四壁、墓顶	不详	山西省文物管理会：《太原金胜村唐墓》，《考古》1959年第9期
太原金胜村5号墓	初唐晚期	山西太原	墓室壁画	单室	墓室四壁	不详	山西省文物管理会：《太原金胜村唐墓》，《考古》1959年第9期
太原金胜村6号墓	初唐时期	山西太原	墓室壁画	单室	墓室壁面	不详	李奉山、沈振中：《太原市金胜村第六号唐代壁画墓》，《文物》1959年第8期
太原晋源镇果树场墓(TL2001M552)	初盛唐	山西太原	墓室壁画	单室	墓室四壁及穹隆顶	不详	太原市文物考古研究所：《山西太原晋源镇三座唐壁画墓》，《文物》2010年第7期
太原晋源镇赤桥村墓(TC2001M1)	初盛唐	山西太原	墓室壁画	单室	仅存墓室东壁	约3.25平方米	太原市文物考古研究所：《山西太原晋源镇三座唐壁画墓》，《文物》2010年第7期
太原金胜村337号唐墓	唐高宗时期	山西太原	墓室壁画	单室	墓室四壁及墓顶	约8平方米	山西省考古研究所、太原市文物管理委员会：《太原金胜村337号唐代壁画墓》，《文物》1990年第12期
信州刺史薛府君夫妻合葬墓	唐武周时期	北京宣武	墓室壁画	双室	墓室	不详	周耿：《介绍北京市的出土文物展览》，《文物参考资料》1954年第8期
太原金胜村555号唐墓	唐代前期	山西太原	墓室壁画	单室	墓室四壁及墓顶	约15平方米	侯毅：《太原金胜村555号唐墓》，《文物季刊》1992年第1期

续表

墓名	时间	分布	形制		壁画位置	面积	资料来源
			图像形制	墓葬形制		壁画面积	
太原南郊金胜村焦化厂唐代壁画墓	唐代前期	山西太原	墓室壁画	单室	墓室四壁及墓顶	不详	山西省考古研究所：《太原市南郊唐代壁画墓清理简报》，《文物》1988年第12期
福建闽侯杜武唐墓	唐代前期	福建福州	画像砖	单室	墓室四壁	不详	黄汉杰：《福建闽侯荆山、杜武南朝、唐墓清理记》，《考古》1959年第4期
江苏徐州市花马庄唐墓	唐代前期	江苏徐州	画像砖	单室	甬道、墓室及墓顶	不详	盛储彬、耿建军：《江苏徐州市花马庄唐墓》，《考古》1997年第3期
唐安国相王孺人崔氏墓	唐景龙年间	河南洛阳	墓室壁画	单室	墓道、过洞、天井、甬道及墓室	约100平方米	洛阳市第二文物工作队：《唐安国相王孺人唐氏、崔氏墓发掘简报》，《中原文物》2005年第6期
宁夏盐池何氏家族墓（M2）	盛唐前后	宁夏盐池	画像石	单室	墓道内	不详	宁夏回族自治区博物馆：《宁夏盐池唐墓发掘简报》，《文物》1988年第9期
宁夏盐池何氏家族墓（M6）	盛唐前后	宁夏盐池	石刻线画	单室	墓门	不详	宁夏回族自治区博物馆：《宁夏盐池唐墓发掘简报》，《文物》1988年第9期
西安陕棉96十厂唐墓（M7）	唐天宝初年前后	陕西西安	墓室壁画	单室	甬道、墓室四壁	约16平方米	陕西省考古研究所：《西安西郊陕棉十厂唐壁画墓清理简报》，《考古与文物》2002年第1期
吐鲁番阿斯塔那38号墓	盛唐时期	新疆吐鲁番阿斯塔那	墓室壁画	单室	墓室后壁	不详	宿白主编：《中国美术全集·绘画编12·墓室壁画》，文物出版社，1989年
吐鲁番阿斯塔那216号墓	盛唐时期	新疆吐鲁番阿斯塔那	墓室壁画	单室	墓室后壁	不详	宿白主编：《中国美术全集·绘画编12·墓室壁画》，文物出版社，1989年
吐鲁番阿斯塔那217号墓	盛唐时期	新疆吐鲁番阿斯塔那	墓室壁画	单室	墓室后壁	不详	宿白主编：《中国美术全集·绘画编12·墓室壁画》，文物出版社，1989年

续表

墓名	时间	分布	形制		壁画位置	面积	资料来源
			图像形制	墓葬形制		壁画面积	
吐鲁番阿斯塔那90号墓	盛唐时期	新疆吐鲁番阿斯塔那	墓室壁画	单室	墓室壁面	不详	宿白主编：《中国美术全集·绘画编12·墓室壁画》，文物出版社，1989年
孟津上店村唐壁画墓	盛唐时期	河南孟津	墓室壁画	单室	甬道、墓室	不详	洛阳市文物工作队：《河南孟津县上店村唐代壁画墓》，《考古》2012年第2期
长安县南里王村唐壁画墓	盛唐至中唐前期	陕西西安	墓室壁画	单室	甬道、墓室四壁及墓顶	不详	赵力光、王九刚：《长安县南里王村唐壁画墓》，《文博》1989年第4期
青海郭里木吐蕃墓2座	吐蕃时期	青海郭里木乡	棺板画	单室	木棺表面	不详	许新国：《郭里木吐蕃墓葬棺板画研究》，《中国藏学》2005年第1期
临安县店水邱氏墓	晚唐	浙江杭州	墓室壁画	双室	墓顶	不详	明堂山考古队：《临安县唐水邱氏墓发掘报告》，《浙江省文物考古所学刊》，文物出版社，1981年
北京房山区刘济墓	唐代	北京	墓室壁画	双室	墓室内壁、耳室及墓道壁	不详	刘乃涛：《刘济墓考古发掘记》，《大众考古》2013年第2期
东曹村唐墓	唐代	陕西西安	墓室壁画	单室	墓室	不详	申秦雁、杨效俊：《陕西唐墓壁画研究综述》，《唐墓壁画研究文集》，三秦出版社，2001年
富平朱家道村墓	唐代	陕西富平	墓室壁画	单室	墓室顶部、墓室四壁	约20平方米	井增利、王小蒙：《富平县新发现的唐墓壁画》，《考古与文物》1997年第4期
孙家山2号唐墓	唐代	陕西扶风	墓室壁画	单室	墓道、墓室顶部	不详	张在明主编：《中国文物地图集·陕西分册》（下），西安地图出版社，1998年

续表

墓名	时间	分布	形制		壁画位置	面积	资料来源
			图像形制	墓葬形制		壁画面积	
昭陵四号墓	唐代	陕西礼泉	墓室壁画	不详	墓室	不详	介眉编著：《昭陵唐人服饰》，三秦出版社，1990年
南北村唐墓	唐代	陕西乾县	墓室壁画	不详	墓室	不详	张在明主编：《中国文物地图集·陕西分册》（下），西安地图出版社，1998年
206所唐墓	唐代	陕西西安	墓室壁画	不详	墓室	不详	张在明主编：《中国文物地图集·陕西分册》（下），西安地图出版社，1998年
田禾村唐墓	唐代	陕西蓝田	墓室壁画	不详	墓室	不详	张在明主编：《中国文物地图集·陕西分册》（下），西安地图出版社，1998年
白家堡唐墓	唐代	陕西富平	墓室壁画	不详	墓室	不详	张在明主编：《中国文物地图集·陕西分册》（下），西安地图出版社，1998年
西韦村西北唐墓	唐代	陕西西安	墓室壁画	不详	墓室	不详	张在明主编：《中国文物地图集·陕西分册》（下），西安地图出版社，1998年
后堡村唐墓	唐代	陕西西安	墓室壁画	不详	墓室	不详	张在明主编：《中国文物地图集·陕西分册》（下），西安地图出版社1998年
居安村北唐墓	唐代	陕西乾县	墓室壁画	不详	墓室	不详	张在明主编：《中国文物地图集·陕西分册》（下），西安地图出版社，1998年
石家村唐墓	唐代	陕西富平	墓室壁画	不详	墓室	不详	张在明主编：《中国文物地图集·陕西分册》（下），西安地图出版社，1998年

续表

墓名	时间	分布	形制		壁画位置	面积	资料来源
			图像形制	墓葬形制		壁画面积	
库车苏巴什西区塔庙的彩棺墓	唐代	新疆库车	彩棺	单室	彩棺板面	不详	张平：《库车苏巴什西区塔庙的彩棺墓》，《丝路·思路——2015年克孜尔石窟壁画国际学术研讨会论文集》，河北美术出版社，2015年
和林格尔县土城子壁画墓群（共11座）	晚唐至辽初	内蒙古和林格尔	墓室壁画	单室	墓室内壁	不详	内蒙古自治区文物工作队：《和林格尔县土城子古墓发掘简介》，《文物》1961年第9期
五代十国							
前蜀高祖王建墓（永陵）	前蜀光天元年（918）	四川成都	墓室壁画，浮雕，石刻线画	多室	墓室	不详	冯汉骥撰：《前蜀王建墓发掘报告》，文物出版社，1964年
曲阳王处直墓	后唐同光二年（924）	河北曲阳	墓室壁画，砖雕	双室	墓道、墓门、甬道、前室，东、西耳室和后室	约100平方米	李恩佳、李文龙：《河北曲阳五代壁画墓发掘简报》，《文物》1996年第9期
五代李茂贞夫妇墓（1、2号墓）	后唐同光二年（924）	陕西宝鸡	墓室壁画，砖雕	双室	甬道、墓室内壁	不详	宝鸡市考古研究所：《五代李茂贞夫妇墓》，科学出版社，2008年
后蜀高祖孟知祥墓（和陵）	后蜀明德元年（934）	四川成都	墓室壁画，浮雕	单室	墓室	不详	成都市文物管理处：《后蜀孟知祥墓与福庆长公主墓志铭》，《文物》1982年第3期
吴越王康陵	后晋天福四年（939）	浙江临安	墓室壁画，石雕彩绘	多室	墓门、墓道、墓室	不详	张玉兰：《浙江临安五代吴越国王康陵发掘简报》，《文物》2000年第2期
洛阳伊川后晋孙璠墓	后晋天福五年（940）	河南洛阳	彩绘砖雕	单室	墓室四壁及墓顶	不详	四川大学历史文化学院考古系、洛阳市第二文物工作队：《洛阳伊川后晋孙璠墓发掘简报》，《文物》2007年第6期

续表

墓名	时间	分布	形制		壁画位置	面积	资料来源
			图像形制	墓葬形制		壁画面积	
南唐高祖李昪钦陵	南唐升元七年（943）	江苏南京	墓室壁画，建筑构件彩画	多室	甬道、墓门及墓室	不详	南京博物馆：《南唐二陵》，文物出版社1957年
后蜀张虔钊墓	后蜀广政十一年（948）	四川成都	墓室壁画，浮雕	多室	前、后两室室内壁	不详	成都市文物管理处：《成都市东郊后蜀张虔钊墓》，《文物》1982年第3期
后蜀孙汉韶墓	后蜀显德三年（956）	四川成都	墓室壁画，浮雕	多室	中室	不详	成都市博物馆考古队：《五代后蜀孙汉韶墓》，《文物》1991年第5期
五代冯晖墓	后周显德五年（958）	陕西彬县	墓室壁画，砖雕	单室	甬道、墓室内壁	不详	咸阳市文物考古研究所编著：《五代冯晖墓》，重庆出版社2001年
南唐中祖李璟顺陵	南唐（961）	江苏南京	墓室壁画，建筑构件彩画	多室	甬道、墓门及墓室	不详	南京博物馆：《南唐二陵》，文物出版社1957年
太原市第一热电厂壁画墓	北汉天会五年（961）	山西太原	墓室壁画	不详	甬道、墓室	不详	徐光冀主编：《中国出土壁画全集2·山西》，科学出版社2012年
彭山后蜀宋琳墓	后蜀	四川彭山	浮雕	多室	中室	不详	任锡光：《四川彭山后蜀宋琳墓清理简报》，《考古通讯》1958年第5期
五代周恭帝柴宗训顺陵	五代	河南新郑	墓室壁画	不详	墓道、墓室	不详	李书楷：《五代周恭帝顺陵出土壁画》，《中国文物报》1992年4月5日，第1版
杭州五代钱元瓘墓（M27）	五代	浙江杭州	画像砖	多室	墓室四壁及顶部	不详	浙江省文物管理委员会：《杭州、临安五代墓中的天文图和秘色瓷》，《考古》1975年第3期
杭州五代吴汉月墓（M26）	五代	浙江杭州	画像砖	多室	墓室四壁及顶部	不详	浙江省文物管理委员会：《杭州、临安五代墓中的天文图和秘色瓷》，《考古》1975年第3期

续表

墓名	时间	分布	形制		壁画位置	面积	资料来源
			图像形制	墓葬形制		壁画面积	
洛阳道北五路五代壁画墓	五代	河南洛阳	墓室壁画，砖雕	单室	甬道、墓室内壁	不详	侯秀敏、胡小宝：《洛阳道北五路出土的五代壁画墓》，《文物世界》2013年第1期
内蒙清水河县山跳峁墓群（M1~M7）	五代	内蒙古呼和浩特	墓室壁画，砖雕	单室	甬道、墓室	不详	魏坚、计红、李兴盛：《内蒙古清水河县山跳峁墓地》，《文物》1997年第1期
洛阳孟津新庄五代壁画墓	五代	河南洛阳	墓室壁画	单室	甬道、墓室	不详	洛阳市文物考古研究院：《洛阳孟津新庄五代壁画墓发掘简报》，《洛阳考古》2013第1期
洛阳龙盛小学五代壁画墓	五代	河南洛阳	墓室壁画，砖雕	单室	甬道、墓室	不详	洛阳市文物考古研究院：《洛阳龙盛小学五代壁画墓发掘简报》，《洛阳考古》2013第1期
洛阳邙山镇营庄村北五代壁画墓	五代	河南洛阳	墓室壁画	单室	甬道、墓室	不详	洛阳市文物考古研究院：《洛阳邙山镇营庄村北五代壁画墓》，《洛阳考古》2013第1期
太原北汉刘继元太惠妃墓	北汉末期	山西太原	墓室壁画	不详	墓室	不详	李建平：《太原发现北汉晚期皇室墓葬，有恢弘壁画》，《新华每日电讯》2010年1月1日，第2版
内蒙古清水河塔尔梁五代壁画墓（M1）	五代末期或宋代初期	内蒙古呼和浩特	墓室壁画，砖雕	单室	甬道、墓室	不详	内蒙古师范大学科学技术史研究院、内蒙古文物考古研究所：《内蒙古清水河塔尔梁五代壁画墓发掘简报》，《文物》2014年第4期
内蒙古清水河塔尔梁五代壁画墓（M2）	五代末期或宋代初期	内蒙古呼和浩特	墓室壁画，砖雕	单室	甬道、墓室	不详	内蒙古师范大学科学技术史研究院、内蒙古文物考古研究所：《内蒙古清水河塔尔梁五代壁画墓发掘简报》，《文物》2014年第4期

续表

墓名	时间	分布	形制		壁画位置	面积	资料来源
			图像形制	墓葬形制		壁画面积	
宋代							
济南山大南校区宋代砖雕壁画墓	北宋建隆元年（960）	山东济南	砖雕壁画	单室	墓室周壁	不详	刘善沂、史芸、李铭：《济南市宋金砖雕壁画墓》，《文物》2008年第8期
巩县宋太宗元德李后陵地宫	北宋咸平三年（1000）	河南巩县	墓室壁画	单室	直额、门扉、棺床南壁、墓室周壁及斗拱、屋檐	不详	孙新民、傅永魁：《宋太宗元德李后陵发掘报告》，《华夏考古》1988年第3期
郑州南关外北宋砖室墓	北宋至和三年（1056）	河南郑州	砖雕壁画	单室	墓室四壁	待统计	河南省文化局文物工作队第一队：《郑州南关外北宋砖室墓》，《文物参考资料》1958年第5期
登封城南庄宋代壁画墓	北宋至和年间	河南登封	墓室壁画	单室	墓室周壁	不详	于宏伟、郝红星、李扬：《河南登封城南庄宋代壁画墓》，《文物》2005年第8期
林县城关宋墓	熙宁元年（1078-1085）	河南林县	砖雕墓室壁画	单室	墓室四壁及墓顶	待统计	张增午：《河南林市北宋雕砖壁画墓清理报告》，《华夏考古》2010年第1期
淮安宋代1号壁画墓	北宋嘉祐五年（1060）	江苏淮安	墓室壁画	单室	墓室东、西两壁，后壁及顶部	不详	罗宗真：《江苏淮安宋代壁画墓》，《文物》1960年Z1期
山东济南青龙桥宋代纪年壁画墓	北宋熙宁八年（1075）	山东济南	墓室壁画	不详	不详	不详	山东省文物管理委员会：《济南发现带壁画的宋墓》，《文物》1960年第2期
长治故县村宋代2号壁画墓	北宋元丰元年（1078）	山西长治	墓室壁画	单室	南壁、东壁及西壁	不详	朱晓芳、王进先：《山西长治故县村宋代壁画墓》，《文物》2005年第4期
莱州南五里村宋代壁画墓	北宋元丰七年（1084）	山东莱州	墓室壁画	单室	墓门、甬道及墓室四壁	待统计	闫勇等：《胶东地区首次发现宋代纪年壁画墓》，《中国文物报》2013年12月6日，第8版

续表

墓名	时间	分布	形制		壁画位置	面积	资料来源
			图像形制	墓葬形制		壁画面积	
林州市北宋雕砖壁画墓	北宋元丰年间	河南林州	砖雕壁画	单室	顶部、东壁及东壁南边	待统计	张增午、张振海、郭刚宏：《河南林州市北宋雕砖壁画墓清理简报》，《华夏考古》2010年第1期
林州市李家池宋代一号壁画墓	北宋元丰十年至大观年间	河南林州	墓室壁画	单室	墓室周壁及墓顶	待统计	林州市文物管理所：《河南林州市李家池宋代壁画墓清理简报》，《华夏考古》2010年第4期
郑州北宋赵荣壁画墓	北宋元祐元年（1086）	河南郑州	墓室壁画	单室	墓门、甬道及墓室周壁	不详	南阳市文物研究所、郑州市文化馆：《河南省郑州市北宋赵荣壁画墓》，《中原文物》1997年第4期
淮安宋代2号壁画墓（杨公佐墓）	北宋绍圣元年（1094）	江苏淮安	墓室壁画	多室	东室内东、西、后三壁上	不详	罗宗真：《江苏淮安宋代壁画墓》，《文物》1960年第Z1期
登封黑山沟宋墓	北宋绍圣四年（1097）	河南登封	墓室壁画	单室	墓室各壁、墓顶、建筑构件	待统计	郑州市文物考古研究所、登封市文物局：《河南登封黑山沟宋代壁画墓》，《文物》2001年第10期
河南禹县白沙宋代1号墓	北宋元符二年（1098）	河南禹县	墓室壁画	双室	墓室东、西墓壁	不详	宿白：《白沙宋墓》，文物出版社，1957年
郑州黄岗寺北宋纪年壁画墓	北宋崇宁四年（1105）	河南郑州	砖雕壁画	单室	甬道及墓室四壁	不详	郑州市文物考古研究院、河南省南水北调文物保护管理办公室：《郑州黄岗寺北宋纪年壁画墓》，《中原文物》2013年第1期
洛阳北宋张君墓	北宋崇宁五年（1106）	河南洛阳	石棺画像	不详	棺盖、石棺两侧	不详	黄明兰、宫大中：《洛阳北宋张君墓画像石棺》，《文物》1984年第7期
山东栖霞慕家店宋代慕伉墓	北宋政和六年（1116）	山东栖霞	墓室壁画	单室	墓门两边	不详	李元章：《山东栖霞市慕家店宋代慕伉墓》，《考古》1988年第5期

续表

墓名	时间	分布	形制		壁画位置	面积	资料来源
			图像形制	墓葬形制		壁画面积	
曲阳南平罗村北宋政和七年墓	北宋政和七年(1117)	河北曲阳	砖雕壁画	单室	墓室内壁及墓顶	不详	张金茹:《河北曲阳南平罗北宋政和七年墓清理简报》,《文物》1988年第11期
安阳宋代1号壁画墓	北宋宣和二年(1120)	河南安阳	墓室壁画	单室	墓室周壁	不详	魏峻、张道森:《安阳宋代壁画墓考》,《华夏考古》1997年第2期
莱州西山张村壁画墓(M1)	北宋宣和二年(1120)	山东莱州	墓室壁画	单室	西、北两壁	不详	闫永、张英军、侯建业:《山东莱州发现两座宋代壁画墓》,《中国文物报》2014年7月4日,第8版
安阳机床厂宋代2号壁画墓	北宋宣和四年(1122)	河南安阳	墓室壁画	单室	不详	不详	魏峻、张道森:《安阳宋代壁画墓考》,《华夏考古》1997年第2期
汉口中山公园宋画像石棺	北宋宣和五年(1123)	湖北武汉(又说洛阳出土)	画像石棺	石棺	棺身四周	不详	杨大年:《宋画像石棺》,《文物参考资料》1958年第7期
山西壶关下好牢宋墓	北宋宣和五年(1123)	山西壶关	砖雕壁画	多室	东、西、北壁	不详	王进先:《山西壶关下好牢宋墓》,《文物》2002年第5期
井陉县柿庄第1号墓宋墓	北宋重和或宣和年间	河北井陉	墓室壁画	单室	除东、南壁外,均有壁画	待统计	唐云明:《河北井陉县柿庄宋墓发掘报告》,《考古学报》1962年第2期
尤溪城关镇埔头村北宋纪年壁画墓	北宋靖康元年(1126)	福建尤溪	墓室壁画	双室	左室西壁	待统计	陈长根:《福建尤溪县城关镇埔头村发现北宋纪年壁画墓》,《考古》1995年第7期
郑州市北二七路砖雕宋墓?(M66)	北宋早期	河南郑州	砖雕墓	单室	东壁、西壁、北壁	待统计	郑州市文物考古研究院:《郑州市北二七路两座砖雕宋墓发掘简报》,《中原文物》2012年第4期

续表

墓名	时间	分布	形制		壁画位置	面积	资料来源
			图像形制	墓葬形制		壁画面积	
郑州市北二七路砖雕宋墓（M88）	北宋早期	河南郑州	砖雕墓	单室	东壁、西壁、北壁	待统计	郑州市文物考古研究院：《郑州市北二七路两座砖雕宋墓发掘简报》，《中原文物》2012年第4期
河南郑州二里岗宋墓	北宋早期	河南郑州	砖雕壁画	单室	南壁东端	不详	裴明相：《郑州二里岗宋墓发掘记》，《文物参考资料》1954年第6期
新安县古村北宋壁画墓	北宋中期	河南新安	墓室壁画	单室	东壁、北壁	待统计	洛阳市文物工作队：《河南新安县古村北宋壁画墓》，《华夏考古》1992年第2期
山东济南青龙桥宋代壁画墓	北宋中期	山东济南	墓室壁画	不详	墓室四壁	不详	山东省文物管理委员会：《济南发现带壁画的宋墓》，《文物》1960年第2期
湖南常德北宋张颙墓	北宋中期	湖南常德	墓室壁画	双室	门扉	不详	熊传新：《湖南常德北宋张颙墓》，《考古》1981年第3期
福建南平宋、代、壁画墓	北宋中晚期	福建南平	墓室壁画	双室	前室左右两壁、后室左右两壁	不详	张文崟：《福建南平宋代壁画墓》，《文物》1998年第12期
济源东石露头村宋代壁画墓	北宋中晚期	河南济源	墓室壁画	单室	墓室四壁及穹隆顶	待统计	赵宏、高明：《济源市东石露头村宋代壁画墓》，《中原文物》2008年第2期
登封唐庄宋代3号壁画墓	北宋晚期早段	河南登封	砖雕壁画	单室	五壁皆砖雕，壁画出现在南壁、西北壁、北壁	待统计	郑州市文物考古研究院、登封市文物局：《河南登封唐庄宋代壁画墓发掘简报》，《文物》2012年第9期
登封唐庄宋代2号壁画墓	北宋晚期早中段	河南登封	墓室壁画	单室	墓门、甬道及墓室周壁	待统计	郑州市文物考古研究院、登封市文物局：《河南登封唐庄宋代壁画墓发掘简报》，《文物》2012年第9期
河南禹县白沙宋代2号墓	北宋晚期	河南禹县	墓室壁画	单室	墓室东、西墓壁	不详	宿白：《白沙宋墓》，文物出版社，1957年

续表

墓名	时间	分布	形制		壁画位置	面积	资料来源
			图像形制	墓葬形制		壁画面积	
河南禹县白沙宋代3号墓	北宋晚期	河南禹县	墓室壁画	单室	墓室东、西墓壁	不详	宿白：《白沙宋墓》，文物出版社，1957年
河南新安县梁庄北宋壁画墓	北宋晚期	河南新安	墓室壁画	单室	墓室周壁	不详	洛阳市文物工作队：《河南新安县梁庄北宋壁画墓》，《考古与文物》1996年第4期
登封高村壁画墓（M1）	北宋晚期	河南郑州	墓室壁画	单室	墓室周壁	不详	于宏伟、黄俊、李扬：《登封高村壁画墓清理简报》，《中原文物》2004年第5期
洛阳宜阳仁厚宋代壁画墓（M1）	北宋晚期	河南洛阳	墓室壁画	单室	墓室周壁及墓顶	待统计	洛阳市文物考古研究院：《洛阳宜阳仁厚宋代壁画墓发掘简报》，《文物》2015年第4期
焦作白庄宋代壁画墓（M1）	北宋晚期	河南焦作	墓室壁画	多室	拱眼内壁	不详	焦作市文物工作队：《河南焦作白庄宋代壁画墓发掘简报》，《文博》2009年第1期
宜阳北宋画像石棺	北宋晚期	河南宜阳	画像石棺	单室	盖顶、前后挡、两帮	待统计	李献奇、张应桥：《河南宜阳北宋画像石棺》，《文物》1996年第8期
井陉县柿庄6号宋墓	北宋晚期	河北井陉	墓室壁画	单室	墓室周壁	待统计	唐云明：《河北井陉县柿庄宋墓发掘报告》，《考古学报》1962年第2期
河南林县一中宋代壁画墓	北宋晚期	河南林县	墓室壁画	多室	各室的墓室周壁	不详	林县文物管理所：《林县一中宋墓清理简报》，《中原文物》1990年第4期
郑州荥阳司村宋代壁画墓	北宋晚期	河南荥阳	墓室壁画	单室	墓室周壁	待统计	赵清：《荥阳司村宋代壁画墓发掘简报》，《中原文物》1982年第4期

续表

墓名	时间	分布	形制		壁画位置	面积	资料来源
			图像形制	墓葬形制		壁画面积	
嵩县北元村宋代壁画墓	北宋晚期	河南嵩县	墓室壁画	单室	墓室周壁及门窗斗拱	待统计	李献奇：《嵩县北元村宋代壁画墓》，《中原文物》1987年第3期
洛阳涧西9、7、2号宋墓	北宋晚期	河南洛阳	砖雕壁画	单室	墓室周壁	不详	赵青云：《洛阳涧西宋墓（九·七·二号）清理记》，《文物参考资料》1955年第9期
怀安下王屯壁画墓	北宋晚期	河北怀安	墓室壁画	单室	墓室周壁及墓门两侧	待统计	贺勇：《河北怀安下王屯壁画墓发掘简报》，《考古》1990年第3期
河北平山县两岔宋墓（M2）	北宋晚期	河北平山	墓室壁画	单室	除墓门处均有壁画	待统计	张春长、樊书海、张献中：《河北平山县两岔宋墓》，《考古》2000年第9期
陕西丹凤县商雒镇宋代壁画墓	北宋晚期	陕西丹凤	墓室壁画	多室	券门洞前两侧	不详	陕西省文物管理委员会：《陕西丹凤县商雒镇宋墓清理简报》，《文物参考资料》1956年第12期
陕西韩城宋代壁画墓	北宋晚期	陕西韩城	墓室壁画	单室	东、北、西壁	不详	杨永林：《陕西韩城宋代壁画墓揭开一幅历史画卷》，《光明日报》2009年4月11日，第1版
桂阳刘家岭宋代壁画墓	北宋晚期	湖南桂阳	墓室壁画	单室	甬道、墓室内壁、棺床	不详	湖南省文物考古研究所：《湖南桂阳刘家岭宋代壁画墓发掘简报》，《文物》2012年第2期
太原东南郊小店区南坪头砖厂宋墓群（三至九号墓）	北宋末年	山西太原	墓室壁画	单室	墓室各壁	不详	戴尊德：《太原市南坪头村宋墓清理简报》，《文物参考资料》1956年第3期
新密市平陌宋代壁画墓	北宋末年	河南新密	墓室壁画	单室	墓室周壁处墓门外	待统计	郑州市文物考古研究所、新密市博物馆：《河南新密市平陌宋代壁画墓》，《文物》1998年第12期

续表

墓名	时间	分布	形制		壁画位置	面积	资料来源
			图像形制	墓葬形制		壁画面积	
洛阳邙山宋代壁画墓	北宋晚期至南宋初	河南洛阳	砖雕壁画	单室	墓室四壁	待统计	宋云涛、墓建中：《洛阳邙山宋代壁画墓》，《文物》1992年第12期
江阴市青阳镇里泾坝宋墓	北宋晚期至南宋初	江苏无锡	石椁墓	单室	石椁外壁	不详	翁雪花、刁文伟：《江苏江阴市青阳镇里泾坝宋墓》，《考古》2008年第3期
河南陕县化纤厂宋代一号墓	北宋	河南陕县	墓室壁画	多室	墓门至四壁	不详	三门峡市文物工作队、陕县文物管理委员会：《河南省陕县化纤厂宋墓发掘简报》，《华夏考古》1993年第4期
河南陕县化纤厂宋三号墓	北宋	河南陕县	墓室壁画	单室	北壁门侧	不详	三门峡市文物工作队、陕县文物管理委员会：《河南省陕县化纤厂宋墓发掘简报》，《华夏考古》1993年第4期
巩县永熙陵西北祔葬后陵	北宋	河南巩县	墓室壁画	单室	墓室内壁	待统计	郭湖生、戚德耀、李容淦：《河南巩县宋陵调查》，《考古》1964年第11期
安阳林县董家村宋墓	北宋	河南安阳	墓室壁画	双室	墓室周壁	不详	周到：《河南安阳专署调查林县董家村宋墓》，《文物参考资料》1954年第5期
河南上蔡宋墓	北宋	河南上蔡	砖雕壁画	单室	墓室周壁	不详	杨育彬：《上蔡宋墓》，《河南文博通讯》1978年第4期
巩义涉村宋代壁画墓	北宋	河南巩义	墓室壁画	不详	不详	不详	郑州市文物考古研究所：《郑州宋金壁画墓》，科学出版社，2005年
郑州登封刘碑宋代壁画墓	北宋	河南登封	墓室壁画	不详	不详	不详	郑州市文物考古研究所：《郑州宋金壁画墓》，科学出版社，2005年

续表

墓名	时间	分布	形制		壁画位置	面积	资料来源
			图像形制	墓葬形制		壁画面积	
郑州登封王上壁画墓	北宋	河南郑州	墓室壁画	单室	墓室周壁、顶部及甬道侧壁	待统计	王彦民、姜楠：《登封王上壁画墓发掘简报》，《文物》1994年第10期
新安石寺李村宋代2号壁画墓	北宋	河新安	墓室壁画	不详	不详	不详	叶万松、余扶危：《新安县石寺李村《中国考古学年鉴》（1985），文物出版社，1985年
新安城关镇宋代壁画墓	北宋	河南新安	墓室壁画		不详	不详	廖子中、曹岳森：《新安县城关镇北宋壁画墓》，《中国考古学年鉴》（1985），文物出版社，1995年
偃师县酒流沟水库宋墓	北宋	河南偃师	砖雕壁画	单室	门两侧、北壁下半部	不详	董祥：《偃师县酒流沟水库宋墓》，《文物》1959年第9期
新安宋村北宋砖雕壁画墓	北宋	河南新安	砖雕壁画	双室	墓室四壁	待统计	北京大学中国考古学研究中心、北京大学考古文博学院、洛阳古代艺术博物馆：《新安宋村北宋砖雕壁画墓测绘简报》，《考古与文物》2015年第1期
洛宁乐重进石棺墓	北宋	河南洛宁	画像石棺	单室	石棺壁面	待统计	李献奇、王丽玲：《河南洛宁北宋乐重进画像石棺墓》，《文物》1993年第5期
平山县两岔1号宋墓	北宋	河北平山	墓室壁画	单室	除墓门外均有壁画	待统计	张春长、樊书海、张献中：《河北平山县两岔宋墓》，《考古》2000年第9期
济南洪家楼宋代砖雕壁画墓	北宋	山东济南	墓室壁画	单室	墓壁周壁	不详	刘善沂、王惠明：《济南市历城区宋元壁画墓》，《文物》2005年第11期

续表

墓名	时间	分布	形制		壁画位置	面积	资料来源
			图像形制	墓葬形制		壁画面积	
济南梁家庄北宋壁画墓	北宋	山东济南	墓室壁画	单室	墓室周壁	不详	济南文物工作队：《济南市郊发现北宋时代古墓》，《文物参考资料》1954年第4期
章丘女郎山宋代壁画墓	北宋	山东章丘	墓室壁画	不详	墓室周壁	不详	李曰训：《章丘女郎山考古获重大成果》，《中国文物报》1991年5月26日，第1版
山东滨州北蔺村宋代壁画墓	北宋	山东滨州	墓室壁画	不详	不详	不详	李绍庆：《滨州惊现宋代壁画墓》，《济南时报》2003年8月14日
尤溪城关宋代壁画墓	北宋	福建尤溪	墓室壁画	双室	左室左、右、后三壁及墓顶	不详	杨琮、王祥堆、朱世武：《福建尤溪城关宋代壁画墓》，《文物》1988年第4期
尤溪县城宋代壁画墓	北宋	福建尤溪	墓室壁画	单室	墓室东西两壁	不详	林玉芯：《尤溪县城宋代壁画墓清理纪要》，《东南文化》1991年第1期
尤溪麻洋宋代壁画墓	北宋	福建尤溪	墓室壁画	双室	前、后室两壁	不详	杨琮：《福建尤溪麻洋宋壁画墓清理简报》，《考古》1989年第7期
尤溪县梅仙宋代1号壁画墓	北宋	福建尤溪	墓室壁画	双室	墓室内壁	不详	杨琮：《尤溪县梅仙宋代壁画墓》，《中国考古学年鉴》（1990）文物出版社，1991年
尤溪县梅仙宋代2号壁画墓	北宋	福建尤溪	墓室壁画	双室	墓室内壁	不详	杨琮：《尤溪县梅仙宋代壁画墓》，《中国考古学年鉴》（1990）文物出版社，1991年
尤溪县城关一中宋代壁画	北宋	福建尤溪	墓室壁画	单室	墓室四壁	不详	福建省博物馆、尤溪县博物馆：《福建尤溪发现宋代壁画墓》，《考古》1991年第4期

续表

墓名	时间	分布	形制		壁画位置	面积	资料来源
			图像形制	墓葬形制		壁画面积	
谷城北宋砖雕一号壁画墓	北宋	湖北谷城	砖雕壁画	单室	墓室四壁	不详	田桂萍、杨力：《湖北谷城发掘北宋砖雕壁画墓》，《大众考古》2013年第4期
山西平定姜家沟村宋代壁画墓	北宋	山西平定	墓室壁画	单室	东南壁、东北壁、北壁	不详	商彤流、袁盛慧：《山西平定宋、金壁画墓简报》，《文物》1996年5期
河南巩县稍柴宋墓	北宋	河南巩县	墓室壁画	单室	东壁、西壁、南壁西侧	不详	巩县文物管理委员会：《河南巩县稍柴清理一座宋墓》，《考古》1965年8期
河南禹州市坡街宋壁画墓	北宋	河南禹州	墓室壁画	单室	除墓室南壁，其余七壁均有彩绘壁画或砖雕	待统计	河南省文物研究所、禹州市文管会：《禹州市坡街宋壁画墓清理简报》，《中原文物》1990年第4期
郑州荥阳槐西壁画墓（M13）	北宋至金初	河南荥阳	墓室壁画	单室	墓门上部及墓室四壁	不详	郑州市文物考古研究院、荥阳市文物保护管理所：《荥阳槐西壁画墓发掘简报》，《中原文物》2008年第5期
陕西洛川土基镇北宋壁画墓	北宋	陕西洛川	墓室壁画	双室	前室墓门内壁两侧	不详	靳之林、左登正：《陕西洛川土基镇发现北宋壁画墓》，《考古与文物》1988年第1期
郑州荥阳槐西壁画墓（M13）	北宋至金初	郑州荥阳	墓室壁画	单室	墓门上部及墓室四壁	不详	郑州市文物考古研究院、荥阳市文物保护管理所：《荥阳槐西壁画墓发掘简报》，《中原文物》2008年第5期
井陉县柿庄2号宋墓	北宋至金初	河北井陉	墓室壁画	单室	墓室周壁	待统计	唐云明：《河北井陉县柿庄宋墓发掘报告》，《考古学报》1962年第2期
井陉县柿庄7号宋墓	北宋至金初	河北井陉	墓室壁画	单室	西壁北侧、南侧，东壁	不详	唐云明：《河北井陉县柿庄宋墓发掘报告》，《考古学报》1962年第2期

续表

墓名	时间	分布	形制		壁画位置	面积	资料来源
			图像形制	墓葬形制		壁画面积	
井陉县柿庄4号宋墓	北宋至金初	河北井陉	墓室壁画	单室	墓室周壁	不详	唐云明：《河北井陉县柿庄宋墓发掘报告》，《考古学报》1962年第2期
井陉县柿庄5号宋墓	北宋至金初	河北井陉	墓室壁画	单室	墓室周壁	不详	唐云明：《河北井陉县柿庄宋墓发掘报告》，《考古学报》1962年第2期
井陉县柿庄3号宋墓	北宋至金初	河北井陉	墓室壁画	单室	墓室周壁	不详	唐云明：《河北井陉县柿庄宋墓发掘报告》，《考古学报》1962年第2期
井陉县柿庄10号宋墓	北宋至金初	河北井陉	墓室壁画	单室	东壁、东南壁、西壁、西南壁	不详	唐云明：《河北井陉县柿庄宋墓发掘报告》，《考古学报》1962年第2期
井陉县北孤台2号宋墓	北宋至金初	河北井陉	墓室壁画	单室	东北、西南壁、北壁	不详	唐云明：《河北井陉县柿庄宋墓发掘报告》，《考古学报》1962年第2期
甘肃陇县李泽宋墓	南宋建炎二年(1128)	甘肃陇县	砖雕墓室壁画	双室	墓门外侧左右两壁	不详	陈贤儒：《甘肃陇西县的宋墓》，《文物参考资料》1955年第9期
四川昭化县曲迴乡宋墓	南宋淳熙十年(1183)	四川昭化	砖雕壁画	单室	后龛及东、西壁三处	不详	沈仲常、陈建中：《四川昭化县曲迴乡的宋墓石刻》，《文物》1957年第12期
尤溪拥口村宋壁画墓	南宋绍熙年间(1190-1194)	福建尤溪	墓室壁画	单室	墓室左、右两壁	待统计	陈长根、张文仁：《福建尤溪拥口村发现宋代壁画墓》，《东南文化》1994年第5期
襄阳檀溪宋代壁画墓（M197）	南宋早、中期	湖北襄阳	墓室壁画	单室	墓室四壁	不详	襄阳市文物考古研究所：《湖北襄阳檀溪宋代壁画墓》，《文物》2015年第2期
江西乐平礼林宋代墓	南宋初期	江西乐平	墓室壁画	单室	墓室南、东、西壁	待统计	陈定荣、詹开逊：《江西乐平礼林宋代墓》，《文物》1990年第3期

续表

墓名	时间	分布	形制		壁画位置	面积	资料来源
			图像形制	墓葬形制		壁画面积	
襄阳檀溪宋代壁画墓（M196）	南宋早、中期	湖北襄阳	墓室壁画	单室	墓室内柱、枋、斗拱之间的壁面	待统计	襄阳市文物考古研究所：《湖北襄阳檀溪宋代壁画墓》，《文物》2015年第2期
南京南宋周国太夫人墓	南宋晚期	江苏南京	墓室壁画	单室	墓室砖面	不详	南京市博物馆、江宁区博物馆：《江苏南京南宋周国太夫人墓》，《东南文化》2010年第4期
四川彭山南宋虞公著夫妇合葬墓	南宋	四川彭山	墓室壁画	双室	墓室周壁	待统计	匡远滢：《南宋虞公著夫妇合葬墓》，《考古学报》1985年第3期
资中宋右丞相赵雄墓	南宋	四川资中	墓室壁画	单室	墓门东、西壁及墓室后部	待统计	杨祖垲：《资中宋右丞相赵雄墓记实》，《四川文物》1995年第6期
三明市岩前村宋代1号壁画墓	南宋	福建三明	墓室壁画	双室	左室周壁	不详	福建省博物馆、三明市文管会：《福建三明市岩前村宋代壁画墓》，《考古》1995年第10期
内江顺河大菩萨山宋代画像石墓	南宋	四川内江	墓室壁画	单室	东、西、后三壁及墓顶	待统计	雷建金、罗仁忠：《内江顺河大菩萨山宋代画像石墓》，《四川文物》1993年第1期
江苏金坛南宋周瑀墓	南宋	江苏镇江	石棺	单室	棺盖素板	不详	肖梦龙：《江苏金坛南宋周瑀墓发掘简报》，《文物》1997年第7期
莱州西山张村宋代壁画墓（M2）	宋代	山东莱州	墓室壁画	单室	直壁立面	待统计	闫永、张英军、侯建业：《山东莱州发现两座宋代壁画墓》，《中国文物报》2014年7月4日，第8版
长治故县村宋代1号壁画墓	宋代	山西长治	墓室壁画	单室	东壁、西壁、南壁	不详	朱晓芳、王进先：《山西长治故县村宋代壁画墓》，《文物》2005年第4期

续表

墓名	时间	分布	形制		壁画位置	面积	资料来源
			图像形制	墓葬形制		壁画面积	
安阳小南海宋代壁画墓	宋代	河南安阳	墓室壁画	单室	南壁左、右及北、东壁	不详	李明德、郭艺川：《安阳小南海宋代壁画墓》，《中原文物》1993年第2期
温县城北前东南王村宋墓	宋代	河南温县	墓室壁画	单室	墓室周壁	待统计	张思青、武永政：《温县宋墓发掘简报》，《中原文物》1983年第1期
磁县宋代壁画墓	宋代	河北磁县	墓室壁画	单室	墓顶及周壁	不详	高志顺：《磁县发现宋代壁画墓》，《河北日报》2008年8月26日，第11版
侯马宋代壁画墓	宋代	山西侯马	墓室壁画	单室	墓室四壁	待统计	万新民：《侯马的一座带壁画宋墓》，《文物》1959年第6期
潞城县北关宋代砖雕墓	宋代	山西潞城	砖雕壁画	单室	墓室四壁柱枋斗拱部	不详	王进先、陈宝国：《山西潞城县北关宋代砖雕墓》，《考古》1999年第5期
太原东郊红沟宋代一号墓	宋代	山西太原	墓室壁画	单室	墓室周壁	不详	畅文齐：《太原东郊红沟宋墓清理报道》，《文物参考资料》1954年第6期
山西五台县台营乡宋墓	宋代	山西忻州	墓室壁画	单室	东、西两壁	不详	山西省文物管理委员会：《山西省五台县发现古遗址、墓葬多处》，《文物参考资料》1956年第1期
福建尤溪宋代壁画墓	宋代	福建尤溪	墓室壁画	单室	墓室两侧和顶部	不详	严晓辉：《福建尤溪宋代壁画墓》，《文物》1985年第6期
河南安阳天禧镇宋墓	宋代	河南安阳	砖雕壁画	双室	前室顶券、前室和耳室空心砖透雕	不详	洛阳专区文物管理委员会：《河南文化局调查安阳天禧镇宋墓》，《文物参考资料》1954年第8期
金谷园至矿山机械厂公路北小砖券墓	宋代	河南安阳	砖雕壁画	双室	前后室中间斗拱	不详	洛阳专区文物管理委员会：《河南文化局调查安阳天禧镇宋墓》，《文物参考资料》1954年第8期

续表

墓名	时间	分布	形制		壁画位置	面积	资料来源
			图像形制	墓葬形制		壁画面积	
新安县宋代壁画墓	宋代	河南洛阳	墓室壁画	单室	墓室四壁	待统计	魏春兴、刘小江、李妙云：《新安县发现一座宋代壁画墓》，《洛阳日报》2010年11月20日
陕西韩城宋代壁画墓	宋代	陕西韩城	墓室壁画	单室	墓室内壁	不详	冽玮：《陕西发现宋代高僧涅槃壁画墓》，《西部时报》2009年3月20日，第9版
将乐县大布山宋代壁画墓（M4）	宋代	福建将乐	墓室壁画	双室	墓室后壁	不详	福建博物院、将乐县博物馆：《将乐县大布山南朝唐宋墓群清理简报》，《福建文博》2014年第1期
将乐县大布山宋代壁画墓（M9）	宋代	福建将乐	砖雕壁画	双室	墓室后壁	不详	福建博物院、将乐县博物馆：《将乐县大布山南朝唐宋墓群清理简报》，《福建文博》2014年第1期
尤溪城关公南山坡宋代壁画墓	宋代	福建尤溪	墓室壁画	双室	东、南、北三壁	不详	王祥堆：《尤溪发现宋代壁画墓》，《东南文化》1990年第3期
威远永利皇坟坝宋墓	宋代	四川威远	砖雕壁画	双室	左、右壁及墓顶	不详	雷建金：《威远永利皇坟坝宋墓》，《四川文物》1993年第2期
四川洪雅宋墓	宋代	四川洪雅	墓室壁画	双室	券拱	不详	赵殿增：《四川洪雅宋墓发掘简报》，《考古》1982年第1期
湖北随县唐镇宋代壁画墓	宋代	湖北随县	墓室壁画	不详	墓室周壁	不详	李元魁、毛在善：《随县唐镇发现带壁画宋墓及东汉石室墓》，《文物》1960年第1期

续表

墓名	时间	分布	形制		壁画位置	面积	资料来源
			图像形制	墓葬形制		壁画面积	
遵义皇坟嘴宋墓	宋代	贵州遵义	砖雕壁画	双室	墓室内壁	不详	贵州省博物馆筹备处:《贵州遵义专区的两座宋墓简介》,《文物参考资料》1955年第9期
遵义专区湄潭孟朝坟宋墓	宋代	贵州湄潭	砖雕壁画	双室	墓室内壁	不详	贵州省博物馆筹备处:《贵州遵义专区的两座宋墓简介》,《文物参考资料》1955年第9期
广东韶关市郊宋代13号墓	宋代	广东韶关	墓室壁画	单室	墓室后壁	不详	杨豪:《广东韶关市郊古墓发掘报告》,《文物》1961年第8期
山西闻喜下阳宋金砖雕壁画墓	宋末金初	山西闻喜	砖雕壁画	单室	墓室周壁	不详	李全赦:《山西闻喜下阳宋金时期墓》,《文物》1990年第5期
新密下庄河宋代壁画墓	宋金之际	河南新密	墓室壁画	单室	墓室周壁	待统计	郑州市文物考古研究所、新密市文物保管所:《新密下庄河宋代壁画墓》,《中原文物》1999年第4期
辽代							
赤峰阿鲁科尔沁旗宝山壁画墓(M1)	辽天赞二年(923)	内蒙古阿鲁科尔沁旗	墓室壁画	单室	墓道、墓门、甬道、墓室及石房	不详	内蒙古文物考古研究所、阿鲁科尔沁旗文物管理所:《内蒙古赤峰宝山辽壁画墓发掘简报》,《文物》1998年第1期
赤峰市辽耶律羽墓	辽会同五年(942)	内蒙古赤峰	墓室壁画	多室	甬道、石门、小帐及主室	不详	齐晓光等:《辽耶律羽之墓发掘简报》,《文物》1996年第1期
朝阳姑营子村耿氏4号墓	辽天禄二年(948)	辽宁朝阳	墓室壁画	双室	石棺板面	不详	韩国祥:《辽宁朝阳市姑营子辽代耿氏家族3、4号墓发掘简报》,《考古》2011年第8期

续表

墓名	时间	分布	形制		壁画位置	面积	资料来源
			图像形制	墓葬形制		壁画面积	
北京辽赵德钧墓	辽应历八年（958）	北京南郊	墓室壁画	多室	墓室内壁	不详	苏天钧：《北京南郊辽赵德钧墓》，《考古》1962年第5期
赤峰县大营子1号辽驸马赠卫国王墓	辽应历九年（959）	内蒙古赤峰	墓室壁画	多室	墓门、中室	不详	郑绍宗：《赤峰县大营子辽墓发掘报告》，《考古学报》1956年第3期
朝阳姑营子村耿氏3号墓	辽保宁二年（970）	辽宁朝阳	墓室壁画	双室	石棺板面	不详	韩国祥：《辽宁朝阳市姑营子辽代耿氏家族3、4号墓发掘简报》，《考古》2011年第8期
巴林左旗哈拉海场墓（M1）	辽乾亨四年（982）	内蒙古巴林左旗	墓室壁画	多室	天井、墓门及墓室	不详	辽上京博物馆：《内蒙古巴林左旗哈拉海场辽代壁画墓清理简报》，《文物》2014年第4期
大同辽代节度使许从赟夫妇壁画墓	辽乾亨四年（982）	山西大同	墓室壁画	单室	墓室周壁及墓顶	不详	王银田、谢廷琪、周雪松：《山西大同市辽代军节度使许从赟夫妇壁画墓》，《考古》2005年第8期
白音罕山辽代韩氏家族墓（M3）	辽统和十一年（993）	内蒙古巴林左旗	墓室壁画	双室	甬道、前室	不详	塔拉等：《白音罕山辽代韩氏家族墓地发掘报告》，《内蒙古文物考古》2002年第2期
宣化辽姜承义墓	辽统和十二年（994）	河北宣化	墓室壁画	单室	墓室壁面、斗拱	不详	陶宗冶等：《河北宣化辽姜承义墓》，《北方文物》1991年第4期
巴林右旗羊场乡罕大坝回纥国信使墓	辽统和廿三年（1005）	内蒙古巴林右旗	墓室壁画	单室	墓门及墓室后壁	不详	韩仁信：《罕大坝辽“回纥国国信使”壁画墓的抢救性清理报告》，《内蒙古文物考古》2001年第1期
辽陈国公主驸马合葬墓	辽开泰七年（1018）	内蒙古奈曼旗	墓室壁画	单室	墓道、墓门、前室墙壁和券顶	不详	内蒙古文物考古研究所：《辽陈国公主驸马合葬墓发掘简报》，《文物》1987年第11期

续表

墓名	时间	分布	形制		壁画位置	面积	资料来源
			图像形制	墓葬形制		壁画面积	
朝阳辽赵匡禹墓	辽开泰九年（1019）	辽宁昭阳	墓室壁画	单室	墓顶及四壁	不详	邓宝学、孙国平、李宇峰：《辽宁朝阳辽赵氏族墓》，《文物》1983年第9期
朝阳姑营子村耿延毅夫妇墓	辽开泰九年（1020）	辽宁朝阳	墓室壁画	单室	墓门、甬道及券顶	不详	朱子方、徐基：《辽宁朝阳姑营子辽耿氏墓发掘报告》，《考古学集刊》（第3集），中国社会科学出版社，1983年
朝阳姑营子村耿知新墓	辽太平六年（1026）	辽宁朝阳	墓室壁画	单室	墓门、甬道及券顶	不详	朱子方、徐基：《辽宁朝阳姑营子辽耿氏墓发掘报告》，《考古学集刊》（第3集），中国社会科学出版社，1983年
敖汉旗羊山1号辽墓	辽太平六年或七年（1026或1027）	内蒙古敖汉旗	墓室壁画	单室	墓室、甬道、天井和墓道	约44平方米	敖汉旗博物馆：《敖汉旗羊山1-3号辽墓清理简报》，《内蒙古文物考古》1999年第1期
北京辽韩佚夫妇墓（M3）	辽咸雍五年（1069）	北京石景山区	墓室壁画	单室	墓门、甬道、墓室周壁及穹隆顶	不详	黄秀纯、傅公钺：《辽韩佚墓发掘报告》，《考古学报》1984年第3期
海淀中国工运学院辽墓（M1）	辽咸雍七年（1071）	北京海淀	墓室壁画	单室	墓室四壁	不详	朱志刚：《海淀中国工运学院辽墓及其墓志》，北京市文物研究所编：《北京文物与考古》（第6辑），民族出版社，2004年
大辽赠秦魏国王及大辽故皇弟秦越国妃合葬墓	辽大安三年（1087）	内蒙古巴林左旗	墓室壁画	不详	木椁、墓道、耳室及主室门外两侧	不详	计连成：《辽庆陵又有重要发现》，《内蒙古文物考古》2000年第2期
法库前山辽肖袍鲁墓	辽大安六年（1090）	辽宁法库	墓室壁画	单室	墓门、墓室	不详	冯永谦：《辽宁法库前山辽肖袍鲁墓》，《考古》1983年第7期

续表

墓名	时间	分布	形制		壁画位置	面积	资料来源
			图像形制	墓葬形制		壁画面积	
宣化下八里村张文藻墓（M7）	辽大安九年（1093）	河北宣化	墓室壁画	双室	墓室整壁	不详	郑绍宗：《河北宣化辽张文藻壁画墓发掘简报》，《文物》1996年第9期
敖汉旗羊山2号辽墓	辽寿昌五年（1099）	内蒙古敖汉旗	墓室壁画	单室	墓门、天井和墓道	不详	敖汉旗博物馆：《敖汉旗羊山1-3号辽墓清理简报》，《内蒙古文物考古》1999年第1期
契丹皇族耶律祺家族墓（M2）	辽乾统二年（1102）	内蒙古阿鲁科尔沁旗	墓室壁画	双室	墓室内壁	不详	齐晓光：《近年来阿鲁科尔沁旗辽代墓葬的重要发现》，《内蒙古文物考古》1997年第1期
朝阳毛纺织厂辽代龚祥墓	辽乾统四年（1104）	辽宁朝阳	墓室壁画	单室	墓室内壁	不详	尚晓波：《辽宁省朝阳市发现辽代龚祥墓》，《北方文物》1989年第4期
契丹皇族耶律祺家族墓（M1）	辽乾统八年（1108）	内蒙古阿鲁科尔沁旗	墓室壁画	双室	墓室内壁	不详	齐晓光：《近年来阿鲁科尔沁旗辽代墓葬的重要发现》，《内蒙古文物考古》1997年第1期
羲和仁寿皇太叔祖及宋魏国妃合葬墓	辽天祚帝乾统十年（1110）	内蒙古巴林左旗	墓室壁画	多室	墓道、墓室	不详	计连成：《辽庆陵又有重要发现》，《内蒙古文物考古》2000年第2期
宣化区下八里辽韩师训墓（M4）	辽天庆元年（1111）	河北宣化	墓室壁画	双室	前室及后室四壁	约40平方米	刘海文、颜诚：《河北宣化下八里辽韩师训墓》，《文物》1992年第6期
法库县叶茅台辽肖义墓（16号）	辽天庆二年（1112）	辽宁法库县	墓室壁画	多室	墓道、甬道及墓门	不详	温丽和：《辽宁法库县叶茂台辽肖义墓》，《考古》1989年第4期
宣化区下八里辽张世古墓（M5）	辽天庆七年（1117）	河北宣化	墓室壁画	双室	前室及后室四壁	不详	河北省文物研究所：《宣化辽墓壁画》，文物出版社，2001年

续表

墓名	时间	分布	形制		壁画位置	面积	资料来源
			图像形制	墓葬形制		壁画面积	
大同郊区新添堡村东北29号墓	辽天庆九年（1119）	山西大同	墓室壁画	单室	墓门内侧、墓室北壁	不详	边成修：《山西大同郊区五座辽壁画墓》，《考古》1960年第10期
扎鲁特旗封山屯契丹墓	晚唐至辽初	内蒙古扎鲁特旗	墓室壁画，石棺线刻，画像砖	单室	墓室壁面、石棺板面	不详	王志文：《扎鲁特旗封山屯契丹墓清理简报》，《北方文物》1990年第3期
克什克腾旗二八地1号墓	辽代早期	内蒙古克什克腾旗	石棺画	单室	石棺内、外壁	不详	项春松：《克什克腾旗二八地一、二号辽墓》，《内蒙古文物考古》1984年第3期
克什克腾旗二八地2号墓	辽代早期	内蒙古克什克腾旗	石棺画	单室	石棺内、外壁	不详	项春松：《克什克腾旗二八地一、二号辽墓》，《内蒙古文物考古》1984年第3期
北京大兴区青云店1、2号辽墓	辽代早期	北京大兴区	墓室壁画	单室	墓室四壁	不详	北京市文物研究所：《北京大兴区青云店辽墓》，《考古》2004年第2期
建平张家营子辽墓	辽代早期	辽宁建平	墓室壁画	单室	甬道及墓门两侧	不详	冯永谦：《辽宁省建平、新民的三座辽墓》，《考古》1960年第2期
锦州张扛2号辽墓	辽代早期	辽宁锦州	石棺壁画	单室	石棺外壁	不详	刘谦：《辽宁锦州市张扛村辽墓发掘报告》，《考古》1984年第11期
赤峰阿鲁科尔沁旗宝山壁画墓（M2）	辽代早期	内蒙古阿鲁科尔沁旗	墓室壁画	单室	墓道、墓门、甬道、墓室及石房	不详	内蒙古文物考古研究所、阿鲁科尔沁旗文物管理所：《内蒙古赤峰宝山辽壁画墓发掘简报》，《文物》1998年第1期
巴林右旗友爱辽墓	辽代早中期	内蒙古巴林右旗	彩绘木板画	单室	木板板面	不详	苗润华：《内蒙古巴林右旗友爱辽墓》，《文物》1996年第11期

续表

墓名	时间	分布	形制		壁画位置	面积	资料来源
			图像形制	墓葬形制		壁画面积	
怀安县张家屯辽墓（M1）	辽初偏晚	河北怀安	砖雕壁画	单室	墓道、墓门及墓室	不详	贺勇：《河北怀安县张家屯辽墓》，《考古》1991年第1期
北京西郊西翠路辽墓	辽代中期	北京西郊	墓室壁画	单室	墓室内壁	不详	苏天钧：《北京郊区辽墓发掘简报》，《考古》1959年第2期
北京郊区洪茂沟辽墓	辽代中期	北京郊区	墓室壁画	单室	墓室内壁	不详	苏天钧：《北京郊区辽墓发掘简报》，《考古》1959年第2期
北京郊区彭庄一、二号辽墓	辽代中期	北京郊区	墓室壁画	单室	墓室内壁	不详	苏天钧：《北京郊区辽墓发掘简报》，《考古》1959年第2期
义县清河门西山村“辽佐移离毕萧相公”家族2号墓	辽代中期	辽宁义县	墓室壁画	双室	墓门、甬道	不详	东北博物馆：《辽西省义县清河门西山村“辽佐移离毕萧相公”族墓发掘工作报告》，《文物参考资料》1951年第9期
敖汉旗皮匠沟1号辽墓	辽代中期	内蒙古敖汉旗	墓室壁画	单室	墓室内壁	不详	邱国彬：《内蒙古敖汉旗皮匠沟1、2号辽墓》，《文物》1998年第9期
建平唐家杖子辽墓（M3）	辽代中期	辽宁建平	墓室壁画	单室	墓壁及墓顶	不详	吕学明：《建平唐家杖子辽墓清理简报》，《辽海文物学刊》1997年第1期
扎鲁特旗浩特花辽代1号壁画墓	辽代中期	内蒙古扎鲁特旗	墓室壁画	多室	墓门及墓内各室壁面	不详	董新林、塔拉：《内蒙古扎鲁特旗浩特花辽代壁画墓》，《考古》2003年第1期
白音罕山辽代韩氏家族墓（M1）	辽代中期	内蒙古巴林左旗	墓室壁画	双室	前室及后室前甬道东西两壁	不详	内蒙古文物考古研究所、赤峰市博物馆、巴林左旗博物馆：《白音罕山辽代韩氏家族墓地发掘报告》，《内蒙古文物考古》2002年第2期

续表

墓名	时间	分布	形制		壁画位置	面积	资料来源
			图像形制	墓葬形制		壁画面积	
白音罕山辽代韩氏家族墓（M2）	辽代中期	内蒙古巴林左旗	墓室壁画	双室	天井、甬道	不详	内蒙古文物考古研究所、赤峰市博物馆、巴林左旗博物馆：《白音罕山辽代韩氏家族墓地发掘报告》，《内蒙古文物考古》2002年第2期
朝阳姑营子村耿氏3号墓	辽代中期	辽宁朝阳	墓室壁画	单室	墓门、甬道及墓室	不详	韩国祥：《辽宁朝阳姑营子辽耿氏家族3、4号墓发掘报告》，《考古》2011年第8期
翁牛特旗解放营子辽墓	辽代中期以后	内蒙古翁牛特旗	墓室壁画；彩绘木椁	单室	木椁壁面和券顶	不详	项春松：《内蒙古解放营子辽墓发掘简报》，《考古》1979年第4期
昭乌达盟敖汉旗北三家3号辽墓	辽代中期以后	内蒙古敖汉旗	墓室壁画	单室	甬道、墓门及墓道	约20平方米	邵国田：《内蒙古昭乌达盟敖汉旗北三家辽墓》，《考古》1984年第11期
昭乌达盟敖汉旗北三家1号辽墓	辽代中期以后	内蒙古敖汉旗	墓室壁画	多室	墓道、天井、墓道及耳室内壁	约40平方米	邵国田：《内蒙古昭乌达盟敖汉旗北三家辽墓》，《考古》1984年第11期
敖汉旗下湾子1号辽墓	辽代中期以后	内蒙古敖汉旗	墓室壁画	单室	甬道、墓室周壁	不详	敖汉旗博物馆：《敖汉旗下湾子辽墓清理简报》，《内蒙古文物考古》1999年第1期
敖汉旗下湾子5号辽墓	辽代中期以后	内蒙古敖汉旗	墓室壁画	单室	墓门、墓室内壁及穹隆顶	不详	敖汉旗博物馆：《敖汉旗下湾子辽墓清理简报》，《内蒙古文物考古》1999年第1期
敖汉旗下湾子2号辽墓	辽代中期以后	内蒙古敖汉旗	墓室壁画	单室	仅存墓门	不详	敖汉旗博物馆：《敖汉旗下湾子辽墓清理简报》，《内蒙古文物考古》1999年第1期

续表

墓名	时间	分布	形制		壁画位置	面积	资料来源
			图像形制	墓葬形制		壁画面积	
巴林左旗滴水壶辽代壁画墓	辽代中期以后	内蒙古巴林左旗	墓室壁画	单室	墓室内壁	不详	巴林左旗博馆物：《内蒙古巴林左旗滴水壶辽代壁画墓》，《考古》1999年第8期
北票季杖子辽代壁画墓	辽代中后期	辽宁北票	墓室壁画	多室	前室四壁及甬道两壁	不详	韩宝兴：《北票季杖子辽代壁画墓》，《辽海文物学刊》1995年第1期
赤峰大营子2号辽墓	辽代中晚期	内蒙古赤峰	墓室壁画	单室	甬道、墓室	不详	郑绍宗：《赤峰县大营子辽墓发掘报告》，《考古学报》1956年第3期
翁牛特旗辽代广德公墓	辽代中晚期	内蒙古翁牛特旗	墓室壁画；彩绘木棺	单室	墓室壁面、木棺脊盖及四壁	不详	项春松：《内蒙古翁牛特旗辽代广德公墓》，《北方文物》1989年第4期
阜新辽代萧和家族墓群（M1、M2、M3、M4、M7、M9）	辽代中晚期	辽宁阜新	墓室壁画	M1~M3为单室墓；M4、M7、M9为多室墓	墓道、墓门及门洞	不详	华玉冰、万雄飞：《阜新辽代萧和家庭墓地发掘出土精美壁画及墓志》，《中国文物报》2002年5月3日，第1版
大同东风里辽代壁画墓（M1）	辽代中晚期	山西大同	墓室壁画	单室	墓室内壁	约15平方米	大同市考古研究所：《山西大同东风里辽代壁画墓发掘简报》，《文物》2013年第10期
辽弘法寺僧志柔壁画墓	辽道宗至天祚帝初期	内蒙古巴林左旗	墓室壁画	单室	墓室内壁	不详	金永田：《辽弘法寺僧志柔壁画墓》，《北方文物》2008年第4期
北京斋堂辽墓	辽代晚期	北京门头沟区	墓室壁画	单室	墓室四壁及墓顶	不详	鲁琪、赵福生：《北京市斋堂辽壁画墓发掘简报》，《文物》1980年第7期
库伦旗奈林稿乡前勿力布格村库伦墓（M7）	辽代晚期	内蒙古库伦旗	墓室壁画	双室	墓道、墓门过洞及天井	约100平方米	齐晓光：《内蒙古库伦旗七、八号辽墓》，《文物》1987年第7期

续表

墓名	时间	分布	形制		壁画位置	面积	资料来源
			图像形制	墓葬形制		壁画面积	
库伦旗奈林稿乡前勿力布格村库伦墓（M8）	辽代晚期	内蒙古库伦旗	墓室壁画	多室	墓道、天井及墓门	约300平方米	齐晓光：《内蒙古库伦旗七、八号辽墓》，《文物》1987年第7期
库伦旗一号辽墓	辽代晚期	内蒙古库伦旗	墓室壁画	单室	墓道、天井及墓门两侧	约180平方米	王泽庆：《库伦旗一号辽墓壁画初探》，《文物》1973年第8期
朝阳沟门子辽墓	辽代晚期	辽宁朝阳	砖雕壁画	单室	墓门、墓室	不详	李大钧：《朝阳沟门子辽墓清理简报》，《辽海文物学刊》1997年第1期
库伦旗二号辽墓	辽代晚期	内蒙古库伦旗	墓室壁画	单室	墓道两壁	不详	王健群：《库伦旗二号辽墓发掘散记》，《社会科学战线》1978年第1期
敖汉旗喇嘛沟辽代壁画墓	辽代晚期	内蒙古敖汉旗	墓室壁画	单室	墓室、甬道内壁及门外砖壁	不详	敖汉旗博物馆：《敖汉旗喇嘛沟辽代壁画墓》，《内蒙古文物考古》1999年第1期
辽中京西城山头村一、二、三、四号墓	辽代晚期	内蒙古赤峰	墓室壁画	单室	墓室内壁	不详	李逸友：《辽中京西城外的古墓葬》，《文物》1961年第9期
朝阳木头城子辽代壁画墓	辽代晚期	辽宁朝阳	墓室壁画	单室	墓室及甬道两壁	不详	辽宁省文物考古研究所、朝阳县文物管理所：《辽宁朝阳木头城子辽代壁画墓》，《北方文物》1995年第2期
辽宁朝阳西上台辽墓	辽代晚期	辽宁朝阳	墓室壁画	单室	墓道、墓门、甬道及墓室	不详	韩国祥：《朝阳西上台辽墓》，《文物》2000年第7期
辽宁彰武马家1号辽墓	辽代晚期	辽宁彰武	墓室壁画	单室	甬道、门拱、门楣及墓道	不详	韩国祥：《辽宁彰武的三座辽墓》，《考古与文物》1999年第6期

续表

墓名	时间	分布	形制		壁画位置	面积	资料来源
			图像形制	墓葬形制		壁画面积	
涿鹿县辽代壁画墓	辽代晚期	河北涿鹿县	墓室壁画	单室	墓室四壁、顶部及墓门两侧	不详	刘建忠、贺勇：《河北涿鹿县辽代壁画墓发掘简报》，《考古》1987年第3期
敖汉旗羊山3号辽墓	辽代晚期	内蒙古敖汉旗	墓室壁画	单室	墓室四壁、墓道及天井	不详	敖汉旗博物馆：《敖汉旗羊山1-3号辽墓清理简报》，《内蒙古文物考古》1999年第1期
廊坊安次区西永丰村辽代壁画墓	辽代晚期	河北廊坊	墓室壁画	单室	照墙、门墙及墓室	不详	廊坊市文物管理所、安次区文物保管所：《廊坊市安次区西永丰村辽代壁画墓》，《文物春秋》2001年第4期
乌达盟敖汉旗白塔子村辽墓	辽代晚期	内蒙古敖汉旗	墓室壁画	单室	甬道、天井	不详	邵国田：《敖汉旗白塔子辽墓》，《考古》1978年第2期
法库县叶茂台23号辽墓	辽代晚期	辽宁法库县	墓室壁画	多室	墓道、墓门、翼墙及甬道	不详	李龙彬、沈彤林：《辽宁法库县叶茂台23号辽墓发掘简报》，《考古》2010年第1期
大同郊区十里铺村东27、28号墓	辽代末期	山西大同	墓室壁画	单室	墓室四壁及四隅	不详	边成修：《山西大同郊区五座辽壁画墓》，《考古》1960年第10期
大同郊区卧虎湾1、2号墓	辽代末期	山西大同	墓室壁画	单室	墓室四壁	不详	边成修：《山西大同郊区五座辽壁画墓》，《考古》1960年第10期
宣化辽金壁画墓	辽代晚期至金代中期	河北宣化	墓室壁画	单室	墓室东、南、北壁上	不详	张家口市宣化区文物保管所：《河北宣化辽金壁画墓发掘简报》，《文物》2014年第3期
宣化古城北辽金壁画墓	辽代晚期至金代中期	河北宣化	墓室壁画	单室	墓室东、南、西壁上	不详	张家口市宣化区文物保管所：《河北张家口宣化辽金壁画墓发掘简报》，《文物》2015年第3期

续表

墓名	时间	分布	形制		壁画位置	面积	资料来源
			图像形制	墓葬形制		壁画面积	
巴林左旗辽上京遗址土葬墓	辽代	内蒙古巴林左旗	彩绘木棺	不详	木棺四壁	不详	张兴国：《内蒙古巴林左旗出土彩绘木棺》，《文物》2009年第3期
大同卧虎湾3、4、5、6号墓	辽代	山西大同	墓室壁画	单室	墓门、墓室四壁	不详	张秉仁：《山西大同卧虎湾四座辽代壁画墓》，《考古》1963年第8期
北京西郊百万庄辽1号墓	辽代	北京西郊	墓室壁画	双室	前室四壁	不详	苏天钧：《北京西郊百万庄辽墓发掘简报》，《考古》1963年第3期
昭乌达盟喀喇沁旗娄子店1号墓	辽代	内蒙古赤峰	墓室壁画	单室	墓室内壁	不详	项春松：《辽宁昭乌达地区发现的辽墓绘画资料》，《文物》1979年第6期
巴林左旗白音敖包辽墓	辽代	内蒙古巴林左旗	墓室壁画	多室	主室及耳室	不详	项春松：《辽宁昭乌达地区发现的辽墓绘画资料》，《文物》1979年第6期
翁牛特旗山咀子3号墓	辽代	内蒙古翁牛特旗	墓室壁画	多室	东耳室内壁	不详	项春松：《辽宁昭乌达地区发现的辽墓绘画资料》，《文物》1979年第6期
巴林左旗哈拉海场辽代壁画墓（M1）	辽代	内蒙古巴林左旗	墓室壁画	多室	天井、墓门及墓室	不详	辽上京博物馆：《内蒙古巴林左旗哈拉海场辽代壁画墓清理简报》，《文物》2014年第4期
敖汉旗娘娘庙辽代壁画墓	辽代	内蒙古敖汉旗	墓室壁画	单室	墓室四壁	约10平方米	邵国田：《敖汉旗娘娘庙辽代壁画墓》，《内蒙古文物考古》1994年第1期
金代							
屯留宋村金代壁画墓	金天会十三年（1135）	山西屯留	墓室壁画	单室	墓室四壁	不详	山西省考古研究所、长治市博物馆：《山西屯留宋村金代壁画墓》，《文物》2003年第3期

续表

墓名	时间	分布	形制		壁画位置	面积	资料来源
			图像形制	墓葬形制		壁画面积	
新城县时立爱墓	金皇统三年（1143）	河北新城	墓室壁画	双室	墓室内壁	不详	罗平、郑绍宗：《河北新城县北场村金时立爱和时丰墓发掘记》，《考古》1962年第12期
林县金墓	金皇统三年（1143）	河南林县	墓室壁画	单室	拱门两侧墓室四壁及顶部	不详	张增午：《河南林县金墓清理简报》，《华夏考古》1998年第2期
宣化下八里金墓（M3）	金皇统四年（1144）	河北宣化	墓室壁画	单室	墓室四壁及墓顶	不详	陶宗冶、刘仲羽、赵欣：《河北宣化下八里辽金壁画墓》，《文物》1990年第10期
朝阳市金代纪年墓（M1）	金皇统九年（1149）	辽宁朝阳	墓室壁画	单室	墓室六面拐角方柱、墓顶	不详	韩国祥：《辽宁朝阳市金代纪年墓葬的发掘》，《考古》2012年第3期
内丘胡里村金代壁画墓	金正隆二年（1157）	河北内丘	墓室壁画	单室	墓室周壁	不详	贾成惠：《河北内丘胡里村金代壁画墓》，《文物春秋》2002年第4期
长子县石哲金代壁画墓	金正隆三年（1158）	山西长子	墓室壁画	单室	墓室四壁及墓顶	不详	严晓辉：《山西长子县石哲金代壁画墓》，《文物》1985年第6期
大同南郊金代1号壁画墓	金正隆四年（1159）	山西大同	墓室壁画	单室	墓顶，墓室东、西两侧壁	不详	王银田：《大同市南郊金代壁画墓》，《考古学报》1992年第4期
金代徐龟壁画墓	金正隆六年（1161）	山西大同	墓室壁画	单室	甬道、墓室内壁	不详	焦强：《金代徐龟墓壁画认识》，《文物世界》2005年第1期
盂县皇后村宋金壁画墓	金大定八年（1168）	山西盂县	墓室壁画	单室	墓室内壁、墓顶及斗栱	不详	赵培青：《山西盂县皇后村宋金壁画墓》，《文物世界》2015年第1期
稷山董万金墓	金大定十三年（1173）	山西侯马	砖雕壁画	不详	不详	不详	山西省考古研究所：《平阳金墓砖雕》，山西人民出版社，1999年

续表

墓名	时间	分布	形制		壁画位置	面积	资料来源
			图像形制	墓葬形制		壁画面积	
长子县小关村金代壁画墓	金大定十四年（1174）	山西长子	墓室壁画	单室	墓室四壁及墓顶	不详	长治市博物馆：《山西长子县小关村金代纪年壁画墓》，《文物》2008年第10期
垣曲县东铺村金墓	金大定二十三年（1183）	山西侯马	砖雕壁画	单室	墓室四壁	不详	吕遵锷：《山西垣曲东铺村的金墓》，《考古通讯》1956年第1期
朝阳师范学院金代壁画墓	金大定二十四年（1184）	辽宁朝阳	墓室壁画	单室	墓室四壁	不详	陈大为：《辽宁朝阳金代壁画墓》，《考古》1962年第4期
焦作电厂金墓	金大定二十九年（1189）	河南焦作	砖雕壁画	单室	墓室四壁	不详	焦作市文物工作队：《焦作电厂金墓发掘简报》，《中原文物》1990年第4期
甘泉金代壁画墓（M3、M4）	金大定二十九年（1189）	陕西甘泉	墓室壁画	单室	墓室内壁	不详	甘泉县博物馆：《陕西甘泉金代壁画墓》，《文物》2009年第7期
长治故漳金墓	金大定二十九年（1189）	山西长治	砖雕壁画	单室	墓室内壁及四柱、耳室、斗拱、券顶	不详	王进先：《山西长治市故漳金代纪年墓》，《考古》1984年第8期
闻喜县卜阳村金墓	金明昌二年（1191）	山西闻喜	墓室壁画	单室	墓室四壁	不详	杨富斗：《山西省闻喜县金代砖雕、壁画墓》，《文物》1986年第12期
甘泉金代壁画墓（M1）	金明昌四年（1193）	陕西甘泉	墓室壁画	单室	墓室四壁	不详	甘泉县博物馆：《陕西甘泉金代壁画墓》，《文物》2009年第7期
宜阳金代纪年壁画墓	金明昌五年（1194）	河南宜阳	墓室壁画	单室	墓室四壁	不详	洛阳市第二文物工作队：《宜阳发现一座金代纪年壁画墓》，《中原文物》2008年第4期
长治安昌金墓	金明昌六年（1195）	山西长治	墓室壁画	单室	墓室四壁	不详	王进先、朱晓芳：《山西长治安昌金墓》，《文物》1990年第5期

续表

墓名	时间	分布	形制		壁画位置	面积	资料来源
			图像形制	墓葬形制		壁画面积	
稷山侯马董海墓	金承安元年（1196）	山西侯马	砖雕壁画	不详	不详	不详	山西省考古研究所：《平阳金墓砖雕》，山西人民出版社1999年
甘泉柳河渠湾金代壁画墓	金明昌七年（1196）	陕西甘泉	墓室壁画	单室	甬道、墓顶及墓室四壁	不详	西北大学文化遗产学院、甘泉县博物馆：《陕西甘泉柳河渠湾金代壁画墓发掘简报》，《文物》2016年第11期
稷山侯马102号金墓	金明昌七年（1196）	山西侯马	砖雕壁画	双室	前、后墓室四壁	不详	山西考古所侯马工作站：《侯马102号金墓》，《文物季刊》1997年第4期
高唐金代虞寅墓	金承安二年（1197）	山东高唐	墓室壁画	单室	墓壁内壁	不详	陈昆嶙：《山东高唐金代虞寅墓发掘简报》，《文物》1982年第1期
焦作金代邹氏墓	金承安四年（1199）	河南焦作	画像石	单室	墓室壁面	不详	河南省博物馆、焦作市博物馆：《河南焦作金墓发掘简报》，《文物》1979年第8期
济南大官庄金代砖雕壁画墓（M1）	金泰和元年（1201）	山东济南	砖雕壁画	单室	墓室四壁及墓顶	不详	刘善沂、史芸、李铭：《济南市宋金砖雕壁画墓》，《文物》2008年第8期
淄博博山区金代壁画墓（M1）	金大安二年（1210）	山东淄博	墓室壁画	单室	墓室内壁及墓顶	不详	李鸿雁：《山东淄博市博山区金代壁画墓》，《考古》2012年第10期
侯马金代董氏墓（M1、M2）	金大安二年（1210）	山西侯马	砖雕壁画	单室	墓室四壁	不详	畅文斋：《侯马金代董氏墓介绍》，《文物》1959年第6期
义马市金代砖雕墓	金贞祐四年（1216）	河南三门峡	砖雕壁画	单室	墓室四壁	不详	三门峡市文物工作队、义马市文物管理委员会：《义马市金代砖雕墓发掘简报》，《华夏考古》1993年第4期

续表

墓名	时间	分布	形制		壁画位置	面积	资料来源
			图像形制	墓葬形制		壁画面积	
志丹县王新庄村金代砖室壁画墓	金代大定年间	陕西志丹县	墓室壁画	单室	墓室内壁	不详	落新家、柴志应：《志丹县为金代砖室壁画墓“落新家”》，《延安日报》2010年9月1日，第1版
大同南郊金代2号壁画墓	金正隆年间	山西大同	墓室壁画	单室	墓顶、墓室四壁	不详	大同市博物馆：《大同市南郊金代壁画墓》，《考古学报》1992年第4期
济南市区1号金墓	金明昌年间	山东济南	砖雕壁画	单室	墓室南北两壁	不详	王建浩：《济南市区发现金墓》，《考古》1979年第6期
兰州中山林金代雕砖墓	金明昌年间	甘肃兰州	砖雕壁画	单室	墓室各壁	不详	陈贤儒：《兰州中山林金代雕砖墓清理简报》，《文物参考资料》1957年第3期
稷山侯马金墓（65H4M102）	金泰和年间	山西侯马	砖雕壁画	单室	墓室四壁	不详	山西省考古研究生侯马工作站：《侯马65H4M102金墓》，《文物季刊》1997年第4期
壶关县上好牢村一号宋金墓	宋代晚期或金代初期	山西壶关	墓室壁画	双室	前室四壁	不详	山西省考古研究所、长治市文物旅游局、壶关县文体广电局：《山西壶关县上好牢村宋金时期墓葬》，《文物》2012年第4期
壶关县上好牢村三号宋金墓	宋代晚期或金代初期	山西壶关	砖雕壁画	单室	墓室四壁	不详	山西省考古研究所、长治市文物旅游局、壶关县文体广电局：《山西壶关县上好牢村宋金时期墓葬》，《文物》2012年第4期
长春近郊完颜希尹墓	金初	吉林长春	砖雕壁画墓	不详	不详	不详	刘红宇：《长春近郊的金代完颜娄室墓》，《北方文物》1986年第4期

续表

墓名	时间	分布	形制		壁画位置	面积	资料来源
			图像形制	墓葬形制		壁画面积	
焦作金代三号壁画墓（冯汝楫墓）	金代早期	河南焦作	墓室壁画	单室	墓室周壁	不详	刘建洲、皇甫其堂：《焦作金代壁画墓发掘简报》，《中原文物》1980年第4期
汾阳高级护理学校金代墓群（M1~M8）	金代早期	山西汾阳	砖雕壁画	单室	墓室四壁	不详	山西省考古研究所、汾阳县博物馆：《山西汾阳金墓发掘简报》，《文物》1991年第12期
稷山马村金墓群（M1、M2、M5等）	金代早期	山西稷山	砖雕壁画	单室	墓室四壁	不详	杨富斗：《山西稷山金墓发掘简报》，《文物》1983年第1期
稷山化峪金墓群（M2、M3等）	金代早期	山西稷山	砖雕壁画	单室	墓室内壁及墓门两侧	不详	杨富斗：《山西稷山金墓发掘简报》，《文物》1983年第1期
稷山金苗圃墓群（M1等）	金代早期	山西稷山	砖雕壁画	单室	墓室各壁	不详	杨富斗：《山西稷山金墓发掘简报》，《文物》1983年第1期
阿城金代齐国王完颜晏夫妇墓	金代早期	黑龙江阿城	石棺雕绘	单室	石椁四壁	不详	黑龙江省文物考古研究所：《黑龙江阿城巨源金代齐国王墓发掘简报》，《文物》1989年第10期
新城县时丰墓	金代早期	河北新城	墓室壁画	单室	墓室内壁	不详	罗平、郑绍宗：《河北新城县北场村金时立爱和时丰墓发掘记》，《考古》1962年12期
甘肃静宁金代墓	金代早期	甘肃静宁	砖雕壁画	单室	墓室内壁	不详	刘玉林：《甘肃静宁发现金代墓葬》，《考古》1985年第9期
焦作金代二号壁画墓	金代早期	河南焦作	墓室壁画；彩绘木棺	单室	墓室周壁	不详	刘建洲、皇甫其堂：《焦作金代壁画墓发掘简报》，《中原文物》1980年第4期
夏县上冯金墓（M1）	金代早期	山西夏县	砖雕壁画	单室	墓室四壁及顶部	不详	邹冬珍：《山西夏县宋金墓的发掘》，《考古》2014年第11期

续表

墓名	时间	分布	形制		壁画位置	面积	资料来源
			图像形制	墓葬形制		壁画面积	
夏县上冯金墓（M2）	金代早期	山西夏县	砖雕壁画	单室	墓室四壁栱眼壁间	不详	邹冬珍：《山西夏县宋金墓的发掘》，《考古》2014年第11期
山西稷山马村4号金墓	金代前期	山西稷山	砖雕壁画	单室	墓室内壁	不详	山西省考古研究所侯马工作站：《山西稷山马村4号金墓》，《文物季刊》1997年第4期
井陉金代壁画墓群（9座）	金代早中期	河北井陉	砖雕壁画	单室	墓室内壁	不详	郝建文：《井陉金代壁画墓》，《当代人》2010年第2期
荥阳杜常村金代砖雕墓	金代早中期	河南荥阳	砖雕壁画	单室	墓室周壁	不详	郑州市文物考古研究所、荥阳市文物保护管理所：《荥阳杜常村金代砖雕墓》，《中原文物》2000年第6期
清水县贾川乡董湾村金墓	金代中期	甘肃清水	砖雕壁画	单室	甬道、墓各壁	不详	蔡宇琨：《甘肃省清水县贾川乡董湾村金墓》，《考古与文物》2008年第4期
甘泉金代壁画墓（M2）	金代中期	陕西甘泉	墓室壁画	单室	墓室四壁	不详	甘泉县博物馆：《陕西甘泉金代壁画墓》，《文物》2009年第7期
闻喜县寺底村金墓	金代中期偏晚	山西闻喜	砖雕壁画	单室	墓室四壁及墓顶	不详	李全赦：《山西闻喜寺底金墓》，《文物》1988年第7期
山西闻喜县小罗庄砖雕墓（M1~M6）	金代中晚期	山西闻喜	砖雕壁画	单室	墓室各壁	不详	杨富斗：《山西省闻喜县金代砖雕、壁画墓》，《文物》1986年第12期
襄汾县荆村沟村金墓（M1）	金代后期	山西襄汾	砖雕壁画	单室	墓室各壁	不详	戴尊德：《山西襄汾金墓清理简报》，《文物》1989年第10期
襄汾县上庄村金墓（M1）	金代后期	山西襄汾	砖雕壁画	单室	墓室四壁	不详	戴尊德：《山西襄汾金墓清理简报》，《文物》1989年第10期
襄汾县西郭村金墓	金代后期	山西襄汾	砖雕壁画	多室	墓室四壁	不详	戴尊德：《山西襄汾金墓清理简报》，《文物》1989年第10期

续表

墓名	时间	分布	形制		壁画位置	面积	资料来源
			图像形制	墓葬形制		壁画面积	
昔阳松溪路宋金墓（M1）	金代中后期到蒙元初期	山西昔阳	砖雕壁画	双室	前室壁面	不详	刘岩：《山西昔阳松溪路宋金墓发掘简报》，《考古与文物》2015年第1期
繁峙南关村金代壁画墓	金中晚期到蒙元早期	山西	砖雕壁画；彩绘棺板	单室	墓室四壁、顶部、栱眼壁内	不详	山西省考古研究所等：《山西繁峙南关村金代壁画墓发掘简报》，《考古文物》2015年第1期
和顺县和顺一中金元壁画墓	金代晚期至元代早期	山西晋城	墓室壁画	单室	墓室四壁及顶部	不详	山西省晋中市考古研究所：《和顺县和顺一中金元壁画墓清理简报》，《文物世界》2014年第4期
长治李村沟金墓	金代	山西长治	墓室壁画	单室	墓室四壁	不详	王秀生：《山西长治李村沟壁画墓清理》，《考古》1965年第7期
修武大位金代杂剧砖雕墓	金代	河南修武	砖雕壁画	单室	墓室的东北及西北壁，斗拱之间的栱眼壁内	不详	马正元：《河南修武大位金代杂剧砖雕墓》，《文物》1995年第2期
焦作老万庄金壁画墓	金代	河南焦作	墓室壁画	单室	墓室四壁	不详	河南省博物馆、焦作市博物馆：《河南焦作金墓发掘简报》，《文物》1979年第8期
焦作西冯封金墓	金代	河南焦作	砖雕壁画	双室	前、后墓室四壁	不详	河南省博物馆、焦作市博物馆：《河南焦作金墓发掘简报》，《文物》1979年第8期
绛县裴家堡金墓	金代	山西绛县	砖雕壁画	单室	墓室四壁	不详	张德光：《山西绛县裴家堡古墓清理简报》，《考古通讯》1955年第4期
新绛泽掌乡北苏村金墓	金代	山西新绛	砖雕壁画	不详	不详	不详	山西省考古研究所：《平阳金墓砖雕》，山西人民出版社，1999年

续表

墓名	时间	分布	形制		壁画位置	面积	资料来源
			图像形制	墓葬形制		壁画面积	
新绛南范庄金墓	金代	山西新绛	砖雕壁画	不详	不详	不详	山西省考古研究所：《平阳金墓砖雕》，山西人民出版社，1999年
新绛吴岭庄金墓	金代	山西新绛	砖雕壁画	不详	不详	不详	山西省考古研究所：《平阳金墓砖雕》，山西人民出版社，1999年
新绛寨里村金墓	金代	山西新绛	砖雕壁画	不详	不详	不详	山西省考古研究所：《平阳金墓砖雕》，山西人民出版社，1999年
襄汾县南董村金墓	金代	山西襄汾	砖雕壁画	双室	前、后室壁面	不详	陶富海：《山西襄汾县南董村金墓清理简报》，《文物》1979年第8期
河南郑州金代壁画墓	金代	河南郑州	墓室壁画	不详	不详	不详	郑州市文物考古研究所：《郑州宋金壁画墓》，科学出版社，2005年
平定西关村壁画墓（M1、M2）	金代	山西平定	墓室壁画	单室	墓室内壁	不详	商彤流、袁盛慧：《山西平定宋、金壁画墓简报》，《文物》1996年第5期
大同金代阎德源墓	金代	山西大同	墓室壁画，木质屏风画	单室	墓顶	不详	解廷琦：《大同金代阎德源墓发掘简报》，《文物》1978年第4期
北京门头沟区金壁画墓	金代	北京门头沟区	墓室壁画	不详	不详	不详	祈庆国：《门头沟区金代壁画墓》，《中国考古学年鉴》（1991），文物出版社，1992年
黑龙江哈尔滨新香坊金墓群	金代	黑龙江哈尔滨	墓室壁画	单室	不详	不详	安路：《哈尔滨新香坊金墓发掘综述》，《黑龙江史志》1984年第2期
宁城大明城西城外及小榆树林子金墓	金代	内蒙古宁城	砖雕壁画	不详	不详	不详	白寿彝：《中国通史》，上海人民出版社，2004年

续表

墓名	时间	分布	形制		壁画位置	面积	资料来源
			图像形制	墓葬形制		壁画面积	
屯留宋村金代壁画墓	金代	山西屯留	墓室壁画	单室	墓室四壁	不详	山西省考古研究所、长治市博物馆：《山西屯留宋村金代壁画墓》，《文物》2008年第8期
临淄宋金壁画墓	宋金时期	山东临淄	墓室壁画	多室	墓室四壁及顶部	不详	许淑珍：《山东淄博市临淄宋金壁画墓》，《华夏考古》2003年第1期
西夏							
宁夏银川李元昊陵墓（西夏三号陵）	西夏天授礼法延祚十一年（1048）	宁夏银川	墓室壁画	不详	不详	不详	宁夏文物考古研究所、银川西夏陵区管理处编著：《西夏三号陵：地面遗迹发掘报告》，科学出版社，2007年
甘肃武威西夏乾祐十六年（1185）墓	西夏乾祐十六年（1185）	甘肃武威	彩绘木板画	单室	木板板面	不详	武威博物馆：《甘肃武威清理发掘西夏墓葬出土彩绘木板画等一批珍贵文物》，《中国文物报》1997年6月29日
甘肃武威西郊林场刘德仁2号墓	西夏天庆年（1200）	甘肃武威	彩绘木板画	单室	木板板面	不详	宁笃学、钟长发：《甘肃武威西郊林场西夏墓清理简报》，《考古与文物》1980年第3期
武威城区原西郊林场3号墓	西夏	甘肃武威	彩绘木板画	单室	木板板面	不详	宁笃学、钟长发：《甘肃武威西郊林场西夏墓清理简报》，《考古与文物》1980年第3期
银川西夏崇宗李乾顺显陵（西夏8号陵墓，现更名6号陵）	宋理宗宝庆二年（1226）	宁夏银川	墓室石刻壁画	多室	墓道门	不详	钟侃、李志清、李范文：《西夏八号陵发掘简报》，《文物》1978年第8期

续表

墓名	时间	分布	形制		壁画位置	面积	资料来源
			图像形制	墓葬形制		壁画面积	
武威西郊体育学校西夏墓	西夏	甘肃武威	彩绘木板画	单室	木板板面	不详	宁笃学：《武威西郊发现西夏墓》，《考古与文物》1984年第4期
武威市、西郊十字路口西夏双人合葬墓	西夏	甘肃武威	彩绘木板画	单室	木板板面	不详	孙寿龄：《西夏的葬俗》，《陇右文博》1996年第1期
元代							
山西长治捉马村元代壁画墓M1	金末元初	山西长治	墓室壁画	单室	仅存斗拱处	不详	王进先：《山西长治市捉马村元代壁画墓》，《文物》1985年第6期
山西和顺一中金元壁画墓（M1）	金末元初	山西和顺	砖雕壁画	单室	墓室周壁	不详	山西省晋中市考古研究所：《和顺县和顺一中金元壁画墓清理简报》，《文物世界》2014年第4期
山西平定东回村元代壁画墓	宋末元初	山西平定	砖雕壁画	单室	墓室四壁	不详	山西省文物管理委员会：《山西平定县东回村古墓中的彩画》，《文物参考资料》1954年第12期
山西大同冯道真墓	元至元二年（1265）	山西大同	墓室壁画	单室	墓门内东、西两侧和墓室东、西壁，券顶	待统计	大同市文物陈列馆：《山西省大同市元代冯道真、王青墓清理简报》，《文物》1962年第10期
陕西蒲城东阳乡洞耳村元代壁画墓	元至元六年（1269）	陕西蒲城	墓室壁画	单室	甬道、墓壁周壁及穹隆顶	不详	呼林贵、刘合心、徐涛：《蒲城发现的元墓壁画及其对文物鉴定的意义》，《文博》1998年第5期
陕西蒲城洞耳村元代壁画墓	元至元六年（1269）	陕西蒲城	墓室壁画	单室	墓室周壁、墓顶及甬道	约10平方米	陕西省考古研究所：《陕西蒲城洞耳村元代壁画墓》，《考古与文物》2000年第1期

续表

墓名	时间	分布	形制		壁画位置	面积	资料来源
			图像形制	墓葬形制		壁画面积	
山西新绛吴岭庄元代壁画墓	元至元十六年（1279）	山西新绛	砖雕壁画	双室	前、后室四壁	不详	杨富斗：《山西新绛南范庄、吴岭庄金元墓发掘简报》，《文物》1983年第1期
山西侯马元代砖雕壁画墓（M2）	元至元十八年（1281）	山西侯马	砖雕壁画	单室	墓室四壁	不详	李永敏：《侯马市区元代墓葬发掘简报》，《文物季刊》1996年第3期
北京颐和园耶律铸夫妇合葬墓	元至元二十二年（1285）	北京海淀	墓室壁画	多室	东侧室壁面	不详	北京市文物考古研究所：《耶律铸夫妇合葬墓出土珍贵文物》，《中国文物报》1999年1月31日，第1版
西安东郊韩森寨元代壁画墓（M1）	元至元二十五年（1288）	陕西西安	墓室壁画	单室	甬道、墓室四壁及穹隆顶等处	不详	孙福喜、王自力：《西安东郊元代壁画墓》，《文物》2004年第1期
山西大同齿轮厂元代壁画墓	元大德二年（1298）	山西大同	墓室壁画	单室	壁画分布于东、西、北各壁上	不详	大同市博物馆：《大同元代壁画墓》，《文物季刊》1993年第2期
河北邢台平乡县郭桥村元代壁画墓	元大德八年（1304）	河北邢台	墓室壁画	单室	墓室周壁及甬道两壁	不详	河北省文物研究所、邢台市文物管理处、平乡县文物保护管理所：《平乡县西郭桥村元代墓葬》，《中国考古学年鉴》（2005），文物出版社，2006年
山西长治捉马村元代壁画墓（M2）	元大德十一年（1307）	山西长治	墓室壁画	单室	墓室周壁	不详	王进先：《山西长治市捉马村元代壁画墓》，《文物》1985年第6期
山西太原郊区瓦窑村元代壁画墓	元延祐七年（1320）	山西太原	墓室壁画	单室	墓室东南及西南壁	待统计	代尊德：《山西太原郊区宋、金、元代砖墓》，《考古》1965年第1期

续表

墓名	时间	分布	形制		壁画位置	面积	资料来源
			图像形制	墓葬形制		壁画面积	
江苏徐州大山头元代纪年画像石墓	元延祐七年（1320）	江苏徐州	画像石	单室	门楣、拱券及墓室后壁	不详	邱永生、徐旭：《江苏徐州大山头元代纪年画像石墓》，《考古》1993年第12期
济南历城区郭店镇一号元代壁画墓	元至正十年（1350）	山东济南	墓室壁画	单室	墓门外两侧、墓室内壁	待统计	刘善沂等：《济南近年发现的元代砖雕壁画墓》，《文物》1992年第2期
山西孝义梁家庄村北元代壁画墓	元大德年间	山西孝义	墓室壁画	单室	墓室周壁	不详	解希恭：《山西孝义下吐京和梁家庄金、元墓发掘简报》，《考古》1960年第7期
山西孝义下吐京元代壁画墓	元大德年间	山西孝义	墓室壁画	单室	墓室周壁	不详	解希恭：《山西孝义下吐京和梁家庄金、元墓发掘简报》，《考古》1960年第7期
山东临淄大武村元代壁画墓	元至正末年	山东临淄	砖雕壁画	单室	墓门及墓室周壁	不详	秦大树、魏成敏：《山东临淄大武村元墓发掘简报》，《文物》2005年第11期
山西屯留县康庄工业园区元代壁画墓（M2）	元早期	山西长治	墓室壁画	单室	墓室四壁	待统计	杨林中等：《山西屯留县康庄工业园区元代壁画墓》，《考古》2009年第12期
山西永乐宫旧址宋德方墓	元早期	山西芮城	彩绘壁画，线刻画	单室	石椁四壁	不详	李奉山：《山西芮城永乐宫旧址宋德方、潘德冲和"吕祖"墓发掘简报》，《考古》1960年第8期
北京密云元代壁画墓	元早期	北京密云	墓室壁画	单室	墓室四壁	不详	张先得、袁进京：《北京市密云县元代壁画墓》，《文物》1984年第6期
福建将乐县城元代壁画墓	元早期	福建将乐	墓室壁画	单室	仅存墓室后壁	约3平方米	李宣华：《将乐：县城里发现元代壁画墓》，《三明日报》2008年12月29日，第1版

续表

墓名	时间	分布	形制		壁画位置	面积	资料来源
			图像形制	墓葬形制		壁画面积	
山西芮城永乐宫旧址潘德冲墓	元早期	山西芮城	线刻画	单室	石椁四壁	不详	李奉山：《山西芮城永乐宫旧址宋德方、潘德冲和“吕祖”墓发掘简报》，《考古》1960年第8期
北京密云疃里村元代壁画墓	元中期	北京密云	墓室壁画	不详	不详	不详	祁庆国：《密云县疃里村元代壁画墓》，《中国考古学年鉴》（1991），文物出版社，1992年
山西侯马元代砖雕壁画墓（M3）	元中期	山西侯马	砖雕壁画	单室	墓室四壁	不详	李永敏：《侯马市区元代墓葬发掘简报》，《文物季刊》1996年第3期
山西屯留县元代壁画墓号（M1）	元中期	山西长治	墓室壁画	单室	墓室四壁及顶部	待统计	杨林中等：《山西屯留县康庄工业园区元代壁画墓》，《考古》2009年第12期
河北涿州东关村元代壁画墓	元晚期	河北涿州	墓室壁画	单室	墓门、墓顶及四壁	待统计	徐海峰等：《河北涿州元代壁画墓》，《文物》2004年第3期
山东章丘县青野元代壁画墓（M1）	元晚期	山东章丘	墓室壁画	单室	墓内四壁及券顶	待统计	章丘市博物馆：《山东章丘青野元代壁画墓清理简报》，《华夏考古》1999年第4期
山西屯留县康庄工业园区元代壁画墓（M3）	元晚期	山西长治	墓室壁画	单室	墓室四壁	不详	杨林中、王进先、李永杰：《山西屯留县康庄工业园区元代壁画墓》，《考古》2009年第12期
山西运城西里庄元代壁画墓	元晚期	山西运城	墓室壁画	单室	墓室四壁	不详	杨富斗：《山西运城西里庄元代壁画墓》，《文物》1988年第4期
山西交城洪相乡元代壁画墓	元末	山西交城	墓室壁画	单室	墓室周壁及拱眼、甬道	待统计	商彤流、解光启：《山西交城县的一座元代石室墓》，《文物世界》1996年第4期

续表

墓名	时间	分布	形制		壁画位置	面积	资料来源
			图像形制	墓葬形制		壁画面积	
济南历城区港沟乡大官村二号元代砖雕壁画墓	元代	山东济南	砖雕壁画	单室	墓门及墓室周壁	不详	济南市文化局、章丘县博物馆：《济南近年发现的元代砖雕壁画墓》，《文物》1992年第2期
济南章丘刁镇茄村三号元代砖雕壁画墓	元代	山东济南	砖雕壁画	单室	墓门及墓室周壁	不详	济南市文化局、章丘县博物馆：《济南近年发现的元代砖雕壁画墓》，《文物》1992年第2期
济南章丘旭升乡西酒坞村四号元代砖雕壁画墓	元代	山东济南	砖雕壁画	单室	墓门及墓室周壁	不详	济南市文化局、章丘县博物馆：《济南近年发现的元代砖雕壁画墓》，《文物》1992年第2期
山西长治郝家庄元代壁画墓	元代	山西长治	墓室壁画	单室	墓室四壁	不详	王进先、朱晓芳：《山西省长治县郝家庄元墓》，《文物》1987年第7期
山西长治南郊司马乡元代壁画墓	元代	山西长治	墓室壁画	单室	墓室四壁及券顶	不详	朱晓芳、王进先：《山西长治市南郊元代壁画墓》，《考古》1996年第6期
济南市司里街元代壁画墓（M1）	元代	山东济南	砖雕壁画	单室	墓室周壁及墓顶	不详	张幼辉、史芸、刘善沂：《济南市司里街元代砖雕壁画墓》，《文物》2004年第3期

续表

墓名	时间	分布	形制		壁画位置	面积	资料来源
			图像形制	墓葬形制		壁画面积	
济南历城港沟镇邢村元代砖雕壁画墓	元代	山东济南	砖雕壁画	单室	墓室周壁及墓顶	不详	刘善沂、王惠明：《济南市历城区宋元壁画墓》，《文物》2005年第11期
济南历城大正小区埠东村元代石雕壁画墓	元代	山东济南	石雕壁画	单室	墓室周壁及墓顶	不详	刘善沂、王惠明：《济南市历城区宋元壁画墓》，《文物》2005年第11期
山东章丘龙山镇元代壁画墓	元代	山东章丘	墓室壁画	单室	墓内四壁	不详	李芳、孙涛、段立山：《山东章丘龙山镇发现一座元代壁画墓》，《中国文物报》2005年12月2日，第2版
山东长清王宿铺村石刻壁画墓	元代	山东长清	石刻壁画	单室	墓顶	不详	刘善沂：《山东长清、平阴元代石刻壁画墓》，《文物》2008年第2期
山东平阴县南李山头村元代石刻壁画墓	元代	山东平阴	石刻壁画	单室	主室及东、西两侧室壁面	不详	刘善沂：《山东长清、平阴元代石刻壁画墓》，《文物》2008年第2期
内蒙昭盟赤峰三眼井元代壁画墓（M1）	元代	内蒙古赤峰	墓室壁画	单室	墓室周壁	不详	项春松、王建国：《内蒙昭盟赤峰三眼井元代壁画墓》，《文物》1982年第1期
内蒙昭盟赤峰三眼井元代壁画墓（M2）	元代	内蒙古赤峰	墓室壁画	单室	墓室周壁	不详	项春松、王建国：《内蒙昭盟赤峰三眼井元代壁画墓》，《文物》1982年第1期
内蒙古赤峰市元宝山元代壁画墓	元代	内蒙古赤峰	墓室壁画	单室	墓室四壁及券顶	不详	项春松：《内蒙古赤峰市元宝山元代壁画墓》，《文物》1983年第4期

续表

墓名	时间	分布	形制		壁画位置	面积	资料来源
			图像形制	墓葬形制		壁画面积	
内蒙古赤峰沙子山元代壁画墓	元代	内蒙古赤峰	墓室壁画	不详	墓室四壁及券顶	不详	刘冰：《内蒙古赤峰沙子山元代壁画墓》，《文物》1992年第2期
内蒙古凉城县后德胜元代壁画墓（M1）	元代	内蒙古凉城	墓室壁画	单室	墓室四壁及墓顶	约7平方米	王大方、李兴盛：《内蒙古凉城县后德胜元墓清理简报》，《文物》1994年第10期
内蒙古翁牛特旗梧桐花元代壁画墓	元代	内蒙古翁牛特旗	墓室壁画	单室	墓室四壁	不详	项春松、贾洪恩：《内蒙古翁牛特旗梧桐花元代壁画墓》，《北方文物》1992年第3期
济南柴油机厂元代砖雕壁画墓	元代	山东济南	砖雕壁画	单室	墓室内壁	不详	济南市文化局文物处：《济南柴油机厂元代砖雕壁画墓》，《文物》1992年第2期
河北邢台邢钢元代壁画墓（M1）	元代	河北邢台	墓室壁画	单室	墓室甬道、墓顶及墓室内壁	不详	贾成惠等：《邢台市邢钢元代壁画墓发掘简报》，《考古与文物》2008年第4期
重庆巫山庙宇镇元代壁画墓	元代	重庆巫山	墓室壁画	不详	不详	不详	李心成：《长江以南首座元代壁画墓现身重庆》，“中国经济网”2005年12月21日
重庆市双桥区元代壁画墓	元代	重庆双桥	砖雕彩绘	不详	不详	不详	《重庆市双桥区发现罕见红彩风格浮雕元墓》，“新华网”2007年12月26日
福建将乐光明乡元代壁画墓	元代	福建将乐	墓室壁画	双室	左、右室壁面	不详	杨琮：《福建将乐元代壁画墓》，《考古》1995年第1期
河南洛阳伊川元代壁画墓（M5）	元代	河南洛阳	墓室壁画	单室	墓室四壁及券顶	不详	吕劲松：《洛阳伊川元墓发掘简报》，《文物》1993年第5期

续表

墓名	时间	分布	形制		壁画位置	面积	资料来源
			图像形制	墓葬形制		壁画面积	
辽宁凌源富家屯元代壁画墓（M1）	元代	辽宁凌源	墓室壁画	单室	墓室四壁及墓顶	约20平方米	冯永谦、韩宝兴：《凌源富家屯元墓》，《文物》1985年第6期
山西文水北峪口元代壁画墓	元末明初	山西文水	彩绘画像石	单室	墓室周壁	不详	冯文海：《山西文水北峪口的一座古墓》，《考古》1961年第3期
明代							
平武明王玺家族墓之明氏墓（M9）	明宣德六年（1431）	四川平武	浅浮雕，线刻	单室	棺室周壁	不详	张才俊：《四川平武明王玺家族墓》，《文物》1989年第7期
平武明王玺家族墓之王祥墓（M10）	明宣德六年（1431）	四川平武	浅浮雕，线刻	双室	棺室周壁，前室东、西壁	不详	张才俊：《四川平武明王玺家族墓》，《文物》1989年第7期
平武明王玺家族墓之赵氏墓（M11）	明宣德六年（1431）	四川平武	浅浮雕，线刻	单室	棺室周壁	不详	张才俊：《四川平武明王玺家族墓》，《文物》1989年第7期
平武明王玺家族墓之田氏墓（M1）	明天顺八年（1464）	四川平武	棺室浮雕及彩绘	双室	北壁壁龛后壁，东、西壁各壁龛	不详	张才俊：《四川平武明王玺家族墓》，《文物》1989年第7期
平武明王玺家族墓之王玺墓（M3）	明天顺八年（1464）	四川平武	棺室浮雕及彩绘	双室	北壁壁龛后壁，东、西壁各壁龛	不详	张才俊：《四川平武明王玺家族墓》，《文物》1989年第7期
平武明王玺家族墓之曹氏墓（M4）	明天顺八年（1464）	四川平武	棺室浮雕及彩绘	双室	北壁壁龛后壁，东、西壁各壁龛	不详	张才俊：《四川平武明王玺家族墓》，《文物》1989年第7期
平武明王玺家族墓之蔡氏墓（M5）	明天顺八年（1464）	四川平武	棺室浮雕及彩绘	双室	北壁壁龛后壁，东、西壁各壁龛	不详	张才俊：《四川平武明王玺家族墓》，《文物》1989年第7期
平武明王玺家族墓之贾氏墓（M2）	明成化十八年（1482）	四川平武	棺室浮雕及彩绘	双室	北壁壁龛后壁，东、西壁各壁龛	不详	张才俊：《四川平武明王玺家族墓》，《文物》1989年第7期

续表

墓名	时间	分布	形制		壁画位置	面积	资料来源
			图像形制	墓葬形制		壁画面积	
石家庄市郊陈村明代壁画墓	明弘治六年（1493）	河北石家庄	彩绘壁画；砖雕	单室	墓室周壁	不详	孙启祥、李胜伍：《石家庄市郊陈村明代壁画墓清理简报》，《考古》1983年第10期
平武明王玺家族墓之王鉴墓（M20）	明弘治十三年（1500）	四川平武	浅浮雕后施彩绘	单室	棺室东、西两壁，后壁龛内各层后壁及龛外侧壁	不详	张才俊：《四川平武明王玺家族墓》，《文物》1989年第7期
平武县明王玺21号朱氏（女）墓	明弘治十三年（1500）	四川平武	浅浮雕后施彩绘	单室	棺室东、西两壁，后壁龛内各层后壁及龛外侧壁	不详	张才俊：《四川平武明王玺家族墓》，《文物》1989年第7期
平武县明王玺22号安氏（女）墓	明弘治十三年（1500）	四川平武	浅浮雕后施彩绘	单室	棺室东、西两壁，后壁龛内各层后壁及龛外侧壁	不详	张才俊：《四川平武明王玺家族墓》，《文物》1989年第7期
淮安明代王镇夫妇合葬墓	明弘治年间（1488-1505）	江苏淮安	随葬卷轴画	单室	出土画轴上	不详	韦曾泽、刘桂山：《淮安县明代王镇夫妇合葬墓清理简报》，《文物》1987年第3期
江西省星子县塔园明代壁画墓（M1、M2、M3）	明成化至弘治年间（1465-1505）	江西星子	墓室壁画	单室	墓室内壁及墓顶	待统计	王上海等：《江西省星子县塔园明代壁画墓发掘简报》，《南方文物》2015年第3期
平武县明王玺19号（男）墓	明正德七年（1512）	四川平武	浅浮雕后施彩绘	单室	棺室东、西两壁，后壁龛内后壁及龛外侧壁	不详	张才俊：《四川平武明王玺家族墓》，《文物》1989年第7期
平武县明王玺6号朱氏（女）墓	明正德七年（1512）	四川平武	浅浮雕后施彩绘	单室	棺室后壁龛内各层后壁及龛外侧壁	不详	张才俊：《四川平武明王玺家族墓》，《文物》1989年第7期
平武县明王玺7号王文渊墓	明正德七年（1512）	四川平武	浅浮雕后施彩绘	单室	棺室后壁龛内各层后壁及龛外侧壁	不详	张才俊：《四川平武明王玺家族墓》，《文物》1989年第7期

续表

墓名	时间	分布	形制		壁画位置	面积	资料来源
			图像形制	墓葬形制		壁画面积	
平武县明王玺M17号雷氏女墓	明正德七年（1512）	四川平武	浅浮雕后施彩绘	单室	棺室东、西两壁，后壁龛内各层后壁及龛外侧壁	不详	张才俊：《四川平武明王玺家族墓》，《文物》1989年第7期
平武县明王玺M18号刘氏女墓	明正德七年（1512）	四川平武	浅浮雕后施彩绘	单室	棺室东、西两壁，后壁龛内各层后壁及龛外侧壁	不详	张才俊：《四川平武明王玺家族墓》，《文物》1989年第7期
杞县高高山1号墓	明嘉靖三年（1524）	河南杞县	墓室壁画	单室	陶制院落的影壁墙上	待统计	赵士纲：《杞县高高山明墓清理报告》，《文物》1957年第8期
榆次猫儿岭明代壁画墓	明嘉靖八年（1529）	山西榆次	墓室壁画	单室	墓室四壁	不详	张德光：《山西榆次猫儿岭发现明代砖墓》，《考古通讯》1955年第5期
杞县高高山2号墓	明嘉靖九年（1530）	河南杞县	墓室壁画	双室	陶制院落的影壁墙上	不详	赵士纲：《杞县高高山明墓清理简报》，《文物》1957年第8期
将乐县明代壁画墓（M1）	明嘉庆二十年（1541）	福建将乐	墓室壁画	单室	墓室四壁	待统计	赵玉兰、郜骅：《将乐县明代壁画墓清理简报》，《福建文博》2011年第3期
登封卢店明代壁画墓	明嘉靖年间	河南登封	墓室壁画	单室	墓室四壁及墓门东西两壁	不详	郑州市文物考古研究所、登封市文物局：《登封卢店明代壁画墓》，《中原文物》1999年第4期
荥阳二十里铺明代原武温穆王壁画墓	明万历三十五年（1607）	河南荥阳	墓室壁画	单室	墓室左右、后壁及墓顶	不详	谢遂莲：《荥阳二十里铺明代原武温穆王壁画墓》，《中原文物》1984年第4期
济源市东街明代壁画墓	明万历四十一年（1613）	河南济源	墓室壁画	单室	墓室四壁及顶部	不详	济源市文物工作队、河南古代壁画馆：《济源市东街明代壁画墓发掘简报》，《中原文物》2013年第1期
陕西杉县东关村明代石室壁画墓	明万历四十二年（1614）	陕西杉县	墓室壁画	双室	墓室周壁及顶部	不详	刘卫鹏：《陕西彬县东关村明代石室壁画墓的发掘》，苏州博物馆编：《苏州文博论丛》（第1辑），文物出版社，2010年

续表

墓名	时间	分布	形制		壁画位置	面积	资料来源
			图像形制	墓葬形制		壁画面积	
获嘉明代线描壁画墓	明晚期	河南获嘉	墓室壁画	单室	墓室四壁及顶部	不详	李慧萍：《获嘉明代线描壁画墓》，《中原文物》2009年第5期
漳县元代汪世显家族之明代墓（M12）	明代	甘肃漳县	墓室壁画	单室	墓室周壁	不详	乔今同：《甘肃漳县元代汪世显县家族墓葬简报之一》，《文物》1982年第2期
漳县元代汪世显家族之明代墓（M15）	明代	甘肃漳县	墓室壁画	单室	墓室周壁	不详	乔今同：《甘肃漳县元代汪世显县家族墓葬简报之一》，《文物》1982年第2期
浙江嘉善县陶家池明代壁画墓	明代	浙江嘉善	墓室壁画	单室	墓室周壁	不详	朱伯谦：《浙江嘉善县发现宋墓及带壁画的明墓》，《文物参考资料》1954年第10期
山东明朱檀墓	明代	山东邹城	随葬卷轴画	双室	随葬画轴上	不详	山东省博物馆：《发掘明朱檀墓纪实》，《文物》1972年第5期
重庆永川明代壁画墓	明代	重庆永川	墓室壁画	不详	不详	不详	《永川挖出我市首座明代壁画墓》，《时代信报》，2008年4月14日
平武县明王玺8号墓（女）	明代	四川平武	浅浮雕后施彩绘	单室	棺室后壁龛内各层后壁及龛外侧壁均浮雕	不详	张才俊：《四川平武明王玺家族墓》，《文物》1989年第7期
平武县明王玺12号墓	明代	四川平武	浅浮雕后施彩绘	单室	棺室东、西两壁龛壁均浮雕	不详	张才俊：《四川平武明王玺家族墓》，《文物》1989年第7期
平武县明王玺13号墓	明代	四川平武	浅浮雕后施彩绘	单室	棺室东、西两壁龛壁均浮雕	不详	张才俊：《四川平武明王玺家族墓》，《文物》1989年第7期
平武县明王玺14号墓	明代	四川平武	浅浮雕后施彩绘	单室	棺室东、西两壁龛壁均浮雕	不详	张才俊：《四川平武明王玺家族墓》，《文物》1989年第7期
平武县明王玺15号墓	明代	四川平武	浅浮雕后施彩绘	单室	棺室东、西两壁龛壁均浮雕	不详	张才俊：《四川平武明王玺家族墓》，《文物》1989年第7期

续表

墓名	时间	分布	形制		壁画位置	面积	资料来源
			图像形制	墓葬形制		壁画面积	
平武县明王玺16号墓	明代	四川平武	浅浮雕后施彩绘	单室	棺室东、西两壁龛壁均浮雕	不详	张才俊：《四川平武明王玺家族墓》，《文物》1989年第7期
清代							
济南高新区埠东村清代壁画墓	清光绪三十三年（1907）	山东济南	墓室壁画	双室	墓室周壁	不详	杨爱国、房道国：《济南高新区埠东村清代壁画墓初探》，《中国美术研究》2014年第3期
北京门头沟区清代马怀印墓	清代	北京门头沟区	墓室壁画	单室	墓室内壁	不详	刘义全：《北京门头沟区发现清代墓葬壁画》，《文物》1990年第1期
安康清代壁画墓	清代	陕西安康	墓室壁画	双室	墓室后壁与墓室两侧壁	不详	“中华人民共和国国家文物局”网站
紫阳县清代壁画墓	清代	陕西紫阳	此墓是否为壁画墓待考	不详	不详	不详	搜狐网

附录二　插图目录

后　记

墓室壁画的研究意义不容置疑，但遇到的困难也是非常突出，其中最大的困难是寂寞。有一个场面至今难忘：在一个国际图像学会议上，一位西方教授作大会主旨发言，是关于巴尔干半岛的墓葬图像。我问他，你收集了上千个样本，但都是地面遗存，图像大多数是线条类的装饰图案，我们中国有上千座壁画墓遗存，色彩鲜艳，叙事生动，而且地下和地面的遗存都很丰富，你们怎么不关注？他一脸茫然。显然，国外学术界对中国墓室壁画的艺术成就了解得太少。

在本书的写作过程中，我希望达到两个基本要求：第一，有一个贯穿全书的理论观点，能够说明墓室壁画中历代沿革的宗教体验，同时也能为宗教理论研究提供一些图像维度的理论思考。第二，有一个覆盖全面的材料体系，一书在手就可以了解中国墓室壁画的材料面貌，至少是可以按图索骥。这两个要求中，理论观点更多的是探讨性的努力，材料体系则要求穷尽考古报告。我们有三个材料来源：一是期刊来源，其考古报告权威而及时；二是辑刊来源，其考古报告或全面，或深入；三是各种出版物来源，时间滞后，但尽可能全面和深入。材料的丰富性也带来了辨析难度，最后一稿时，我和学生又找到了一百多条考古信息，但或重复，或语焉不详，最后有效的只有五条。显然，这是一个吃力的工作。

在这本书的写作过程中，我一再提醒自己，少做重复的事情。从学科特征出发，我把创新的逻辑起点落在中国美术对中国宗教发展的贡献上。中国墓室壁画在材料上已经为宗教研究所重视，但在理论上很少有主动行为，更多的是接受已有的宗教理论来解释。我们梳理各代遗存后认为，墓室壁画描述的是“死既长生”故事，这是一个生死转化的重生信仰体验，目前墓室壁画的遗存中没有覆盖墓室整体的道教、佛教图像体系，这也说明了重生信仰的存在。重生信仰的指导是一个新观点，墓室壁画的图像能不能因此主动说明一些宗教理论问题？这是艺术学领域的一个探索方向，也是这本书的一个期待。

我还有一个非常急切的想法：中国的重生信仰和墓室壁画应当被世界学术界多关注。西方许多学者喜欢在寻找土著人的信仰样本上做文章，其实这是有缺陷的。这些信仰样本一是体量小，二是不稳定。中国重生信仰的样本体量巨大、历史悠久，特别是今天仍然是一个稳定的信仰形态。另外，传统的西方考古学研究许多是围绕着埃及和相关地区，中国墓室壁画的遗存体量明显大于埃及，其中表现的重生信仰更是历代沿革，没有中断过。中国墓室壁画具有不可比拟的文化价值，是中国传统艺术对人类文明发展的重要贡献，应当被世界了解。

在本书完成之际，我仍然要感谢求学以来关爱和提携我的各位老师，程门立雪，师恩难忘。我非常感谢最后还陪着我整理考古材料的学生，感谢他们原谅我时常出现的焦虑，当然我也非常感谢先后参与这项工作的十余位研究生。科学出版社是艺术考古出版物的大社，感谢其对本书的青睐。

汉代赋家扬雄这样描述自己作赋的过程：“成帝时，赵昭仪方大幸，每上甘泉，诏令作赋，为之卒暴，思虑精若，赋成遂困倦小卧，梦其五脏出在地，以手收而内之。及觉，病喘悸，大少气，病一岁。由此言之，尽思虑，伤精神也。”这本书的写作，前前后后的准备和积累在十年以上。收笔之时，我也是这样的感受。是记之。

汪小洋

2017 年 12 月于南京龙江